성모의 메시지:
너희의 행성을 구하라!

- 이 세상을 변형시키기 위한 성모 마리아의 영적 가이드북 -

Mother Mary Message
너희의 행성을 구하라!

도서출판 은하문명

Save Your Planet: Mother Mary's handbook
for world transformation

Copyright © 2004, by Kim Michaels and
More to Life Publishing All Rights reserved

Korean translation edition © 2012 Eunha Moonmyoung Publishing.
This translation is Published by arrangement and authorization with
More to Life Publishing Co, Estonia. Eunha Moonmyoung of Korea
All Rights reserved.

이 책의 한국어 판권은 저작권자와 직접 독점 계약한 도서출판 은하문명에
있습니다. 따라서 저작권법에 의해 한국 내에서 보호를 받는 저작물이므로
어떠한 형태로든 무단전재와 무단복제를 금합니다.

CONTENTS
목　　차

저자 서론

영적인 존재들은 실제로 존재하는가?
영적인 세계와의 의사소통
여러분은 영적 스승과 얼마나 가까이에 있고 싶은가?
메신저가 된다는 것
이것이 정말로 진실인가?

제1부 어머니의 화염

1장 여러분은 왜 이곳에 존재하고 있는가?

- 주요 신문 기사들을 살펴보라. 28
- 우상의 극복. 31
- 여러분의 구원이 보장되지 않는 이유. 32
- 여러분은 들을 귀를 가지고 있는가? 35
- 경고. 37
- 나는 돌격대가 필요하다. 39

2장 가장 깊은 내면에 있는 영혼의 갈망을 이해하라

- 위대한 과학적인 발견. 42
- 여러분은 어디에서 왔는가? 44
- 여러분의 영적인 근원을 기억하라! 47

- 오늘 선택하라. 49
- 어머니 지구는 물질 이상의 존재이다. 51
- 어느 한 사람이 이룬 것은 모든 사람이 다 이룰 수 있다. 52
- 내적인 그리스도. 54

3장 어떻게 우주가 창조되었는가를 이해하기

- 자의식을 통한 창조. 59
- 이것은 신성모독이 아니다! 61
- 지구에서의 고통은 누가 만들어냈는가? 64
- 이해할 수 있는 유일한 설명. 66
- 창조와 파괴의 역학관계. 68
- 죄(罪)라는 말의 진정한 의미. 71
- 권능이 잘못 부여된 에너지의 하향나선. 73
- 우주 위원회. 75
- 고차원적인 목적에 대한 각성. 77

4장 균형이 열쇠이다

- 담장에서 내려와야 한다. 80
- 두 개의 극단. 82
- 사랑에서 두려움으로, 그리고 다시 사랑으로. 85

5장 아버지의 집에는 많은 거처가 있다

- 4개의 하위 몸체들. 90
- 물질우주에 존재하는 4개의 층. 94
- 고통의 참된 원인. 96
- 4개의 층에 존재하고 있는 지적인 생명체. 100
- 지구에서의 천국과 지옥. 105

6장 우리 모두 아버지의 일을 함께 하자

- 부정적인 에너지는 어떻게 되는가? 109
- 에너지에 압도될 수 있다. 111
- 행성의 에너지 보텍스. 113
- 이 세상의 지배자가 오고 있다. 114
- 두려워하지 말라! 117
- 부정적인 에너지의 변형. 118
- 행성의 변화 가능성. 120
- 상승나선. 123
- 하향나선. 124
- 주님에게 기쁨의 소리를. 127
- 지구 어머니의 분만을 도와 달라. 129

제2부 아버지의 화염

7장 나는 알파요 오메가이다

- 영혼은 어디에서 오는가? 137
- 영혼은 육체와는 별도로 존재한다. 140
- 뿌린 것은 어떻게 거두게 되는가? 141
- 하느님은 사람을 벌하지 않으신다. 144
- 여러분의 영혼은 더 큰 일도 할 수 있는 준비가 돼 있다. 146

8장 모든 생명의 내면에 존재하는 그리스도를 수호하라!

- 그리스도의 참된 가르침에 대한 왜곡. 150
- 기독교의 부활. 151
- 그들은 왜 예수를 살해했을까? 152
- 성모 마리아의 출현이 지닌 참된 의미. 153

- 신성한 어머니의 심판. 155
- 성모상이 피눈물을 흘리는 이유. 156
- 여러분의 영혼은 위험에 처해 있는가? 158
- 자연재해가 발생할 가능성. 159
- 정통 기독교라는 무덤에서의 벗어남. 160
- 일어나, 주어진 운명을 완수하라 – 지금 즉시! 161
- 매일 나에게 잠시만이라도 시간을 내달라. 163

9장 지구가 흔들리는 해

- 지구는 왜 흔들리는가? 165
- 기적의 로사리오. 167
- 거짓된 교사들에 대한 심판. 169
- 심판은 기회이다. 170
- 이란에서의 지진. 172
- 기적이란 무엇인가? 173
- 동정녀 잉태의 진실. 176
- 축복. 179

10장 자연재앙의 예방

- "하느님 어머니"라는 호칭의 참된 의미. 182
- 예수님은 하느님이었는가? 185
- 나는 하느님의 모든 자녀들의 어머니이다. 188
- 동양과 서양의 신성한 어머니. 189
- 성모 마리아의 동–서양의 로사리오. 191
- 동양에서 서양으로 행성 에너지의 흐름. 193
- 자연재해가 일어나는 영적인 이유. 196
- 균형을 회복하기 위한 무한한 가능성. 199
- 영혼의 파편들에 대한 복원. 200

11장 전쟁의 흐름을 되돌리기

- 전쟁에 대한 새로운 정의. 203
- 하느님 아버지-어머니의 우주적인 힘들. 204
- 창조와 자유의지. 207
- 천상에서의 전쟁. 210
- 악마는 이미 여러분 곁에 내려와 있다. 212
- 어둠의 세력들은 인간을 어떻게 조종하는가? 215
- 잘못된 극성. 218
- 영적인 무지. 222
- 전쟁이 지구 어머니에게는 가장 큰 부담이다. 223
- 승천한 대사들의 간절한 요망. 225
- 불안해하지 말라. 227

12장 감사는 풍요한 삶을 이루게 하는 열쇠이다

- 테러리즘의 영적인 원인. 232
- 죽음의 의식. 235
- 받아들일 만한 제물. 237
- 선과 악에 대한 거짓말. 240
- 하느님께서는 완전함을 요구하지 않는다. 242
- 생명 순환의 단절. 246
- 낙원에 이르는 열쇠. 248
- 기적의 감사 로사리오. 251

13장 완전한 용서는 완전한 자유를 낳는다

- 용서의 중요성. 256
- 여러분 자신을 용서하라. 259
- 하느님을 비난하지 말라! 261
- 어떠한 것도 여러분의 참된 본성을 해할 수 없다. 265
- 하느님께서는 여러분을 탓하지 않으신다. 268
- 여러분 자신을 변화시키라. 270

- 비난을 멈추어라. 272
- 절대로 실험을 멈추어서는 안 된다. 276
- 영적 자유에 이르는 열쇠. 280

14장 조건 없는 사랑의 발견

- 여러분은 정체해 있을 수 없다! 287
- 여러분의 첫 번째 사랑을 기억하라! 293
- 하느님께서는 강요하지 않으신다. 294
- 여러분은 자신의 첫 번째 사랑을 잊어버렸다. 295

15장 여러분의 행성에 하느님의 왕국을 받아들이라

- 지구를 어떻게 공동 창조하겠는가? 300
- 여러분은 자신을 해칠 수 있는 것이 무엇인지 알지 못한다. 301
- 정보의 범람. 303
- 죄(罪)라는 개념의 악용. 305
- 가장 교활한 거짓말. 307
- 영적인 연금술. 309
- 기적의 수용 로사리오. 312

16장 하나이신 하느님 안에서 모든 것은 하나이다

◇ 하나됨의 현존으로부터의 메시지 - 315
- 거짓말쟁이들과 그들이 만든 거짓말에 대한 하느님의 심판. 316
- 하느님의 완벽한 비전. 318
- 절대적인 진리. 320
- 여러분이 나와 하나라는 것을 받아들이라. 323
- 사는 길을 선택하라! 325
- 그릇된 종교를 버리도록 하라. 329
- 여러분의 재능을 증식시키라. 332

제3부 성모 마리아의 기적의 자유 로사리오

- 성장의 과정에 저항하지 말라. 338
- 새로운 운동의 일원이 되라. 341
- 성모 마리아의 기적의 로사리오 그룹. 342

성모 마리아의 기적의 로사리오 - 345
성모 마리아의 동-서양의 로사리오 - 351
성모 마리아의 기적의 평화 로사리오 - 365
성모 마리아의 기적의 감사 로사리오 - 380
성모 마리아의 기적의 용서 로사리오 - 395
성모 마리아의 기적의 조건 없는 사랑의 로사리오 - 412
성모 마리아의 기적의 수용 로사리오 - 429
성모 마리아의 기적의 하나됨의 로사리오 - 446

● 저자의 서론

합리적이고 과학적인 세계에 살고 있는 오늘날의 많은 사람들은 영적인 존재라는 것이 실재하지 않으며, 따라서 그러한 존재들이 우리들 앞에 나타나거나 혹은 그들과 대화를 하고 있다는 주장은 지나친 상상의 산물이라고 믿는 환경 속에서 성장해왔습니다. 그 결과, 많은 사람들이 이 책의 출처가 예수 그리스도의 어머니인 성모 마리아라는 것에 대해 회의적일 것이라는 점은 충분히 예상할 수 있습니다.

각계각층의 사람들을 접하는 가운데 겪어본 나의 경험으로는 보다 직관적인 사람들만이 실제로 그런 영적인 존재들이 실재하며 그들과 대화도 할 수 있고 또한 대화할 것이라 여긴다는 사실을 알게 되었습니다. 그러한 존재들이 실재한다는 사실을 분석하기를 좋아하는 사람들의 마음을 충족시킬 만한 방식으로 증명할 수는 없습니다. 다만 오직 자신들이 지닌 직관력을 사용하고자 하는 사람들만이 그러한 존재들의 실체와 그들이 전하는 메시지들을 확인할 수 있을 뿐입니다. 그러므로 내가 전하고자 하는 어떤 것도 이 책의 내용이 진실이라는 것을 여러분들에게 확신시켜 줄 수가 없음을 나도 충분히 이해하고 있습니다. 따라서 정말로 이 책이 여러분의 가슴에서 진실하다고 느껴지는지, 혹은 이 책이 진실한 진동을 지니고 있는지 여부는 오직 여러분 자신들만이 결정할 수가 있습니다. 그렇기에 나는 여러분들에게 어떠한 것을 확신시켜 주거나, 이 책의 내용이 진실하다는 것을 증명해 보이고 싶은 생각은 전혀 없습니다. 결론적으로 여러분은 단지 이 책의 내용을 읽고 받아들인 그것을 여러분의 가슴으로 하여금 여러분에게 말하게 하면 됩니다. 이 서문의 유일한 목적은 여러분 삶의 여러 가지 요소들을 다시 새롭게 인식하는 계기가 되기를 바라면서 이 책을 출간하게 된 경위를 소개하기 위한 것입니다.

영적인 존재들은 실재하는가?

혹시 여러분 가운데 영적세계에 있는 존재와 대화하는 사람이 있다면, 여러분은 어떻게 해서 그것을 공공연하게 밝힐 수 있는 단계에 이르게 되었나요? 그런데 그러기 위해서는 필시 여러분이 첫째로 그와 같은 영적인 존재가 실제로 존재한다는 것을 반드시 믿어야 한다는 것입니다. 그리고 나의 경우에는 그것이 아주 쉬웠습니다. 내가 기억하기로는 아주 오래전부터 나는 영적인 존재, 영적인 현존이 항상 나와 함께 하고 있는 것을 느끼고 있었습니다. 이러한 체험으로 인해 나는 영적인 빛과 진리를 인지할 수 있는 능력을 가지게 되었습니다. 내가 알기로는 이러한 체험을 하고 있는 아이들이 많이 있으며, 때로는 과학자들에 의해 조롱거리가 되기도 하지만, 나는 이러한 체험이 진실한 것이라고 믿습니다.

아이들처럼, 우리도 우리가 가진 직관적인 재능을 자연스럽게 사용할 수 있으며, 이를 통해 영적인 존재들의 실체를 느낄 수가 있습니다. 하지만 우리가 나이가 들어가고 사회와 어른들의 영향에 노출됨에 따라 영적인 세계와의 직관적인 연결이 끊기게 되고, 우리의 본성이 지닌 영적인 측면들을 잃어버리기가 쉬워집니다. 우리는 지성을 이용하여 우리가 지닌 직관(直觀)을 무시하려 하며, 가능하면 이러한 직관을 차단하려고 합니다. 이 때문에 예수님께서는 "어린 아이와 같이 되지 않으면, 천국에 들어갈 수 없느니라. (마태복음 18:3)"라고 말씀하셨다고 나는 믿고 있습니다. 내 의견으로는 예수님께서 말씀하시고자 했던 요지는 우리가 지닌 영적인 본성을 부정하고 의심하도록 만드는 세상적인 "물듦"을 극복해야 한다는 뜻이라고 생각합니다.

나는 덴마크에서 성장했는데, 그곳에서는 신(神)과 예수가 "저 높은 곳에" 있는 존재로 묘사하고 있는 루터교회가 국교(國敎)입니다. 나는 학교에서 진화론을 배웠으며, 신이란 존재하지 않는다는 물질적인 믿음체계에 둘러싸여 있었습니다. 그러나 영적인 존재(현존)에 대한 내적인 체험으로 인해 나는 이 두 가지의 영향을 전혀 받지 않았습니다. 신의 은총에 의해 나는 내 본성이 지닌 직관적인 측면과 계속 연결돼 있었으며, 18세 무렵에는 개인적인 큰 발전을 체험하게 되었습니다. 나는 몇 권의 책을 읽고 많은 사람들을 만나게 되었는데, 이런 사람들을 통해 일반적인 종교로는 충족될 수 없고 유물론적인 사고에 의해서도 없앨 수 없는 영적인 동경을 나만 가지고 있는 것이 아니라는 사실을 깨닫게 되었습니다. 그 후 삶의 영적인 측면을 보다 깊게 이해하기 위해 나는 개인적으로 부끄럽지 않은 탐구활동을 계속 해왔으며, 이러한 탐구활동은 25년 이상 내 삶의 주요 관심사였습니다. 나는 진리의 진동을 지니고 있다고 느껴지는 책들을 재빨리 찾아낼 수 있었습니다. 이러한 책들을 통해 나는 고차원의 세계에도 여러 존재들이 살고 있다는 나의 내적인 체험을 더욱 확신하게 되었습니다. 거기에는 전체 그룹이 이러한 고차원적 존재들로 구성되어 있는 높은 세계도 존재하고 있으며, 이러한 존재들은 우리의 영적스승으로 봉사함으로써 우리가 고차원의 의식 상태로 성장할 수 있도록 돕는 임무가 부여되어 있다는 것을 확실하게 알게 되었습니다. 그리고 그 다음 단계는 영적인 성장을 위해 이루어야 하는 주요한 목표들 중의 하나가 우리의 직관력을 확장시키는 것이라는 깨달음이었습니다. 그럼으로써 우리는 이러한 직관력을 통해 영적인 스승들과 보다 더 개인적이고도 직접적인 관계를 구축할 수 있는 것입니다.

영적인 세계와의 의사소통

나는 어린 시절에 기독교 교리에서 해답을 찾을 수 없는 많은 의문들을 가지고 있었습니다. 끈질기게 이어지는 이러한 의문들 중의 하나는 예수 그리스도가 부활한 이후에 어떻게 되었느냐하는 것이었습니다. 신약성서에는 예수님이 십자가에 못 박힌 채 죽었지만 부활했다고 분명하게 적혀 있습니다. 나에게는 항상 이 문구가 예수님은 영적세계로 승천하셨으며, 그러한 세계에 살고 있는 영적 존재가 되었다는 것을 의미했습니다. 또한 성경에서는 예수님께서 자신의 제자들 앞에 영적인 존재로 나타났다고 언급하고 있지만, 기독교의 주류에 따르면 예수님은 그 후 인간들과 소통하기를 곧 바로 멈추었으며, 지난 2,000년 동안 우리와 분리된 채 홀로 떨어져 있다고 말하고 있습니다. 그러나 나에게는 이것이 도무지 이해가 되지 않았습니다.

나는 어떤 영적인 존재를 내면에서 항상 체험하고 있었기 때문에 영적인 존재는 죽을 수 없고, 인간에 의해 살해될 수도 없다는 사실을 깨닫고 있었습니다. 따라서 예수님은 늘 살아 계시며, 하나의 영적인 존재로서 우리와 대화할 수도 있을 것이라고 느끼게 되었습니다.

지난 2,000년에 걸쳐 예수님은 자신을 따르는 사람들과 직접적인 연결을 유지하고 싶어 했을 거라는 것이 내게는 논리적이라고 생각되었지만, 나는 또한 이러한 연결을 유지하는 것은 전적으로 우리에게 달려 있는 문제라는 것을 이해했습니다. 예수님은 어떠한 제약도 없이 우리와 쉽게 이야기할 수 있다는 것이 나에게는 아주 명확해 보였습니다. 그러나 만약 우리가 많은 한계들을 가지고 있다면, 비록 예수님께서 우리에게 말을 걸어온다 해도 우리가 알아듣지 못할 수도 있다는 것은 아주 분명했습니다.

이러한 결론에 도달한 이후, 나는 영적세계와 지구인들 사이에 이루어진 참된 대화라고 인정할 만한 여러 가지 근거들을 찾을 수 있었습니다. 그리하여 지난 2,000년에 걸쳐 많은 사람들이 예수님과 다양한 형태의 대화와 접촉을 해왔다는 사실을 알게 되었습니다. 또한 나는 성모 마리아와도 많은 사람들이 접촉해왔다는 사실을 알게 되어 대단히 기뻤습니다.

기독교 국가인 덴마크에서는 성모 마리아에 대해 별다른 관심을 가지지 않습니다. 그리고 나도 성모 마리아에 대해서는 많은 생각을 하지 않았습니다. 그러나 이제 나는 성모 마리아의 파티마(Fatima) 발현과 같은 그녀의 출현과 관련된 몇 가지 책을 발견하게 되었고, 읽게 되었습니다. 이어서 나는 곧 바로 내가 가슴 속에 성모 마리아에 대한 깊은 사랑을 갖고 있다는 사실을 알았고, 직관적으로 성모 마리아와의 강한 연결감을 느끼기 시작했습니다. 이러한 연결을 통해 나는 **성모 마리아가 지닌 사랑의 물결이 나의 영혼 속으로 흘러넘치는 몇 가지 영적인 체험**을 하게 되었습니다.

많은 사람들이 성모 마리아와 깊은 영적인 관계를 맺고 있기 때문에 나는 이러한 체험이 나에게만 독특한 것이 아니라는 사실을 잘 압니다. 내가 알기로는 성모 마리아께서는 모든 영혼들에 대해서도 깊은 사랑을 지니고 계십니다. 그러나 외형적으로 성모 마리아께 헌신하는 것과 직접적이고 내면적으로 성모 마리아와의 연결을 느끼는 것 사이에는 큰 차이가 있습니다. 진실로 성모 마리아께서 여러분을 얼마나 사랑하는지를 느끼게 된다면, 여러분들은 절대로 예전과 같이 살아갈 수 없을 것입니다. 성모 마리아께서는 너무나 인간적이고, 상냥하시며, 허물이 없으시기 때문에 그녀의 사랑을 체험하기만 하면 실제로 삶이 바뀌게 될 것입니다.

나에게 있어 성모 마리아께서는 나와 예수님과의 관계를 치유하는 데도 중요한 역할을 하셨습니다. 나는 성장하면서 국립교회에서 그린 예수의 초상화에 의해 대단히 깊은 영향을 받았으며, 이로 인해 내가 개인적으로 예수님과 어떠한 접촉을 한다는 것이 아주 어려운 일이라고 느끼게 되었습니다. 예수님은 너무나 먼 곳 -내 위의 높은 곳- 에 계시며, 하느님의 독생자임을 나타내는 그의 형상이 개인적으로 내가 예수님과 접촉하는 것을 더욱 어렵게 만들었습니다. 한편 나는 성모 마리아의 형상에 대해서는 숭배하는 느낌을 갖지 않고 성장했기 때문에 결과적으로 그녀와의 접촉은 오히려 쉽게 이루어졌으며, 개인적인 면에서 이러한 접촉이 내가 예수님과 접촉하게 되는 데도 많은 도움을 주었습니다. 이 점에 대해서 나는 성모 마리아님께 대단히 감사하고 있습니다.

여러분은 영적 스승과 얼마나 가까이에 있고 싶은가?

그 후 몇 년에 걸쳐 나는 영적 스승들이 전해준 다양한 가르침들을 계속 배워 나갔습니다. 이러한 가르침들 중의 많은 것들이 이 지구는 현재 새로운 영적 사이클(週期) 속으로 이동하는 과정에 있다고 언급하고 있으며, 나에게도 이러한 사실들이 분명히 진실한 것이라고 느껴졌습니다. 또한 이러한 새로운 사이클이 가지고 있는 특징들 중의 하나는 많은 사람들, 아마도 수백만 명의 사람들이 개인적으로 영적 세계와 연결될 것이라는 점도 이해하게 되었습니다. 나는 마음속으로 이것이 사실이라고 느끼고 있으며, 성경의 다음과 같은 구절에서 묘사하고 있는 것과 유사한 시대로 우리가 진입하고 있는 중이라 믿습니다.

"그런 뒤에, 내가 모든 사람에게 나의 영(靈)을 부어 주겠노라.
　너희 아들딸들은 예언을 할 것이고,
　너희의 노인은 꿈을 꿀 것이며,

너희의 젊은이는 이상(理想)을 보게 될 것이다."(요엘 2:28)

개인적으로 우리가 영적세계와 연결되기를 원한다면, 우리의 의식(意識)을 높은 단계로 상승시켜야 하는 문제에 봉착하게 됩니다. 이러한 성장을 용이하게 하기 위해 영적인 스승들은 특히 지난 세기에 사람들의 영적인 각성을 고차원적인 수준으로 끌어올릴 수 있도록 많은 가르침들을 전해주었습니다. 성모 마리아의 출현도 여기에 포함되는데, 이러한 출현 사례들 중의 어떤 경우는 가르침을 주거나 예언을 한 것도 있었습니다.

나는 정말로 천상과의 대화라고 여겨지는 것들 중에서 내가 찾을 수 있는 것들은 모조리 찾아서 열심히 살펴보았습니다. 그 결과 점차적으로 나는 영적인 성장의 진정한 목적이 의식(意識)의 전환이라는 사실을 깨닫게 되었습니다. 예수님도 마음의 변화에 대해 종종 이야기하셨으며, 제한적이고 세속적인 인간의 의식 상태를 벗어나게 하고자 시도하셨습니다. 마찬가지로 성모 마리아의 출현도 사람들에게 마음의 상태를 변화시킬 수 있도록 용기를 심어주었습니다. 나는 겉으로 보이는 많은 종교들의 이면에는 하나의 우주적인 메시지가 존재한다는 것을 깨닫게 되었습니다. 모든 종교와 영성(靈性)이 지닌 진정한 목적은 세속적인 인간의 마음의 상태를 초월할 수 있도록 돕고, 보다 영적인 의식 상태에 도달할 수 있게 돕는 것입니다. 나도 또한 이러한 의식의 변형을 겪어야 한다는 매우 강한 욕구를 느꼈었습니다.

그리고 내가 변형되지 못하도록 나를 붙잡고 있는 것은 다름 아닌 잘못된 믿음과 내 마음속에 자리 잡고 있는 심리적인 상처라는 것을 이해하게 되었습니다. 최고의 영적성장을 이루고자 한다면, 내가 지닌 심리적인 장애를 스스로 인정하고 이를 풀고자 노력해야 한다는 것이 명백해 보였습니다. 나의 영적 스승들은 개인적으로 기꺼이 나와 함께 작업할 뿐만 아니라 내가 지닌 장애가 무엇인지 자각하도록 돕는다는 것도 확실하게 알게 되었습니다. 또한 영적 스승들 앞에서는 내가 지닌 어떠한 개인적인 결점들을 숨길 수 없다는 것도 깨닫게 되었습니다.

이 때문에 초기에 나는 큰 시련을 겪게 되었는데, 때때로 내가 마치 바위와 어떤 딱딱한 것 사이의 틈에 끼인 것처럼 느꼈습니다. 그 바위란 내가 지닌 개인적인 두려움이었으며, 그것들은 대부분 내가 기독교적인 환경 속에서 성장하게 된데 따른 산물이기도 했습니다. 나는 예수님께서 나의 모든 결점들을 들추어 보시고, 그 완벽하지 못함을 심판하실 것이라고 느끼곤 했습니다.

곤란한 점은 나의 개인적인 자존심으로서, 이 자존심이 나의 결함과 결점을 인정하기를 주저하게 만들었습니다. 영적인 스승을 받아들이기 위해서는 반드시 내가 어느 정도는 완벽해 있어야 한다고 나는 느끼고 있었습니다. 따라서 나는 나 자신이 어떠한 결점도 지니고 있지 않은 매우 영적인 사람이 되어야 한다고 느끼고 있었던 것입니다.

한마디로 말해 내가 지닌 개인적인 결함이 노출되는 것이 두려웠으며, 영적인 마스터(Master)와 직접 대면함으로써 내가 지닌 자기 가치감을 상실할까봐 두려워했습니다. 나는 영적인 성장과 영적인 스승들에 대한 실체를 알고 싶어 했지만, 내가 그러한 영적스승들에게 얼마나 가까이 다가가 있는지를 확신할 수가 없었습니다. 내가 정말로 영적 마스터와 조우(遭遇)하기를 원했을까요? 아니면 내가 심리적인 상처와 나의 자존심을 지키기를 원했을까요?

이러한 내적인 갈등이 몇 년에 걸쳐 지속되었습니다. 나는 계속해서 영적인 가르침들을 공부하고 영적인 성장을 가속화시킬 다양한 영적인 가르침들을 수련했습니다. 그리고 나의 심리상태를 치유하기 위해서 다양한 치료법들도 병행했습니다. 그럼에도 나의 내면에는 영적 스승들에게 내가 너무 가까이 다가가는 것에 대한 두려움과 "개인적이고 친밀하게" 다가가는 것을 꺼리는 마음도 함께 존재하고 있었습니다.

그런데 결과적으로 내가 이러한 두려움을 극복하게 된 것은 나의 영적인 스승들, 특히 성모 마리아로부터 내가 느낀 사랑 때문이었습니다. 성모 마리아께서는 영적인 스승들이 우리가 지닌 모든 한계들을 보기는 하지만, 우리를 심판하지는 않는다는 것을 내가 이해할 수 있도록 도와주셨습니다. 많은 종교에서 말하는 심판의 신(神)이라는 이미지는 전혀 사실이 아닙니다. 영적인 스승들은 우리가 가진 결점들을 아주 사랑스러운 방법으로 드러내 보여줄 것이며, 보다 높은 곳으로 오르고자 애쓰는 우리들의 진지한 노력에 항상 지지를 보내줄 것입니다.

앞에서 말씀드린 바와 같이, 여러분의 영적 스승들이 여러분의 영혼에 대해 가지고 있는 조건 없는 사랑을 단 한번만이라도 체험할 수만 있다면, 여러분의 삶은 영원히 변하게 될 것입니다. 이 완전한 사랑이 여러분이 지닌 두려움과 자존심을 다 날려버릴 때까지는 어느 정도의 시간이 걸리겠지만, 여러분이 치유되고자 원한다면, 사랑이 그 역할을 하게 될 것입니다. 여러 해에 걸쳐 영적인 길을 걷고 난 후, 나는 나의 영적인 성장을 방해했던 모든 심리적인 제약들을 바라볼 수 있는 지점에까지 이르게 되었습니다. 영적인 스승들과 직접적인 관계를 갖기 위해 내가 극복해야 하는 모든 것들을 영적 스승들이 들춰볼 수 있도록 나는 기꺼이 허용했습니다. 그 순간부터 나는 더 많은 영적 스승들과 직접적인 관계를 발전시켜 나갈 수 있게 되었으며, 나의 개인적인 마스터(Master)가 예수님이라는 것도 알게 되었습니다.

메신저(messenger)가 된다는 것

예수님과 내가 보다 더 직접적이고 직관적인 연결이 이루어지게 되면서, 나는 예수님께서 내가 자신이 전해주었던 내적인 참된 가르침들을 복원시켜 오늘날의 영적 구도자(求道者)들이 이것을 유용하게 사용할 수 있도록 도와주기를 바라고 계신다는 것을 깨닫기 시작했습니다. 하지만 이러한 일을 한다는 것이 처음에는 두렵고 떨렸습니다. 아무튼 만약 여러분이 예수님과 대화를 하고 있다고 공공연히 이야기하고 다닌다면, 여러분도 사람들로부터 별로 좋지 못한 반응을 얻게 될 가능성이 높습니다. 그러나 예수님께서는 사랑스럽게도 내가 이러한 두려움을 극복할 수 있도록 도와주셨으며, 나는 예수님을 돕는 것이 그분과 내가 개인적인 관계를 가지게 된 결과로서 일종의 필연적인 운명이라는 것을 알게 되었습니다. 예수께서는 단 한 번도 하느님에게 아니오(No)라고 말한 적이 없다는 사실도 이해하게 되었으며, 나 역시도 내 속에 존재하시는 하느님을 부정하지 않으리라 맹세했습니다. 따라서 예수님께서 전해주셨던 메시지를 참되게 복원시키고 새로운 가르침들을 펼 수 있도록 돕는 것이 결과적으로는 내가 영성을 추구하게 된 계기가 되었습니다.

예수님과 대화하는 방법을 익히고 난 후, 나는 영광스럽게도 "그리스도는 여러분 내면에서 탄생한다.(The Christ Is Born in You)."라는 책을 출간할 수 있는 특권을 가지게 되었습니다. 거기서 예수님은 성모 마리아께서 이 책에서 하는 것처럼 독자들에게 직접적으로 말씀을 전하고 계십니다. 1)

이러한 형태의 대화가 이루지게 된 토대는 내가 세속적인 마음에서 벗어나서 예수님의 현존(Presence)과 파장을 맞출 수 있도록 예수님으로부터 훈련을 받았기 때문입니다. 그 후 예수님은 하시고자 하는 말씀들을 나의 마음에 영감으로 불어넣으셨으며, 나는 그것을 소리로 바꾸어 말로 표현하면 되었습니다. 일 년 가까이 예수와 함께 작업을 하고 난 후, 나는 성모 마리아께서도 나를 통해 어떠한 가르침을 전하고자 하신다는 것을 깨닫게 되었습니다. 나는 감사한 마음으로 그녀가 그렇게 하도록 허용했으며, 또한 그렇게 하는 것이 수년간에 걸쳐 그녀가 나에게 보내주신 사랑과 지원에 대한 당연한 감사의 표시라고 느꼈습니다.

이것이 정말로 진실인가?

나는 이따금씩 내가 악마의 속임수에 놀아나는 것이 아닌지 어떻게 확신할 수가 있느냐고 묻는 사람들을 만나게 됩니다. 이러한 걱정을 하는 사람들은 주로 기독교의 교리에 집착해 있는 사람들이거나, 성경을 고지식하게 해석하는 사람들에게서 나타납니다. 내가 정말로 예수님이나 성모 마리아와 대화를 하고 있다면, 대개의 경우 사람들은 그 분들께서 교리에 어긋나는 말씀을 하실 리가 없다고 느끼는 것 같았습니다. 나는 사람들이 이러한 걱정을 하는 이유를 충분히 이해하며, 그들의 염려도 일리가 있다고 믿습니다. 그러나 나는 사람들이 몇 가지 사항들을 곰곰이 숙고해 보아야 한다고 생각합니다.

---

1) 이 책은 향후 도서출판 은하문명에서 출판될 예정이다.

성서를 객관적으로 보게 되면, 예수님께서는 정통 유대교의 규범에 따라 살지 않으셨다는 것을 알 수가 있습니다. 예수님께서는 그 시대에 살았던 정통적인 종교인들로부터 지속적인 시련과 핍박을 받았습니다. 또한 예수님께서는 당시의 문인들(당시에는 종교법을 가르치는 교사), 바리새인들, 사두개파인들, 신전의 성직자들, 그리고 율법학자들에게 지속적으로 이의(異議)를 제기하셨습니다. 나는 영적 대사(大師)들이 우리에게 새로운 영적 가르침을 펴는 이유는 우리의 의식을 보다 높은 수준으로 상승시키는 데 있다는 결론을 내리게 되었습니다. 따라서 새로운 가르침은 기존에 확립되어 있던 교리를 필연적으로 뛰어넘을 수밖에 없습니다. 영적인 마스터의 역할은 우리가 더 높은 곳에 오를 수 있도록 돕는 것이라고 나는 믿고 있으며, 우리가 기존에 확립된 믿음과 교리를 뛰어넘고자 하지 않는 한 이러한 목적은 성취될 수가 없습니다. 따라서 예수님께서도 들을 귀가 있는 자들은 자신의 말을 듣는 편이 낫다고 자주 말씀하셨던 것입니다. 요컨대 참된 영적 마스터들은 인간이 지닌 믿음의 틀에 제약을 받지 않기 때문에, 교리를 뛰어넘는 어떠한 말씀들을 하실 수밖에 없습니다.

나는 어릴 적부터 영적인 존재뿐만 아니라 어둠의 세력들에 대해서도 그 존재를 인식할 수 있는 능력을 가지고 있었습니다. 어둠의 세력들은 분명히 존재하고 있으며, 이들은 영적인 구도자들을 기만하고자 한다는 것도 나는 잘 알고 있습니다. 나는 하느님의 은총으로 빛과 어둠이 지닌 진동(Vibration)을 읽을 수 있는 능력을 가지게 되었으며, 이러한 능력은 대단히 정확하다는 것도 알게 되었습니다. 분명히 말씀드리자면, 이러한 능력이 여러분에게는 무의미할 수도 있겠지만, 어둠의 세력들은 분명히 존재합니다. 그리고 이들을 피해갈 수 있으면 피해가는 편이 좋다는 것을 여러분에게 확실하게 말해 드리고 싶습니다. 또한 어둠의 세력들로부터 내 자신을 보호할 필요가 있다는 것도 나는 잘 알고 있습니다. 내가 25년 동안 균형 잡힌 영적인 삶을 살아오면서 나는 영적인 보호를 요청하는 기원(祈願), 특히 미카엘 대천사에게 나를 보호해 달라는 요청을 게을리 하지 않았습니다. 그리고 나는 영(靈)들을 식별하는 법도 배웠으며, 예수님이나 성모 마리아로부터 메시지를 받기 전에는 항상 메시지를 전하는 영들을 점검해봅니다.

나의 경험에 따르면 어둠의 세력들은 항상 우리의 의식 안으로 파고 들어오려 하는데, 가장 흔하게 사용하는 침입수단은 **의심과 두려움**입니다. 따라서 이러한 세력들로부터 방어하는 가장 좋은 수단은 여러분으로 하여금 삶에 대해 두려움으로 반응하도록 유발시키는 자신의 심리상태 속에 존재하는 모든 요소들을 제거하는 것입니다. 그런 후에야 비로소 삶에 사랑으로 반응하게 되며, 진실로 **사랑이야말로 어둠에 대한 가장 좋은 방어책**이라 할 수 있습니다. 완전한 사랑은 모든 두려움을 날려버리게 됩니다. 어둠의 세력들은 이 두려움을 이용하여 우리를 조정하고 있습니다. 나는 예수님께서 시범을 통해 어떠한 상황 속에서도 사랑으로 대처하는 능력을 우리에게 보여주셨다고 믿습니다. 그리고 우리도 그렇게 똑같이 행하라고 말씀하셨던 것입니다. – 나는 내가 하느님을 너무나 사랑한 나머지 예수님께서 나를 통해 말씀하시고자 하는 바를 차마 거절할 수 없었다는 것을 깨닫기에 이르렀습니다. 하느님에 대한 확고한 사랑이 어둠의 세력들에 대한 최선의 방어수단이라고 나는 믿고 있습니다.

다시 한 번, 나는 여러분이 이 책에 수록된 내용들이 진실이라고 인정해주기를 바라지 않음을 밝혀드립니다. 다만 여러분이 성모 마리아께서 하신 말씀을 읽고 스스로 판단해주기를 희망합니다. 여러분들이 지닌 두려움이나 지성에 의거해 이 책을 인정하거나 거부하지 마시고, 받아들인 것을 여러분의 가슴이 여러분에게 말하게 하기를 바랄 뿐입니다. 나의 경험으로는 오로지 가슴만이 영적인 진리를 인식할 수 있는 권능을 여러분에게 줄 수 있다고 생각합니다. 평범한 사람들이 지니고 있는 외부 지향적인 마음으로는 진실을 파악할 수가 없습니다. 그러니 부디 이 책을 가슴으로 읽으시기 바랍니다. 이 책은 참으로 성모 마리아의 순결한 가슴에서 나온 하나의 선물입니다.

제1부

어머니의 화염

1장

여러분은 왜 이곳에 존재하고 있는가?

사랑하는 이들이여, 나는 성모 마리아이며, 스스로 요청하여 이 자리에 오게 되었습니다. 내가 여기 온 이유는 현재 깨어있는 사람들이나, 혹은 영적으로 곧 깨어나고자 하는 사람들을 부르기 위해서입니다. 또한 영적으로 각성해 있거나, 또는 기꺼이 새로운 영적 자각(自覺)의 단계로 상승하고자 하는 사람들을 호출하기 위해서입니다.

내가 왜 여러분을 부르고 있는 것일까요? 여러분을 부르는 이유는 이 지구 역사에 있어서 이 결정적인 시기에 여러분이 이 행성에 존재하고 있는 이유를 상기시켜 주기 위해서입니다. 사랑하는 이들이여, 이 행성에 살고 있는 많은 사람들이 믿고 있는 것과는 달리 삶은 아무 목적 없이 운(運)에 따라 아무렇게나 살아도 되는 게임이 아닙니다. 하느님의 우주적인 춤 속에 존재하는 모든 것들은 어떤 하나의 목적을 지니고 있습니다. 따라서 이 특정한 시기에 맞추어 이 행성에 존재하고 있는 여러분의 영혼들에게도 어떤 목적이 있으며, 보다 깊은 의미를 내포하고 있는 것입니다.

　나는 현재 이 세상을 살아가고 있는 많은 사람들이 속이 텅 빈 것 같고, 뭔가 빠진 것처럼 허전하며, 삶에 아무런 목적이나 깊은 의미가 없는 것처럼 느끼고 있다는 점을 잘 알고 있습니다. 그럼에도 이러한 느낌을 가지게 되는 이유는 여러분 영혼의 내면 깊숙한 곳에서는 삶에 더 큰 무엇이 존재하고 있다는 것을 알고 있기 때문입니다. 당신들은 삶에는 어떤 목적이나 보다 깊은 의미가 있을 거라고 짐작은 합니다만, 그럼에도 여러분이 성장해온 사회를 통해서는 그 영적 목적이 무엇인지에 대해 배울 수가 없었습니다. 따라서 여러분은 방향타(方向舵)도 없이 표류하는 배와 같습니다. 어딘가에는 반드시 안전하게 정박할 장소가 있어야 한다고 느끼고는 있지만, 어떤 경로를 통해 그 정박지에 닿아야 하는지 알지 못하고 있는 상태입니다. 그러므로 내가 이렇게 이야기하는 목적은 어둠 속에다 한 줄기의 밝은 횃불을 비추려는 것입니다. 그렇게 함으로써 한 시대에서 다음 시대로 변형되는 과정에서 여러분이 그 빛을 통해 길을 찾아 이 지구가 맞이하게 될 어두운 밤을 헤쳐 나갈 수 있도록 돕고자 하는 것입니다.

신문의 주요 기사들을 살펴보라

　사랑하는 이들이여, 오늘날의 주요기사들을 살펴보면, 최근 들어 이례적인 사건들이 빈번하게 일어나고 있음을 어렵지 않게 찾아볼 수 있을 것입니다. 여러분은 거의 매일같이 지진과 태풍, 홍수, 가뭄, 화산폭발 및 기타 자연재해에 대해 듣고 있습니다. 그렇습니다. 나는 이러한 현상들이 수십 년, 수백 년간 지속되어 왔다는 것을 잘 알고 있습니다. 그럼에도 자연재해의 빈도와 강도 면에서 최근 몇 년 사이에 급격한 증가를 보이고 있다는 사실을 통계를 통해 알 수 있을 것입니다.1) 마찬가지로 테러뿐만 아니라 국가 간 혹은 국가 내에서의 긴장관계도 고조되어 왔다는 사실을 쉽게 알 수 있으리라 생각합니다. 따라서 어느 정도 깨어 있는 사람들이라면, 자연 그 자체에서의 격변과

---

1) 2003. 6월 유엔 산하의 기후과학 전문위원회인 세계기상기구(WMO)는 전 세계가 많은 극단적인 날씨의 변화를 겪고 있으며, 이러한 추세는 계속될 것이며 심한 경우는 더 가속화될 수도 있다고 발표하였음. (저자 註)

인간 사회에서의 격변이 상존(常存)해있다는 것을 어렵지 않게 이해할 수 있으리라 믿습니다.

이러한 대변동은 우연하게 일어나는 것이 아닙니다. 이러한 현상은 인류뿐만 아니라 지구라는 전 행성이 하나의 영적 사이클에서 다음의 영적 사이클로 이동하고 있기 때문에 발생하는 것입니다. 이것은 매번 약 2,000년 주기(週期)마다 일어나는 현상입니다. 이러한 현상이 마지막으로 일어났던 때는 나의 사랑하는 아들인 예수가 탄생하고 십자가에 못 박힐 무렵이었습니다. 실제로 예수는 "쌍어궁(雙魚宮) 시대"라 불리는 새로운 영적 주기를 안내하기 위해 하느님의 사자(使者)로서 왔었습니다.

여러분이 역사적인 기록들을 살펴본다면, 내가 말한 것처럼 2,000년 전에도 자연과 사회분야에서 커다란 변동이 있었다는 사실을 알 수 있을 것입니다. 신약성서와 역사적인 문서들에는 사회적인 대격변에 관해 일부 기록되어 있기는 합니다. 하지만 많은 기록들이 소실되었기 때문에 오늘날에 살고 있는 사람들은 2,000년 전에 만연해 있었던 자연 재해와 전쟁, 그리고 전쟁에 대한 무성한 소문들을 알지 못하고 있을 뿐입니다.

사랑하는 이들이여, 내가 여러분에게 두려움을 주고자 이러한 이야기를 하는 것은 아닙니다. 그러나 불행히도 산기슭에는 눈이 쌓이고 있는데, 이 행성에 사는 많은 사람들은 계곡 아래에서 잠들어 있고, 틀림없이 눈사태가 일어나서 잠자고 있는 사람들을 파묻어버릴 시기가 가까워오고 있습니다. 그렇다면 나와 같은 영적인 존재가 할 수 있는 일이 무엇이 있겠습니까? 아무튼 몇 십 년 내에 특히 지금부터 2012년 사이에 이 지구에 무슨 일이 일어날지를 나는 명확히 알고 있습니다. 또한 이러한 격변을 피할 수 있는 유일한 길은 많은 사람들이 깨어나서 무시무시한 예언들을 되돌릴 수 있도록 필요한 행위를 하는 것뿐입니다. 여러분이 무슨 일이 일어날지를 안다면, 그리고 균형 잡힌 사람들인 영적인 사람들이 깨어나지 못하고 잠들어있다는 사실을 안다면, 여러분은 무엇을 하겠습니까? 따라서 이러한 사람들은 이 결정적인 시기에 자신들이 이 지구에 온 목적을 충족시키지 못하고 있는 것이라고 할 수 있습니다.

나를 비롯한 모든 영적인 스승들이 직면해 있는 딜레마는 어떻게 하면 사람들을 깨워서 지구에 들이닥치게 될 대격변을 피하게 하느냐는 것입니다. 그러나 사람들이 낡은 의식(意識)을 버리고 새로운 의식 상태로 변형할 수 있도록 돕고자 하는 우리의 목적과는 반대로 대격변을 피하게 한다는 명분으로 사람들을 두려움이나 공황상태에 빠지게 해서는 안 됩니다. 자연계가 여름과 겨울의 사이클을 가지고 있는 것과 마찬가지로, 이 행성 자체도 보다 큰 자연의 사이클을 가지고 있습니다. 즉 영적인 주기들이 존재하고 있는 것입니다. 이러한 주기들은 인류를 고차원적인 의식수준으로 상승할 수 있도록 인도하고, 자기들이 누구이며, 자신들의 근원인 하느님과 어떻게 연결되어 있는지에 대해 고차원적으로 이해할 수 있게 해줄 것입니다.

깨어 있는 사람들이 성경을 보게 되면, 구약성서 시대에 살았던 사람들이 오늘날의 사람들에 비해 훨씬 낮은 의식 상태에 있었음을 쉽게 알 수 있을 것입니다. 이 때문에 그 당시의 사람들에게는 상대적으로 단순한 영적인 가르침과 아주 엄격한 계율이 주어지게 되었던 것입니다.

나의 아들 예수가 태어났던 2,000년 전에 예수는 보다 성숙하고 세련된 영적인 가르침들을 전해주기 위해 왔었습니다. 또한 예수는 눈에는 눈, 이에는 이, 대신에 다른 쪽 뺨마저 돌려대라고, 그리고 남들이 자신에게 해주기를 바라는 대로 다른 사람들에게 그렇게 행하라는 고차원적인 법칙들을 설명했던 것입니다.

사실 예수가 전한 메시지 중에서 크게 간과하고 지나쳐버린 메시지는 **우주가 일종의 거울(mirror)이라는 사실**입니다. 우주는 여러분이 타인들에게 행한 것을 여러분 자신에게 그대로 되돌려주게 되어 있으며, 이러한 이유 때문에 지구가 새로운 영적 사이클로 움직여감에 따라 대격변이 일어날 가능성이 존재하는 것입니다. 즉 하나의 영적 시대가 끝날 무렵에는 인류가 그 시대에 뿌린 것들을 자신들이 반드시 거두어야만 합니다. 앞으로 간단하게 설명하겠지만, 그런 까닭에 이러한 추수의 과정에서 다양한 형태의 자연 및 사회적인 큰 재난이 일어날 수가 있습니다.

우상의 극복

오늘날 우리가 행성 지구에서 목격하고 있는 문제는 나의 아들인 예수 그리스도를 둘러싸고 구축돼 있는 맹목적인 숭배로 인해 너무나 많은 사람들이 희생양으로 전락하고 말았다는 사실입니다. 그 결과 2,000년 전에 예수가 전했던 가르침들, 심지어는 성서에 기록되어 있는 그의 작은 가르침마저도 인간이 이 행성에서 배울 수 있는 최상의 영적인 가르침이라고 믿게 되었다는 것입니다. 실제로 이러한 믿음 때문에 정통파나 기성 기독교에서 완전히 이단시하는 이러한 대화를 내가 하게 되었고, 그것이 로사리오(묵주기도문)들을 전하기로 결심하게 된 주된 이유인 것입니다.

사랑하는 이들이여! 여러분도 알다시피, 나는 지난 세기와 그 이전 세기에 실제로 이 행성의 많은 사람들 앞에 나타났던 적이 있었습니다. 이러한 출현들 중에 대다수는 가톨릭 신자들 앞에 나타났었으며, 그 이유는 많은 가톨릭 신자들이 나에 대한 열렬한 신앙심을 가지고 있었기 때문입니다. 그럼에도 불구하고 나는 대개 특이한 방식으로 출현했었으며, 사람들의 관심을 끌기 위해 말은 별로 하지 않고 어떤 형상을 구현하거나, 조각상이 눈물을 흘리는 모습을 보여주었습니다. 또 어떤 경우는 작은 아이들 앞에 나타나서 여러 가지 가르침을 전해 주었지만, 대개는 단순한 것들이었습니다.[2]

잠시 멈춰, 내가 그렇게 밖에 할 수 없었던 이유를 생각해보면, 그것은 성모 마리아를 존경하는 많은 사람들이 예수가 2,000년 전에 가르쳤던 진리보다 더 고차원적이고 새로운 하느님의 진리를 이해하려고 하지 않았기 때문이라는 것을 깨닫게 될 것입니다. 성모 마리아에게 마음의 문을 열어 놓고 있는 많은 사람들조차도 특정 교회의 정통 교리, 심지어 그러한 교리가 예수가 태어난 지 수 세기가 지난 뒤에 체계화된 것임에도 그 교리에서 벗어난 가르침에 대해서는 마음의 문

---

[2] 역사상 세계적인 성모 출현의 사례들은 다음과 같다. 1531년 멕시코 과달루페(Guadalupe)의 발현, 1846년 프랑스 라 살레트 발현, 1858년 프랑스 남서부 루르드 발현, 1871년 프랑스 퐁맹(Pontmain)의 발현, 1879년 아일랜드 녹크(Knock)의 발현, 1917년 포르투갈 파티마(Fatima)의 발현, 1932~33년 벨기에 보랭의 발현, 1981년 보스니아의 메주고리예의 발현 등이 유명하다. (감수자 주)

을 닫고 있는 실정입니다. 따라서 이러한 이유로 내가 보다 세부적인 영적인 가르침을 구체적으로 펼 수가 없는 것입니다. 그리고 만약 내가 교회의 어떤 전통적인 교리를 벗어난 가르침을 펴고자 한다면, 사람들은 나의 출현이 거짓이거나 악마의 짓이라고 배척하게 될 것입니다.

여러분의 구원이 보장돼 있지 않은 이유

사랑하는 이들이여, 하나의 영적인 존재로서 내가 직면하고 있는 문제들에 대해 여러분들과 함께 나누고자 합니다. 여러분도 알다시피 나는 승천한 초인 대사들의 집단(Ascended Host)이라 불리는 영적인 존재들의 일원으로 오늘 여기에 와 있으며, 인류에게 있어 우리는 영적 스승들이기도 합니다.3) 이 그룹에는 많은 멤버들이 함께하고 있으며, 나만 홀로 있는 것이 아닙니다. 그리고 나의 아들이며, 영적인 형제인 예수도 이 그룹의 일원입니다. 우리는 모두가 승천한 존재들이며, 우리 모두는 하느님 앞에서 평등하고, 우리가 맡은 직무와 직위는 비록 다르다 할지라도 봉사하는 일만은 똑같습니다. 우리는 오직 하나의 목적만을 가지고 있는데, 그것은 지구에 사는 **모든 영혼들을 그들의 고향인 하느님의 왕국으로 돌아오게 하는 것**입니다. 그러므로 우리는 이러한 목적을 달성하기 위한 방법들을 끊임없이 모색하고 있습니다.

불행히도 이러한 일들을 하는 데 있어서 우리가 부딪치게 되는 가장 큰 장애들 중의 하나는 지구에 사는 사람들이 구원에 대해 잘못된

---

3) 성모 마리아의 승천에 관해서는 3~4세기 경의 여러 외경들을 비롯하여 그리스어, 라틴어, 콥트어, 에티오피아어, 등 각종 언어로 기록된 고대 필사본들이 다수 남아 있다. 현재 가톨릭교회와 동방정교회는 이를 교리로서 정식 인정하고 있다.
인류 역사상 예수님과 성모님을 비롯하여 다수의 승천한 존재들이 있다. 구약의 에녹과 엘리야도 승천했으며, 이외에도 세상에 알려지지 않은 많은 존재들이 있는데, 비단 서양뿐만이 아니라 고대 동양에서도 선도(仙道) 수련을 통해 우화등선(羽化登仙)함으로써 백일승천(白日昇天)한 역사적인 여러 사례들이 있다.
천상의 메시지에 따르면, 지구의 상위 고차원계에는 바로 이런 승천한 높은 영적 존재들로 이루어진 <영단(Spiritual Hierarchy)>이라는 신성한 조직이 있으며, 이 조직은 성모와 그리스도를 포함하여 인류역사상의 여러 성인(聖人), 각자(覺者), 초인(超人) 등의 대사(大師)들로 구성되어 있다고 한다.　　　(감수자 주)

17세기에 화가 루벤스가 그린 성모 승천상

믿음을 가지고 있다는 것입니다. 즉 그들이 구원이 외형적으로 이루어지는 것이라고 믿고 있는 데 문제가 있습니다. 그들은 특정 종교의 일원이 됨으로써, 또는 어떠한 교리를 믿음으로써, 외적인 규율과 의식(儀式)을 따름으로써 구원이 얻어지는 것이라고 생각하고 있습니다. 세상에는 이러한 모든 외적인 규율들을 따르기만 하면, 구원이 보장된다고 믿는 사람들이 많습니다. 하느님과 거래를 하여 천국으로 가는 표를 사듯이, 그들은 어떠한 규율을 따름으로써 자동적으로 구원을 받을 수 있다는 믿음을 갖게 되기에 이르렀던 것입니다.

사랑하는 이들이여, 이러한 구원은 예수가 가르치고 실제로 증명해 보인 것과는 완전히 다른 것이고, 진실로 잘못된 구원입니다. 신약성서에 기록된 가르침들을 조금만 살펴보아도 예수는 이러한 외적인 구원방식, 즉 자동적으로 구원된다고 전도(傳道)했던 당시의 문인들, 바리새인들, 사두개파들, 신전의 성직자들, 율법학자들, 그리고 그 외의 누구에게도 변함없이 반대 입장을 취했다는 사실을 쉽게 알 수 있을 것입니다. 예수가 아주 다른 형태의 구원방식을 전파했다는 사실을 아는 것은 어렵지가 않습니다. 그리고 예수가 설파한 그 구원은 보장될 수 있는 성격의 것이 아닌데, 왜냐하면 그것은 여러분이 하는 선택에 달려 있으며, 또한 여러분의 의식(意識) 상태에 달려 있기 때문입니다.

왜 하느님께서 예수를 구세주로서 지구에 보낼 필요가 있다고 판단하시게 되었는지를 잠시 숙고해보기 바랍니다. 그 이유는 오직 한 가지, 즉 인간이 자유의지를 가지고 있기 때문입니다. 그리고 인간이 자유의지를 가지고 있는 까닭에 그들의 구원은 보장될 수가 없는 것입니다. 사랑하는 이들이여, 여러분이 조금만 더 논리적이고 상식적인 사고(思考)를 한다면, 구원은 보장될 수 있는 성격이 아니기 때문에 예수가 정확한 시기에 맞추어 지구에 왔었다는 것을 쉽게 이해할 수 있을 것입니다. 만약 인간이 자유의지를 가지고 있지 않았다면, 그것은 하느님께서 지구 행성에다 인간들이 죄 속으로 빠지게 만드는 제반 상황들을 모두 창조해놓았다는 의미가 될 것입니다. 그러므로 사람들을 구하기 위해서 하느님께서는 그러한 여건들을 바꾸어 놓기만 하면 되었을 것입니다. 그렇지 않습니까? 따라서 특히 당시에 많은 사람들이 예수를 배척했고, 오늘날까지도 많은 사람들이 예수가 가르치고 실제로 시범을 통해 증명해보인 구원에 관한 내적인 참된 가르침들을 부정하고 있는 것을 감안해 볼 때, 하느님께서 그 시기에 맞추어 예수를 구세주로서 이 지구에 보낸 이유가 무엇이겠습니까?

지구에서의 제반여건들은 인간의 선택에 따라 좌우될 수밖에 없기 때문에 이 지구에서의 삶이라는 현실은 보장될 수 있는 것이 아무 것도 없습니다. 다시 말해 특정 종교에 속해 있다고 해서, 또는 어떤 외적인 규율이나 의식(儀式)을 따른다고 해서 여러분의 구원이 보장될 수는 없는 것입니다. 그렇다고 교회에 다니는 것이 무의미하다는 뜻은 아닙니다. 내가 말하는 의미는 구원이란 여러분의 선택여하에 달려 있는 것이므로 어떠한 조직의 일원이 된다고 해서 구원이 무조건 보장될 수 있는 것은 아니라는 뜻입니다.

예수가 했던 말들, 또는 성경에 기록된 가장 중요한 말들 중의 하나는 "하느님의 왕국은 여러분의 내면에 있다(누가복음 17:21)"[4]라고 하는 말입니다. 이해할 수 없을 것 같은 이 말 속에 숨어있는 의미를 이해한다면, 보장된 구원이란 있을 수 없음을 알 수 있을 것입니다. ***구원이란 일종의 의식(意識) 상태, 즉 일체감(一體感)의 상태이기 때문에 구원은 여러분의 선택에 좌우될 수밖에 없는 것입니다.***[5] 그렇습

---

[4] "바리새인들이 하느님의 나라가 어느 때에 임하나이까 묻거늘, 예수께서 대답하여 가라사대, 하느님의 나라는 볼 수 있게 임하는 것이 아니요. 또 여기 있다 저기 있다고도 못하리니 하느님의 나라는 너희 안에 있느니라."(누가복음 17:20~21)

니다. 사랑하는 이들이여, 하느님의 왕국은 의식 상태, 바로 예수가 증명해보인 의식의 상태를 말합니다. "너희 안에 이 마음을 품어라, 곧 예수 그리스도의 마음이니(빌립보서 2:5)"라는 기록을 보면, 이 말의 뜻을 성 바울(Paul)은 명확히 이해했던 것 같습니다. 참으로 이 문구가 구원의 열쇠를 지니고 있는 것입니다.

여러분은 들을 귀를 가지고 있는가?

내가 이렇게 장황하게 설명하는 이유는 2,000년 전에 예수가 전했던 가르침이 이 행성에 주어졌던 가장 위대하고 높은 가르침이 아니라는 것을 여러분이 이해할 수 있도록 돕기 위해서입니다. 이는 예수의 의식이 높지 않아서가 아니라, 그 당시에 살고 있던 사람들의 의식이 낮았기 때문입니다. 2,000년 전의 사람들이 알고 있었던 지식을 되돌아보고, 이것을 오늘날에 여러분들이 알고 있는 지식들과 단순히 비교만이라도 해보세요. 오늘날의 사람들은 엄청나게 많이 알고 있기 때문에 승천한 대사들의 그룹인 우리가 삶의 영적인 의미에 대해 이제는 더 높은 수준의 영적인 가르침들을 여러분에게 전해줄 수 있다고 생각되지 않는가요? 우리가 사람들에게 이러한 가르침들을 전해주고 싶어 한다는 것을 이해하기가 진정 어렵습니까?

그러니 우리가 여러분에게 보다 높은 수준의 가르침들을 전달하여 이해할 수 있게 하는 데 필요한 것이 무엇이겠는지 곰곰이 생각해보기 바랍니다. 우리에게 필요한 것은 여러분이 마음과 가슴의 문을 열

---

5)여기서 일체감의 상태란 달리 말하면, 타인들이나 삼라만상 및 신(神)과의 하나됨(Oneness)의 상태를 의미한다. 또 이를 불교적으로 표현한다면, 주관세계와 객관세계가 합일되는 해탈의 경지, 자타일여적(自他一如的)인 초월의 상태라고 할 수 있다.
 20세기 중반 이집트 나그함마디에서 발견된 <도마복음서>는 그리스도의 가르침에 관한 기존의 이해를 혁명적으로 바꾼 문서로서 여기에서의 예수님의 가르침도 영적 깨달음을 통해서만 새사람으로 거듭나 죽음을 초월한 구원에 이를 수 있음을 강조하고 있다. 그리고 종교학자들은 이런 영적 깨달음을 불교에서 말하는 "깨침" "견성(見性)"과 같은 것으로 보고 있다.
 또한 중세 독일의 위대한 신학자이자 대표적 신비주의 사상가인 에크하르트(Erkhart, 1260-1327)같은 사람 역시도 인간 삶의 목적은 내재된 신과의 합일(엑스타시) 상태에 도달하는 것이라고 말했다. 그러므로 우리가 이렇게 모든 것과 본래 하나라는 일체감을 자각하고 체험하는 상태에서만이 진정한 구원에 이르는 것이며, 진정한 사랑과 이타행(利他行)이 가능하다는 이야기이다.   (감수자 註)

어 이러한 새로운 가르침들을 받아들일 수 있게 하는 것입니다. 영적인 스승으로서 우리가 직면해 있는 어려움이 바로 여기에 있습니다. 지구에 사는 많은 사람들이 자신들이 현재 믿고 있는 교리와 믿음에 너무 집착해 있는 나머지 우리가 전해주고자 하는 새로운 가르침들을 쳐다보려고도 하지 않는 데에 그 어려움이 있는 것입니다.

사랑하는 이들이여, 이러한 기본적인 역학관계들을 이해할 수 없나요? 예수가 왔을 때, 그는 구약성서에 적혀 있는 것보다 더 높은 영적인 가르침을 펴기 위해 왔었습니다. 그러나 당시에 예수를 배척했던 사람들은 정확히 말해 구약성서의 가르침에 너무 집착해 있던 나머지 율법과 선지자들의 말에서 벗어난 어떤 것도 받아들이려 하지 않았던 사람들이었습니다. 마음과 가슴의 문을 닫아버리고 어떤 새로운 것들도 받아들이려 하지 않았던 이러한 태도와 경향이 2,000년 전에 예수가 직면했던 가장 큰 제약이었다는 것을 짐작할 수 있지 않습니까? 또 이러한 제약 때문에, 예수도 당시의 지식과 믿음에 기초하여 자신의 가르침들을 사람들이 받아들일 수 있고 받아들이고자 하는 것에 맞추어서 전할 수밖에 없었음도 이해할 수 있지 않은가요? 따라서 예수는 군중들 앞에서는 비유를 사용하여 가르쳤고, 제자들 앞에서는 보다 상세하게 설명했던 것입니다(마가복음 4:34).6) 알다시피 이러한 고차원적인 가르침들에 대해 예수의 제자들은 일반 대중들보다는 마음과 가슴의 문을 더 많이 열어놓고 있었던 것입니다.

사랑하는 이들이여, 고로 내가 여러 차례 세계 전역에 출현하면서도 보다 높은 영적인 가르침을 전하지 않았던 이유는 사람들이 자신들이 믿고 있던 교리에서 벗어난 어떤 것에 대해서도 마음과 가슴의 문을 열려 하지 않았기 때문이라는 점을 짐작할 수 있을 것입니다. 그런 이유로 나는 이 책을 통해 가르침들을 전해야겠다는 결심을 하기에 이르렀습니다. 그리고 이러한 일이 가능하게 된 것은 내가 전하고자 하는 말에 어떠한 제약이나 속박을 가하지 않고 나의 입이 되어줄 사람을 찾았기 때문입니다.

나는 여러분이 읽게 될 이 책의 내용에 대해 어떠한 제한도 가하지

---

6) "예수께서 이러한 많은 비유로 저희가 알아들을 수 있는대로 말씀을 가르치시되, 비유가 아니면 말씀하지 아니하시고 다만 혼자 계실 때에 그 제자들에게 모든 것을 해석 하시더라.(마가복음 4:33~34)"

않고 이 책을 읽을 수 있는 열린 마음과 가슴을 지닌 사람이 되어주기를 희망하고 있습니다. 여러분은 예수가 알아들을 귀가 있는 자들은 듣는 편이 좋다고 왜 그렇게 자주 말했는지 그 이유를 이해하겠습니까? 당시 극소수의 사람들만이 들을 귀를 가지고 있었다는 것은 곧 당시에 존재했던 교리에서 벗어난 가르침들을 듣고자 하는 사람들이 거의 없었다는 것을 뜻합니다. 그리고 이것이 바로 많은 사람들이 마음과 가슴의 문을 열고 예수의 가르침들을 깊이 생각해보지도 않고 배척했던 이유였습니다.

하지만 오늘날에는 보다 많은 사람들이 마음의 문을 열고 더 고차원적인 가르침들을 받아들이고자하므로 나는 이를 기쁘게 생각합니다. 이 책을 통해 나는 이러한 사람들과 접촉할 수 있게 되기를 바라고 있습니다. 또한 기존 정통 교리에서 벗어난 것들에 대해 마음과 가슴의 문을 닫아놓고 있는 사람들과도 접촉할 수 있기를 희망합니다.

경고

앞에서의 이야기, 즉 영적인 한 시대에서 다음의 시대로 변이(變移)되는 과정에 대한 이야기로 다시 돌아가겠습니다. 이러한 변형이 일어나는 데에 정말로 필요한 것은 임계수치에 달하는 사람들이 낡은 체제인 구시대의 의식(意識)에 기초한 교리와 사념, 그리고 심상(心像: Mental Image)들을 반드시 버려야 한다는 것입니다. 내가 필요로 하는 사람들은 낡은 틀을 버리고 새로운 패러다임(체계), 즉 다가오는 시대에 적합한 사고방식과 의식 상태를 기꺼이 받아들이고자 하는 사람들입니다. 달리 표현하면, 새 시대로의 전환이 성공적으로 이루어지기 위해서는 사람들이 자신들이 지닌 정신적 및 감정적 집착들을 버리고 보다 높은 영적인 자각단계로 상승해야만 합니다. 그리고 낡은 사고방식을 지닌 사고체계를 버려야 할 뿐만 아니라 매번 새 시대의 초기에 나타나는 살아 있는 그리스도의 사도가 기꺼이 되어야 한다는 것입니다.

이것 때문에 나는 내가 발해야만 하는 경고를 하지 않을 수가 없습니다. 여러분이 현재 자연적 및 사회적인 격변을 목격하고 있는 이유는 아주 많은 사람들이 아직도 자신들의 왜곡된 견고한 믿음을 버리려 하지 않기 때문입니다. 그들은 기존의 교리에서 벗어난 것들을 보려고도 하지 않을 뿐만 아니라 더 수준 높은 세계관을 받아들이려 하지도 않습니다. **영적인 사이클은 우주의 사이클입니다.** 성경에 기록되어 있듯이, "하느님께서는 사람을 차별하시지 않으십니다(사도행전 10:34)." 그렇기에 이 지구에 새 시대를 실현하게 할 우주적 사이클은 인류 및 그들의 의견과는 무관하게 진행되며, 기다려주지도 않습니다.

  새 시대가 다가오게 되면, 새 시대의 영적인 에너지는 지구 행성의 에너지 시스템을 통해 순환하기 시작합니다. 에너지들이 이처럼 순환하게 됨에 따라 이 에너지들은 일종의 압력, 즉 변화의 압력을 창조하게 될 것입니다. 새로운 영적 사이클이 지닌 에너지를 받아들이려 하지 않는 사람들은 이러한 변화에 저항하게 되겠지만, 이러한 변화는 반드시 일어나게 돼 있으며, 피해갈 수도 없는 것입니다.

  나의 사랑하는 이들이여, 이러한 상황을 시각적으로 보다 쉽게 이해할 수 있도록 다음의 실험을 해보기 바랍니다. 부엌으로 가서 손가락으로 수도꼭지 입구를 막아보세요. 그런 다음에 수돗물을 약간만 틀어보세요. 수돗물의 압력을 손가락에 느낄 수 있지만, 그 정도의 압력은 얼마든지 견딜 수가 있을 것입니다. 이제 수돗물을 점점 더 많이 틀면, 압력은 점점 커지게 될 것이며, 물을 틀어막기가 점점 힘들어지게 될 것입니다. 더 많이 틀면, 수돗물이 결국에는 아주 작은 틈새를 찾아내게 될 것이며, 이곳으로 수돗물이 새어나오게 될 것입니다. 이와 똑같은 현상이 바로 새 시대가 이 지구에 도래하게 될 때에 나타나는 현상입니다. 새로운 사이클이 지닌 영적인 에너지는 압력을 쌓이게 하는 수돗물과 같으며, 결국에는 균열이 생기고 틈새가 벌어져서 이곳으로 수돗물이 쏟아져 나오게 될 것입니다.

  다음의 이야기에서 설명하겠지만, 지구 행성은 하나의 에너지 시스템이며, **이 지구의 에너지 시스템에서 인간의 의식(意識)은 없어서는 안 될 꼭 필요한 일부분입니다.** 그러므로 사람들이 새 시대의 에너지를 받아들이지 않으려고 저항하게 되면, 압력은 점점 쌓여져 결국에는 자연적인 재해나 사회적인 변혁이라는 격렬한 형태로 터져 나오게 됩니다. 오늘날 여러분이 이 지구 행성에서 목격하고 있는 것이 바로 이러한 현상이며, 다음의 이야기 편에서 보다 자세하게 설명하게 될 것입니다.

나는 돌격대가 필요하다

이 책을 출간하는 나의 목적은 인류가 행성적인 대재앙이나 사회적인 완전한 파멸을 맞지 않고도 새로운 영적인 주기(週期)로 전환할 수 있도록 돕기 위해 나의 돌격대가 되어줄 사람들을 만나기 위한 것입니다. 사랑하는 이들이여, 여러분이 지난 몇 년에 걸쳐 목격해온 것은 우주적 사이클의 순환에 필연적으로 수반될 수밖에 없는 변화에 인류가 저항하게 되면 어떤 일들이 발생하게 되는지를 보여주는 서막에 불과한 것들입니다. 이런 이유 때문에 내가 여러분을 찾아와서 이러한 붕괴를 피할 수 있는 몇 가지 가르침들뿐만 아니라 실질적으로 활용할 수 있는 도구로서 몇 개의 새로운 형태의 묵주기도문(Rosaries)을 전하고자 하는 것입니다. 만약 임계수치의 사람들이 이 책에 수록된 나의 가르침들을 받아들이고 이 새로운 로자리오 기도를 성실히 수행하게 되면, 자연적인 재해와 인명의 손실을 최소화하면서도 새로운 시대가 도래되는 것을 여러분이 실제로 목격하게 될 것입니다.

사랑하는 이들이여, 나는 특히 이 책을 깨어있는 사람들이 읽어주기를 바라고 있습니다. 그러한 사람들은 이 책을 접하고도 두려움을 느끼지 않을 것이라 생각하며, 나 역시도 이미 이 행성에 가해지고 있는 두려움에 추가로 그 힘을 더 보태고 싶지도 않습니다. 따라서 이 책에 수록된 내 이야기로 인해 여러분이 두려움을 느끼게 되는 것이 아니라, 오히려 새로운 목적의식과 확신을 가지게 될 것이라 믿고 있습니다. 나는 여러분이 인류가 새로운 영적시대로 전환해갈 수 있도록 돕기 위해 자신들이 사실상 이 결정적인 시기에 정확히 여기 이 지구에 존재하고 있다는 것을 스스로 깨닫기를 바라고 있습니다. 여러분은 스스로 이 일을 하고자 자원했으며, 이곳에 오기로 선택한 것도 바로 여러분 자신입니다.
　사랑하는 이들이여, 나는 여러분이 가슴과 마음의 문을 열어 이 책에서 내가 전하고자 하는 진실을 받아들이길 호소합니다. 많은 사람들에게는 이러한 진실이 초기단계에서 배워왔던 교리와는 크게 어긋나는 것이 될 것이라는 점은 나도 잘 알고 있습니다. 그러나 여러분 중의 많은 사람들이 새로운 가르침에 마음의 문을 열어야 하며, 인류가 좀 더 높이 오르기 위해서는 누군가 반드시 기꺼이 낡은 사고방식을 초월해서 보고자 해야 한다는 것을 깨닫게 되리라 믿고 있습니다. 다시 말해 누군가는 반드시 새로운 영적인 가르침들을 받아들여야 하며, 그럼으로써 이 지구 행성이 보다 높은 의식 수준으로 올라갈 수 있게 될 것입니다. 그럼 이제 지구 어머니가 그녀의 자녀들과 어떻게 긴밀한 관계를 유지하고 있는지를 새롭게 이해할 수 있는 흥미진진한 여행을 시작해 보겠습니다.

2장

깊은 내면에 있는 영혼의 갈망을 이해하라

사랑하는 이들이여, 나는 여러분의 가슴 속 깊은 곳에서, 그리고 영혼 속 깊은 곳에서 느끼고 있는 갈망이 무엇인지에 대해 이야기하고자 합니다. 이러한 갈망이 여러분 중에 많은 사람들에게 엄청난 고통의 원천이 된 것도 사실입니다. 하지만 여러분이 이러한 갈망을 가지게 된 이유를 이해하고 나면, 이러한 갈망이 사실은 은총이며 축복이라는 것을 알게 될 것입니다. 왜냐하면 이러한 갈망이 여러분 자신들뿐만 아니라 이 행성을 구원할 수 있는 열쇠를 쥐고 있기 때문입니다.

안타깝게도 아주 많은 사람들이 자신들이 갈망하고 있는 것이 이 세상 속에 존재하는 어떤 것이라고 속아서 살아왔습니다. 그들은 자신들의 영혼 속에서 느끼는 뿌리 깊은 갈망이 완벽한 배우자나 물질적인 것에 대한 소유, 심지어 세상에서의 명성 혹은 권력에 대한 것이라고 믿어 왔습니다. 그리고 세상의 모든 산업들이 이러한 갈증을 충족시켜주기 위한 것이 아니라, 오히려 이러한 갈증이 더 커지도록

제1부 어머니의 화염

부채질하고 있습니다. 이러한 산업들은 번창할 수밖에 없습니다. 왜냐하면 사람들은 늘 더 많은 것을 갖고자 굶주려 있고, 이런 허기는 절대로 채워질 수가 없으므로 사람들은 계속해서 여기에 의지할 수밖에 없기 때문입니다. 사랑하는 이들이여, 온전해지기 위해, 구원받기 위해, 여러분은 어리석게도 외부에 있는 무엇인가가 필요하다고 느끼고 있습니다. 그러므로 이제 어떻게 해서 이렇게 되었는지를 설명하겠으니, 부디 내 말을 귀담아 들어주기 바랍니다.

여러분이 내적인 갈망을 가지게 된 참된 이유를 이해하는 열쇠는 겉으로 보이는 것이 전부가 아니며, 눈에 보이는 것보다 더 큰 무엇인가가 여러분에게 존재하고 있다는 것을 깨닫는데 있습니다. 지난 수세기 걸쳐 진행되어온 가장 불행한 상황 중의 하나는 **과학과 종교 사이의 분리**였습니다. 그리고 이러한 분리로 인해 많은 사람들 사이에 분열이 조장되어 왔습니다. 왜냐하면 사람들은 자신들이 믿는 종교적 믿음을 유지하기 위해 과학이 찾아낸 발견들을 무시할 수밖에 없었기 때문입니다. 그러나 이러한 태도는 옳지 않은데, 이 메시지를 전하고 있는 메신저가 다른 책에서 명확하게 설명한 것처럼 과학적인 발견을 인정하면서도 영적인 삶에 접근해가는 것이 가능한 까닭입니다.

위대한 과학적인 발견

여러분이 여기에서 이해해야 하는 것은 인류의 역사상 가장 위대한 과학적 발견들 중의 하나인 앨버트 아인슈타인(Albert Einstein)[7] 박사의 "**모든 것들은 에너지로 이루어져 있다.**"는 이론입니다. 영적인 것에 관심이 있는 모든 사람들에게 이 발견이 대단히 큰 의미를 지니고 있다는 것이 간과되어 왔습니다. 그렇기에 아인슈타인의 발견이 무엇을 의미하는지를 이해하는 것은 대단히 중요합니다.

아인슈타인 이전의 과학자들은 이원성의 세계관(a dualistic view of the world)을 가지고 있었습니다. 인류는 수천 년 동안 이 이원성의 세계관을 신봉해왔습니다. 그리고 그 결과 삶의 여러 측면들 간의

---

7) 20세기의 최대의 물리학자이자 과학자. <상대성 이론>을 확립했다.

장벽과 분리를 체험하게 되었던 것입니다. 대부분의 종교인들은 자신들과 하느님, 그리고 지구와 천국 사이에는 분명한 분리가 존재하고 있다고 알고 있었으며, 지금까지도 그렇게 알고 있습니다.

그러나 **모든 것들이 에너지로 만들어졌다는** 이 사실은 여러분들이 **이원성(二元性)과 분리의식(分離意識)을 극복할 수 있는 전혀 새로운 세계관을 제시해주고 있습니다.** 알다시피 모든 것들이 에너지로 만들어졌다면, 이 모든 것들은 기본적으로 동일한 질료(質料)로 이루어졌다는 뜻이 되므로 하느님께서 창조하신 창조계 내에서 침투할 수 없는 장벽이란 존재할 수 없다는 말이 됩니다. 이러한 원리가 다음과 같은 말로 성경 속에 명확하게 기록되어 있습니다. "지은 것이 하나도 그가 없이는 된 것이 없느니라(요한복음 1:3)."

현대의 과학자들은 모든 것이 에너지로부터 만들어졌다고 주장하고 있는데, 그렇다면 과연 이 에너지란 무엇일까요? 에너지가 무엇인지에 대해 과학자들은 정확한 설명을 하지 못하고 있으며, 다만 진동하고 있는 하나의 형태라고만 말하고 있습니다. 에너지는 바다 위에 존재하는 파도라고 할 수 있는데, 바다가 없다면 어떻게 파도가 칠 수 있을까요? 그러므로 진동이 있는 곳에는 진동할 수 있는 무엇인가가 반드시 존재해야 합니다.

현대의 과학이 발견한 것들을 면밀하게 고찰해보면, 다음과 같은 사실을 깨닫게 됩니다. 만약 물질우주가 서로 다른 주파수를 지닌 여러 개의 에너지파로 만들어졌다면, 이 보이는 모든 자연현상 너머에는 무엇인가가 반드시 존재해야 합니다. 극소의 소립자(素粒子)에서부터 극대의 별과 은하계에 이르기까지 거기에는 진동할 수 있고 또 보이는 현상으로 나타나는 그런 진동들을 일으키게 하는 무엇인가가 존재해야만 하는 것입니다. 그리고 **보이는 모든 현상계의 이면에 존재하는 그 무엇이란 것이 바로 하느님의 빛이요, 하느님의 에너지이며, 하느님의 의식(意識)인 것입니다.**

현대의 과학자들은 원자(原子)의 가장 깊숙한 곳까지 관찰해 들어가게 되면, 물질입자와 파동에너지 사이의 경계를 더 이상 명확하게 구분할 수 없는 지점에 이르게 된다는 사실을 발견했습니다. 이러한 발견이 의미하는 바는 아원자(亞原子)[8]의 세계 속으로 계속 깊숙이

들어가게 되었을 때 맨 끝의 어떠한 지점, 즉 경계선인 하나의 막(膜)에 다다르게 된다는 것입니다. 이 막의 한 쪽이 물질우주로서 여러분이 지닌 감각으로는 단지 이 물질우주의 한 부분만을 인식할 수가 있습니다. 이 막의 또 다른 한 쪽은 순수 에너지의 영역으로서 물질우주보다 더 높은 고차원의 진동으로 이루어진 세계입니다. 이 고차원의 에너지 영역은 비어 있는 허공이 아닙니다. 여기에도 많은 층들과 수준들이 존재하며, 의식(意識)을 지닌 많은 존재들이 살고 있습니다. 인간은 물질우주에 살고 있는 의식적인 존재들이며, 이와 마찬가지로 고차원의 세계에도 의식을 가진 많은 존재들이 살고 있는데, 나도 그러한 존재들 중의 하나인 것입니다. 나의 아들 예수가 "나의 아버지의 집에는 거할 곳이 많도다.(요한복음 14:2).''고 말했듯이, 고차원적인 여러 에너지 단계들 속에는 참으로 수많은 세계가 존재하고 있습니다.

물질우주를 벗어난 진동을 지닌 일부의 영역들은 영적 세계, 또는 천국(天國)이라 부를 수 있는 세계들로 구성되어 있습니다. 수세기에 걸쳐 직관적인 체험을 했던 사람들, 영적이고 신비로운 광경을 목격했던 사람들, 또는 임사체험(臨死體驗)을 했던 수많은 사람들이 경험했던 것이 바로 이러한 세계들 중의 하나였던 것입니다. 여러분이 감각을 통해 보고 만질 수 있는 물질세계만큼이나 이러한 세계들도 실제적인 세계입니다. 어떤 의미에서는 오히려 이러한 세계가 물질세계보다 더 실제적이라 할 수 있는데, 그 이유는 이러한 세계가 물질세계의 토대를 이루고 있기 때문입니다. 물질세계는 마치 보다 높은 진동을 지닌 영적세계의 토대 위에 지어진 집과 같다고 할 수 있습니다.

여러분은 어디에서 왔는가?

전 물질우주를 생성하는 데 사용된 에너지들은 아무 것도 없는 무(無)의 상태에서 나오는 것이 아닙니다. 현대의 과학자들은 아원자의

---

8)원자보다 작은 입자들이나 원자를 구성하는 기본입자들을 말한다. 여기에는 중성자나 양성자, 중간자, 전자와 같은 소립자들이 해당되며, 이것들은 이미 비물질 상태로서 인간의 의식(意識)에 의해 영향을받는다. (감수자 주)

입자들이 외관상 마치 아무 것도 없는 무(無)에서 나타날 수 있다는 것을 발견했지만, 사실 그런 입자들은 고차원적인 에너지의 세계로부터 생겨나고 있는 것입니다. 다른 말로 표현하면, 그(하느님)가 존재하지 않고는 만들어진 어떠한 것도 만들어질 수 없으며, 영적세계의 고차원적인 주파수가 존재하지 않고는 물질우주의 어떠한 것도 생겨날 수가 없다는 뜻이 됩니다. 사랑하는 이들이여, 여기에는 여러분도 포함이 됩니다.

지구에 사는 대부분의 사람들이 믿고 있는 것과는 달리 여러분은 필연적으로 죽어야 할 운명을 지닌 한 인간이라기보다는 그 이상의 훨씬 더 큰 존재들입니다. 여러분의 의식(意識)과 정체감(正體感)은 여러분의 몸이 수태되거나 태어날 때에 아무 것도 없는 곳에서 그냥 생겨나게 된 것이 아닙니다. 분명히 말하지만, 여러분의 의식은 물질적인 두뇌에서 일어나는 화학적, 또는 전자기적 작용에 의해서 생겨나는 산물이 아닙니다. 그러나 여러분이 허용하는 경우에는, 그러한 작용들이 여러분의 생각과 느낌에 어느 정도는 영향을 미칠 수는 있습니다.

여러분은 영적인 부모들 간의 조화로운 결합의 산물로서 영적세계에서 태어난 영적인 존재라는 것은 지극히 자명한 사실입니다. 그러한 결합으로 인해 하느님의 형상을 지닌 채 하느님의 닮은꼴로 여러분의 생명력이 창조된 것입니다. 이 말은 여러분이 자기인식(자각) 능력을 지니고 있으며, 보이지 않는 것을 마음속으로 그릴 수 있는 상상력과 구현하고 싶은 것을 결정할 수 있는 자유의지를 가지고 있다는 것을 의미합니다. 달리 설명하면, 여러분의 생명은 하느님의 형상 내지는 닮은꼴로 창조된 것인데, 왜냐하면 여러분은 원래 하느님과 함께 하는 공동 창조자가 되도록 설계되었기 때문입니다. 내가 말하는 생명이란 영적세계에 영원히 살아 있는 존재를 지칭하는 것으로 우리는 이러한 존재를 여러분의 **영적자아(Spiritual Self)** 또는 **신적자아(I AM Presence)**[9]라고 부르고 있습니다. 이 존재는 참으로 여러

---

[9] 이 신적자아(神我)는 우리 내면에 존재하는 개체화된 신성(神性)으로서 다른 표현으로는 신적현존, 또는 신적실재라고도 번역될 수 있다. 이것은 또한 명상계나 불교에서 해탈 후에 깨닫게 된다고 말하는 소위 우리의 참나, 진아(眞我), 대아(大我)에 해당된다. 그러므로 불교에서 말하는 "불성(佛性)"은 단지 "신성(神性)"의 또 다른 표현일 뿐이다.

분에게 "나는 … 이다(I am)"이라고 말할 수 있는 권능을 부여하는 여러분의 일부인 것입니다.

이 신적자아는 창조되던 그날처럼 언제나 순수하고 완벽하며, 이 세상에서 여러분에게 일어날 수 있는 어떠한 것에 의해서도 여러분의 이 영적자아를 훼손케 하거나 개조시킬 수가 없습니다. 나중에 다음 장(章)에서 이에 대해서 상세하게 설명하겠습니다. 그러나 현시점에서 중요한 점은 여러분의 일부가 영적세계에 뿌리를 내리고 영원히 존재하고 있다는 사실을 깨닫는 것입니다. 여러분의 **영혼은 이 신아(神我)의 한 확장체로 창조된** 것이며, 그 이유는 여러분이 물질우주에서의 삶을 체험하고 싶어 했고, 하느님께서 이 우주에 대해 지니고 계신 설계를 완수할 수 있도록 돕고자 했기 때문입니다. 따라서 여러분의 신아는 낮은 진동을 지닌 물질우주로 내려가기 위해 스스로를 확장해서 한 확장체를 창조하게 되었습니다. 그리고 이것이 바로 여러분이 지금의 영혼이 된 것입니다.10)

나의 아들 예수가 이 메신저(저자)를 통해 전한 많은 가르침들 속에서 아주 상세하게 설명했던 것처럼11), 여러분의 영혼은 길고도 복잡한 과정을 거치면서 마침내 자신의 신아에 대한 의식적인 기억을

(감수자 주)

10) 여기서 말하는 신적자아, 영적자아란 높은 차원 속에 머무르고 있는 우리 각자 영혼의 상위 근원으로서 하느님에 의해서 직접 창조된 일종의 거대한 집단의식(集團意識) 또는 대령(大靈)이다. 이는 하느님 스스로 자신을 분화한 것이기에 하느님의 작은 분신(分身)이자 하느님 자체이기도 한 것이며, 그렇기에 이 신아(神我)는 항상 하느님과 연결되어 소통하고 있다고 한다.
　그런데 수많은 이 거대한 신적자아들이 보다 진동이 낮은 세계를 경험하고자 다시 자신을 확장하고 분화(分化)하여 12개의 그리스도 자아(Christ Self), 또는 고등한 자아(Higher Self)를 창조했다. 그리고 12개의 그리스도 자아가 물질우주를 체험하기 위해 각자 다시 스스로를 확장, 분화하여 각각 12개의 영혼들을 창조했다고 하는데, 이 12개의 영혼들 가운데 하나가 바로 지구에 살고 있는 우리의 영혼인 것이다. 이렇게 계산한다면, 우주 속에 나와 동일한 영혼이 지금의 나를 포함해 총 144명이나 존재한다는 이야기가 된다. 그리고 이렇게 여러 단계에 걸쳐 나의 신적자아가 확장, 분화되어 낮은 세계로 영혼이 내려오는 과정에서 우리는 하느님과의 연결과 소통이 단절되게 되었다는 것이다. 그러므로 성모님과 같은 영적 스승들은 우리는 역으로 그리스도 자아, 신적자아의 순서대로 다시 소통하고 융합됨으로써 하느님과의 재연결과 합일을 이루어야 한다고 가르친다. 현재의 나의 영혼 외에 이 143명의 영혼들은 지구의 다른 국가나 또는 우주의 다른 차원 및 행성에서 삶을 경험하며 진화하고 있다고 한다.
11) <그리스도는 여러분 내면에서 탄생한다>, <빛을 향한 내면의 길>, <너희 자신을 구원하라>라는 책이 있다. 이 책들은 모두 도서출판 은하문명에서 출판될 예정이다.
(감수자 주)

상실하게 되었고, 그로 인해 여러분의 영적자아와 영적세계와도 의식적인 연결이 끊어지게 되었습니다. 여러분은 자신의 근원이 하나의 영적인 존재라는 것을 잊어버리게 되었으며, 자신의 정체성을 어차피 죽어야 할 운명을 지닌 하나의 인간으로, 심지어 자신의 근원과 영원히 분리된 채 살아갈 수밖에 없는 하나의 죄인(罪人)으로 새로이 받아들이게 되었던 것입니다.

그러나 정확히 말하면 여러분의 영혼은 자신의 신아(神我)가 확장되어 창조된 것이기 때문에 결코 먼지에서 생겨난 것이 아니며, 또한 물질우주를 구성하는 밀도가 짙은 에너지로 창조된 것이 아니라는 사실을 완전히 잊을 수는 없는 것입니다. 그러므로 여러분의 영혼은 이 세상에서 체험하고 있는 것들을 초월해 있는 무언가에 대한 갈망을 항상 내면 깊숙한 곳에 지니게 될 수밖에 없습니다. 사실 이러한 내적인 갈망은 여러분의 영적인 자아에 대한 그리움이기도 합니다. 이 갈망은 본래의 참된 자신과 의식적으로 재결합하고자 하는 열망으로서, 영혼이 밀도가 짙은 이 우주로 내려오기 전에, 그리고 근원과 분리되기 전에 느꼈던 완전함을 또 다시 체험하고자 하는 열망인 것입니다. 정확히 말하면 이러한 갈망으로 인해 여러분은 영적인 진리에 대한 탐구의 길에 들어서게 된 것이며, 이러한 탐구의 결실로서 이 책을 접하게 된 것입니다. 이것이 바로 여러분이 이 책을 읽고 있는 진정한 이유라고 할 수가 있습니다.

여러분의 영적인 근원을 기억하라!

사랑하는 이들이여, 지구의 많은 사람들이 자신의 영적인 근원에 대해 잊고 살아가고 있지만, 그래도 내면적으로는 여전히 더 큰 뭔가에 대한 갈망을 느끼고 있습니다. 하지만 이런 사람들도 물질우주를 벗어나서 존재하는 것은 아무 것도 없다고, 또는 자신들이 근원과 연결될 수 없는 죄인이라고 속아서 살아왔습니다. 때문에 그들은 자신들이 지닌 내적인 갈망을 충족시킬 수 있는 유일한 방법은 오로지 이 세상에 존재하는 물질을 통해서만 충족될 수 있다고 믿게 되었습니다. 그러므로 그들은 이러한 갈망을 충족시키고 온전함을 느끼게 하는 유일한 방법은 무언가를 찾아내거나, 자신들의 바깥에 존재하는 누군가를 찾아야 한다고 믿고 있습니다. 이러한 상황에 이르게 되자 불행하게도 온갖 종류의 추악한 행태가 벌어지게 되었습니다. 이에 따라 일부의 인간들뿐만 아니라 보이지 않는 세력들은 사람들을 조종하고 통제하여 자기들에게 돈과 권력 또는 목숨까지 바치게 하려고 혈안이 되어 있는 것입니다.

사랑하는 이들이여, 여러분이 왜 이 책을 읽고 있는지 곰곰이 생각해보기 바랍니다. 그 이유는 단 하나, 여러분이 이 세상의 물질로는 자신의 내적인 갈망인 온전함을 더 이상 충족시킬 수 없다는 것을 깨닫게 되는 상태에 이르렀기 때문입니다. 여러분의 영혼은 기억의 가장 깊은 곳에 존재하는 것들에 대해 알고 있지만, 여러분의 의식적인 마음이 이것을 완전히 깨닫지 못하고 있을 뿐입니다. 따라서 나는 이 책이 여러분이 이 세상의 물질로는 온전해지고자 하는 자신의 갈망과 소망을 충족시킬 수 없음을 영혼 깊숙한 곳에서는 이미 알고 있다는 사실을 의식적으로 재인식할 수 있도록 일깨워주기를 바라고 있습니다. 그런 갈망과 소망은 오로지 영혼이 자신의 영적자아와 의식적으로 다시 연결됨으로써만이 충족될 수가 있습니다. 다시 말해 이러한 소망은 오로지 여러분이 자신의 정체성을 재정립하고, 자신이 영적인 존재이며, 이 지구에 하느님(God)의 왕국을 실현할 수 있도록 돕기 위해 내려왔다는 사실을 충분히 받아들일 때에만 충족될 수가 있는 것입니다.

사랑하는 이들이여, 예수는 "하느님의 나라는 너희 안에 있다 (누가복음 17:21)."고 이미 말한 바가 있습니다. 그러나 지난 2,000년의 세월 동안 이 중요한 말에 대해 진실로 깊이 숙고한 사람들은 소수에 불과했으며, 극소수의 사람들만이 이 말의 이면에 숨겨진 진실을 찾아냈던 것입니다. 나는 이 책을 통해 여러분이 이 숨겨진 진실을 발견하고, 그로 인해 자신들의 영적자아와 다시 연결되어 지구 위를 걸어 다니는 한 사람의 온전한 영적인 존재가 되기를 바라고 있습니다.

"**하느님의 나라는 너희 안에 있다**"라는 말은 하느님의 나라가 어떤 일종의 의식(意識) 상태, 일체감(一體感), 최고의 자각(自覺)의 경지라는 진리를 담고 있으며, 이러한 체험을 통해 여러분이 하느님의 자녀이고 하느님의 형상과 닮은꼴로 창조되었다는 것을 깨닫게 되는 것입니다. 정확히 말하면, 여러분이 하느님의 자녀들이기 때문에 여러분은 이 땅에 신(神)의 왕국을 실현할 수 있도록 도울 수 있는 잠재력을 지니고 있다는 뜻입니다.

이러한 목적을 달성하기 위해 비록 여러분이 일시적으로 고밀도의 물질우주 속에서 둔중한 육신으로 살아가고 있지만, 자신이 영적인 존재라는 것을 알 수 있는 자각능력을 가진 존재라는 것을 깨달을 필요가 있습니다. 바로 이러한 새로운 자각을 통해 여러분은 물질우주의 캄캄한 암흑 속에서 빛나는 영적인 횃불이 될 수가 있는 것입니다. 그리고 이러한 의식 상태에 이른 사람들의 수가 일정한 임계수치에 이르게 되면, 여러분은 별안간 이 지구 행성에서 극적인 변화를 목격하게 될 것입니다. 이에 따라 지구 행성 전체가 깨어나게 될 것이고, 나머지 인류도 삶의 영적인 측면과 자신의 영적인 정체성에 대해 고차원적인 각성의 상태로 들어 올려 지게 될 것입니다. 그 때에 여러분은 하나의 자석(磁石)이 되어 모든 사람들을 여러분에게로, 또는 하느님의 왕국으로 끌어당기게 될 것이며, 하느님의 왕국이란 여러분의 영적인 근원과 결합하게 되는 의식 상태를 지칭하는 것입니다.

오늘 섬길 자를 선택하라

사랑하는 이들이여, 이 이야기를 읽었으니, 이제는 여러분이 선택을 해야 합니다. 여러분은 오늘 누구를 섬길 것인지를 반드시 선택을 해야 하며, 나는 예수가 "너희들은 두 주인을 섬길 수가 없으며, 하느님과 '재물의 신'인 맘몬(mammon)을 동시에 섬길 수는 없느니라(마태복음 6:24)."[12]라고 했던 말을 기억해주기를 바랍니다. 대개의 기독교인들이 해석하는 것처럼, 재물의 신인 맘몬이 단순히 금전(金錢)만을

---

12) "한 사람이 두 주인을 섬기지 못할 것이니, 혹 이를 미워하며 저를 사랑하거나 혹 이를 중히 여기며 저를 경히 여김이라. 너희가 하느님과 재물을 겸하여 섬기지 못하느니라.(마태복음 6:24)" 여기서 재물이라고 번역된 단어가 성경 영어원문에는 "mammon"으로 돼 있는데, 이는 본래 "부(富)와 탐욕의 신(神)"을 의미한다고 한다.

(감수자 주)

의미하지는 않습니다. 맘몬의 참된 의미는 이 세상의 것들, 사실은 이 세상에 대한 의식(意識)을 뜻하는 것으로서, 이 세상이 하느님과 분리된 채 독자적으로 존재하고 있다는 의식을 가리키는 것입니다.

두 주인을 섬길 수 없다는 말의 참된 의미는 여러분이 두 가지의 의식 상태에 동시에 존재해 있을 수가 없다는 말입니다. 여러분은 자기 자신을 하느님과 분리된 존재라고 생각하든지, 아니면 하느님이 확장된 한 존재라고 생각하든지, 둘 중의 하나이어야 합니다. 또 여러분은 자신을 어차피 죽어야 할 운명을 지닌 한 인간이라고 생각하든지, 아니면 영원히 죽지 않는 영적존재라고 생각하든지 해야 한다는 말입니다. 또한 여러분은 그리스도의 마음을 지니든지, 아니면 적그리스도(Antichrist)의 마음을 지니든지, 둘 중의 하나이어야 합니다. 이 양자 사이의 중간은 없는 것입니다.

그렇다고 해서 이 말뜻이 분리의식으로 꽉 찬 의식 상태에서 한 순간에 영적인 자아와 완벽하게 통합된 상태로 전환할 수 있다거나, 해야 한다는 말은 아닙니다. 실제로 의식에서의 이러한 전환이 이루어지기 위해서는 반드시 점진적인 길을 걸어야 하며, 이러한 점진적인 과정을 통해 여러분은 새로운 정체성을 확립할 수가 있습니다. 이러한 과정은 반드시 조금씩 발전해 나가야합니다. 그럼으로써 이전에 지녔던 인간적인 낡은 의식을 벗어버리고, 영적인 새로운 의식, 즉 그리스도의 의식(Christ consciousness)을 지닐 수 있게 되는 것입니다.

내가 이 책을 통해 이루고자 하는 것은 고차원의 의식 상태로 인도하는 길이 실제로 존재하며, 여러분도 이 길을 따라 걸어갈 수 있는 잠재력을 지니고 있음을 이해할 수 있도록 돕는 것입니다. 또한 이 길의 목적은 여러분이 자신들의 영적인 근원과 하나로 결합하게 하는 데에 있으며, 이 결합은 바로 예수가 가르쳤고 시범을 통해 보여주었던 그 결합입니다. 그러므로 예수의 가장 가까운 제자들도 이해했던 바로 그 결합이라는 것을 여러분이 이해할 수 있기를 바랍니다. 이러한 이해는 바울이 "너희 안에 이 마음을 품으라, 이 마음이 곧 그리스도 예수의 마음이니,(빌립보서 2:5)"라고 했던 말 속에 분명하게 표현되어 있습니다. 신약성서 전반에 걸쳐 이러한 이해와 관련된 여러 단편들을 엿볼 수 있는데, 그 까닭은 이 행성에 예수가 전하고자 했던 핵심이 되는 메시지를 제자들 중에서 오직 바울만이 이해하고 있었던 것이 아니기 때문입니다.

어머니 지구는 물질 이상의 존재이다.

이야기를 전하는 또 다른 목적은 이 지구 행성이 아무런 의식(意識)도 없는 거대한 물질덩어리에 지나지 않다는 관념을 버리도록 하는 데 있습니다. 지구 행성은 하느님께서 지니신 영적인 에너지로 구성되어 있으며, 다만 그 진동을 낮추었을 뿐입니다. 그러나 더 정확하게 말한다면, 모든 것은 신의 에너지로부터 만들어졌기 때문에, 모든 물질은 그 자체 내에 신의식(神意識:God's consciousness)이라는 씨앗을 지니고 있습니다. 불행하게도 지난 수천 년에 걸쳐 잘못 발전되어 온 것들 중의 하나는 특히 서구에서의 많은 종교들이 하느님의 남성적인 측면에만 관심을 집중해온 나머지 하느님의 여성적인 측면을 잊어버렸거나, 아니면 의도적으로 무시해왔다는 사실입니다. 사실 지구 어머니를 존경했던 고대의 몇몇 종교들은 실제로 큰 의미가 있었습니다. 왜냐하면 지구도 의식을 가지고 있기 때문입니다.

나는 여러분이 이 이야기를 읽음으로써 지구 어머니가 정말로 의식을 가진 존재라는 것을 이해해주기를 바라고 있습니다. 그러나 지구 어머니 그 자체는 하느님의 왕국을 실현할 만큼 충분한 자의식(self-awareness)을 지니고 있지는 못합니다. 이러한 왕국을 물질적으로 충분히 실현하기 위해서는 하느님의 아버지 측면에서 나오는 의식이 지구 어머니에게 주입되어야만 합니다. 이러한 의식은 반드시 영적세계로부터 직접 주입되어야 하며, 오로지 그러한 의식을 지구에 가져오고자 하는 사람들의 가슴과 마음을 통해서만 이루어져야 합니다. **여러분의 영혼을 창조하게 된 배경의 이면에는 이와 같은 영적인 의식의 주입을 실현시키고자 하는 의도가 숨겨져 있는 것입니다.**

성경 창세기에는 하느님께서 인간에게 생육하고 번성하여 지구를 지배하라고 하셨다는 이야기가 기록돼 있음을 기억할 것입니다(창세기 1:28). 이 말뜻은 인간이 난폭하게 자연환경을 짓밟고 눈앞에 보이는 이익을 얻기 위해 자연의 균형을 망가뜨려도 된다는 말씀이 아

닙니다. 이 말은 인간이 열려진 문이 되도록 창조되었으므로 이 열린 문을 통해 하느님의 의식을 진동이 낮은 물질우주로 가져와서, 이러한 고차원적인 진동과 영적세계의 순수한 의도를 물질 자체에 주입해야 한다는 뜻이었습니다. 이렇게 함으로써 하느님의 왕국이 지닌 완벽함을 물리적인 물질로 표현할 수 있게 되는 것입니다.

다른 말로 표현하면, **지구 행성은 영적세계에서 찾아볼 수 있는 완벽함을 그대로 반영하여 표현하도록 계획**되어 있습니다. 그러나 이러한 완벽함을 물질우주에 실현시키기 위해서는 반드시 자아의식을 지닌 존재들이 지구로 내려와야 하며, 이러한 인간들은 자신의 영적자아와 의식적인 연결을 유지하고 있어야 합니다. 그렇게 해야만 이들이 열린 문(門)이 되어 완벽한 모체인 하느님의 완벽한 비전을 이 세계 속으로 진동을 낮춰서 물질 자체가 지닌 낮은 진동으로 표현할 수가 있는 것입니다. 내가 여기에서 말하고자 하는 것은 하느님의 어머니 측면이 스스로 존재할 수 없다는 뜻은 아닙니다. 하느님 어머니는 신성한 배우자인 하느님 아버지와 결합될 때에만 오로지 완전해지게 됩니다. 그러나 이러한 결합에는 자의식을 지닌 존재들이 반드시 매개체 역할을 해야 하며, 이러한 존재들은 영(靈)에서 물질로, 즉 영적세계에서 물질우주로 이어지는 숫자 8의 형태를 띤 에너지의 흐름을 만들어내게 되어 있습니다. 사랑하는 이들이여, 바로 여러분이 이러한 매개체들 중의 하나인 것입니다.

모든 인간들은 다시 깨어나서 자신의 영적인 근원인 신적자아와 다시 의식적으로 연결될 수 있는 잠재력을 지니고 있습니다. 그렇게 함으로써 이들은 어떠한 인간도 닫을 수 없는 열려진 문인 천상과 지구 사이에 열린 통로가 될 수 있는 것입니다(계시록 3:8).

어느 한 사람이 이룬 것은 모든 사람이 다 이룰 수가 있다.

나는 기독교인들이 이 말을 들으면 신성모독이라며 어이없어 할 사람들이 많이 있을 것이라 생각합니다. 왜냐하면 이런 사람들은 오직 예수만이 열려진 문이 될 수 있다는 교리를 신봉해왔기 때문입니다. 그러한 교리는 분리의 의식으로부터 생겨난 것으로서 오직 한 사람만이 하느님과 연결될 수 있다고 하는 잘못된 생각에 기초하고 있습니다.

그러나 여러분이 성경 속에 숨어 있는 참된 의미를 찾아내고자 노력한다면, 이와 같은 배타적인 생각은 성경의 가르침과 모순된다는 것을 알게 될 것입니다. 내가 말하는 성경의 가르침이란 "그가 없이는 하나도 지어진 것이 없다."라는 말과 그 외에 예수가 전한 많은 말들을 지칭하는 것입니다. 그리고 성경을 주의 깊게 읽어보면, 성경의 그 어느 곳에서도 예수는 자신이 하느님의 유일한 독생자라고 말한 대목이 없다는 사실을 알 수 있을 것입니다. 오히려 이와 반대로 예수는 자신이 행한 것은 자기를 믿는 사람들이 모두 행할 수 있다고 말하고 있습니다(요한복음 14:12).[13] 그 이유는 예수는 이미 어느 한 인간이 행한 것은 모든 인간이 누구나 다 행할 수 있는 잠재력을 지니고 있다는 영원한 진리를 알고 있었기 때문입니다. 그리고 만약 이러한 진리가 존재하지 않았다면, 예수는 이 지구에 오지도 않았을 것입니다. 따라서 사람들이 수천 년 동안 자신들이 하느님과 분리된 존재라고 생각해온 결과 이와 같은 배타적인 교리가 생겨나게 되었다고 생각할 수 있습니다. 이러한 이들은 이원론적인 의식 상태에 빠져있는 사람들로서 이들은 침투할 수 없는 어떠한 장벽에 의해 자신들이 근원과 분리돼 있다고 생각하고 있는 것입니다.

사랑하는 이들이여, 2,000년 전에 예수가 지구에 왔던 주된 목적은 **인간과 자신의 하느님 사이에, 그리고 물질세계와 영적세계 사이에 침투할 수 없는 장벽이란 존재하지 않는다는 것을 가르치고 그것을 실제로 증명해 보이기 위해서였습니다.** 불행히도 당시의 대다수의 사

---

13) " 나를 믿는 자는 나의 하는 일을 저도 할 것이요, 또한 이보다 큰 것도 하리니"
(요한복음 14:12)

람들은 이러한 진리를 받아들일 준비가 돼있지 않았으므로 그의 참된 가르침들은 점차 사라지게 되었습니다. 하지만 오늘날과 같이 보다 합리적이고 과학적인 세계에서는 모든 것이 에너지로 만들어졌기 때문에 이 우주에 침투할 수 없는 장벽이란 존재하지 않는다는 것을 어렵지 않게 이해할 수 있습니다. 그러므로 물질우주는 일정한 범위의 주파수를 지니고 있는 하나의 세계이고, 천국은 이 보다 더 높은 주파수를 지닌 또 다른 범주에 속해 있는 세계인 것입니다.

사랑하는 이들이여, 예수의 참된 가르침들은 여러분이 **자신의 영적인 근원과 다시 연결될 수 있는 가능성**을 가지고 있음을 일깨워 주고자 했던 것이었습니다. 이제 그러한 가르침들은 현대의 과학에 의해 확인되고 있으며, 이 두 세계를 하나로 정립하는 것이 어렵지 않게 되었습니다. 그리고 우리는 지금 새 시대의 문턱에 들어서 있고, 이 새 시대에서는 참된 자아가 무엇인지에 대해 보다 고차원적으로 이해할 수 있게 돼 있습니다. 따라서 모든 인간은 자신들의 영적자아가 확장한 것이 자기들이라는 것을 깨닫게 될 것입니다. 그렇게 되면 모든 사람들은 자신들의 포도나무와 무화과나무 아래에 앉을 수 있게 될 것입니다(미가서 4:4). 이 말은 여러분이 자신의 신적자아의 보호 하에 있게 된다는 말로, 이렇게 되면 그 어떤 것도 여러분과 여러분의 신아(神我) 사이를 방해할 수 없게 될 것입니다.

내면의 그리스도

사랑하는 이들이여, 우리는 현재 인류가 고차원적인 의식 상태에 도달하게 되는 시대로 들어서고 있습니다. 그리고 이와 같은 고차원적인 의식 상태에서 여러분은 자기의 신아를 통해 여러분의 영혼과 하느님 간에 직접적인 연결이 이루어질 수 있다는 사실을 깨닫게 될 것입니다. 그러나 여러분이 온전한 존재가 되는 데 있어서 자신의 바깥에 있는 누군가나 무엇이 있어야만 할 필요는 없습니다. 여러분은 이미 영혼의 가장 깊은 갈망을 충족시키고 온전해지는 데 필요한 모든 것들을 자신의 내면에 다 지니고 있습니다. 그리고 예수는 2,000년 전에 이 땅에 와서 실제로 그 온전함을 증명해 보였던 것뿐입니다.

이와 같은 새로운 이해를 가지고 만약 여러분이 예수의 생애와 그의 가르침들을 다시 한 번 되새겨본다면, 예수의 진정한 사명이 개인적인 완전함에 이르는 길, 즉 인간이 자신의 근원과 결합하는 길, 자신의 하느님과 결합하는 길을 실제로 시범을 통해 증명해 보이는 것이었음을 깨닫게 될 것이라 생각합니다. 지구 행성이 낡은 의식 상태에서 벗어나 새 시대에 맞는 의식 상태로 전환할 수 있도록 돕는 열쇠는 임계수치의 사람들이 **개인적인 온전함에 이르는 내적인 참된 길을 발견하고자 애쓰고, 반드시 그 길을 따르고자 결심하는 것**이라 할 수 있습니다.

이렇게 되어야만 문이 열려져 새로운 사이클의 영적 에너지가 자유롭게 물질우주 속으로 흘러들어 올 수 있을 뿐만 아니라, 낡은 의식 상태를 누그러뜨리고 물질 자체도 실제로 유연해지도록 만들 수가 있는 것입니다. 이렇게 되면 지구도 자연과 사회에서의 격렬한 대변동을 겪지 않고도 고차원적인 진동으로 상승할 수 있게 될 것입니다. 여러분은 "의사여! 너 자신부터 고쳐라."라고 하는 말을 들어보았을 것입니다. 따라서 여러분의 행성을 구하기 위해서는 반드시 **여러분이 자신을 먼저 구하는 것에서부터 시작해야 합니다.**

치유, 즉 개인의 온전함을 이루기 위한 치유의 첫 단계는 온전해지기 위해서는 자신의 바깥에 있는 무엇인가가 필요하다고 여기는 고정관념부터 버리는 것입니다. 내가 앞에서 언급했듯이, "사람들은 구원을 받기 위해 자신의 바깥에 있는 누군가나 무엇이 필요하다는 함정에 빠지기 쉽다."고 했던 말을 지금 되짚어 보고자 합니다. 그렇게 생각하게 되는 이유는 여러분의 영혼이 자신의 신적자아와 분리되어 있기 때문입니다. 그렇기에 자신이 불완전하다고 느끼는 것입니다. 여러분의 자아가 불완전하다고 느끼게 되면서부터 여러분은 완전해지기 위해서는 외부에 있는 무언가가 필요하다고 생각하게 되는 것은 지극히 논리적인 것처럼 보입니다. 그리고 이 세상을 지배하고 있는 세력들은 온갖 교묘한 거짓말을 만들어내서 사람들을 이러한 고정관념 속에 가두어 왔습니다.

인간이 영적으로 보다 더 각성하게 되면, 사람들은 자신들이 영적자아를 가지고 있다는 사실을 깨닫기 시작합니다. 그럼에도 사람들이 자신의 영적자아가 자기의 영혼 바깥에 존재한다고 느끼게 되는 것은 어쩔 수가 없습니다. 달리 말하면, 영혼은 스스로가 자신의 신적자아와 분리되어 있다고 생각한다는 말입니다. 따라서 영적으로 깨어 있는 사람조차도 구원받기 위해 외부에 있는 구세주, 즉 자신의 밖에 있는 교회나 교리, 의식(儀式) 또는 스승(guru)과 같은 것들이 필요하다는 생각에 빠질 수가 있습니다. 따라서 아주 많은 영성인(靈性人)들이 자기 밖에 있는 구세주를 찾아다니는 데 전(全) 생애를 허비하며, 그렇게 하는 과정에서 구세주가 자신들의 밖에 존재한다는 믿음을 부추기는 그릇된 스승이나 교회, 국가, 또는 그들이 하는 일에 희생양이 되기도 합니다.

사랑하는 이들이여, 내가 설명한 바와 같이, 예수는 사람들에게 다른 형태의 새로운 구원방법, 즉 **내면의 참된 구원방법**을 가르쳐주기 위해 왔었습니다. 예수가 하느님의 왕국이 여러분 속에 있다고 말했던 이유는 온전함에 이르는 열쇠는 영적인 자아와의 결합을 통해 여러분이 자신의 내면에서, 자신의 마음속에서 찾아야 하기 때문입니다. 이러한 결합은 오직 그리스도의 마음을 지님으로써 성취될 수가 있습니다. 그리하여 예수가 2,000년 전에 자신의 신아(神我)를 하늘에 계신 아버지라고 불렀듯이, 이 그리스도의 마음을 통해 여러분이 결코 자신의 신적자아, 또는 하느님 아버지와 분리되어 있지 않다는 사실을 이해하게 됩니다. 그리스도의 마음을 통해 여러분은 자신의 영혼이 여러분의 신아가 확장된 한 형태이며, 분리의식이란 일종의 환영에 지나지 않는다는 것을 깨닫게 될 것입니다. 그렇게 되면 여러분은 이러한 분리의 환상을 버리고, 하나의 영적인 존재로서 점차 새로운 정체성을 받아들이게 될 것입니다. 영적인 존재는 모든 세속적인 죄(罪)를 뛰어넘어 상승할 수 있는 잠재력을 지니고 있습니다. 그리고 여기서 말하는 세속적인 죄란 세속적인 의식 상태, 즉 죽어야 하는 제한적인 정체성을 의미하는 것입니다.

현 시점에서는 영적자아(靈的自我)라는 개념이 여러분에게 다소 생소하고 추상적으로 느껴질 수도 있다는 것을 나도 잘 알고 있습니다. 예수는 두 권의 중요한 책을 펴냈는데, 여러분이 자신의 고등한 자아(higher self)와 연결되는 데 이 책들이 도움을 줄 것이며, 나 또한 여러분이 이 책들을 공부하기를 권하는 바입니다.14) 그 책들이 여러분이 불완전하다고 느끼는 것을 치유하고, 새로운 정체성을 확립하는 데 진실로 도움을 주게 될 것입니다.

 사랑하는 이들이여, 여러분의 영혼에 관한 이야기, 그리고 그리스도의 마음을 통해 어떻게 온전함을 되찾게 되는지, 또한 이를 통해 전 행성이 어떻게 온전함과 조화, 균형을 이루게 되는지에 대해 앞으로 같이 검토해보기로 하겠습니다.

---

14) 앞서 소개했던 <그리스도는 여러분 내면에서 탄생한다>, <너희 자신을 구원하라>라는 책을 의미한다. (감수자 주)

3장

어떻게 우주가 창조되었는가를 이해하기

지금까지의 이야기를 통해 나는 우주가 어떻게 창조되었는지에 관해 좀 더 심도 있게 이해할 수 있는 초석을 다져왔으며, 이제 이에 대한 본격적인 탐구를 시작해 보겠습니다. 이미 설명한 바와 같이, 성경과 과학은 전 우주에 존재하는 모든 것들이 기본적으로 동일한 재료로 창조되었다고 말하고 있습니다. 과학은 이 동일한 질료가 에너지이며, 에너지는 진동한다고 설명하고 있습니다. 내가 설명했듯이, 진동이 존재하기 위해서는 반드시 진동할 수 있는 어떤 것이 존재해야 합니다. 이와 같이 진동할 수 있는 어떤 것이란 것이 바로 하느님의 빛(God's light)이요, 하느님의 의식(God's consciousness)입니다. 따라서 어떤 이는 보이는 전 우주는 마치 신(神)의 무한한 바다 위에 일렁거리는 복잡한 형태의 파도라고 말할 수도 있을 것입니다.

나는 또한 보이는 우주가 하느님의 두 개의 모습, 즉 신(神)의 의식이 지닌 두 개의 측면 간에 조화로운 상호작용에 의해 생겨나게 된 결과물이라고 설명한 바가 있습니다. 한 측면은 내가 하느님의 어머니 측면이라고 불렀던 매터(ma-ter)적인 측면입니다. 이 측면은 창조의 두 가지 요소 중에서 수축하는 측면으로서 어떤 형태든지 모양을 취할 수 있는 잠재력은 지니고 있지만, 독자적으로 어떠한 형태를 취할 만한 자의식(自意識) (또는 자기인식)을 가지고 있지는 못합니다. 하느님의 어머니 측면이 형태를 띠기 위해서는 반드시 외부로부터의 어떠한 힘이 가해져야 합니다. 그 힘이 바로 하느님의 아버지 측면으로서 창조의 능동적인 요소입니다.

하느님의 어머니적인 측면은 바다에 비유될 수가 있습니다. 만약 바다에 어떠한 힘도 가해지지 않는다면, 바다는 완전히 잔잔하고 고요한 상태가 될 것입니다. 이처럼 하느님 어머니의 측면은 어떠한 힘에 의해 영향을 받지 않는다면, 형상을 취하지 않은 채로 남아있게 될 것입니다. 바다는 부드럽고 유연한 상태이므로 바다를 휘저어서 파도를 만들어내기는 아주 쉽습니다. 그러나 바다에는 어떠한 내적인 힘이 존재하고 있는데, 이 힘이 파도를 점차적으로 줄어들게 하고, 마침내 파도가 일어나지 않는 원래의 잠잠한 바다가 되도록 만들게 됩니다. 이와 같이 어머니의 측면은 어떠한 형태이든지 모양을 취할 수는 있지만, 어떤 내적인 힘을 지니고 있어 모든 형태들을 구체화되기 이전의 원래의 무형의 상태로 되돌아가게 만듭니다. 고로 능동적인 아버지의 힘이 수동적인 어머니의 바다를 움직이게 함으로써 비로소 인간이 감각을 통해 물질로 인식할 수 있는 파도를 창조해내게 되는 것입니다. 형태를 지닌 이 세상도 바로 이러한 방식으로 창조되었습니다. 그러나 아버지의 능동적인 힘이 창조된 형태들을 계속 살아 있도록, 그리고 성장할 수 있도록 그 힘을 지속적으로 유지시켜주지 않는다면, 어머니의 수축하려는 힘은 그러한 형태들을 점차적으로 흩어지도록 만들게 되며, 결국 원래의 상태로 되돌아가게 합니다.

자아의식적(自我意識的)인 마음을 통한 창조

아버지의 확장하려는 힘이 어머니의 수축하려는 본성에 어떻게 작용하게 될까요? 어떠한 형태가 존재하기 위해서는 먼저 그 형태에 대한 영상(映像:vision), 즉 청사진(blueprint)이 반드시 있어야 합니다. 주도적인 아버지의 힘이 사전에 생각해둔 계획이나 설계도 없이 아무렇게나 어머니의 바다를 움직이게 한다면, 우주는 혼돈(chaos)의 상태가 될 뿐만 아니라 우주가 유지될 수도 없고, 지적 생명체를 포용할 수도 없게 될 것입니다. 따라서 어떠한 계획, 어떠한 비전이 반드시 존재해야 하며, 그러한 계획은 오직 자기인식 내지는 자각능력을 지닌 마음에 의해서만 창조될 수가 있습니다. 더군다나 창조계가 유지되기 위해서는 일관된 계획이 필요하며, 이러한 계획은 일정한 불변의 법칙과 계획된 원칙에 입각해서 수립되어야 합니다.

물질우주의 형성으로 이어지는 창조의 과정을 시작한 바로 이 자의식을 지닌 마음을 나는 하느님 아버지라고 불렀던 것입니다. 그러나 하느님 아버지가 물질우주의 모든 것들을 직접 창조하지는 않았습니다. **하느님 아버지는 자아의식이 있는 하느님의 아들과 딸들을 창조하기로 결정했으며, 이 아들과 딸들이 형상의 세계의 어떤 부분들을 창조하는 데 공동창조자로서 봉사하고, 도울 수 있도록 했던 것입니다.** 성경에는 지구가 엘로힘에 의해 창조되었다고 기록되어 있는데, 히브리어로 엘로힘(Elohim)15)은 복수를 나타내는 단어입니다. 다른 말로 바꾸어 설명하면, 자각능력을 지닌 다수의 영적존재들이 여러분들이 살고 있는 물질행성을 창조했다는 말이 됩니다.

내가 앞에서 말했듯이, 모든 것들은 진동이며, 진동이 서로 다른 여러 수준들이 존재하고 있다고 밝힌 바가 있습니다. 영적세계는 진동을 지닌 어느 하나의 층을 가리키는 것이고, 물질세계는 이보다 진동이 낮은 하나의 층을 지칭하는 것입니다. 일곱의 영적존재들, 즉 엘로힘들이 이 지구를 창조하기 위한 계획을 세웠으며, 이들이 의식적으로 주의력을 집중함으로써 이 행성을 창조하게 되었던 것입니다. 엘로힘들은 의식적이고도 지속적으로 청사진에 초점을 맞춤으로써 하느님 어머니의 측면인 바다를 움직일 수 있는 힘을 생성해내게 되었고, 마침내 물질행성이 나타나게 되었습니다. 말하자면 지구행성은 영적세계에서 일종의 사념 형태인 청사진에서부터 출발했다고 할 수 있습

---

15) 이들은 하느님이 낳은 일종의 <소창조주들>이자 거대한 의식체(意識體)들로서 다양한 유형의 물질우주들을 창조했다고 한다. (감수자 주)

니다. 그 후 점차적으로 에너지가 주입되면서 진동수가 낮아지게 되었으며, 마침내 물질계를 구성하는 주파수 범위 내에서 진동하게 된 것이 바로 이 행성인 것입니다.

그러나 지구의 창조과정은 엘로힘에서 끝나지 않았습니다. 하느님 아버지께서는 자신이 창조한 창조계의 각각의 층마다 자기들의 영향력 범위 내에서 공동창조자로서의 역할을 수행할 자각능력을 지닌 의식적인 존재가 반드시 있어야만 했습니다. 따라서 엘로힘에 의해 지구가 창조된 이래 이곳을 번식시키고, 또한 지구를 관장하기 위한 많은 영적인 존재들이 지구로 하강하게 되었습니다. 그들의 임무는 하느님께서 이 행성에 대해 지니고 계신 완벽한 계획을 이 땅에 충분히 실현하도록 돕는 것이었습니다. 그리하여 **물질세계 내에서 공동 창조자로서 봉사하고 이 행성에 하느님의 완전함을 점차적으로 표현해갈 수 있도록 하기 위해 영혼들이 물질적인 몸속으로 내려 왔습니다.** 이렇게 함으로써 이 지구에 하느님의 왕국을 실현할 수 있게 되는 것입니다.

이것은 신성모독이 아니다!

사랑하는 이들이여, 나는 이러한 개념이 여러분들에게, 특히 전통적인 기독교 문화 속에서 자라온 사람들에게는 신성모독인 것처럼 보일 수도 있다는 점을 잘 알고 있습니다. 그러나 나는 예수가 구약성서의 교리를 벗어나 그 너머의 세계를 보려고 하지 않았던 정통 유대교인들에 의해 고발당했다는 사실을 여러분에게 상기시켜 주고자 합니다. 이와 똑같이 오늘날에도 많은 기독교인들이 정통파의 교리만을 받아들여 그 너머의 세계를 보려고 하지 않는 것은 참으로 슬픈 현실이라 아니할 수 없습니다. 이러한 교리들 중의 상당수가 하느님의 실상과는 맞지 않는 것들이며, 이러한 교리들은 인간의 집단의식 속에서 생성되어 발달돼 왔기 때문에 시대에 뒤떨어지게 되었습니다. 따라서 많은 기독교인들이 이러한 정통교리를 이용하여 오히려 예수의 참된 내적인 가르침을 부정하고 있는 실정인 것입니다.

예수가 신성모독으로 고발당했을 때, 그가 했던 말을 나는 여러분에게 상기시키고자 합니다. 구약성서에 기록된 것처럼, 그는 "너희들이 신(神)들이다!(요한복음 10:34 및 시편 82:6)."라는 말을 인용했었습니다.16) 따라서 여러분의 영혼은 실제로 하느님과 함께 하는 공동창조자가 되도록 계획돼있으며, 그리고 일정한 범위 내에서 지구 행성을 공동으로 창조할 수 있는 창조력을 지니고 있다는 사실을 들을 귀가 있는 자들은 충분히 이해하고 수용할 수 있어야 합니다.

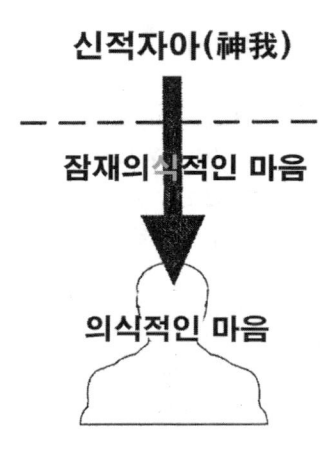

여러분은 이 행성을 어떻게 공동 창조하고 싶습니까? 이것은 다른 모든 공동창조자들이 자신들이 가진 신성한 목적을 실행하는 것과 같은 방식으로 여러분도 그렇게 하면 됩니다. 마음속으로 이미지(형상)인 일종의 청사진을 만든 다음, 하느님의 빛, 즉 기독교인들이 성령(Holy Spirit)이라고 불러왔던 하느님의 의식(意識)의 흐름이 여러분의 마음을 통해 흐르게 합니다. 그리고 그것을 마음속에 관심을 집중하고 있는 곳으로 흘러넘치게 하면, 점차적으로 그 이미지가 구체화되어 외부로 발현하게 됩니다.

사랑하는 이들이여, 여러분의 영원한 정체성은 여러분의 영적인 자아인 신아(神我)입니다. 이 신아는 영적세계에 거하고 있으며, 모든 에너지의 근원이라 할 수 있는 하느님으로부터 그분의 에너지를 직접적이고 지속적으로 받고 있습니다. 이 에너지는 여러분의 신아를 거쳐 여러분의 영혼에게로 흐르게 됩니다. 그 다음, 에너지는 잠재의식의 여러 층을 거치면서 여과되어 마침내 여러분의 의식적인 마음에 도달하게 되며, 여러분이 관심을 집중하고 있는 곳으로 유도되게 됩니다.

엘로힘이 지구를 창조했을 때, 그들은 가장 먼저 이 행성을 어떻게 창조할 것인지에 대한 완벽한 청사진부터 만들었습니다. 그런 다음,

---

16) "예수께서 가라사대, 너희 율법에 기록한바 내가 너희를 신이라 하였노라 하지 아니하였느냐?(요한복음 10:34)"

그 청사진에 마음을 꾸준히 집중했으며, 하느님의 에너지가 그들의 마음을 통해서 흐르게 하고, 그 에너지가 의식의 집중을 통해 청사진 속의 특정한 형태 속으로 흘러가도록 유도했습니다. 이러한 과정은 점진적으로 이루어졌으며, 수백 만 년의 세월이 지나자 마침내 물질 행성이 나타나게 되었던 것입니다. 하지만 당시의 지구는 지금과 같은 형태가 아니었습니다.

엘로힘이 창조한 행성은 현재의 지구보다 완성도와 균형도 면에서 훨씬 높은 수준이었습니다. 그렇다면 지구가 어떻게 해서 원래의 청사진에서 벗어나게 되고, 여러분이 목격하고 있는 것과 같이 자연과 인간 사회에서 이 많은 고통과 투쟁, 불균형, 불공정, 그리고 부정성이 존재하는 현재와 같은 행성으로 바뀌게 되었을까요?

사랑하는 이들이여, 하느님은 여러분에게 창조력과 그 창조력을 어떻게 사용할 것인지 선택을 할 수 있는 자유의지를 주었습니다. 그러나 여러분이 할 수 없는 한 가지가 있었는데, 그것은 여러분이 지닌 창조력을 제거하는 것이었습니다. 만약 이러한 능력을 제거해버린다면, 여러분은 더 이상 생존할 수가 없게 될 것입니다. 여러분의 창조는 자신의 신아로부터 지속적으로 흘러나오는 에너지의 흐름을 이용하여 이루어지게 됩니다. 에너지는 의식(意識)을 집중하는 곳으로 흘러가게 되어 있습니다. 하느님의 이 에너지(남성적인 측면)는 여러분의 잠재의식과 의식 속에서 지니고 있는 형상과 이미지들을 그대로 취하는 역할을 하게 되며, 그리고 하느님 어머니의 요소(여성적인 측면)는 여러분이 그녀에게 투사하는 이미지, 즉 여러분이 계획하고 있는 이미지가 어떤 것이든 그것을 충실하게 구현해내는 역할을 하게 됩니다.

이러한 과정은 영사기(映寫機)의 기능에 비유될 수가 있습니다. 여러분의 신적자아로부터 나오는 빛은 영사기에서 나오는 흰 빛과도 같습니다. 그리고 여러분의 잠재의식과 의식적인 마음속에 지닌 이미지는 영사기 속에 있는 필름과 같은 역할을 합니다. 하느님의 어머니는 영사막인 스크린에 비유될 수가 있습니다. 백열전구에서 나오는 빛은 필름을 통과하면서, 필름에 있는 이미지의 색상과 모양을 취하게 되며, 이렇게 취한 형상들은 스크린 위에 비춰지게 되는 것입니다. 영사기에 투사된 이미지가 어떠한 것이든, 영사막은 그 이미지를 충실하게 비출 뿐입니다.

비록 인간이 엘로힘에 의해 만들어진 원래의 청사진을 완벽하게 바꿀 수 있는 창조력을 지니고 있지는 못하다 하더라도, 일정한 범위 내에서 원래의 청사진을 바꿀 수 있는 능력은 가지고 있습니다. 예를 들어 하느님의 기본적인 원칙과 맞지 않는 사회를 건설할 수 있는 창조력을 인간은 지니고 있습니다. 하지만 그 창조물이 오랫동안 존재해 있을 수는 없습니다. 이 때문에 고고학자들이 오래 전에 사라진 많은 문명들을 발견해내고 있는 것입니다. 사라진 대부분의 문명들은 자체의 힘을 이기지 못하고 붕괴하고 말았습니다. 그 이유는 이러한 문명들이 엘로힘이 이 지구 행성을 설계하는 데 사용했던 당초의 기본원칙 및 하느님 아버지께서 이 우주를 설계하는데 사용했던 기본원칙과 맞지 않았기 때문입니다.

지구에서의 고통은 누가 만들어냈는가?

나는 다음과 같은 진실을 이해하고 받아들이지 못하는 사람들이 많이 있을 것이라고 생각합니다. 하지만 인간은 인간사회 외에 훨씬 더 많은 것들을 바꿀 수 있는 창조력을 지니고 있다는 사실을 말하지 않을 수가 없습니다. 여러분도 알다시피, 현대의 과학을 통해 인류는 자연환경을 대폭적으로 바꿀 수 있는 힘을 가지게 되었습니다. 실제로 인류는 핵폭탄을 터뜨려서 대부분의 자연환경을 파괴할 수도 있습니다. 또 실험실을 개방하여 인간이 만든 바이러스(Virus)들을 내보내 이 행성에 사는 거의 모든 사람들을 죽일 수도 있습니다. 그러나 나는 세상에 있는 모든 핵무기의 파괴력을 다 합한다 해도 인간이 지니고 있는 창조력과 파괴력에 비해서는 사소한 것에 불과하다고 말하고 싶습니다. 인간의 마음은 물질행성의 많은 것들, 심지어 물질 자체의 밀도와 행성의 기후조건, 그리고 자연 속에 존재하는 생명체의 형태마저 바꿀 수 있는 능력을 지니고 있습니다.

사랑하는 이들이여, 처음에는 이러한 사실을 받아들이기 어려울 것이라는 점을 나도 알고 있습니다. 그러나 내가 하는 말들을 곰곰이 생각해보면, 결국에는 이해할 수 있다는 결론에 도달하게 될 것입니다. 여러분이 자신의 영적자아와 다시 연결될 때, "하느님께서는 여러분의 영혼이 고통을 받거나 아픔을 체험하는 것을 결코 바라시지 않는다."는 사실을 여러분의 영혼도 점차적으로 받아들이게 될 것입니다. 또한 이러한 연결을 통해서 엘로힘이 지구행성을 설계할 때 오늘날 여러분이 보고 있는 것과 같은 고통과 아픔, 기아와 육체적인 질병을 겪지 않고도 인간이 삶을 영위해갈 수 있도록 행성을 설계했다는 결론에 이르게 될 것입니다. 사랑하는 이들이여, 원래의 설계에는 자연적인 재앙이나 결핍과 같은 것은 어디에도 존재하지 않았습니다.

하느님께서는 자신의 자녀들인 아들과 딸들이 오로지 잘되기만을 바란다는 사실을 알게 될 때, 여러분은 지구 행성에서 현재 목격하고 있는 고통들을 하느님께서 창조하시지 않았다는 사실을 깨닫게 될 것입니다. 다시 말해 이러한 사실을 통해 현재 인류가 겪고 있는 고통들은 다름 아닌 인간이 창조했다는 결론에 이르게 되는 것입니다.

그리고 이러한 진실을 받아들이게 되면, 고통이란 다음과 같은 사실의 산물이라는 것을 깨닫게 될 것입니다. 즉 아주 오래 전에 인간들은 엘로힘이 지구를 설계하는 데, 그리고 하느님께서 형태를 지닌 모든 세계들을 설계하는 데 사용했던 기본적인 설계원칙과 맞지 않는 방식으로 자기들의 창조력을 사용하기 시작했습니다. 사랑하는 이들이여, 여러분이 하느님의 법칙과 부합되는 창조를 하게 되면, 그 창조는 유지될 수가 있습니다. 여러분이 만든 창조물은 허물어지지 않을 것이며, 스스로 파괴되지도 않을 것입니다. 또한 고통이란 불균형의 산물이기 때문에, 고통도 존재하지 않게 될 것입니다.

그러나 여러분이 하느님의 법칙과 맞지 않는 방식으로 창조력을 사용하게 될 때, 여러분이 창조한 창조물들은 불균형 상태에 있게 되고, 이러한 것들은 필연적으로 그 창조물 속에 스며들어 있는 하느님 어머니 힘의 지배를 받지 않을 수 없습니다. 그리고 이 힘은 궁극적으로 바다를 완전히 고요한 상태로 돌아가게 하는 바로 그 힘인 것입니다. 이와 마찬가지로 물질 자체에 스며들어 있는 이 힘이 하느님의 법칙과 맞지 않게 창조된 모든 형상화된 것들을 파괴하게 되며, 형태나 체계적인 구조를 지니고 있지 않은 가장 낮은 에너지의 상태로 돌아가게 하는 것입니다. 현대의 과학자들에 의해 이러한 원리들이 밝혀지게 되었는데, 그들은 이러한 원리를 열역학의 제2법칙17)이라고 말하고 있습니다. 이 법칙에 의하면, 밀폐된 시스템 하에서는 규칙구조(순서화된 원자의 구조)는 구조가 없어질 때가 점차적으로 붕괴된다고 합니다. 사랑하는 이들이여, 과학에서 밝힌 이 법칙은 수축하여 되돌아가려고 하는 어머니의 힘이 균형이 맞지 않는, 다시 말해 아버지의 법칙과 아버지가 지닌 완벽한 영상과 맞지 않는 모든 형태와 구조들을 붕괴시킨다는 그 기본적인 원리를 설명하고 있는 것입니다.

현재 여러분이 지구 행성의 고통과 부패 속에서 목격하고 있는 것들은 물질 속에 스며들어 있는 수축하여 되돌아가려는 힘이 인간에 의해 창조된 불완전한 형태와 구조들을 붕괴시키는 과정에서 생겨나게 되는 산물들입니다. 이러한 형태들은 인간의 자만으로 지어졌으나, 자체의 무게를 견디지 못하고 결국에는 붕괴되고 마는 바벨탑(Tower of Babel)과 같다고 할 수 있습니다. 마찬가지로, 수천 년에 걸쳐 사실은 정통적인 기독교인들이나 과학자들이 절대로 실제의 기간이라 받아들이지 않는 아주 오랜 기간에 걸쳐 인간이 창조해온 불완전한 형태들은 점차적으로 붕괴되고 있으며, 하느님 어머니의 고요한 바다인 원래의 순수함으로 돌아가고 있는 중입니다.

이해할 수 있는 유일한 설명

사랑하는 이들이여, 처음에는 받아들이기 어렵겠지만, 이러한 가르침들을 철저히 이해하게 되면, 이것이 여러분이 자신의 영혼을 이해할 수 있는 유일한 방법이라는 것을 알게 될 것입니다. 앞에서 이야

---

17) <열역학의 제2법칙>을 알기 이전에 참고로 <열역학의 제1법칙>을 먼저 이해할 필요성이 있다. <열역학의 제1법칙>을 다른 말로는 "에너지 보존의 법칙"이라고 한다. 이 법칙은 한마디로 말해서, "고립된(닫힌) 세계 내의 에너지는 새로 생성되지도 않고, 또 없어지지도 않는다."는 것이다. 다시 말해 "에너지가 다른 형태로 전환될 수는 있지만, 에너지 전체의 양은 늘 변함이 없다는 것"이다. 이 법칙은 19세기 중반에 마이어(Mayer), 줄(Joule), 헬름홀츠(Helmholtz) 등의 과학자들에 의해 확립되었다.
그리고 <열역학의 제2법칙>은 그러한 고립된 세계 내의 에너지는 항상 엔트로피가 증가하는 방향으로, 즉 자연의 변화는 항상 무질서하고 모든 것이 쇠퇴하는 방향으로 진행된다는 것이다. 그러다가 그 엔트로피가 일정한 최대치에 이르러 평형상태(최대한의 무질서 상태)가 되면, 변화가 정지되어 더 이상의 변화는 일어나지 않는다고 한다.
(감수자 주)

기했듯이 여러분의 영혼은 내적인 갈망을 가지고 있으며, 이러한 갈망은 영혼이 자신의 영적인 근원에 대해 무의식적으로 깊은 기억을 지니고 있다는 데 근거를 두고 있습니다. 이러한 기억은 여러분이 진실로 하느님의 완전함에서부터 비롯되었고, 하느님은 결코 불완전한 어떤 것도 창조하시지 않았다는 사실을 내면에서 말해주고 있는 것입니다. 여러분의 영혼들은 영혼 에너지의 내면 깊숙한 곳에서 하느님께서는 여러분이 주위에서 볼 수 있는 어떠한 불완전한 것들도 창조하지 않았다는 사실을 알고 있습니다. 또한 하느님께서는 전능하시고 사랑스러운 창조자시며, 결코 고통이나 질병, 죽음과 같은 것들을 만들어내지 않으실 창조주라는 것을 여러분의 영혼들은 잘 압니다.

따라서 이 행성에서 여러분이 목격하고 있는 많은 불완전한 것들이 존재하는 이유를 논리적으로 설명할 수 있는 유일한 방법은 하느님께서는 그러한 것들을 창조하시지 않았다는 것뿐입니다. 그와 같은 불완전한 것들은 단지 인간의 의식이 낮은 상태로 추락하여 자신들의 영적자아와 의식적인 연결이 끊어지게 된 이후부터 인간에 의해 창조된 것입니다. 그러한 연결이 끊어진 후, 인간은 더 이상 하느님의 원리를 이해할 수 있는 직관력(直觀力)을 지닐 수 없었습니다. 뿐만 아니라 하느님의 법칙에 따라 일정한 범위 내에서 창조할 수 있도록 도와주었던 영적인 스승들과의 직접적인 연결마저도 끊어지게 되고 말았습니다. 그 결과, 인간은 하느님의 법칙과 모순되는 방식으로 창조력을 행사하기 시작했습니다. 하느님께서는 여러분에게 창조력을 주셨으므로 여러분이 스스로 지닌 창조력을 그런 식으로 사용하는 것에 대해서도 용인하고 계십니다. 왜냐하면 이 행성이 지닌 주요한 목적 중의 하나가 이 행성은 영혼이 성장하기 위한 무대가 되어야 하기 때문입니다. 여러분은 자신이 지니고 있는 창조력을 시험하기 위해 여기에 존재하고 있는 것이며, 점차 창조력을 현명하게 사용하는 방법을 배우게 될 것입니다.

초기에 인간은 영적 스승들과 의식적인 연결을 유지하고 있었고, 그 스승들은 인간이 창조적인 노력을 잘 가다듬을 수 있도록 도와주었습니다. 그러나 나중에 상세하게 설명하겠지만, 인간은 그러한 접촉을 더 이상 유지할 수 없게 되었으며, 배울 수 있는 유일한 방법은 자신들이 행한 행위에 대한 결과를 지켜보는 것 밖에 없었습니다. 그러한 결과는 단순합니다. 하느님의 법칙에 맞게 창조되면 그 창조물은 계속 유지될 수 있겠지만, 하느님의 법칙에 위배되게 되면 즉시 악화되고 붕괴하기 시작하여, 끝내는 바벨탑과 같이 스스로의 무게를 이기지 못하고 쓰러질 것입니다.

지구 행성은 영혼을 위한 학습장과도 같은 곳입니다. **여러분은 하느님의 에너지를 사용하여 창조하는 법을 배우기 위해 여기에 왔습니다.** 하느님의 에너지는 여러분의 신아로부터 여러분의 영혼을 통해 계속 흐르고 있기 때문에, 여러분은 지속적으로 창조할 수가 있습니다. 여러분은 창조를 멈출 수는 없지만, 하느님의 법칙에 맞게 창조하는 법을 배울 수는 있습니다. 그래야 여러분이 창조한 창조물이 고통과 아픔을 낳지 않게 되는 것입니다. 그리고 인류가 현명하게 창조하는 법을 배우기 위해서는 고차원의 의식 상태, 즉 예수가 이 땅에 와서 실제로 증명해보였던 그리스도 의식(Christ Consciousness)을 성취해야만 합니다. 하느님의 법칙과 부합되게 창조하는 유일한 방법은 그리스도의 마음을 가지는 것이며, 이것이 바로 예수가 모든 사람들에게서 보고자 했던 것입니다. 예수는 이 지구에 와서 모든 사람들에게 그리스도 의식으로 이르는 길을 보여주고자 했던 것이며, 이것이 바로 예수가 자신을 믿는 사람들도 - 그의 발자취를 따르고자 하는 사람들도 - 그가 했던 일을 할 수 있다고 말했던 이유입니다(요한복음 14:12).

창조와 파괴의 역학관계

사랑하는 이들이여, 이제 지구가 어떻게 해서 자기 파괴적인 나선 속으로 들어가게 되었는지에 대해 설명하고자 합니다. 인간에게 고통을, 자연에게 불균형을, 물질지구에게 붕괴를 맞이하게 하는 것이 다름 아닌 이 자기 파괴적인 나선(self-destructive spiral)입니다.

내가 앞에서 언급했듯이, 지구 행성은 하느님 어머니의 질료로 창조되었습니다. 지구는 마치 신성한 어머니의 바다 위에 떠있는 여러 개의 파도를 지닌, 즉 여러 개의 진동들을 지닌 하나의 복합체와도 같은 것입니다. 이 행성이 계속 존속하고, 또 이 행성이 엘로힘에 의해 시작된 상승나선 속에 계속 머물러 있기 위한 유일한 힘은 하느님 아버지의 확장하려는 힘뿐이며, 이 힘이 계속해서 물질(matter)의 바다 위에 파도를 일으키게 해야 합니다. 그리고 이 성령(聖靈)의 바람(風)은 반드시 봉사하고자 하는 자들, 또는 공동 창조자로서 봉사하기로 되어 있는 자들의 의식적인 마음을 통해서 흘러야 합니다. 그런데 만약 그러한 흐름이 임계점 아래로 떨어지게 되면, 확장하려는 아버지의 힘이 더 이상 어머니의 바다를 움직일 수 있을 만큼 충분히 강력해지지 못할 것입니다. 그렇게 되면 어머니의 수축하려는 힘이 개개의 생명체에서부터 인간사회, 행성 자체에 이르기까지 모든 조직화된 구조물들을 붕괴시키기 시작할 것입니다.

성령의 바람은 하느님으로부터 흘러나오는 일종의 영적인 에너지의 흐름으로서, 이 에너지는 여러분의 신아를 통과해 여러분의 잠재의식의 여러 층을 거쳐 마침내 여러분의 의식적인 마음에 도달하게 됩니다. 이미 설명했듯이, 여러분의 잠재의식과 의식적인 마음속에 지닌 내용물은 하느님의 빛을 물들이게 됩니다. 다른 말로 표현하면, 여러분의 마음이 여러분을 통해 흐르고 있는 에너지의 진동을 지속적으로 변화시키게 된다는 말입니다.

여러분의 마음속에 지닌 이미지와 믿음이 하느님의 법칙과 일치할 때, 여러분은 마음을 통해 흐르는 에너지에 높은 진동수를 부여하게 될 것입니다. 고진동이 된 이 에너지는 여러분의 신아에게로 다시 올라가게 되며, 이 에너지가 바로 2,000년 전에 예수가 설명했던 하늘에 쌓아둔 여러분의 보물이 되는 것입니다(마가복음 10:21).[18] 하느님의 법칙에 맞게 하느님의 에너지에 권능이 주어지게 될 때, 여러분의 신적자아는 에너지와 여러분들의 재능을 증대시키게 될 것입니다. 예수는 이러한 사실을 재능과 관련하여 아주 멋진 우화를 통해 설명했던 것입니다(마태복음 25:14-30).[19] 아주 작은 에너지라 할지라도

---

18) "예수께서 그를 보시고 사랑하라 가라사대, 네게 오히려 한 가지 부족한 것이 있으니, 가서 네 있는 것을 다 팔아 가난한 자들을 주라, 그리하면 하늘에서 보화가 네게 있으리라. 그리고 와서 나를 좇으라 하시니(마가복음 10:21)"

19) 또 어떤 사람이 타국에 갈제 그 종들을 불러 자기 소유를 맡김과 같으니 각각 그 재능대로 하나에게는 금 다섯 달란트를, 하나에게는 두 달란트를, 하나에게는 한 달란트를 주고 떠났더니, 다섯 달란트 받은자는 바로 가서 그것으로 장사하여 또 다섯 달란트를 남

여러분이 그 에너지에 충실해질 때, 여러분은 더 큰 에너지도 다룰 수 있는 사람이 될 것이며, 이렇게 함으로써 여러분은 자신의 창조력을 키워가게 될 것입니다.

인간이 낮은 의식 상태로 타락하기 전까지는 이 행성에 사는 모든 사람들이 자신이 지닌 창조력을 하느님의 법칙에 맞게 행사했었습니다. 그러므로 인간사회와 행성 전체는 상승나선 속에 있었습니다. 지구는 지속적으로 진동을 상승시켰으며, 끊임없이 완벽함과 아름다움을 더 잘 표현해가고 있었습니다. 이것이 지구를 창조할 당시의 원래의 계획이었습니다. 엘로힘의 목적은 이 행성이 인간 영혼들의 영적인 성장과 하느님의 왕국을 표현하기 위한 무대가 되도록 하는 것이었으며, 이 행성에 존재하는 모든 것들은 이러한 목적을 뒷받침하도록 만들어졌습니다.

성경에 기술되어 있는 은총으로부터의 타락은 실제로는 의식이 낮은 상태로 추락하게 된 것을 일컫는 것입니다. 이러한 추락은 어둠의 세력이 만들어낸 어떤 거짓말들을 다수의 사람들이 받아들이게 되면서 발생하게 되었습니다. 이러한 거짓말들이 무엇이며, 어둠의 세력들이 어디에서 왔는지에 대해서는 나중에 설명하게 될 것입니다. 지금은 인간들이 자신의 마음속에 지니고 있는 이미지의 질이 떨어지게 되면서 하느님의 에너지에다 낮은 진동수를 부여하기 시작했다는 사

기고, 두 달란트를 받은 자도 그같이 하여 또 두 달란트를 남겼으되, 한 달란트 받은 자는 가서 땅을 파고 그 주인의 돈을 감추어 두었더니, 오랜 후에 그 종들의 주인이 돌아와 저희와 회계할새, 다섯 달란트 받았던 자는 다섯 달란트를 더 가지고 와서 가로되, 주여! 내게 다섯 달란트를 주셨는데 보소서 내가 또 다섯 달란트를 남겼나이다.
그 주인이 이르되 잘 하였도다 착하고 충성된 종아 네가 작은 일에 충성하였으매 내가 많은 것으로 네게 맡기리니 네 주인의 즐거움에 참예할지어다 하고, 두 달란트 받았던 자도 와서 가로되, 주여 내게 두 달란트를 주셨는데 보소서, 내가 또 두 달란트를 남겼나이다. 그 주인이 이르되, 잘 하였도다 착하고 충성된 종아, 네가 작은 일에 충성하였으매 내가 많은 것으로 네게 맡기리니 네 주인의 즐거움에 참예할지어다 하고, 한 달란트 받았던 자도 와서 가로되, 주여 당신은 굳은 사람이라 심지 않은데서 거두고 헤치지 않은데서 모으는 줄을 내가 알았으므로 두려워하여 나가서 당신의 달란트를 땅에 감추어 두었었나이다. 보소서 당신의 것을 받으셨나이다.
그 주인이 대답하여 가로되, 악하고 게으른 종아 나는 심지 않은 데서 거두고 헤치지 않은 데서 모으는 줄로 네가 알았느냐? 그러면 네가 마땅히 내 돈을 취리하는 자들에게나 두었다가 나로 돌아 와서 내 본전과 변리를 받게 할 것이니라 하고 그에게서 그 한 달란트를 빼앗아 열 달란트 가진 자에게 주어라, 무릇 있는 자는 받아 풍족하게 되고 없는 자는 그 있는 것까지 빼앗기리라, 이 무익한 종을 바깥 어두운 데로 내어 쫓으라, 거기서 슬피 울며 이를 갊이 있으리라 하니라. (마태복음 25:14-30)

실을 깨닫는 것이 중요합니다.

죄(罪)라는 말의 진정한 의미

히브리어로 죄(sin)라는 말의 원래 뜻이 "과녁에서 벗어나다(missing the mark)"라는 의미를 지니고 있음을 알고 있는 사람들도 많이 있을 것입니다. 알다시피 수천 년 전에 죄라는 개념이 인간들에게 처음으로 알려지게 되었을 때, 당시의 사람들은 오늘날의 여러분처럼 높은 과학적인 지식을 갖고 있지 못했습니다. 따라서 죄라는 의미가 여러분의 신아로부터 여러분의 마음속으로 흐르는 영적인 에너지에 권능을 잘못 부여한 것이라는 사실을 그러한 사람들에게 설명할 수가 없었습니다. 이처럼 권능을 잘못 부여하게 될 때, 에너지의 진동수는 떨어지게 되며, 심해지면 진동이 임계점, 즉 임계수치의 주파수 아래로 떨어지게 됩니다.

그런데 에너지가 임계점 아래로 떨어지게 되면, 그 에너지는 여러분의 신적자아에게로 다시 상승할 수 없게 됩니다. 따라서 이러한 에너지, 재능들은 그야말로 물질세계의 낮은 진동을 의미하는 땅 속에 묻히고 마는 것입니다.

이런 일이 어떻게 해서 발생하게 되었는지를 충분히 이해하기 위해서는 과학의 세계로 들어가서 에너지에 대해 과학자들이 찾아낸 것들을 살펴볼 필요가 있습니다. 과학자들은 전 우주가 소위 장(場)들이라고 불리는 것들로 이루어진 진동하는 에너지로부터 창조되었다고 믿고 있습니다. 아시다시피 자석(磁石)도 주위에 에너지의 장(Field)을 가지고 있어서 종이 위에 있는 쇳가루에 영향을 미칠 수가 있습니다.

실제로 하느님 어머니의 바다는 거의 무한한 에너지를 지닌 하나의 장과 유사합니다. 그 에너지가 순수한 형태 속에 있을 때에는 비록 진동을 띠고 있지는 않지만, 어떠한 진동이라도 띨 수 있는 잠재력은 지니고 있습니다. 엘로힘이 지구를 창조할 때, 먼저 영적세계에 존재하는 정신적인 이미지, 즉 청사진부터 만들었습니다. 그런 다음 지구가 태어나게 될 위치에 청사진을 올려놓고, 집중력을 통해 그 에너지가 그들의 마음을 거쳐 청사진 속으로 흘러가도록 유도했습니다. 바로 이러한 에너지가 하느님 어머니가 지닌 에너지의 장을 진동하도록 만들었으며, 결국 그 에너지 장의 밀도가 증가하도록 만들었던 것입니다. 밀도가 임계점에 이르게 되자, 드디어 행성이 물질세계에 나타나기 시작했습니다.

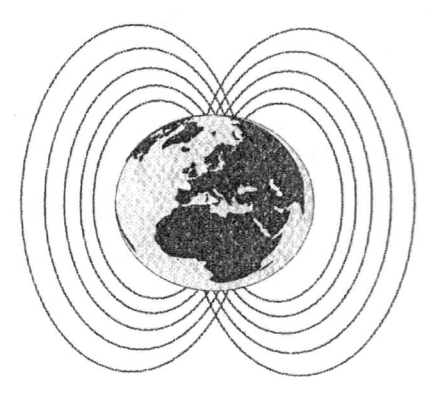

내가 말하고자 하는 요지는 다음과 같습니다. 비록 여러분의 육체적인 감각으로는 지구가 딱딱한 것처럼 느껴지겠지만, 사실 지구는 에너지 장이 밀집화된 것이며, 그러한 장의 대부분은 소위 과학자들이 비어있는 공간(empty space)이라고 부르는 것으로 구성되어 있습니다. 과학자들이 말하는 것처럼, 물리적인 물질은 원자(原子)라고 불리는 아주 작은 건축용 자재들로 구성되어 있고, 원자의 상당부분은 빈공간입니다. 사실 하나의 원자 속에 존재하는 빈공간은 비율적인 면에서 태양계에 존재하고 있는 빈공간보다도 더 빈공간이 많습니다.

인간이 신적자아로부터 흐르는 영적에너지에 권능을 잘못 부여하게 되면, 그 에너지는 진동수가 떨어지게 됩니다. 그런데 과학자들은 이 에너지를 창조하거나 파괴할 수는 없다고 말합니다. 다만 다른 형태의 에너지로 변형시킬 수만 있다고 합니다. 이러한 변형은 에너지파의 진동을 끌어올리거나 낮춤으로써 가능해지게 됩니다. 따라서 인류의 집단의식(集團意識)에 의해 창출된 에너지는 결코 그냥 사라지지 않습니다. 그 에너지는 반드시 어디론가 가야만 합니다. 그러므로 이러한 에너지는 영적세계로 다시 올라가 증식될 수 없기 때문에, 결국 지구 행성의 에너지 장 속에 저장될 수밖에 없습니다. **인간에 의해 생성되어 권능이 잘못 부여된 에너지는 말 그대로 물질행성을 구성하는 원자속의 빈 공간에 저장될 수밖에 없는 것입니다.** 그리고 이러한 에너지가 임계점에 도달하게 되면, 원자의 핵 주위를 도는 전자의 속도를 떨어뜨리는 저항력을 생성해냄으로써 원자의 밀도를 증가시키게 됩니다. 이것이 바로 물질 자체의 밀도화(densification)라고 부르는 것입니다

권능이 잘못 부여된 에너지의 하향나선

인간의 의식이 낮은 상태로 추락한 이래로 인류의 집단의식은 권능이 잘못 부여된 수많은 에너지들을 생성해왔습니다. 이러한 에너지들은 불완전한 감정과 순수하지 못한 생각으로 인해 발생되며, 불완전한 감정에는 두려움, 분노, 증오, 비난, 죄의식, 기타의 부정적인 감정도 포함됩니다.

이러한 에너지는 오랜 세월에 걸쳐 행성 전체에 하향나선을 창조하게 되었습니다. 이 하향나선은 물질의 밀도를 증가시키는 원인이 되었으며, 밀도의 증가로 인해 어머니의 수축하려는 힘이 이제 확장하려는 아버지의 힘보다 강해지는 결과를 가져오게 되었습니다. 따라서 이러한 사실은 곧 물질 자체에 내재되어 있는 힘이 인간에 의해 창조된 불완전한 형태들을 무형적인 원래의 순수한 상태로 되돌리기 시작했다는 것을 의미합니다.

실례로 원자의 전형적인 모형을 한 번 살펴봅시다. 하나의 원자는 그 핵 주위를 돌고 있는 전자(電子)가 있기 때문에 존재할 수가 있습니다. 그리고 전자를 움직이도록 유지하고 있는 힘은 성령의 바람(the wind of the Holy Spirit)을 통해 작용하고 있는 아버지의 확장하려는 힘, 바로 그것입니다. 만약 전자가 움직임을 멈추게 되면, 원

자는 무한히 작은 공간 속으로 붕괴되고 말 것입니다. 예컨대 이 책을 구성하는 모든 원자들이 붕괴된다면, 이 책도 사라지게 될 것입니다. 이것은 본질적으로 과학자들이 현재 이해하고 있는 블랙홀(Black Hole)에서 일어나는 현상과 같은 것입니다. 따라서 아버지의 확장하려는 힘이 약해지면, 전자는 속도가 떨어지게 되고, 원자의 진동율도 느려지게 됩니다. 이렇게 되면 원자는 밀도가 더 증가하게 되고, 만약 이러한 과정이 지속된다면, 궁극적으로 전자는 정지하게 되며, 물질은 붕괴되고 마는 것입니다.

 실제로 지구에서 일어났던 상황은 올바른 에너지의 흐름이 방해를 받게 되었다는 것입니다. 다시 말해 영적세계로 다시 올라갈 수 있는 긍정적인 에너지를 인간이 충분히 만들어내지 못했다는 뜻입니다. 그러므로 증대되어 다시 지구로 보내져야 할 에너지의 양이 충분치 못한 탓에 이 행성(그리고 전 우주가)이 창조될 당시에 지녔던 원래의 계획인 상승나선을 지탱할 수 없게 되었습니다. 따라서 이러한 결과로 인해 잘못된 에너지가 하향의 나선을 창조하는 내리막길의 자기력(磁氣力)을 형성하기 시작했던 것입니다.

 내가 설명하는 요지를 이해하겠습니까? 엘로힘은 지구 행성을 창조했을 뿐만 아니라 상승나선도 함께 출발시켰습니다. 그리고 영혼들이 육체를 입고 태어남에 따라 엘로힘은 뒤로 물러나게 되었으며, 이제 성령의 바람이 인간의 의식을 통해 흐르게 됨으로써 상승나선을 유지시키는 일이 인간의 손에 맡겨지게 되었습니다. 그런데 인간이 이러한 성령의 흐름을 제대로 유지할 수 없게 되면서부터 지구를 지배, 관리하는 소명을 더 이상 수행할 수 없게 되었고, 따라서 엘로힘에 의해 창조된 상승나선은 마침내 역행하여 하향나선으로 변질되고 말

왔던 것입니다.

우주위원회

　이 하향나선은 이미 오래 전에 임계점에 도달했으며, 결과적으로 지적 생명체가 살아가야 할 무대인 이 행성이 파괴될 위험에 처하게 되었습니다. 그리하여 그 시점에서 지구 행성의 성장과정을 감독하기 위해 하느님께서 선정하신 영적존재들 간에 우주회의가 개최되기에 이르렀습니다. 그리고 이 위원회는 지구가 아주 낮은 어떠한 지점에 도달해 있다는 결론을 내렸습니다. 왜냐하면 당시 이 행성에 육화하여 진화를 계속하고 있던 존재들이 스스로 하향나선을 되돌릴 수 있을 만큼 충분한 의식 수준, 즉 자각(自覺) 능력을 지니고 있지 못했기 때문입니다. 따라서 만약 어떤 조치를 취하지 않는다면, 이 물질행성은 결국 스스로의 무게를 이기지 못하고 붕괴되고 말 것이며, 아무런 생명체도 살아갈 수 없는 상황에 직면하고 말 것이었습니다.

　위원회가 이러한 판단을 내리고 난 후, 어떤 영적인 존재들이 자신들이 이루어놓은 영적인 업적을 지구에 보태고 상승나선에 불을 지피기 위해 스스로 자원하여 지구로 내려가기로 선택했습니다. 이러한 영적 존재들은 당시 어둠의 시대에 지구에 육화해 있었던 존재들 속에서 그들의 의식을 점차적으로 어느 정도 끌어올릴 수 있는 자석(磁石)과 같은 역할을 하고자 했던 존재들이었습니다.

　이러한 계획은 우주위원회로부터 승인을 받았으며, 제일 먼저 금성(金星)으로부터 144,000명이 지구로 하강하여 상승나선을 점화시키기 시작했습니다. 그 후 지구는 지속적으로 성장과정에 들어서게 되었으며, 비록 이러한 과정이 자연적인 재해와 문명의 몰락으로 이어지는 기복을 겪기는 했지만 지구는 과거보다 높은 수준으로 올라서게 되었습니다. 그럼에도 불구하고 지구는 현재까지도 영원한 상승나선 속으로 들어서지는 못하고 있습니다. 그 이유는 아직까지도 인간이 스스로 상승나선을 지탱할 수 있을 만한 의식수준으로 올라서지 못했기 때문입니다. 달리 표현하면, 전체적인 면에서 인류가 높은 주파수의 에너지보다는 낮은 주파수의 에너지를 여전히 더 많이 생성하고 있다는 뜻입니다. 오늘날까지도 인류가 하느님에게로 되돌아가서 증식되어야 할 올바른 에너지보다도 – 이 행성의 에너지 장 속에 머물러 저장되는 – 권능이 잘못 부여된 에너지를 더 많이 방출하고 있는 것입니다.

사랑하는 이들이여, 승천한 초인 대사 그룹이 가지고 있는 첫 번째 목적, 그리고 이 책을 통해 여러분에게 가르침과 로자리오들을 전하고자 하는 첫째 목적은 이러한 흐름을 거꾸로 되돌리고자 하는 것입니다. 영적인 존재들이 상승나선을 창조하기 위해 지구로 내려왔을 때, 그들에게는 일정한 시간 밖에는 주어지지 않았으며, 주어진 시간 내에 자신들이 지닌 임무를 완수해야 했습니다. 그 시간의 틀 내에서 그들은 지구가 스스로 지탱할 수 있는 상승나선 속으로 들어갈 수 있도록 하기 위해 임계수치의 인류들을 더 높은 의식 상태로 상승시켜야만 했습니다.

그런데 나는 **그 주어진 시간이 이제 거의 끝나가고 있다는 사실을** 말하지 않을 수 없습니다. 따라서 좀 더 많은 숫자의 사람들이 신성(神性)에 이르는 개인적인 길을 걸어야 한다는 사실을 깨달아야 합니다. 그리고 영적세계와 행성의 에너지장 사이에 숫자 8과 같이 에너지가 올바르게 흐를 수 있도록 많은 사람들이 열린 통로가 되는 것이 이 행성의 미래를 위해서 대단히 중요한 일입니다.

그러므로 영적으로 충분히 각성해 있는 사람들부터 개인적으로 신성에 이르는 길을 걷기 시작해야 하고, 이를 통해 자신들의 재능을 키워야 한다는 것을 여러분이 깨닫도록 촉구하기 위해 내가 여기에 온 것입니다. 그렇게 되어야만 에너지가 다시 하느님에게 되돌아갈 수 있으며, 그것이 증대되어 지구로 되돌아올 수 있게 되는 것입니다. 그 후에 다시 되돌아오는 이 에너지는 인류의 의식과 물질행성의 진동을 끌어올리는 자력(磁力)을 창출할 수 있게 될 것입니다.

사랑하는 이들이여, 나중에 이 책을 통해 전해주게 될 로사리오들[20]은 오랜 세월에 걸쳐 인류가 만들어냈고 오늘날까지도 이 행성의

---

20) 로사리오란 흔히 "묵주기도"를 지칭하는데, 이 로사리오(Rosary)라는 말은 원래 라틴어로 "장미정원" 또는 "장미꽃다발"이라는 의미인 라틴어 로사리엄(rosarium)이 어원라고 한다. 그 유래는 초대 교회 시절에는 장미꽃다발을 엮어서 머리에다 쓰는 관습이 있었으며, 여기서부터 묵주기도가 시작되었다는 설이 유력하다. 그리고 13세기경 성 도미니코가 신도들에게 묵주기도를 적극적으로 권장하면서부터 "성모님에 대한 묵상"을 또한 묵주기

에너지 장 속에 축적돼 있는 혼탁한 에너지들을 연소시킬 목적으로 고안된 영적인 수행 방법들입니다. 또한 이 로사리오들은 긍정적인 에너지를 생성하여 하느님에게 되돌아갈 수 있게 하고, 이를 통해 영(靈)과 물질 간에 올바른 에너지의 흐름을 다시 구축할 수 있도록 하기 위해 계획된 것들입니다.

이 묵주 기도들은 엄청나게 강력한 효과를 지니고 있는 종교적 의식(儀式)들이라 말할 수 있습니다. 임계수치에 달하는 사람들이 이 로사리오를 받아들이고 이를 부지런히 행하게 되면, 즉 매일매일 하나의 로사리오 기도를 하게 되면, 인간에 의해 창조되었던 하향나선이 실제로 거꾸로 역류하는 것을 보게 될 것입니다. 또한 곧이어 스스로 지탱할 수 있는 상승나선이 창조되는 것도 목격하게 될 것입니다. 그렇게 됨으로써 인류는 점차적으로 전 행성의 진동을 끌어올리고, 영혼의 성장을 위해 마련된 이 아름다운 무대에서 인간이 겪고 있는 모든 고통들을 제거하기 위한 마지막의 과정을 지속해갈 수 있게 될 것입니다.

고차원적인 목적에 대한 각성

사랑하는 이들이여, 오늘날 이 지구에는 내가 말하고 있는 것들을 기억의 내면 깊숙한 곳에서 이미 이해하고 있는 영혼들이 많이 있습니다. 그들은 이러한 내용을 알고 있고, 또한 하느님 아버지와 지구 어머니를 사랑하고 있기 때문에 이곳에 존재하고 있는 것입니다. 보다 정확하게 말하면 그들은 상승나선을 다시 점화하고 그 나선이 스스로 유지될 수 있도록 돕기 위해 이 중대한 시기에 여기 지구에 있고자 원했던 이들입니다.

사랑하는 이들이여, 여러분 중에는 아직까지도 삶에 공허함을 느끼고 있는 사람들이 많이 있는데, 이는 여러분이 목적을 제대로 수행하

도라고 불렸다고 한다. 1858년 성모님이 프랑스의 루르드에 발현했을 때는 묵주를 두른 모습으로 나타났었고, 또 포르투갈의 파티마에 여러 차례 발현했을 때는 당시 만났던 아이들에게 전쟁을 막고 세계평화 실현을 위해 묵주기도를 드릴 것을 직접 언급하기도 했었다. 그런데 이 묵주는 어찌 보면 불교에서 사용하는 "염주(念珠)"와도 유사한 측면이 있다. (감수자 주)

지 못하고 있다는 것을 깨닫고 있기 때문입니다. 따라서 그들에게는 삶이 아무런 가치도 없는 것처럼 보이게 되는 것입니다. 내가 여기에 온 것은 여러분의 삶이 어떤 분명한 목적을 지니고 있을 뿐만 아니라 엄청나게 중요한 의미를 내포하고 있다는 사실을 일깨워주기 위해서입니다. 그 목적은 개인적으로 그리스도 의식에 이르는 길을 걷는 것이며, 그렇게 함으로써 여러분은 이 땅을 뒤덮고 있는 어둠을 태울 눈부신 빛의 햇불이 될 수 있습니다. 여러분이 이곳 지구에 존재하고 있는 이유는 이 행성을 변화시켜 긍정적인 나선을 창조하는 과정에 개인적으로 기여하기 위해서입니다. 그리고 그렇게 함으로써 궁극에는 이 지구 행성이 하느님의 순수한 빛을 방사하고 전 은하계에 희망을 가져다줄 영적인 태양이 될 수 있을 것입니다. 또한 이 지구가 비록 현재는 어둠의 별이지만, 자유의 별 (Freedom's Star)로 탈바꿈할 수 있도록 돕기 위해 여러분이 이곳에 존재하고 있는 것입니다.

　사랑하는 이들이여, 이러한 일들은 정말로 가치 있는 일입니다. 이 말은 여러분의 영혼이 이러한 목적을 가질 만큼 가장 높은 사랑을 지니고 있다는 뜻이며, 이 때문에 여러분이 이 시기에 맞추어 이곳 지구에 있는 것입니다. 그러므로 스스로 자신의 가슴 속 깊은 곳으로 들어가서 이러한 가르침들을 숙고해 주기 바랍니다. 그리고 여러분의 고등한 자아(higher self)와 손위 누나이자 언니인 내가 여러분의 기억 속 가장 깊은 곳에 간직돼 있는 여러분이 누구이며 왜 여기에 존재하고 있는지에 관한 기억을 일깨워줄 수 있기를 간절히 기도하는 바입니다. 여러분이 내면의 기억을 깨닫게 되면, 상승한 형제자매인 우리와 유대관계를 형성할 수 있을 것이며, 그런 다음 하늘에서처럼 이 지구에서도 하느님의 왕국을 함께 만들어갈 수 있게 될 것입니다. 그리고 천상에서 우리가 하느님의 아들과 딸인 것처럼, 여러분 역시도 지상에서 하느님의 아들, 딸이 될 수가 있습니다.

4장

균형이 열쇠이다

사랑하는 이들이여, 나는 지금까지 여러분이 누구이고 이 결정적인 시기에 왜 이 지구에 존재하고 있는가에 관해 여러분이 지닌 영혼의 기억을 일깨울 필요가 있다는 점에 대해서 이야기했습니다. 지구 행성에 사는 대부분의 사람들은 주변에서 일어나고 있는 엄청난 영적인 변화를 인식하지 못한 채 몽유병자(夢遊病者) 마냥 삶을 살아가고 있다는 것을 지적해두고자 합니다.

많은 사람들이 말 그대로 살아 있기는 하나, 마치 죽어 있는 것처럼 살아가고 있습니다. 다시 말해 그들은 영적으로는 죽어 있으며, 승천한 대사들이 접촉하기조차 거의 불가능한 상태에 놓여 있는 것입니다. 따라서 여러분의 영적인 스승인 우리는 어려운 상황에 직면해 있습니다. 인간 사회에서의 필요한 변화를 이끌어내기 위해 절대적으로 필요한 것은 우리가 임계수치의 사람들을 일깨워 변화하는 시대의 실상을 깨닫게 해주는 것입니다. 그럼에도 우리가 직면해 있는 어려움은 새로운 에너지에 눈 뜨고 있는 사람들과 너무 광적이거나 또는 너무 극단에 치우친 사람들 간에 미묘한 차이가 있다는 것입니다.

여러분이 거의 깜깜한 방에 있다고 한 번 상상해보십시오. 너무 어두워서 방에 어떤 종류의 가구들이 있는지 정확하게 분간하기조차 어렵습니다. 볼 수 있는 것이라고는 희미한 윤곽과 짙은 그림자뿐이며, 모든 것들이 어두컴컴하게 보입니다. 그런데 이제 누군가 강력한 손전등을 켜서 방 안으로 한 줄기의 밝은 빛을 비춘다고 가정해보세요. 방의 일부는 밝아지겠지만, 나머지 다른 부분은 이전보다 더 어둡게 보일 것입니다. 다른 말로 표현하면, 밝음과 어둠 사이의 대비가 더 심해지고, 더 확연하게 드러나게 됩니다.

이러한 현상이 이 시대에 지구 행성에서 일어나고 있으며, 그렇게 되는 이유는 새시대의 영적인 에너지가 현재 지구 행성의 에너지 시스템 속으로 내려오고 있기 때문입니다. 이러한 에너지들로 인해 사람들이 잠들어 있기가 점점 더 힘들어지게 되는 것입니다. 몇 십 년 전까지만 해도, 영적인 면에서 사태를 관망만 하고 있는 것이 상대적으로 쉬웠습니다. 그때에는 일상적인 업무에만 충실하고, 삶에서 영적인 측면을 아예 무시할 수도 있었습니다. 또 최선을 다해 영적인 것에 몰두하는 것과 관련하여 그들은 확고한 결정이나 약속을 할 필요도 없었습니다.

담장에서 내려와야 한다.

그러나 이제 이 지구에는 낡은 구시대가 끝나고 새로운 시대의 에너지가 순환하기 시작했기 때문에 담장위에 앉아 있기가 더 어려워지게 되었습니다. 새시대의 영적인 빛은 구시대와 새시대 간에 의식에서의 극명한 대비를 보여주게 될 것이며, 이것이 "오늘 섬길 자를 선택하라(여호수아 24:15)"는 압력을 증가시키게 될 것입니다. 사람들이 새 시대의 에너지를 받아들이게 될까요? 아니면 익숙해진 구시대적인 생각과 교리에 집착하게 될까요? 이것이 바로 구시대적인 종교에 집착해 있는 사람들이 교리에서 벗어난 그 너머의 것들을 보려 하지 않는 이유입니다. 이러한 사람들은 시대에 뒤진 그러한 개념과 교리에 충실히 따르지 않는다면 구원을 받지 못하게 될 것이라고 두려위하고 있는 것입니다.

또 어떤 사람들은 새시대의 에너지에 반응을 보이면서 변화가 필요하다는 것은 수긍을 하지만, 변화의 필요성을 수긍하고 난 이후에 자신들에게 어떤 일이 일어나게 되는지에 대해 궁금해 하고 있습니다. 이 문제는 그러한 사람들이 균형을 이루고 있느냐, 아니면 균형을 이루고 있지 못하느냐에 달려있습니다. 앞에서 설명한 것처럼, 전 우주는 하느님 아버지의 확장하려는 힘과 수축하여 본래의 상태로 돌아가려는 하느님 어머니의 힘 간에 창조적인 장력(張力:tension)에 의해 창조되었습니다. 우주가 계속 유지되기 위해서는 이 두 힘 간에 정교한 균형이 이루어져야 합니다. 만약 이 균형이 이루어지지 않으면, 우주는 붕괴되기 시작할 것입니다. 우주의 균형을 가로막을 수 있는 양극단이 존재하며, 이 두 개의 극단으로 말미암아 우주는 열역학의 제2법칙의 지배를 받게 되어 있는데, 이 법칙에 따라 균형을 이루지 못한 모든 구조는 붕괴되고 말 것입니다.

우주에 대한 최초의 설계와 비전에 따라 아버지의 확장하려는 힘은 주도적인 역할을 하게 되어 창조력을 가동시키고 그 창조력이 흘러가는 방향을 조절하게 됩니다. 반면에 어머니의 수축하려는 힘은 아버지의 창조적인 추진력이 물질의 바다를 움직이도록 허용하며, 또 한편으로는 이 어머니의 힘은 아버지의 확장하려는 힘이 균형을 유지할 수 있도록 도와줍니다. 그래야만 통제되지 않음으로 인해 폭발하게 되는 것을 방지할 수 있으며, 균형 잡힌 성장을 지속해갈 수 있게 되는 것입니다. 그러한 균형이 이루질 때, 비로소 어머니는 아버지의 마음속에 지닌 비전을 표현해 내게 되며, 창조계가 산산조각나지 않고도 성장을 지속해갈 수 있게 되는 것입니다.

어머니는 단순히 피동적인 어떤 힘이 아니라, 내면에 새겨진 구현의 법칙에 따라 실제로 형상을 창조해내게 됩니다. 과학자들이 이러한 법칙들 중에서 일부를 발견하게 되었고, 이를 '자연의 법칙'이라는 말로 표현하고 있습니다. 모든 인간의 영혼도 영혼의 내면에 이와 같은 근원적인 힘을 지니고 있으며, 따라서 모든 영혼은 남성적인 요소와 여성적 요소를 함께 지니고 있습니다. 그런데 영혼이 이 두 개의 힘 간에 균형을 적절히 유지하지 못하면, 두 개의 극성(極性) 중의 다음과 같이 어느 한 쪽으로 움직여가게 됩니다.

- 영혼이 균형 잡히지 않은 **남성적인 힘에 의한 지배**를 받게 되면, "참된 종교는 오직 하 나밖에 없다"는 극단적인 사고(思考)로 흐르게 되는 경향이 있습니다. 따라서 다른 모든 종교들은 그 종교로 바뀌어야 한다고 생각하게 됩니다. 이러한 생각은 광적인 사고로 이어지게 되고, 소위 그릇된 모든 종교들을 억누르기 위해 하느님의 율법을 위반해도 된다는 극단적인 사고를 가지게 됩니다. 즉 "선한 것이 드러날 수 있도록 하기 위해서 악행도 저지를 필요가 있다."고 믿게 되는 것입니다. 그리고 이러한 생각은 자기네 종교를 믿지 않는 자들을 하느님의 이름으로 죽이는 것도 용납된다고 맹신하게 만들 수가 있습니다.

- 영혼이 균형 잡히지 않은 **여성적인 힘에 의한 지배**를 받게 되면, 어떠한 종교나 어떠한 고차원적인 원리도 받아들이려 하지 않는 극단적인 상황으로 흐르게 됩니다. 또는 높은 권능을 가진 자가 지구의 생명체를 인도해야 한다는 것도 인정하려 들지 않을 수 있습니다. 따라서 이러한 사고는 종교나 정부로부터 지나친 자유를 요구하게 됩니다. 이러한 극단으로 치우칠 경우, 사회가 모든 도덕적 및 윤리적인 원칙들을 포기하도록 야기하게 되며, 사회조직의 붕괴 또는 무정부 상태로 이어지게 됩니다.

두 개의 극단

새 시대의 영적인 에너지가 사람들의 의식을 통해 순환하게 될 때, 그들의 영혼 속에 존재하는 불균형한 것이 무엇이든 그것들을 더욱 심화시키게 될 것입니다. 이러한 현상이 일어나게 되는 이유는 이 에너지가 영혼 속에 이미 존재하고 있는 것들을 증폭시키는 역할을 하기 때문에 불균형한 것이 더욱 뚜렷하게 보이는 것입니다. 이렇게 되면 불균형한 것들이 더욱 더 잘 보이게 되므로, 좀 더 균형 잡힌 마음의 상태로 돌아갈 수 있도록 노력하게 만드는 **긍정적인 측면**

도 있습니다. 그러나 이러한 변화를 부정하게 되면, 이러한 사람들은 낡은 믿음을 고수하기 위해 **더욱 더 극단적이고 광적인 사람으로 전락**하게 됩니다.

현재 이러한 새 에너지로 인해 여러분은 인간사회에서 많은 사람들이 깨어나고 있는 것을 목격하고 있지만, 대다수는 균형이 잡혀있지 않은 탓에 양극단 중에서 어느 한 쪽으로 치우치려는 경향을 가지게 됩니다.

● 한 쪽의 극단은 사람들이 기성 종교나 새로운 종교 중에서 어느 하나의 특정 종교를 선택하게 되고, 자신들이 선택한 종교만이 유일한 참된 종교라고 믿습니다. 이러한 사람들은 종교에 의해 조장된 믿음과 교리를 광신적으로 신봉하게 되고, 이러한 믿음과 교리가 지구에서 접할 수 있는 유일한 진리이며 구원에 이르는 길이라 생각하게 됩니다. 이들은 종교를 거대한 전쟁으로 몰아가며, 모든 사람들이 유일한 참된 종교로 전향하든지, 아니면 필연적으로 지옥에서 불에 타 죽게 될 것이라고 생각합니다. 심지어 다른 이들이 개종(改宗)하지 않으면, 세상에 종말이 올 거라고 믿기도 합니다.

이런 사람들은 종종 다른 종교를 믿는 사람들뿐만 아니라 자신들이 선택한 종교의 교리와 맞지 않는 관념들에 대해 여러 형태의 적대감을 드러냅니다. 실제로 이와 같은 행태는 기독교를 포함한 많은 기성종교들 속에서 쉽게 찾아볼 수가 있습니다. 근본주의 기독교를 믿는 사람들은 성경을 글자 그대로 해석하여 2,000년 전에 받았던 계시(啓示)보다 더 뛰어난 계시는 있을 수 없다고 주장하는 이들도 있습니다. 또 어떤 사람들은 가톨릭교회와 같은 특정 교회가 진리의 유일한 원천이며, 진리를 혼자서 분별하려 해서는 안 되고, 교회의 정통교리에 맹목적으로 따르기만 하면 된다고 주장합니다.

● 이와 다른 사람들은 새로운 에너지에 의해 깨어난 사람들입니다. 그리고 이들은 정통종교와 기성종교가 지닌 결점들을 명확하게 이해합니다. 이러한 사람들은 이로 인해 정통종교에 대해 비판적이

며, 심한 경우에는 종교를 포기하기도 하는데, 자신들이 그동안 속 아왔다거나, 종교에 이용만 당해왔다고 느끼게 됩니다. 개중에는 모든 종교를 부정하는 극단적인 상황에 빠지기도 하고, 어떠한 형 태의 종교적인 체험도 타당성이 없다고 부정하는 '과학적 유물론 (唯物論)'을 종교로 받아들이기도 합니다. 결국에는 이러한 사람들 중의 상당수가 심한 환멸을 느끼거나 낙담하게 되며, 이런 이들은 어떤 특정 종교와 그 종교의 교리를 맹목적으로 믿는 것에서부터 아무 것도 믿지 않는 것에 이르기까지 다양한 형태로 나타나게 됩 니다.

사랑하는 이들이여, 이와 같은 양 극단은 모두 불균형한 상태를 나 타내는 것으로서, 나는 이것이 영혼에게 해롭다는 것을 여러분이 이 해하기를 간절히 바라고 있습니다. 사람들이 깨어나는 것도 필요하지 만, 자신들의 영혼 속에 존재하는 불균형을 자각하는 것도 대단히 중 요하다는 사실을 이해해주었으면 합니다. 그래야 내가 지금까지 설명 한 것처럼, 양극단으로 치우치는 현상을 막을 수가 있습니다. 이 책을 통해 내가 이루고자 하는 것은 사람들이 균형에 대한 필요성, 즉 그 리스도의 마음을 통해서만 얻게 되는 균형에 대해 깨닫도록 돕기 위 한 것입니다.

우리는 새로운 영적 사이클 속으로 들어가고 있으며, 이 사이클은 지난 2,000년을 지배해왔던 영적 사이클과는 다른 관점과 다른 에너 지를 가지고 있다는 사실을 깨닫기 바랍니다. 그 결과, 지난 2,000년 에 걸쳐 일상화되어왔던 종교적인 교리와 관습들 중에서 상당부분이 이제 구시대의 유물로 전락하고 있습니다. 이러한 것들로는 인간이 지닌 영혼의 내적인 갈망을 충족시킬 수 없을 뿐만 아니라 실제로 사 람들이 구원을 얻는 데도 더 이상 아무런 도움이 되지 못할 것입니 다. 따라서 낡은 관행들의 상당부분은 마땅히 버려야 하며, 이러한 이 유 때문에 실제로 많은 사람들이 전통적인 교회를 떠나고 있는 것입 니다.

시대에 뒤떨어진 종교적인 교리와 관습들을 버리는 것이 필요하긴 하지만, 그렇다고 또 다른 반대의 극단에 빠져서 모든 종교와 영성을 포기하는 것도 바람직하지 않습니다. 그렇게 되면 매사를 극도로 의심하게 되어, 마음의 평화와 개인적인 성취감을 가질 수가 없게 됩니다. 가장 이상적인 방법은 아무 것도 없는 것과 같은 공허한 상태에 빠지지 않고도 낡은 방식들을 버리는 것입니다. 그리고 이것은 낡은 교리와 관습들을 새시대에 적합한 사고(思考)와 관습들로 대체하고자 할 때에만 가능합니다.

사랑하는 이들이여, 지난 2,000년은 인간이 자기들과 신(神)과의 관계에 대해 보다 높은 수준으로 점진적으로 깨달아가는 과정의 시대였다고 할 수 있습니다. 이것이 2,000년 전에 예수가 이야기했던 하느님과의 관계입니다. 비록 그가 전한 원래의 메시지 중 일부는 소실되고 왜곡되었지만, 아직도 이러한 내용들을 이해할 수 있는 요소들이 성경 속에 존재하고 있습니다. 사랑하는 이들이여, 여러분도 알다시피 구약성서에는 하느님께서 분노하며 심판하는 신으로 묘사되어 있고, 아주 멀게만 느껴졌었습니다. 그러나 예수는 하느님을 사람들이 개인적인 관계를 가질 수 있는 사랑스런 아버지라고 묘사하고 있습니다. 만약 예수만이 오로지 하느님과 직접적으로 연결될 수 있었던 유일한 존재라고 여기는 우상화된 교리에 의해 예수의 이러한 내적인 메시지가 왜곡되지 않았더라면, 지난 2,000년에 걸쳐 사람들은 점차적으로 하느님과의 개인적인 관계를 만들어갔을 것입니다.

사랑에서 두려움으로, 그리고 다시 사랑으로

그러나 실제로 일어났던 현상은 기독교가 실제로 예수가 증명해보인 사랑에 기초한 접근법을 버리고 구약시대에 이스라엘을 지배했던 두려움에 근거한 접근법으로 다시 회귀하도록 만들었다는 것입니다. 즉 사람들과 사람들의 마음을 완전히 통제하기 위해서 기독교는 두려움을 사용하는 중앙집권화된 종교(centralized religion)로 전락하고 말았습니다.

이 말이 많은 기독교인들을 화나게 할 수도 있겠지만, 그러나 이것이 사실이며, 초기 기독교의 역사를 살펴보면 누구나 이러한 사실을 쉽게 확인할 수 있을 것입니다. 그리고 기독교가 소위 절대 오류가 없는 확실한 것이라고 주장하는 교리들을 채택케 된 경위를 조사해보아도, 그러한 교리들이 성서에 기록된 합당한 근거를 갖고 있지 않을 뿐만 아니라 예수의 내적인 가르침들을 검토해보지도 않았다는 사실을 알 수 있을 것입니다. 나중에 이러한 교리들 중에서 몇 가지의 사례를 설명하도록 하겠습니다.

이러한 과정의 결과로서 중앙집권화된 교회가 출현하게 되었으며, 이 교회는 중세시대에 사회를 지배하기 위해 온갖 권력을 행사했었습니다. 사랑하는 이들이여, 중세 암흑시대에 가톨릭교회가 예수의 이름으로 자행했던 종교재판과 십자군전쟁, 그리고 기타 많은 잔혹한 행위들에 대해 예수나 내가 그것들을 용인했을 것이라고 생각해서는 절대로 안 됩니다. 만약 우리가 이러한 행위들을 용인했을 것이라고 믿는다면, 여러분들은 보다 진지하게 자기 탐구를 더해야 해야 합니다. 그리고 가톨릭교회가 암흑시대에 자행한 행위들과 예수의 산상설교(山上說敎)와 같은 가르침들 사이에는 극명한 대조를 이룬다는 사실을 심사숙고해볼 필요가 있습니다.

내 이야기의 요점은 하나의 거대 집단이 되어버린 교회가 교인(敎人)들의 마음을 통제하고 두려움을 이용하여 권력을 형성함으로써 이를 계속 유지하고자 하는 시대는 이미 지났다는 것입니다. 새시대에는 종교를 접하는 데 있어서, 그리고 하느님에게 접근하는 데 있어서 모든 두려움을 극복해야 하는 것은 필수적인 사항입니다. 즉 지옥으로 가는 두려움에서 벗어나기 위해 종교를 믿는 것이 아니라, 반드시 **하느님에 대한 사랑의 발로에서** 종교를 바라보아야 한다는 말입니다.

하느님께서는 여러분에게 자유의지(自由意志)라는 선물을 주셨습니다. 하느님께서는 여러분이 하느님의 왕국인 집으로 돌아오기를 바라시며, 또한 이 지구에서 하느님의 왕국이 구현되는 데 여러분이 도움이 돼주기를 바라고 계십니다. 그러나 하느님께서는 여러분이 두려움 때문에 그렇게 하는 것을 원치 않으십니다. 여러분이 하느님을 사랑하기 때문에, 그리고 자기 자신을 사랑하기 때문에, 동료 인간들을 사랑하기 때문에, 또한 지구 어머니를 사랑하기 때문에 여러분이 그렇게 해주기를 하느님께서는 바라고 계십니다. 또한 하느님께서는 이 지구에 하느님의 왕국을 실현하는 것이 여러분 스스로에게 가장 유익

할 뿐만 아니라 이 행성에 사는 모든 사람들에게도 가장 큰 도움이 되기 때문에 여러분이 그렇게 해 주기를 원하고 계십니다. 여러분이 두려움에 근거한 마음 상태에 갇혀 있어서는 절대로 사랑으로 이루어진 하느님의 왕국에 들어갈 수가 없으며, 마찬가지로 하느님의 왕국을 이 지구에 실현하는 일에도 도울 수가 없습니다. 만약 이러한 일들 중에 어느 한 가지라도 참여하고자 원한다면, 여러분은 완전한 사랑을 통해 자신이 지니고 있는 모든 두려움들을 반드시 몰아내야만 합니다.

따라서 하느님께서는 수천 년에 걸쳐 인간이 창조해놓은 분노하고 두려움에 떨게 하는 모든 그릇된 하느님의 이미지들을 버리기를 원하십니다. 또한 여러분의 죄를 벌할 준비가 돼있는 분노하고 심판하는 하느님이라는 각인된 이미지도 버리기를 원하고 계십니다. 그 대신 하느님께서는 조건 없는 사랑의 하느님이라는 것을 여러분이 받아들이기를 바라십니다. 여러분이 이원성, 즉 서로 상반되는 힘 속에 자신을 가두어 두고 있는 불균형한 의식 상태를 버리는 즉시 하느님께서는 양 팔을 벌려 여러분을 받아들일 것입니다.

사랑하는 이들이여, 예수는 이 메신저(저자)를 통해 내가 이 책에서 인용하고 있는 많은 가르침들을 전해주었습니다. 이제 나는 여러분에게 예수가 전해준 이야기들을 들려주고자 하며, 이 이야기를 통해 의식의 모든 측면에서 균형을 유지하는 것이 얼마나 중요한지를 깨닫게 될 것입니다. 이 이야기들을 살펴본 이후에, 개인적인 균형을 이루고 이를 유지하는 데 필요한 가르침들을 추가로 전해줄 것입니다. 또한 그렇게 함으로서 행성 차원에서 적절한 균형을 유지하는 데 여러분이 중요한 도움을 줄 수 있게 될 것입니다.

5장

아버지의 집에는 많은 거처가 있다

예수 그리스도의 설교

나는 "아버지의 집에는 많은 거처들이 있다.(요한복음 14:2)"고 언급했던 내 말의 참된 의미에 대해서 기본적인 가르침을 전하고자 합니다. 이 말은 내가 잘 알고 있는 많은 사람들조차도 당황스럽게 만들었던 말이었습니다. 이 말은 2,000년 전에 당시의 사람들이 지녔던 이해와 어휘력 때문에 내가 얼마나 많은 제약을 받았었는지를 잘 보여주는 좋은 사례라 할 수 있습니다. 나는 모든 영적인 구도자(求道者)들이 꼭 이해해야 할 필요가 있는 심오한 진리를 사람들에게 설명할 기회가 그다지 많지 않았습니다. 따라서 오늘날에 활용이 가능한 더 큰 이해와 어휘력을 바탕으로 이제 이 진리에 대해 다시 설명하고자 합니다.

오늘날에는 대부분의 사람들이 에너지의 존재에 대해 잘 알고 있습니다. 또한 이 에너지는 어떤 형태의 진동을 띤다는 것도 알고 있습니다. 앨버트 아인슈타인의 상대성 원리에 따라 대부분의 사람들은 전 우주에 존재하는 모든 것들이 에너지로부터 만들어졌다는 사실을 익히 들어 왔습니다. 그러나 불행하게도 대부분의 사람들은 이러한 발견이 엄청난 의미를 내포하고 있다는 사실을 잘 이해하지 못하고 있는 같습니다. 따라서 모든 것이 에너지라는 사실에 근거하여 자신들의 세계관을 변화시키려는 노력을 기울이지 못해온 것도 또한 사실입니다.

 전 우주가 하나의 기본적인 질료(質料)로 만들어졌다는 사실은 단순한 진리입니다. 과거에는 이 재료를 에테르(ether)라고 불렀습니다. 에테르라는 개념은 불교에서 사용되었으며, 수 세기에 걸쳐 그 밖의 철학자들에 의해서도 알려지게 되었습니다. 중세 유럽에서는 어떤 의미에서 진정한 최초의 실험적 과학자라 할 수 있는 연금술사(鍊金術士)들에 의해 이 개념이 알려졌습니다. 심지어 물리학자들도 이 에테르라는 개념을 사용했으나, 불행히도 실험을 통해서 에테르에 대한 물리적인 작용을 찾아내지는 못했습니다. 근본적으로 에테르는 물리적인 특성을 가지고 있지 않으므로 이러한 특성을 밝혀낸다는 것은 애초부터 불가능했던 것입니다. 그 후부터 대부분의 과학자들은 에테르라는 개념을 사용하지 않게 되었습니다.

 그러나 이는 과학의 발전이라는 측면에서 볼 때, 우회해서 갈 수밖에 없었던 다소 불운했던 선택이었다고 할 수 있습니다. 이렇게 돌아가는 길을 선택하게 된 것은 과학자들이 에너지에 대해 충분히 이해할 수 없었기 때문에 생긴 것입니다. 과학자들은 에너지가 진동한다는 것은 알았지만, 진동이 존재하기 위해서는 반드시 진동하는 무엇인가가 있어야 한다는 것은 제대로 이해하지 못했습니다. 바다가 없다면, 파도도 있을 수 없습니다. 따라서 진동할 수 있는 수많은 것들이 존재하지 않는다면, 에너지의 파동들도, 그리고 물질우주도 존재할 수가 없을 것입니다.

 하느님께서 형태를 지닌 전(全) 우주를 창조하는 데 사용했던 기본적인 재료도 실제로 진동하는 어떤 것이었습니다. 이 재료는 성경 속에 "하느님께서 빛이 있으라 하심에(창세기 1:3)"라는 구절에 잘 명시되어 있습니다. 또한 빛은 하느님 아버지-어머니 중에서 여성적인 측면으로 표현될 수 있습니다. **빛은 신성한 어머니(Divine Mother)**, 즉 신성한 하느님 어머니의 몸을 나타내는 것이며, 이것은 아버지의 의지가 아들(Son)의 마음을 통해 어머니에게 투사됨으로써 그 위에 어떤 형상을 낳는 역할을 합니다. 그리고 그 형상은 성령(Holy Spirit)의 힘에 의해 구현되고, 유지되는 것입니다.

알다시피 보이는 빛은 일정한 주파수의 범위 내에서 진동하는 빛의 파동입니다. 붉은 빛은 푸른색이나 보라색의 빛보다 낮은 주파수에서 진동합니다. 또한 알려진 대로, 보이는 빛보다 낮은, 혹은 높은 주파수가 존재합니다. 이러한 주파수들은 보이는 빛과 같이, 실제로는 존재하지만 눈으로는 볼 수가 없습니다.

이 이야기를 하는 목적에 있어서 중요한 개념은 **"존재하는 모든 것은 진동(Vibration)이다"**라고 하는 것입니다. 그러므로 형태를 지닌 세상에서 침투할 수 없는 장벽이란 존재하지 않습니다. 기본적으로 모든 것은 동일한 재료로 구성되어 있지만, 단지 서로 다른 수준, 혹은 서로 다른 주파수로 진동하고 있을 뿐입니다. 모든 것은 에너지파로 만들어졌으며, 천국과 지구와의 차이는 다만 에너지파의 진동수가 다르다는 것뿐입니다.

"내 아버지의 집에는 거할 곳이 많다."라는 말의 참뜻은 **내 아버지의 집이 여러 개의 진동들로 이루어진 일종의 연속체(continuum), 에너지의 연속체라는 사실을 지칭하는 것입니다.** 이 연속체 내에는 주파수별로 여러 개의 구획으로 분할되어 있으며, 각 구획 내에도 다수의 주파수들을 수용할 수 있는 공간이 존재합니다. 각각의 이러한 구획들이 하느님의 집에 있는 거처들인 것입니다. 이러한 거처들 중의 하나가 사람들이 물질우주라고 부르는 곳입니다. 그리고 이러한 영역(물질우주)의 바깥을 인간들이 소위 영적세계 또는 천국(天國)이라고 부르고 있는 것입니다. 그러나 영적세계 안에도 많은 구획들이 존재하고 있습니다.

4개의 하위 몸체들

이 이야기를 전하면서 걱정이 되는 것은 또한 이 물질우주 내에도 다수의 구획들이 존재한다는 사실을 어떻게 하면 여러분이 제대로 이해할 수 있도록 하느냐 하는 것입니다. 정확하게 말하면, 물질우주 내에는 4개의 구획, 혹은 영역이 존재합니다. 모든 사람들이 잘 알고 있는 영역이 바로 물질로 구성된 우주입니다. 이 물질우주는 여러분이 육체적인 감각을 통해 감지할 수 있는 세계입니다. 그리고 이 물질우주는 여러분의 육체적인 감각을 통해 감지가 가능한 일정한 주파수 범위 내에서만 진동하는 진동들로 구성되어 있습니다. 이러한 진동들을 육체적인 감각을 통해 감지할 수 이유는 여러분의 육체가 동일한 주파수의 범위 내에서 진동하는 에너지들로 구성되어 있기 때문입니다. 달리 표현하면, 물질로 구성된 것은 오직 물질의 진동과 물질로 이루어진 진동들만을 감지할 수 있을 뿐입니다. 과학자들이 물질로 이루어진 장비를 사용하여 에테르를 탐지할 수 없었던 이유를 이것이 잘 설명해주고 있는 것입니다.

물질 영역의 상위에는 좀 더 큰 범위의 물질우주가 존재하고 있는데, 이 물질우주 속에는 추가로 3개의 구획이 더 존재하고 있습니다. 물질 영역에서 다음의 구획으로 움직여갈 때, 어느 한 영역 속으로 들어가게 되는데, 그 영역을 **감정의 세계**라 부를 수 있습니다. 그 위에는 **사고(思考)의 세계**, 그 위에는 **개성(個性)** 또는 **자의식의 세계**가 존재하고 있습니다. 고대의 종교나 철학자들, 예를 들어 불교, 그리스 정교회, 또는 연금술사들이 사용한 비교(秘敎)의 가르침들에서는 이 4개의 세계가 지구가 지니고 있는 4개의 특성으로 묘사되어 있습니다. 이 4가지 특성을 **지수화풍(地水火風)**이라고 부릅니다. 이러한 개념은 원 속에 사각형을 그려 넣은 고대의 개념도와도 일치합니다. 원은 천국을 나타내며, 시공간적으로 분할되지 않은 무한한 세계를 뜻합니다. 이것이 바로 에테르에 해당하는 것입니다. 정사각형은 지구, 또는 물질우주를 나타냅니다. 물질우주는 시공간의 세계입니다. 이 물질우주는 원의 무한한 세계를 받아들여서, 그것이 4개의 방향, 즉

4개의 차원으로 나누어지게 되는데, 이 4개의 차원은 동등한 시공간에 구현됩니다.

이를 좀 더 쉽게 이해할 수 있도록 시각화하여 설명을 하면, 이것을 인간의 마음에 연관시킬 수가 있습니다. 모든 것은 하느님의 에너지가 영적세계로부터 물질우주 속으로 계속 흐르게 됨으로써 유지되는 것입니다. 개인적인 측면에서는 에너지가 영적자아로부터 시작하여 잠재의식의 여러 층을 거쳐, 마침내 의식적인 마음에 이르게 됩니다. 에너지는 다음과 같은 마음의 여러 단계들을 거쳐 흐르게 됩니다.

● 에너지는 영적 세계 혹은 에테르의 세계에서부터 시작하여, 첫 번째로 불의 영역(the realm of fire)으로 흘러 들어가게 됩니다. 일부 비교(秘敎)의 가르침에서는 이것을 에테르의 옥타브(octave), 혹은 기억체(memory body)라고 부릅니다. 나는 이것을 **자의식(自意識) 또는 개성**의 세계라고 부르고 싶습니다. 이것은 물질세계에서 여러분이 체험한 기억들을 저장하는 마음의 일부입니다. 이곳은 또한 여러분이 영혼의 여정을 통해 이 세상에서 쌓아온 정체감(正體感)을 저장하는 곳이기도 합니다. 기본적인 생명의 에너지가 여러분의 마음 또는 존재 속으로 들어갈 때, 그 에너지는 여러분의 정체감을 통해 흐르게 됩니다. 따라서 이 생명의 에너지는 인간의 자의식(自意識)이 지니고 있는 색상에 의해 물들게 됩니다. 이 자의식에는 여러분이 세상, 하느님, 여러분과 세상, 그리고 여러분과 하느님과의 관계를 어떻게 바라보느냐 하는 것도 포함합니다. 따라서 이 자의식은 여러분이 이 세상에서 삶에 대처하는 방식을 결정하는 초석이 되는 것입니다.

● 이 에너지는 자의식, 또는 개성체(identity body)[21]를 통해 흐른 다음, 공기의 세계로 들어가게 됩니다. 어떤 가르침에서는 이 영역을 정신체(mental body)라고 부르는데, 나는 그것을 사고의 세계

---

[21] 여기서 예수님이 "개성체"라고 새로이 명명한 이 체는 사실 다른 여러 문헌들에서 소위 <에테르체>라고 말하는 것과 동일한 체이다. 명칭을 달리하다 보니 약간의 혼란이 있을 수 있는데, 이 체는 멘탈체(mental body)보다 상위의 복체로서 5차원 정도의 진동에 해당된다고 볼 수 있다.

(the realm of thought)[22]이라 부르고자 합니다. 이 영역에서 에너지는 여러분이 자신과 세상에 대해 지니고 있는 생각의 색상에 따라 물이 들게 됩니다. 그리고 여러분들의 생각들은 여러분이 지니고 있는 자의식에 의해 아주 많은 영향을 받게 되는데, 하지만 이 생각들은 존재의 하위 단계에 있기 때문에, 자의식을 형성하고 있는 보다 심도 있는 이미지보다는 다소 유동적이고 보다 쉽게 변할 수가 있습니다. 달리 표현하면, 여러분의 생각은 이 세상에서 마주치게 되는 특정 상황에 맞게 변형되거나 영향을 받을 수 있다는 뜻이 됩니다. 여러분의 정체감 또는 자의식이 큰 그림을 어떻게 볼 것인지를 결정한다면, 반면에 생각은 그 그림의 세부사항을 어떻게 이해할 것인지를 결정한다고 할 수 있습니다. 따라서 자의식이 세상 자체를 어떻게 바라볼 것인지를 결정한다고 할때, 사고는 세상이 어떻게 움직여 간다고 생각하는지를 결정하는 것입니다.

- 에너지가 정신체 내지는 사고체(thought body)를 통해 흐른 다음에는 그것이 느낌의 영역(the realm of feeling)으로 들어가게 됩니다. 이것이 바로 감정체(emotional body), 즉 느낌의 세계이며, 이 세계에는 여러분이 자신과 세상에 대해 느끼고 있는 감정적인 것들이 담겨져 있습니다. 감정은 단순히 움직이고 있는 에너지이며, 육체적인 행동에 앞서 일어나는 일종의 전조(前兆)라 할 수 있습니다. 따라서 감정은 생각에 의거해 어떻게 행동할 것인지를 결정하게 됩니다. 생각 그 자체가 곧바로 행동으로 옮겨지지는 않습니다. 생각은 하나의 아이디어에 불과하며, 육체적인 행동으로 옮겨지기 위해서는 생각이 감정에 의해 덧붙여지는 2가지의 특성을 지녀야만 합니다. 이 두 가지의 특성이란 방향성(direction)과 강도(intensity)입니다. 감정은 여러분이 지닌 생각을 특정한 행동으로 옮기도록 지시하며, 감정의 강도에 따라 행동의 강도가 결정되는 것입니다.

---

[22] 흔히 "멘탈체"라고 하는 이 복체는 다른 말로 사고체, 지성체, 이지체 등으로도 번역되기도 한다.

(이상 감수자 주)

● 마지막의 단계로서 에너지는 육체의 두뇌와 신경계통으로 들어가게 됩니다. 바로 이 단 계에서 감정이 행동으로 옮겨지게 되며, 행동은 그 이면에 보이지 않는 감정이 지닌 방향성과 강도에 의해 결정되게 됩니다. 물론 감정의 방향성과 강도는 생각에 의해 결정되며, 생각은 여러분 자신의 자의식(自意識) 내지는 정체감과 세계관에 의해 결정되는 것입니다.

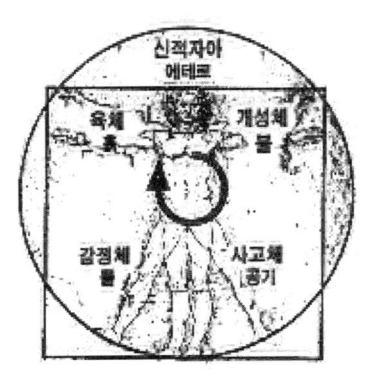

여러분의 존재를 통해 흐르는 에너지의 자연스러운 흐름은 에너지가 영적자아로부터 출발하여 자의식 혹은 개성체를 거치면서 여러분이 지니고 있는 세계관에 의해 채색됩니다. 그 후 에너지는 정신체(mental body) 속으로 흐르면서 여러분이 지닌 생각에 의해 물들어집니다. 그 다음, 에너지는 감정체 속으로 흐르며, 감정에 의해 결정되는 방향성과 강도를 지니게 됩니다. 마지막으로 이 에너지는 두뇌와 신경계통, 그리고 물리적인 몸을 거치면서 물리적인 행동으로 옮겨지게 되는 것입니다.

 이러한 전 과정을 영사기에 비유할 수가 있습니다. 영적자아로부터 흐르는 빛은 영사기 속의 전구에서 나오는 흰 빛과 같습니다. 그리고 개성체(자의식체)와 정신체(사고체), 그리고 감정체는 3장의 필름과 같은 역할을 합니다. 빛은 3장의 슬라이드 필름에 들어있는 이미지에 따라 색상을 띠게 됩니다. 빛은 슬라이드 필름을 통과하면서 스크린(Screen) 위에 하나의 이미지(영상)를 비추게 됩니다. 스크린은 물질우주에 존재하는 여러분의 마음의 일부입니다. 이것은 여러분이 지닌 의식적인 마음과 잠재의식적인 마음의 일부입니다. 그리고 이것은 여러분의 두뇌와 신경계통에 그 뿌리를 두고 있습니다.

물질우주에 존재하는 4개의 층

에너지가 여러분의 마음을 통해 어떻게 흐르는지를 이해하고 난 다음, 이러한 이해를 전체적으로 물질우주에 적용시켜볼 필요가 있습니다. 이 물질우주도 서로 다른 4개의 옥타브, 또는 층(層)이라 할 수 있는 4개의 상이한 체(體)를 가지고 있습니다. 이것은 여러분의 마음이 지니고 있는 4개의 층에 해당하는 것입니다. 왜냐하면 진실로 이 우주도 하느님의 집에 존재하는 하나의 거처에 불과하기 때문이며, 집이란 다름 아닌 마음을 가리키는 것입니다. 여러분의 마음처럼, 이 물질우주도 하느님께서 지닌 기본적인 에너지로부터 창조되었습니다. 다시 말해 하느님의 이 기본적인 에너지가 자의식계, 사고계, 감정계를 거쳐 흐르면서, 마침내 이 우주가 물질세계에 구현되기에 이른 것입니다.

이와 같이 4개의 층을 거치게 되는 기본적인 에너지의 흐름을 이해하고 나면, 가장 낮은 수준에 있는 물질 그 자체의 단계는 비록 보이지는 않지만 이보다 더 높은 단계인 감정체, 정신체, 그리고 개성체를 거치면서 생기게 되는 보이지 않는 원인의 결과물이라는 것을 이해할 수 있게 될 것입니다. 즉 물질우주는 상위의 3개 층에 존재하는 이미지가 투사된 것에 불과하다고 말할 수 있습니다. 그러므로 사실 물질우주는 영화관의 스크린에 비친 이미지와 마찬가지로 실제로 존재하고 있는 것이 아닙니다.

이러한 개념을 깊이 생각해보면, 물질세계의 상위에 있는 3가지 단계들을 변화시킴으로써 이 물질우주를 변화시킬 수 있을뿐더러, 또 실제로 변화시켜야 한다는 것을 깨닫게 됩니다. 만약 개인적인 차원에서 외적인 환경을 바꾸고 싶다면, 여러분이 지닌 감정과 생각, 그리고 자의식(自意識)을 변화시키는 것에서부터 시작해야 합니다. 상위 3개의 체들 속에 존재하는 이미지들을 변화시킬 때에만 물질세계에 나타난 이미지들을 변화시킬 수 있습니다. 마찬가지로 지구 행성 규모 차원에서 인간의 고통을 제거할 수 있는 열쇠는 하나의 전체로서의 행성의 감정과 사고, 그리고 개성체를 정화하는 것입니다. 그 이유는 이 물질행성은 상위 영역에서 지니고 있는 이미지가 투사된 것에 불과하기 때문입니다.

지구 행성은 엘로힘이라 불리는 7명의 영적인 존재들에 의해 창조되었습니다. 엘로힘은 지구에 대한 완벽한 이미지를 계속 유지하고 있으며, 지금도 그 이미지는 존재하고 있습니다. 그러나 이 완벽한 이미지는 인류가 지닌 개성체와 정신체, 감정체를 통해 투사된 불완전한 이미지들로 인해 잠정적으로 가려져 있는 상태입니다. 이것이 바로 심리학자들이 **집단무의식(集團無意識)**[23)]이라 부르는 것입니다.

고통의 참된 원인

다음으로 설명할 내용의 요점은 현재 이 지구 행성이 왜 이렇게 많은 불완전한 것들과 수많은 인간적인 고통을 안고 있는지에 대해 그 이유를 보여주고자 하는 것입니다. 그 이유는 인류가 지닌 상위의 3개 체(體)들이 불완전한 정체성, 불완전한 생각들, 그리고 순수하지 못한 감정들로 인해 오염되어 있기 때문입니다.

사랑하는 나의 어머니께서 설명하셨듯이,[24)] 천상의 영역에 존재하는 모든 것들은 하느님의 법칙에 따라 창조되었습니다. 따라서 어떤 영적인 존재가 하느님의 법칙에 저항하게 되면, 그 존재는 천상에 머물러 있을 수가 없습니다. 하지만 성모 마리아께서 설명하신 것처럼, 물질우주에서는 어느 정도 하느님의 법칙을 거스를 수 있는 여지가 있습니다. 그 이유는 물질우주가 영혼들이 열심히 노력하여 하느님의 표현인 모든 것이 될 수 있도록 영혼들을 위한 학습장으로 창조되었기 때문입니다. 하느님께서는 이러한 영혼들에게 자유의지를 주셨으며, 그리고 하느님의 에너지를 실험해볼 수 있는 무대도 제공해주셨습니다.

따라서 이 세상의 존재들은 이 세상을 떠나지 않고도 하느님의 법칙에 어느 정도 거스르는 것이 물질우주의 법칙에 따라 허용되고 있습니다. 바꾸어 말하면, 인간은 하느님께서 물질세계를 설계하실 때

---

23) <분석심리학>의 창시자인 스위스 카알 G. 융(Carl G. Jung) 박사에 의해 처음 주창된 개념이다. 인류가 오랜 진화의 과정을 거쳐서 현재에 이르기까지의 공동의 경험을 통해 저장해 온 모든 잠재적 기억 흔적들을 말한다. 집단적 무의식은 전혀 의식화되는 일이 없는 것이지만, 인격 전체를 지배하고 종족적으로 유전된 것이며, 개인적 경험을 초월한 것이라고 한다. (감수자 주)
24) 11장 <전쟁의 흐름을 되돌리기>를 참고 할 것.   (저자 주)

사용했던 원칙에 어긋나는 이미지에 자신의 주의력을 집중할 수 있는 자유의지를 가지고 있다는 뜻입니다. 또한 자신의 정체성을 하느님과 분리된 존재로, 또는 영적인 존재가 아니라 물질적인 존재로 인식할 수도 있습니다. 또 인간은 하느님의 진리나 실체와 부합되지 않는 정신적인 이미지를 창조할 수도 있습니다. 그리고 하느님의 참된 감정과는 어긋나는 도착(倒錯)된 감정에 빠질 수도 있습니다. 따라서 인간이 불완전한 것들에 탐닉함으로써 물질우주 자체도 불완전한 우주로 바꿀 수가 있으며, 불완전한 것들로 가득 찬 하나의 세계를 창조할 수도 있는 것입니다.

그러나 하느님께서는 영혼들에게 자유의지를 부여하실 때 물질우주가 어느 한 존재에 의해 파괴되지 않도록 안전장치를 마련해 두셨습니다. 바꾸어 말하면, 인간은 하느님의 순수한 에너지를 이용하여 원하는 것을 무엇이든 자유롭게 행할 수는 있습니다. 그러나 그들이 하느님의 에너지를 사용하여 만들어낸 상황들은 반드시 자신들이 체험해야만 합니다. 만약 누군가가 불완전한 생각이나 느낌에 몰두해 있다면, 그 사람들은 물질세계에 불완전한 상황들을 만들어내게 될 것이며, 그들이 지닌 창조력은 자신들이 창조해낸 창조물에 의해 제약을 받게 될 것입니다. 예컨대 만약 여러분이 자신의 침대를 만들었다면, 반드시 그 침대 위에 누워야만 하는 것입니다.

말하자면 하느님께서는 물질우주를 일종의 거울과 같이 설계하셨습니다. 우주는 마치 영화 스크린과도 같습니다. 그리고 인간의 마음을 통해 우주에 비춰진 것은 무엇이든지 그것을 그대로 반영하게 되어 있습니다. 따라서 마음의 상위 부분들, 즉 감정, 사고 및 자의식(自意識)이 지니고 있는 이미지가 어떤 것이냐에 따라 물질세계에서 체험하게 되는 상황들이 결정된다고 할 수 있습니다. 만약 불완전한 이미지를 가지고 있다면, 불완전한 것들을 구현하게 될 것이며, 그것들은 결국에는 스스로 파괴되고 말 것입니다. 즉 바벨탑을 세울 수는 있지만, 언젠가는 스스로의 무게를 견디지 못하고 붕괴되고 마는 것입니다.

성모 마리아께서 설명하셨듯이, 인류도 처음에는 이 행성에서 현재 체험하고 있는 것보다 더 고차원적인 의식 상태에서 살았습니다. 그러한 의식 상태에서 영혼들은 자신들의 영적자아, 그리고 스승으로 봉사했던 영적인 존재들과 의식적인 접촉을 유지하고 있었습니다. 그리고 인간들은 자유의지를 사용하여 하느님의 에너지를 실험했었습니다. 이 과정에서 실수도 자주 범하게 되었으며, 불완전한 것들을 창조하기도 했습니다. 그러나 그들은 창조의 기본법칙을 알고 있었기 때문에 실수를 저질렀어도 이 실수를 인정하고 바람직스럽지 못한 결과를 좋은 결과로 곧 바로 대체할 수가 있었습니다.

그런데 인간의 타락(the Fall of Man)이 있은 후, 사람들은 자신들의 영적자아와 영적인 스승들과의 접촉이 끊어지게 되고 말았습니다. 따라서 그들은 창조의 법칙이 어떻게 작용되는지에 대해 더 이상 알 수가 없게 되었습니다. 즉 인간은 물질세계에 창조된 것들은 그것이 무엇이든지, 그들의 감정체, 정신체, 그리고 개성체가 지닌 이미지가 투사된 것에 불과하다는 사실을 잊어버리게 되었습니다. 따라서 그들은 자신이 지닌 보다 상위의 체들(bodies)을 변화시킴으로써 물질우주의 상황들을 바꿀 수 있다는 사실도 망각하게 된 것입니다.

이제 사람들은 물질세계에 존재하는 제반 상황들은 영속적인 것이며, 인간의 의식으로는 통제할 수 없는 것이라고 믿기 시작했습니다. 또한 이들은 자신들에 대해 생각하기를, 스스로 창조하지 않은 그러한 상황의 희생양이라고 이해하게 되었습니다. 어떤 의미에서는 그들의 생각이 옳았다고 할 수도 있습니다. 감정체, 정신체, 개성체를 변화시키지 않고는 물질세계를 변화시킬 수 없으므로 그들은 자신들이 그러한 세계에 존재하는 여러 상황들의 희생양이라고 여길 수도 있는 것입니다. 문제는 그러한 상황들을 창조했던 존재들이 바로 인간자신이라는 것입니다. 따라서 그러한 상황들은 애초부터 창조하지 말아야 하는 것입니다.

정확히 말해, 이것은 자신들이 만든 상황에 대한 기억상실이며, 책임회피라고 할 수 있습니다. 바로 이러한 이유 때문에 영적세계에서 온 존재들, 즉 하느님의 법칙에 대항하여 반란을 일으켰던 자들이 이 지구 행성에 모습을 드러낼 수 있는 빌미를 제공하게 되었던 것입니다. 성모 마리아께서도 이 점에 대해 설명하신 바가 있습니다.

알다시피, 자유의지를 실험하는 것(이 과정에서 실수를 범하는 것)

과 고의적으로 하느님의 법칙 및 창조의도에 대항하는 것 사이에는 큰 차이가 있습니다. 영적세계에 있는 어떤 존재들은 하느님의 법칙과 하느님의 창조의도에 일부러, 그리고 고의적으로 대항했었습니다. *그 후 이러한 존재들은 낮은 의식 상태로 떨어지게 되었으며, 결국 이들 중의 일부가 지구 행성에 육화해 있는 것입니다.*

이러한 존재들은 하느님의 법칙에 대항함으로써 궁극적인 자유를 쟁취할 수 있다는 거짓말로 많은 사람들을 선동해 왔습니다. 이들은 몇 가지 교묘한 거짓말을 사용하여 사람들이 하느님의 법칙을 위반하도록 조종해왔고, 그와 동시에 하느님 법칙을 위반함으로써 생기는 부정적인 결과는 어쩔 수 없는 것이며, 그와 같은 부정적인 결과는 심지어 하느님 스스로가 자초한 것이라고 믿도록 만들었습니다.

결과적으로 인간의 의식이 낮은 상태로 추락한 이후부터 지구에 사는 모든 인간들의 하위 4개의 몸체들(four lower bodies)과 인류의 집단의식에 오염이 시작되는 과정을 겪게 되었습니다. 이러한 오염으로 인해 현재의 불완전한 상황들, 즉 인간의 고통, 자연적인 재앙, 그 외의 많은 재난의 형태로 이어지게 된 것입니다.

그렇지만 여러분이 물질우주에서 목격하고 있는 것들은 상위의 몸체들에서 진행되고 있는 상황을 나타내주는 하나의 투영물(投影物)에 불과합니다. 상위의 3개 몸체들은 이미 모두 오염되었으며, 불완전한 이미지들을 내포하고 있습니다. 하지만 이들 몸체들 중에서 이미 어둠의 세력들이 완전히 장악해버린 몸체가 바로 감정체입니다. 이 감정체는 물질세계를 지배하고자 하는 자들에게는 대단히 중요한 것입니다. 왜냐하면 생각을 물리적인 행동으로 옮기게 하는 것이 바로 이 감정체이기 때문입니다.

감정체의 특성은 정신체에서 감정체로 투사된 이미지들이 어떤 것이든 상관없이, 그것을 모두 받아들인다는 것입니다. 감정은 움직이는 에너지로서 이 에너지는 옳고 그름을 구별할 수 있는 인식능력이 없습니다. 이 에너지는 결과를 고려함이 없이, 주어진 행위 속으로 그저 흘러들어갈 뿐입니다. 따라서 어둠의 세력들이 어떤 사람의 감정체를 장악할 수만 있다면, 그들은 그 사람으로 하여금 행동에 따른 결과나 옳고 그름을 따지지 않고 실제로 어떤 것을 행동으로 옮길 수 있도록 조종할 수가 있게 됩니다. 이 때문에 "느낌이 좋으면, 행하라!"라고 하는 행동양식(신드롬)이 생겨나게 된 것입니다. 그러나 이러한 행동양식은 "느낌이 좋은 것은, 실제로 나쁠 리가 없다."라고 하는 교묘한 거짓말에 근거하고 있는 것입니다.

따라서 지금 여러분들이 보고 있는 바와 같이, 사람들의 감정체를 이용하여 지속적으로 인간들을 조종하고 있는 세력들이 실제로 존재하고 있습니다. 그들이 이러한 목적을 달성하기 위한 수단들 중의 하나는 사람들의 감정체를 자극하고, 그 감정의 강도를 점차적으로 강화시킴으로써 결국에는 그러한 감정 에너지를 더 이상 붙잡아둘 수 없게 만드는 것입니다. 그 다음에는 그 감정이 흘러 넘쳐서 행동으로 옮겨지게 됩니다. 개인들 및 집단들 간에, 심지어 전 국가들 간에 정상적인 상태에서는 결코 취하지 않을 어떠한 행동을 취할 수밖에 없게 될 때 여러분이 목격하게 되는 것이 바로 이러한 현상입니다. 그러므로 이것은 전쟁을 일으키게 되는 주요한 메커니즘이기도 합니다. 전쟁으로 이어지는 과정에서, 여러분은 전 국가의 감정체가 흥분하여 국가가 어떠한 조치를 취하지 않으면 안 된다고 하는 선까지 치닫게 되는 것을 목격하게 될 것입니다. 그리고 그 조치란 다름 아닌 동요를 유발했다고 생각되는 적(敵)과 전쟁을 벌여야 한다는 상황으로 돌입하는 것입니다.

4개의 층에 존재하고 있는 지적인 생명체

이야기를 전하는 또 다른 중요한 목적은 물질우주의 4개의 층, 즉 물질계, 감정계, 사고계, 그리고 의식계 모두에는 자아의식을 지닌 지적인 생명체가 존재하고 있다는 사실을 설명하기 위해서입니다. 인간은 물질세계에 살고 있는 지적인 생명체입니다. 또한 그 외에 나머지 세 개의 세계에도 지적인 생명체가 살고 있습니다. 이러한 존재들 중에 어떤 존재들은 한 번도 육체 속에 들어와 본 적이 없는 존재들도 있습니다. 또 어떤 존재들은 육체적인 몸에 들어와 본 적은 있지만, 현재는 물질우주의 다른 세계들 중 어느 하나의 세계에 살고 있기도 합니다.

물질우주를 체험하고 하느님을 도와 유형(有形)의 세계를 공동으로 창조하기 위해 영혼들이 물리적인 몸속으로 내려오는 것은 아주 자연스러운 과정입니다. 그리고 물질세계에서 존재의 목적을 달성하고 나면, 그 영혼은 영적세계로 올라가게 됩니다. 바꾸어 설명하면, 영혼이 물질, 감정, 사고, 의식의 세계에만 살거나, 또는 그곳에 갇혀있는 것은 영혼들에게 자연스럽지 않다는 뜻입니다. 그러나 만약 영혼이 균형을 이루지 못하여 하위의 4개 체 중 어느 하나 이상의 체를 왜곡시키게 되면, 4개의 물질세계들 중에서 어느 하나의 세계에 갇히게 될 수도 있습니다.

성모 마리아님께서 설명하셨듯이,25) 영혼이 지닌 하위 4개의 몸체는 성부와 성자, 성모와 성령(Holy Spirit)에 대응되는 것입니다. 성부는 개성체(자의식)에 해당되며, 성자는 정신체(사고체), 성모는 감정체, 그리고 성령은 육체에 해당됩니다. 만약 어느 영혼이 하위 4개의 몸체 중 전부에서 균형을 이루지 못하면, 그 영혼은 물질세계에 갇히게 될 것입니다. 그리고 육체는 균형을 이루고 있지만 나머지 3개의 몸체에서 균형을 이루지 못하면, 감정의 세계에 갇히게 될 것입니다. 마찬가지로 그 영혼이 육체와 감정체에서 균형을 이루고 있다면, 사고의 세계에 갇힐 수 있으며, 그리고 하위 3개의 체에서 균형을 이루고 있다면, 의식(자의식)의 세계에 갇힐 수가 있습니다.

이 이야기를 충분히 이해하기 위해서는 물질우주의 4개 영역이 단지 진동 수준의 차이에 의해 분리되어 있다는 사실을 깨달아야 합니다. 그리고 이러한 가르침을 직선적인 사고를 통해 이해하려 해서는 안 됩니다. 예를 들어 물질의 세계는 진동이 가장 낮으며, 다른 세계들은 보다 높은 진동을 가지고 있다거나, 또는 가져야 한다고 생각해서는 안 된다는 것입니다. 따라서 다른 세계들은 물질세계보다 높이, 그리고 그것을 멀리 넘어서서 존재한다고 생각하기가 쉽습니다. 이것은 틀린 생각입니다.

현재 여러분이 앉아 있는 방 안에도, 많은 라디오 주파수들이 동일한 공간에 침투해 있습니다. 여러분의 육체와 벽, 가구, 그리고 공기와 마찬가지로 라디오 주파수도 동일한 공간에 같이 존재하고 있습니

---

25) 11장 <전쟁의 흐름을 되돌리기>를 참고할 것. (저자 주)

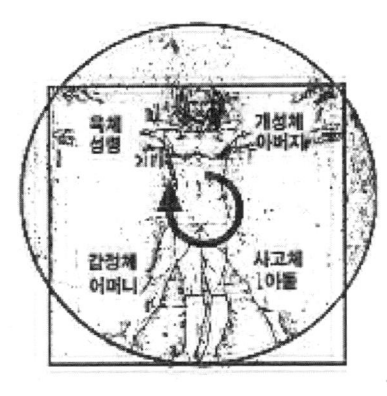

다. 달리 표현하면, 다른 여러 개의 주파수들이 동일한 공간에 함께 존재할 수 있다는 말입니다. 요점은 물질의 세계가 느낌(감정)의 세계, 생각의 세계, 그리고 의식의 세계와 함께 동일한 "공간"에 존재하고 있다는 뜻입니다.

그러므로 "이들 4개의 세계들 사이에 침투할 수 없는 장벽이란 존재하지 않는다."라는 사실을 깨닫는 것이 중요합니다. 실제로 여러 개의 세계들이 서로 중첩해서 존재할 수가 있습니다. 예를 들어 물질세계의 어떤 지역에서는 진동수가 변화될 수 있으며, 따라서 그러한 곳에서는 다른 세계들 중의 어느 하나의 세계가 지니고 있는 진동과 공명을 일으키게 됩니다.

인간의 마음은 라디오 수신기와 같은 기능을 가지고 있습니다. 앞서 말한 바와 같이, 서로 다른 많은 라디오의 파동들이 여러분이 앉아 있는 방을 투과하며 존재합니다. 라디오를 켜서 다이얼을 돌림으로써 듣고 싶은 파장에 주파수를 맞출 수가 있습니다. 라디오는 서로 다른 에너지의 파동들을 서로 다른 방송으로 인식할 수 있도록 들을 수 있는 소리로 바꾸어주게 됩니다. 여러분의 의식적인 마음도 라디오 수신기와 같은 역할을 할 수 있는 기능을 가지고 있으며, 물질우주의 어떤 층에 맞도록 주파수를 조절할 수가 있습니다. 또한 여러 영적인 세계들과도 파장을 맞출 수가 있습니다. 바꾸어 말하면, 인간의 마음은 물질세계를 벗어난 어떤 세계와 접촉할 수 있는 능력을 가지고 있다는 것입니다. 그러므로 여러분은 감정의 세계, 생각의 세계, 의식의 세계, 그리고 심지어 영적인 세계에 있는 지적 생명체와도 파장을 맞출 수가 있습니다.

이러한 가르침을 이해하고 난 후, 여러분이 다른 세계에 있는 지적인 존재와 의사소통을 하고자 할 때는 그러한 존재들이 모두 다 호의적이지는 않다는 사실을 사전에 꼭 알아둘 필요가 있습니다. 그러한 존재들 중의 일부는 하느님의 법칙을 고의적으로 거스르려고 했던 존재들일 수도 있으며, 또 여러분에게도 그렇게 하도록 조종하려고 시도할 수도 있습니다. 그 이유에 대해서는 성모 마리아께서 설명해주실 것입니다.

처음에는 4개의 세계 모두에 선의(善意)의 존재들이 존재했었습니다. 하지만 감정의 세계가 심하게 오염되고 조종을 받게 됨으로써 그러한 세계에는 선의의 존재들이 더 이상 존재할 수 없게 되었습니다. 현재 감정의 세계에 살고 있는 존재들은 모두가 다 균형이 잡히지 않은 상태이며, 이들 중의 많은 존재들이 목적이 수단을 정당화할 수 있고, "느낌이 좋으면, 행해도 된다."라고 하는 사고방식을 믿고 있습니다. 이 지구에도 이러한 의식을 지닌 사람들이 존재하는데, 이는 그러한 사람들이 지닌 불균형 상태의 감정체가 느낌의 세계와 파장이 잘 맞고 있기 때문입니다. 그리고 이러한 사람들은 느낌(감정)의 세계에서 이들을 조종을 하고 있는 자들의 하수인으로 전락하게 됩니다.

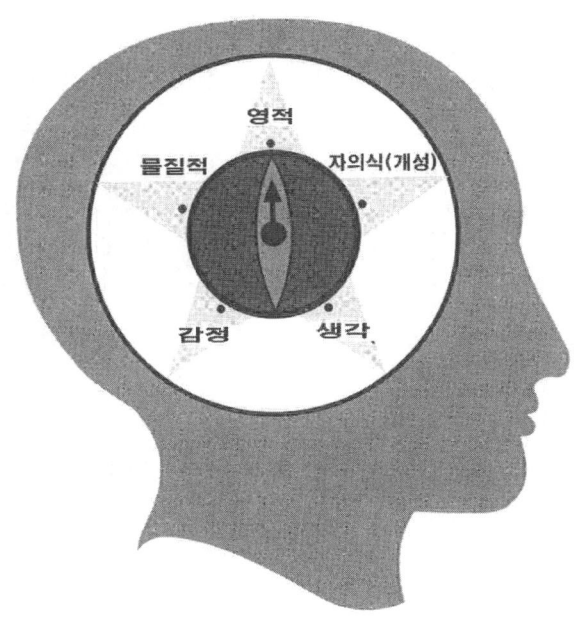

또한 사고(思考)의 세계도 심하게 오염되어 있기는 마찬가지지만, 그러나 아직까지는 악의적이지 않은 존재들이 존재하고 있습니다. 하지만 이들 중의 많은 존재들이 지적인 면에서 자신들이 모든 것을 다 알고 있는 것인 양 착각 속에 빠져 있습니다. 심지어 하느님보다도 자신들이 이 세상을 더 잘 알고 있다고 생각하는 존재들도 있으며, 따라서 자신들이 우주를 운용하는 방법에 대해서도 더 잘 알고 있다고 생각하고 있습니다. 이것은 지적인 자만이며, 지구에서도 이러한 자만심을 가진 사람들을 많이 찾아볼 수가 있습니다. 이렇게 되는 이유는 그들의 사고체(정신체)가 생각의 세계에 살고 있는 그 교만한 존재와 파장이 맞아 있기 때문입니다.

그래도 가장 순수한 세계는 의식계라 할 수 있습니다. 그러나 의식계도 일부이긴 하지만, 그릇된 정체감으로 오염되어 있기는 마찬가지입니다. 이 세계에 사는 얼마간의 존재들은 자신들이 하나님과 분리된 존재라고 생각하고 있으며, 또한 그러한 이미지를 인간들에게 투사하기도 합니다. 하지만 이 에테르 세계에는 자기 자신을 영적인 존재로 인식하고, 올바른 정체성을 유지하고 있는 존재들이 많습니다.

상승한 대사들의 그룹인 우리는 인류의 영적인 교사로 봉사하고 있습니다. 우리는 영적인 길을 걷고 있는 인간들을 돕기 위해서 누구와도 기꺼이 의사소통을 하고자 합니다. 그래도 지구가 순수했을 때에는 우리가 물질세계에 사는 사람들 앞에 나타날 수가 있었으며, 사람들은 말 그대로 우리와 함께 길을 걷고, 이야기도 나누었습니다. 이것은 우리가 육체적인 몸을 가졌기 때문이 아니라, 사람들의 의식이 너무 순수해서 우리가 입고 있는 영적인 "몸(體)"를 인식할 수가 있었기 때문입니다. 그들은 육체적인 감각을 통해 우리의 영체(靈體)를 볼 수 있었던 것입니다. 그러나 인류가 창조한 불균형으로 인해 오늘날에는 전 물질우주의 진동수가 낮아지게 되었으며, 사람들이 우리를 인지하기도 훨씬 더 어려워졌습니다. 그렇기에 우리가 육체적인 모습을 취하는 특별한 경우를 제외하고는 더 이상 사람들이 육체적인 감각을 통해서는 우리를 인식할 수가 없게 되었습니다.

오늘날에는 승천한 대사들과 의사소통을 하기 위해서는 여러분의 의식을 반드시 보다 높은 수준으로 끌어올려야 하는데, 이는 곧 여러분이 지닌 하위 4개의 몸체가 균형을 이루어야 한다는 것을 의미합니다. 그리고 이러한 균형은 오로지 그리스도 의식이 지닌 중도(中道)의 길을 걸음으로써 성취될 수가 있습니다. 여러분이 균형 잡힌 그리스도의 마음을 가지지 못하면, 승천한 대사들과의 접촉도 할 수 없게 될 것입니다. 그러나 하위의 층들 중에서 어느 하나의 층에 사는 존재들과 접촉할 수는 있을 것입니다. 그렇지만 그러한 존재들은 하위의 여러 몸체들 중의 하나 이상의 몸체에서 균형을 이루고 있지 못함으로 인해 그 단계에 갇혀 있다는 사실을 잊어서는 안 됩니다. 따라서 고차원의 세계와 신뢰할 만한 영적교신을 하고자 한다면, 그리스도 의식을 성취할 필요가 있으며, 이는 곧 여러분이 지닌 하위 4개의 몸체들에서 반드시 균형을 이루어야 한다는 뜻이기도 합니다.

지구에서의 천국과 지옥

여러분에게 이러한 이야기를 전하는 또 다른 목적은 물질세계가 지닌 4개의 층은 동일한 공간에 함께 존재한다는 사실을 알려주기 위해서입니다. 차이는 오직 진동수준이 다르다는 것뿐입니다. 인간의 마음은 하느님의 빛을 다룰 수 있는 능력을 가지고 있기 때문에 그 빛의 진동을 높이거나 낮출 수가 있습니다. 내가 말하고자 하는 요점은 인간이 물질세계의 진동수를 변화시킬 수 있는 능력을 갖고 있으므로 다른 세계들 중의 어느 하나의 세계가 지닌 진동과 공명할 수가 있다는 것입니다.

예를 들어 이 행성에는 많은 지역들, 특히 대도시에는 지역 전체가 감정계에서나 찾아볼 수 있을 정도로 낮은 진동을 띠는 곳이 많이 있으며, 이러한 지역에 사는 많은 사람들이 자신들의 감정체 속에 불균형을 키워왔습니다. 여러 세계들 중에서도 감정계는 현재 가장 낮은 진동수를 가지고 있습니다. 느낌(감정)의 세계 중에서 어떤 지역은 그야말로 사람들이 지옥이라고 생각했던 곳입니다. 따라서 이 행성에도 느낌의 세계와 같은 수준에서 진동하고 있는 지역들이 여러 곳 있습니다.

마찬가지로 사고(思考)의 세계와 공명하는 지역들도 여러 곳이 있습니다. 교육기관들이 그 사례가 될 수 있으며, 어떤 곳에서는 인간의 지성(知性)은 찬미하지만, 더 높은 차원에서 공명하고 있는 그리스도의 마음은 부정하기도 합니다. 마지막으로 영적인 활동에 헌신하고 있는 지역들도 여러 곳이 있으며, 이러한 지역들은 에테르의 세계, 심지어 영적인 세계와도 코드가 맞추어져 있으며, 이러한 지역들은 그야말로 지상의 천국이라 할 수 있을 것입니다.

거듭 말하건대, 인간은 자신의 현실을 창조할 능력을 지니고 있습니다. 여러분이 마음의 힘을 통해 현실을 창조하지만, 창조의 방법을 이해하기 위해서는 마음에도 여러 개의 층이 있다는 사실을 꼭 알아둘 필요가 있습니다. 여러분이 지닌 하위의 마음은 라디오의 수신기와 아주 흡사하여, 라디오의 주파수를 증폭시켜 감각을 통해 그 주파수를 감지할 수 있도록 하는 역할을 합니다. 그리고 하위의 마음을 통해 무엇을 창조하느냐 하는 것은 높은 단계의 마음들에서부터 그 마음속으로 무엇이 흐르느냐에 따라 결정되게 됩니다.

이제 마음이라는 여러분의 라디오가 어떤 방송에 주파수를 맞추느냐 하는 것이 문제입니다. 그리스도 자아[26])에 주파수를 맞추겠습니까?, 아니면 낮은 세계에 있는 존재와 주파수를 맞추겠습니까? 여러분은 오늘 누구를 섬길지를 결정해야 합니다. 하느님의 집에 있는 여러 개의 거처들 중에서 여러분이 어디에 살고자 하는지를 결정해야 하며, 어느 한 세계에 주의력을 집중함으로써 그것을 결정해야 합니다. 만약 여러분의 개성체가 불균형하다면, 더 높은 곳에 접촉하려 하지 말고, 의식계에 집중해야 할 것입니다. 반면 하위 4개의 몸체 모두가 균형을 이루고 있다면, 의식계의 영역 너머로 갈 수 있으며, 승천한 대사들과의 의사소통도 할 수 있게 될 것입니다. 그러고 난 후에는 여러분이 열린 문이 되어 이 땅에 지상천국을 실현할 수 있는 여러 진동들을 가져오는 역할을 하게 될 것입니다. 여러분은 그야 말로 살아있는 말씀이 이 세상 속으로 흐르게 하는 열린 통로가 될 수 있는 것입니다.

---

26) 그리스도 자아는 영혼과 신적자아 사이의 중개자이다. 보다 상세한 내용은 "그리스도는 여러분 내면에서 탄생한다."를 참조하기 바람.　　　(저자 주)

6장

우리 모두 아버지의 일을 함께 하자

사랑하는 이들이여, 예수가 앞에서 전한 이 훌륭한 이야기 속에는 여러분이 숙고해보아야 할 중요한 가르침들이 내포되어 있다는 것을 이해했으리라 믿습니다. 나는 예수의 이야기를 빌어서 에너지가 작동하는 방법에 대해 보다 구체적으로 설명하고자 합니다. 예수가 설명한 바와 같이, 에너지가 영적세계로부터 시작하여 물질우주의 4가지 단계로 지속적으로 흐르고 있습니다. 이러한 에너지 중에 일부는 여러분의 마음이 지닌 4개의 측면을 통해 흐르게 되며, 이 에너지가 흘러감과 동시에 하위 4개의 몸체가 지니고 있는 내용물에 의해서 채색이 이루어지게 됩니다.

여러분이 카누(Canoe)의 노를 저어 보았다면, 물속에서 노를 저을 때 대형 소용돌이의 축소판이라 할 수 있는 조그마한 소용돌이가 만들어지는 것을 볼 수 있을 것입니다. 이러한 소용돌이는 욕조에 앉아, 또는 물속에서 손을 휘저어서도 만들어낼 수가 있습니다. 이러한 소용돌이는 인간이 지닌 개개인의 에너지장과 지구 어머니의 에너지장 속에서 창조해낼 수 있는 에너지의 보텍스(Vortex)[27]와도 유사한 것입니다.

 사랑하는 이들이여, 하느님의 순수한 에너지가 마음의 4개 측면을 통해 흐르면서 이 에너지는 어떤 방향성과 강도를 지니게 됩니다. 예를 들어, 만약 두려운 반응을 촉발시키는 상황을 겪게 되면, 여러분의 존재 속에 두려운 생각이 일어나게 되고, 이 두려운 생각은 두려움이라는 감정으로부터 방향성과 강도를 받게 됩니다. 비록 두려움에 근거한 행동을 취하지는 않는다 하더라도, 두려움의 진동에 합당한 양의 에너지는 만들어내고 있는 것입니다.

 과학자들은 에너지가 창조되거나, 파괴될 수 없다고 말을 합니다. 이 말이 물질우주에서의 힘과 관련해서는 맞는 말이며 (※ 그러나 하느님께서는 에너지를 창조하고, 파괴할 수 있습니다), 고로 여러분이 만들어낸 그 에너지는 반드시 어디론가 가야만 합니다. 이 에너지는 여러분의 몸을 둘러싸고 있는 에너지의 장(場) 속에 저장되며, 육체란 단지 이 에너지 장이 확장되어 눈에 보이는 외적 형상을 띠고 있을 뿐입니다.

 사랑하는 이들이여, 그렇습니다. 아인슈타인이 증명했듯이, 여러분의 육체는 에너지로 구성되어 있습니다. 단지 육체적인 감각이 어떠한 수준의 진동에 맞추어져 있기 때문에 감각적으로 육체가 단단해 보이는 것뿐입니다. 그러므로 실제로는 여러분의 몸이 진동하는 에너지로 구성되어 있는 것입니다.

 과학자들의 말에 따르면, 자석(磁石) 주위에 생기는 에너지장은 자석 자체에서 만들어진다고 합니다. 하지만 실제로는 이 말이 틀린 말이며, 오히려 그 반대입니다. 아인슈타인이 발견한 진실은 보이는 모든 물질은 보이지 않는 에너지의 산물이라는 것입니다. 따라서 자석은 자기장(磁氣場)을 만들지 않으며, 오히려 자석은 에너지장이 확장된 한 부분으로서, 에너지장이 밀집화된 것이라 할 수 있습니다.

 여러분의 육체도 "빙산(氷山)의 일각(一角)"에 비유될 수가 있습니다. 알다시피 우리가 볼 수 있는 것은 수면 위에 떠 있는 빙산의 한

---

[27] 상당한 에너지가 모여 있는 거대한 에너지 소용돌이다.　　(감수자 주)

작은 부분입니다. 그러나 수면 아래에는 빙산의 거대한 부분이 존재하고 있습니다. 이와 마찬가지로 여러분의 몸도 독자적으로 존재하지는 않습니다. 여러분의 몸은 보다 큰 에너지의 장(場)인 빙산의 일부분에 불과하며, 빙산은 여러분이 지닌 개인적인 에너지 장 전체에 비유될 수가 있습니다. 즉 하위의 4개 몸체들이 에너지의 장을 형성하고 있는 것이며, 육체적인 몸은 이러한 에너지의 장(場) 중에서 밀도가 가장 짙은 부분에 해당되는 것입니다. 육체는 일정한 주파수의 범위 내에서 진동하며, 이 때문에 육체적인 감각을 통해 감지할 수가 있습니다. 나머지 3개의 몸체는 육의 감각을 통해서는 감지할 수가 없으며, 그 이유는 이러한 몸체들이 육체적 감각의 범주를 벗어나 있기 때문입니다.

부정적인 에너지는 어떻게 되나?

여기에서 우리는 에너지가 마음을 통해 생성되면서 그 에너지의 상당부분이 자신의 개인적인 에너지장 속에 저장될 수 있다는 중요한 결론에 이르게 됩니다. 앞에서 설명했듯이, 만약 여러분이 고차원적인 진동을 지닌 에너지를 만들어낸다면, 그 에너지는 영적세계로 다시 올라가서 여러분의 신아에 의해 증식되어 다시 여러분에게로 되돌아오게 됩니다. 그리고 이로 인해 이 세상에서의 여러분의 창의력은 더욱 커지게 될 것입니다. 그러나 만약 여러분이 임계수치 이하의 진동수를 지닌 에너지를 생산해낸다면, 그 에너지는 상승하지 못하게 될 것입니다. 따라서 그 에너지는 필연적으로 물질우주의 주파수 범위 내에서 어딘가에 머물러야 합니다.

이런 에너지의 일부는 여러분의 개인적인 에너지의 장, 즉 육체, 감정체, 사고체, 개성체 속에 저장됩니다. 그러나 인간이 지구 행성에 살고 있기 때문에 여러분이 지닌 하위 4개의 몸체는 행성의 보다 큰 에너지장 속에 존재합니다. 따라서 여러분의 에너지장 속에 저장된 것은 행성의 에너지장이라는 보다 큰 틀 속에 속해 있는 것입니다. 이 사실은 영적인 구도자들에게는 대단히 중요한 의미를 담고 있으며, 이 행성에 사는 영적인 사람들이 에너지의 남용과 오용이 어떤 결과를 초래하는지를 제대로 이해하지 못하고 있다는 것은 참으로 비극적인 일이라 할 수 있습니다. 좀 더 설명을 하겠습니다.

여러분은 "이 세상의 지배자가 오고 있으며, 그는 나와 관계할 것이 아무 것도 없다(요한복음 14:30)."라고 하는 말을 들어보았을 것입니다. 그러나 이 말에 대해서 과연 얼마나 많은 사람들이 진지하게 숙고하고, 이 말의 참뜻을 풀어보려고 노력해왔나요?

사랑하는 이들이여, 만약 여러분이 두려움을 지닌 에너지를 생산해 낸다면, 그 에너지는 여러분의 에너지장 속에 저장될 것입니다. 그 에너지의 양이 적다면, 그것이 여러분의 존재나 심신의 안녕에 미치는 효과가 감지할 수 없을 정도로 미약할 것입니다. 알다시피 욕조에 담긴 물속으로 손을 집어넣어 천천히 저어보면, 거의 감지할 수 없을 정도로 부드러운 물결만 일어나게 됩니다. 그러나 손을 더 빨리 움직이게 되면, 소용돌이가 만들어지게 되며, 이 소용돌이는 젓는 행위를 멈추어도 그 자체의 힘으로 일정한 시간 동안 존재하게 됩니다. 여러분의 에너지장 속에도 이러한 현상이 일어나고 있습니다.

만약 두려움의 진동을 지닌 에너지를 계속 생산해내면, "같은 것끼리는 서로를 끌어당긴다."는 법칙에 따라 그 에너지는 축적되기 시작할 것입니다. 그리고 **에너지의 강도가 일정한 임계점에 도달하게 되면, 보텍스(소용돌이)를 형성하게 됩니다.** 여기서 중요한 점은 에너지가 여러분의 에너지장 속에만 계속 저장되지는 않는 데에 문제가 있습니다. 이제 에너지는 응축되게 되며, 그리고 보텍스는 어떠한 내적인 힘을 가지고 있으므로 여러분의 마음이 더 이상 두려움의 상태에 있지 않다 하더라도 그 소용돌이는 그 내적인 힘에 의해 계속 유지되게 될 것입니다.

욕조 속에 있는 소용돌이가 실제로 욕조 속에 있는 모든 물을 끌어당기듯이, 일단 소용돌이가 만들어지게 되면, 그 소용돌이는 여러분의 에너지장 속에 지니고 있는 나머지 부문들을 끌어당기기 시작할 것입니다.

사랑하는 이들이여, 에너지장 속에 두려움의 보텍스가 만들어지고 나면, 그 보텍스는 하위 4개의 몸체들을 끌어당기기 시작합니다. 그러한 보텍스는 감정체에 가장 강력하게 영향을 미치겠지만, 나머지 몸체들에게도 영향을 주게 될 것입니다. 그러므로 이 보텍스로 인해 두렵지 않은 다른 상황에서도 두려워하는 반응을 보이게 될 가능성이 높으며, 이 보텍스의 강도가 커짐에 따라 두려움의 강도도 점차적으로 더 강해지게 될 것입니다.

여러분은 에너지에 의해 압도될 수 있다

개인적인 에너지장 속에 보텍스의 강도가 증가함에 따라 에너지장에 미치는 효과도 더욱 강해지게 됩니다. 강도가 충분히 강해지면, 이 보텍스는 말 그대로 여러분을 압도하며, 특정 상황에 대해 반응을 의식적으로 선택할 수 있는 능력을 무력화(無力化)시킬 수도 있습니다. 실제로 자신의 에너지장 속에 어떤 두려움의 보텍스를 지니고 있는 사람들이 많습니다. 그리고 많은 부조화와 에너지 오용이 존재하는 행성에서는 이렇게 되기가 쉽습니다. 다행히도 이 행성에 사는 대부분의 사람들은 생각의 힘에 의해 이러한 두려움을 통제할 능력을 가지고 있습니다. 그러나 상당수의 사람들은 두려움에 압도될 수도 있는 것입니다.

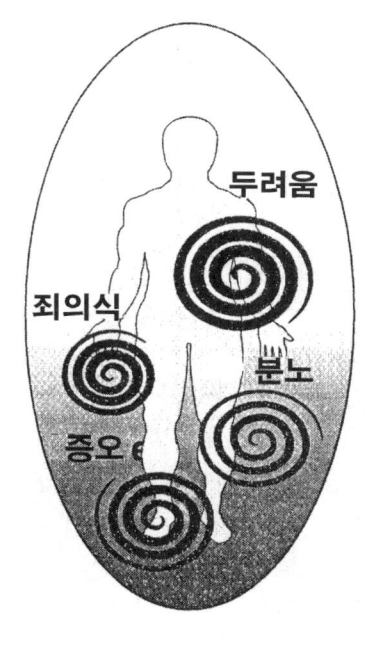

한 예로, 아이들이 자신의 그림자를 보고도 놀라는 것처럼, 괜한 것들에 두려움을 가지고 있는 아이들도 많이 있습니다. 그렇지만 성장하면서 대개 이러한 두려움이 어리석은 것이라는 것을 깨닫게 되며, 생각의 힘을 통해서 이러한 것들을 통제하게 됩니다. 바꾸어 말하면, 사고체가 감정체를 통제하는 당연한 역할을 하게 되는 것입니다.

그러나 감정체 속에 형성된 두려움의 보텍스가 너무 강해서 생각만으로는 그러한 두려움을 더 이상 통제할 수 없는 사람들도 있습니다.

이러한 사람들은 아이나 어른 할 것 없이, 두려움의 감정에 압도되어 이성적인 생각만으로는 이 두려움을 통제할 수 없게 됩니다. 따라서 이런 사람들은 온통 두려움에 휩싸이게 되며, 이로 인해 어떠한 비상식적인 행동을 하게 될 수가 있습니다. 그리고 나중에서야 비로소 자신이 완전히 정신이 나갔었으며, 본의가 아니었다는 것을 깨닫게 됩니다. 여러분이 자신의 삶 속에서 이러한 체험을 하지 않았다면 다행스러운 일이겠지만, 이러한 상황을 다른 사람들의 삶 속에서라도 확실하게 관찰해 두어야 합니다.

이러한 과정에서 낮은 주파수를 띤 에너지는 개인의 에너지장 속에 점차적으로 축적되게 되며, 결국에는 감정체, 사고체, 심지어 정체성에도 영향을 미칩니다. 이 때문에 삶의 어떠한 측면에서 점차적으로 통제력을 상실하게 됩니다. 예를 들어 아이들이 부모나 교사처럼 권위를 가진 사람들로부터 언어폭력에 자주 시달린다고 가정해봅시다. 아이는 권위를 가진 사람들에 대한 두려움을 키워가게 되고, 그 아이는 성장하면서도 그러한 두려움을 여전히 지니게 될 것입니다. 그가 권위를 가진 사람으로부터 받은 언어폭력에 대한 기억을 상기시키는 상황에 노출될 때마다, 그 사람의 에너지장 속에 존재하는 두려움의 보텍스가 활성화되게 됩니다. 그리하여 이 보텍스가 이제는 그가 상황에 따라 대처방안을 선택할 수 있는 능력을 억누르게 될 것입니다. 달리 설명하면, 이러한 사람은 곧 바로 과거에 형성되었던 행동패턴으로 빠져들게 되며, 이와 같은 행동양식은 현재의 자유롭고 의식적인 선택에 의해 이루어진 결과가 아닌 것입니다.

사랑하는 이들이여, 인간에게 알려진 모든 부정적인 습관의 이면에는 개인의 의식적인 마음과 능력을 억압하는 잘못된 에너지로 인해 형성된 보텍스가 존재하고 있습니다. 그리고 이 보텍스가 개인의 능력을 억압함으로써 특정 상황에 자유롭게 대처할 수 있는 선택권을 상실하게 만드는 것입니다. 이것이 바로 왜 개인의 습관을 고치기가 어렵고, 또 국가의 진로를 바꾸기가 그토록 어려운지를 잘 말해주고 있다 할 수 있습니다. 개인들이 삶의 통제력을 상실하게 되는 이유를 이 에너지의 보텍스가 잘 설명해주고 있는 것입니다. 또한 사람들이 상황에 대한 통제력을 상실하고 완전히 비이성적인 행위를 저지르게 되는 것도 이 보텍스가 해명해준다고 할 수 있습니다. 전 국가의 통제력을 상실하는 것 역시도 마찬가지입니다. 또한 전 인류가 통제력을 상실하고 자기 스스로를, 혹은 심한 경우 전 행성을 파괴할 만한 행동을 보이게 되는 이유도 이 보텍스를 통해 잘 이해할 수 있는 것입니다.

내가 여러분을 놀라게 하기 위해 이런 이야기를 하는 것이 아니라는 점을 부디 이해해주기 바랍니다. 단지 나는 이러한 사실을 사전에 알게 되면 적절한 대처를 할 수 있기 때문에 여러분을 일깨워주려고 하는 것뿐입니다. 만약 개인적인 삶에 에너지가 영향을 미치게 되는 메커니즘을 이해하게 되면, 거기에 적절한 조치를 취할 수가 있습니다. 여러분은 낮은 에너지로 인해 생기는 부정적인 영향으로부터 벗어날 수가 있으며, 또 나는 그렇게 할 수 있도록 나중에 이 책을 통해 특정 도구들을 여러분에게 전해줄 것입니다. 그러나 이러한 도구들이 궁극적인 효과를 가지기 위해서는 이 도구들이 무엇 때문에 만들어지게 되었는지 그 의도를 정확히 알아야 합니다. 그렇게 함으로써 이 도구들을 보다 더 의식적이고 정확하게 사용할 수가 있는 것입니다. 다음의 설명으로 넘어가겠습니다.

행성의 에너지 보텍스

욕조에 대한 설명으로 돌아가겠습니다. 욕조에 배출마개만 설치되어 있다면, 비록 욕조 속에 있는 모든 물을 휘저어서 큰 소용돌이를 만들어낸다 할지라도, 욕조 속에 있는 물은 오직 욕조 내에서 작용하는 내적인 힘에 의해서만 영향을 받게 됩니다. 따라서 어느 단계까지는 개인의 에너지장을 벗어나지 않는 범위 내에서만 개인의 에너지장 내에 부정적인 에너지의 보텍스를 만들어내게 될 것입니다. 그러나 에너지의 강도가 임계점을 넘어서게 되면, 에너지의 보텍스가 너무 강해져서 개인의 에너지장 속에만 그것을 가두어둘 수가 없게 됩니다. 즉 개인의 에너지장 속에 있는 보텍스의 강도가 그 정도의 수준에 도달하게 되면, 말 그대로 욕조의 배출마개를 제거하는 것과 같은 현상이 일어나게 되는 것입니다. 물이 배출구를 통해 쏟아져 나오면서 하나의 보텍스가 만들어지기 시작하며, 말 그대로 욕조에 있는 모든 물을 아래로 끌어내리게 됩니다. 그리고 이제 욕조와 욕조 밖의 세상을 연결하는 고리를 열게 되면, 욕조 밖에 있는 힘이 욕조에 있는 물을 끌어당기기 시작합니다. 마찬가지로 개인의 에너지장 안에 있는 에너지의 보텍스가 일정한 강도에 도달하게 되면, 바깥 세계, 즉 전 행성의 에너지장과 연결된 고리를 열게 되는 것입니다. 이렇게 될 경우 행성의 에너지장 속에 존재하는 힘이 개인의 에너지 장 속에 존재하는 에너지들을 끌어당기게 될 것입니다.

예를 들어 여러분이 자신의 에너지장 속에다 두려움의 수준에서 진동하는 보텍스를 만들어내게 될 때, 오랜 세월에 걸쳐 인류가 창조해온 행성차원의 두려움의 보텍스와 연결이 이루어지게 됩니다. 명백한 사실은 인류가 이 행성에 존재해왔다고 인정하는 공식적인 기록을 받아들인다 하더라도, 그동안 인류가 엄청나게 많은 두려움을 만들어왔을 거라는 점은 쉽게 이해할 수 있을 것입니다. 따라서 이 지구 행성에는 행성차원의 아주 강력한 두려움의 보텍스가 존재하고 있다는 것은 틀림없는 사실입니다. 만약 개인의 에너지장과 행성차원의 두려움의 보텍스 간의 연결고리를 열게 된다면, 여러분은 자신들의 삶과 심신의 안녕에 크나큰 충격을 줄 수 있는 엄청나게 강력한 힘에 노출되고 말 것이라는 점을 이해하리라 믿습니다.

이 세상의 지배자가 오고 있다.

이제 "이 세상의 지배자(ruler)가 오고 있고, 그는 나를 어쩌지 못한다.(요한복음 14:30)."라는 말에 대한 설명으로 넘어가겠습니다. 이 말을 거꾸로, 즉 "이 세상의 지배자가 오고 있으며, 그가 여러분을 어느 정도 지배한다."라고 생각해봅시다. 사랑하는 이들이여, 알다시피 여러분은 인간에 의해 생성된 부정적인 에너지에 의해 오랫동안 그 영향을 받아온 어떤 한 행성에 살고 있습니다. 행성차원에서 이 지구에는 많은 에너지의 보텍스들이 존재하고 있으며, 이 보텍스들은 지구의 에너지장 속으로 모든 것을 끌어당기는 자기력(磁氣力)을 갖고 있습니다. 그리고 여러분이 이 행성의 에너지장 속으로 들어서자마자,

여러분의 영혼이 육체 속으로 들어갈 때처럼, 개인의 에너지장은 행성의 에너지장 속에 존재하는 에너지의 보텍스가 지닌 자기력에 노출되게 될 것입니다.

여러분이 학교에서 배운 것처럼, 자석은 오직 일정한 형태의 물질만을 끌어당길 수 있습니다. 예를 들어, 금(金)은 자성(磁性)을 띠지 않으므로 자석이 끌어당길 수가 없습니다. 하지만 철(鐵)은 자성을 지니고 있으므로 자석에 이끌리게 됩니다. 따라서 행성차원의 두려움의 보텍스가 이 행성에 사는 모든 인간들의 에너지장 속에 저장된 어느 정도의 두려움을 실제로 끌어당기게 될 것이라는 점은 명백하지 않습니까?

만약 여러분이 두려움을 가지고 있지 않다면, 다시 말해 개인의 에너지장 속에 두려움의 보텍스를 지니고 있지 않다면, 여러분의 에너지장 속에는 행성차원의 두려움의 보텍스가 힘을 발휘할만한 것이 아무 것도 없다는 뜻이 됩니다. 바꾸어 말하면, 이 세상의 낮은 에너지에 의해 생성된 자기력을 뜻하는 이 세상의 지배자는 내 안에서 아무 것도 가져갈 것이 없다는 말이 되는 것입니다. 이 말의 의미는 여러분이 이 행성에서 살 수 있으며, 인류에 의해 생성된 엄청난 양의 두려움으로 인해 대단히 강력해진 두려움의 보텍스에 여러분이 전혀 영향을 받지 않는다는 뜻이 됩니다. 그리고 이러한 사람들이 예수가 마음이 순수한 자는 하느님을 볼 것이라고(마태복음 5:8) 언급했던 바로 그 사람들인 것입니다.

여러분이 개인의 에너지장 속에 두려움이나 다른 형태의 부정적인 에너지를 쌓아간다면, 그 두려움은 여러분의 에너지장 속에서 쇳가루와 같은 구실을 하게 될 것입니다. 그리하여 행성의 에너지장 속에 들어있는 두려움의 자석이 필연적으로 개인의 장 속에 있는 쇳가루인 두려움을 끌어당기게 될 것입니다. 그리고 여러분의 존재 속에 들어있는 두려움이 임계점에 도달하게 되면, 에너지의 연결고리가 풀리게 되며, 이는 마치 여러분의 에너지장에 있는 욕조의 배수마개를 여는 것과 같은 현상을 일으키게 될 것입니다. 그러나 아직까지는 여러분의 에너지장과 행성차원의 두려움의 보텍스 간에 연결고리가 닫혀 있는 상태입니다.

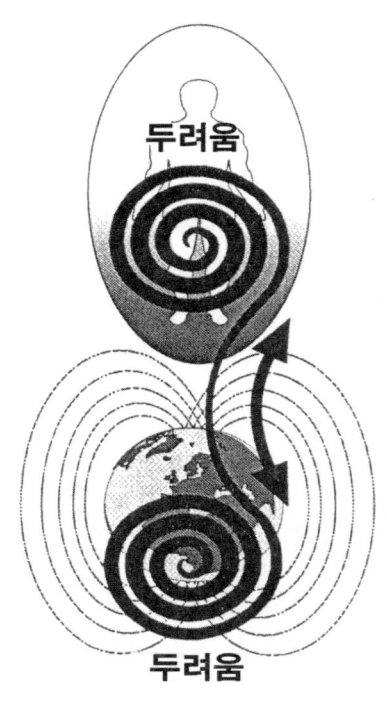

한편 욕조 내의 배수 기능에 관해 시각적인 설명을 덧붙이는 것이 이해에 도움이 되겠지만, 그렇다고 이것이 완전히 정확하다고는 말할 수는 없습니다. 배수마개를 잡아당기면, 물은 오직 한 방향, 즉 욕조의 바깥으로 흐르게 됩니다. 그러나 개인적 에너지장과 행성차원의 에너지장에 존재하는 두려움의 보텍스 사이를 가로막고 있는 연결고리를 열게 될 경우, 이 에너지들은 양방향으로 움직이게 됩니다. 에너지가 개인의 에너지장에서 실제로 빠져나올 수 있으며, 이렇게 되면 피곤함과 "녹초가 된" 느낌을 갖게 됩니다. 반대로 에너지가 행성의 에너지 보텍스로부터 개인의 에너지 장 속으로 들어오기도 하는데, 이 경우에는 사람들이 당황하게 되고, 자신이 지닌 두려움보다 더 큰 두려움 때문에 마비될 수도 있습니다. 이 유입되는 에너지는 여러분의 에너지장 속에 있는 두려움의 보텍스 강도를 더욱 커지게 할 것이고, 이럴 경우 두려움에 압도될 수 있고, 통제력을 상실할 수도 있습니다.

사람들이 통제력을 잃게 될 때, 두려움(또는 어떠한 에너지든)은 오직 사람들에 의해서만 만들어지지는 않습니다. 이러한 두려움 중의 상당 부분은 행성의 보텍스로부터 나오게 되며, 행성차원의 하나의 보텍스만 해도 모든 개인들을 완전히 압도할 수 있을 만큼 많은 에너지를 지니고 있다는 것은 명백한 사실입니다. 심리학자들이 대중의식(大衆意識) 또는 집단의식(集團意識)이라 부르는 의식이 바로 이런 방식으로 사람들을 억누르게 되는 것입니다. 극단적인 경우, 사람들이 개인적인 의사결정이나 대중의식에 대항하고자 하는 능력을 완전히 상실할 수도 있습니다. 사람들은 마치 로봇이나 떠다니는 부목(浮木)

처럼, 행성의 에너지가 흐르는 강물을 따라 수동적으로 흐르게 됩니다. 사랑하는 이들이여, 내가 여기에 온 목적은 여러분이 그런 대중의식으로부터 떨어져 나와 분리되고 선택받은 사람이 되도록 하기 위해서입니다. 즉, 사람들이 아래로 끌어당기는 대중의식에 맞서서 고차원의 영적 자각의 상태인 그리스도 의식을 갈구하라고 촉구하기 위해 온 것입니다. 아래로 당기는 대중의식으로부터 벗어나기 위한 실질적인 도구들에 대해서는 나중에 설명하기로 하겠습니다.

두려워하지 말라!

사랑하는 이들이여, 이것이 매우 어렵고 생각하기도 싫은 우울한 주제라는 것을 나도 잘 알고 있습니다. 그러나 앞에서 이야기했듯이, 무엇이 일어나고 있는지를 정확히 이해하기만 하면, 곧 바로 거기에 맞는 조치를 취할 수가 있습니다. 여러분이 첫 번째로 해야 할 일은 자신의 삶 속에서 하향나선으로 향하게 하는 어떠한 행위도 하지 않는 것입니다. 이 행성에는 아주 극소수의 사람들만이 아주 조화롭고 이상적인 환경 속에서 성장해왔습니다. 따라서 실제로 여러분이 불완전한 상황에 영향을 받지 않고 이 행성에서 성장한다는 것은 거의 불가능에 가깝습니다. 이 말은 대부분의 사람들이 개인의 에너지장 속에 하나, 또는 다수의 에너지 보텍스를 지니고 있으며, 하나 이상의 행성 차원의 에너지 보텍스와 어떠한 연관관계를 가지고 있다는 뜻이 됩니다.

내가 말했듯이, 이것이 현재의 지구 환경 속에서는 거의 불가피한 상황입니다. 따라서 이러한 상황에 대해 자신을 책망하거나, 탓할 필요는 없습니다. 중요한 점은 여러분이 이 문제를 등한시하지 않기를 바라며, 그리고 "나는 부정적인 에너지 보텍스를 만들 만한 삶을 살지 않았으니까, 이런 문제는 나하고 아무 상관도 없어."라고 말해서는 안 된다는 것입니다.

사랑하는 이들이여, 이 지구 행성에 현재와 같은 상황이 주어져 있으므로 여러분도 부정적 에너지로부터 어느 정도의 영향은 받고 있다고 생각하는 것이 지극히 올바른 생각일 것입니다. 따라서 여러분의 개인적인 에너지장과 행성의 에너지장 속에 존재하는 부정적인 에너지 보텍스들 간에 모든 연결고리를 확실하게 차단해두는 단호한 조치를 취하는 것이 현명한 일입니다. 이러한 조치를 취하지 않는다면, 말 그대로 개인적 에너지장과 행성의 에너지장 사이의 연결로 인해 여러분의 영적성장이 지장을 받고 있다는 사실을 알지도 못한 채 여생(餘生)을 살 수밖에 없을 것입니다. 달리 말하면, 겉보기에는 매주 일요일마다 열심히 교회에 나가고 올바른 일과 올바른 말만 하는 아주 영적인 사람인 것처럼 보일 수 있다는 말입니다. 그러나 행성 자체의 부정적인 에너지로 인해 여러분의 영적성장이 지속적으로 둔화되고 있기 때문에 일정한 수준 이상을 뛰어넘을 수는 결코 없을 것입니다.

일단 여러분이 개인의 에너지장과 행성의 에너지장 사이의 모든 연결고리를 차단할 필요가 있다고 솔직하게 인정하게 되면, 필요한 조치를 취할 수 있게 될 것입니다. 특히 이 책은 이러한 필요성을 솔직하게 인정하는 사람들과 거기에 대한 조치를 취하고자 하는 사람들을 위해 마련된 책입니다. 여러분이 행성의 에너지장 속에 존재하는 부정적인 에너지 속으로 끌려들어가는 것을 막아줄 아주 강력한 일련의 도구들이 다음 장(章)에서 제시될 것입니다. 이러한 도구들은 몇 개의 새로운 로사리오들(Rosaries)로서, 여러분이 이 행성의 에너지장 속에 존재하는 낮은 에너지가 지닌 부정적인 끌림 현상을 극복할 수 있도록 고안된 것들입니다. 그리고 이 로사리오들은 여러분이 개인적인 영적성장을 이루는 데에도 엄청난 기폭제와 같은 역할을 하게 될 것입니다.

부정적인 에너지의 변형

이 로사리오들이 여러분을 위해 많은 기여를 하게 될 것입니다. 그 중의 한 가지 효과는 말 그대로 이것은 개인의 에너지장 속에 축적된 부정적인 에너지, 즉 낮은 주파수의 에너지를 변형시키는 효능을 가지고 있습니다. 이 점에 대해서 보다 상세하게 설명하도록 하겠습니다. 과학자들은 모든 에너지는 진동, 즉 파동(波動)의 한 형태라고 말합니다. 두려운 느낌 속에 몰입해 있으면, 여러분은 일정한 수준에서 진동하는 에너지파를 창조해내게 됩니다. 물질의 법칙에 따라 에너지에 어떤 진동이 주어지게 되면, 그 에너지는 영구적으로 그 진동을 띠게 됩니다. 이러한 이유로 그 에너지는 여러분의 에너지장 속에 축적될 것입니다.

한편 과학자들은 또한 에너지파의 진동을 바꾸는 것도 가능하다고 말하고 있습니다. 실제로 두 개의 에너지파가 서로 만나게 되면, 서로 간에 영향을 미칠 수 있고, 이로 인해 두 에너지파의 진동을 변화시킬 수 있습니다. 이러한 논리적인 결과에 의거하여 만약 개인의 에너지장 속에 낮은 주파수를 띤 에너지를 많이 가지고 있다면, 그 에너지를 제거할 수 있는 유일한 방법은 높은 주파수를 지닌 에너지를 보내달라고 기원하여 그 높은 주파수의 에너지가 낮은 주파수의 에너지를 향해 흐르게 하는 것입니다. 그리고 그 두 가지 형태의 에너지가 서로 만나게 되면, 이때 높은 진동수를 띤 에너지는 낮은 진동수를 띤 에너지를 끌어올리는 역할을 하게 됩니다. 마찬가지로 긍정적인 진동을 띤 에너지의 양이 충분할 정도로 많이 있다면, 부정적인 에너지의 주파수를 임계점 위로 끌어올리게 될 것입니다. 이렇게 되면 낮은 진동수를 지녔던 에너지도 자유롭게 영적세계로 상승할 수 있으며, 영적자아와 영혼 사이에 흐르는 긍정적인 에너지의 일부로서 다시 복원될 수 있을 것입니다.

사실 많은 사람들이 영적성장과 행복감, 편안함을 느끼지 못하도록 가로막고 있는 것은 권능이 잘못 부여된 에너지의 보텍스로 인해 영적자아와 영혼 간에 자연스러운 에너지의 흐름이 장애를 받고 있기 때문입니다. 따라서 영적자아로부터 흐르는 에너지가 개인의 에너지장 속에 있는 낮은 진동의 보텍스 속으로 흐르게 됨으로써 그 에너지는 증식을 위해 영적자아에게로 되돌아가지 못하고, 그곳에 갇히게 되고 마는 것입니다.

사랑하는 이들이여, 영적성장을 이루기 위한 중요한 열쇠는 여러분의 **영혼과 영적자아 간에 에너지가 올바르게 흐를 수 있도록 재정립하는 것입니다.** 이러한 흐름을 회복하게 하는 중요한 열쇠는 개인의 에너지장 내에 존재하는 낮은 주파수를 띤 에너지의 보텍스들을 체계적으로 제거하는 것입니다. 이렇게 하기 위한 한 가지 효율적인 방법은 높은 주파수의 에너지가 영적세계로부터 흐를 수 있도록 기원하여, 이 에너지가 보텍스들 속으로 흐르게 하는 것입니다. 이렇게 함으로써 보텍스를 구성하고 있는 낮은 주파수의 에너지를 진동수가 높은 에너지로 끌어올릴 수가 있습니다.

　사랑하는 이들이여, 내가 이 책을 통해 전하고자 하는 묵주기도문(로사리오)들은 이러한 목적을 이루기 위해 특별히 고안된 것들입니다. 모든 로사리오의 바탕이 되는 독특한 기반은 특정 형태의 영적인 에너지가 흐르도록 기원함으로써 부정적인 특정 에너지를 변형시키도록 되어있습니다. 로사리오 기도를 함으로써 여러분은 개인의 에너지장 속에 들어 있는 모든 부정적 에너지를 점차적으로 변형시키게 되며, 에너지장 속에 상승에너지의 새로운 나선을 구축하게 될 것입니다.

　이 로사리오들을 부지런히, 즉 하루에 하나의 로사리오 기도를 하게 되면, 여러분은 점차적으로 엄청난 의식(意識)의 변화를 느끼기 시작할 것입니다. 이를 통해 여러분의 영적성장도 엄청나게 가속화될 것입니다. 개인적인 에너지장 속에서 고요함을 느끼게 될 것이며, 더 큰 평온함과 행복감, 그리고 기쁨을 체험하게 될 것입니다. 개인적인 측면에서는 이것이 로사리오 기도를 하는 강력한 동기가 되겠지만, 이보다 더 큰 동기는 사실 따로 있습니다.

행성의 변화 가능성

　내가 전하고자 하는 로사리오들은 인류가 오랜 세월에 걸쳐 생성해 온 부정적인 에너지의 보텍스를 제거하기 위해 만든 것들입니다. 이러한 에너지의 보텍스들은 실제로 인간을 아래로 끌어당겨 전쟁과 같은 부정적인 형태의 행동으로 몰아가는 에너지들입니다. 또한 이 보텍스들은 인간의 감정과 생각, 그리고 정체감을 구시대의 낡은 의식(意識) 속으로 끌어당기고 있습니다. 게다가 인류가 구시대의 낡은 의식을 버리고 새 영적 사이클이 지닌 새로운 의식을 받아들이지 못하도록 가로막고 있는 것이 바로 이 보텍스들인 것입니다.

나중에 보다 자세하게 설명하겠지만, 인류가 낡은 의식을 붙들고 있다는 것은 지구 행성에서 줄다리기를 하는 것처럼 근본적인 긴장관계를 조성하는 것과 같습니다. 이러한 줄다리기는 물질행성의 기초구조를 서로 다른 양방향에서 서로 잡아당기는 것과 같은 모습입니다. 이로 인해 실제로 여러 형태의 자연재해가 발생하고 있으며, 만약 인류가 고차원의 의식수준으로 상승하지 못하면, 궁극에는 이러한 긴장이 엄청나게 커지게 되어 행성차원의 자연재앙을 유발하게 될 것입니다. 뿐만 아니라 온갖 형태의 대격변이 발생하여 지구에 사는 모든 생명체들에게 심각한 영향을 미치게 될 것입니다.

사랑하는 이들이여, 거듭 말하지만 여러분에게 두려움을 주기 위해 내가 이런 이야기를 하는 것이 아닙니다. 오히려 이러한 가능성이 일어나지 못하도록 막기 위해서 이 로사리오들을 전하고자 하는 것이며, 개인과 물질행성, 그리고 인간사회에서 일어나게 될 격변을 최소화하면서 이 지구가 새시대로 변형해갈 수 있도록 돕고자 하는 것이라는 점을 깨달아주기 바랍니다. 하지만 이러한 변형이 성공적으로 이루어지기 위해서는 누군가가 반드시 선구자적인 역할을 해야 합니다. 그리고 누군가는 반드시 돌격대가 되어 새 시대의 의식을 받아들이고, 나머지 인류가 낡은 사고방식을 버릴 때까지 잠정적 조치를 취하는 데 필요한 일들을 기꺼이 맡아서 처리해야만 하는 것입니다.

어떤 이들은 이미 지구가 돌이킬 수 없는 지점에 도달해 있다고 말하고 있습니다. 새 사이클이 지닌 에너지들을 멈추게 할 수 없으므로 만약 사람들이 이 새시대의 에너지를 받아들이지 않는다면, 그 압력은 계속 쌓여갈 것입니다. 그리고 이 증가하는 압력이 너무 커지게 되면, 지구 어머니도 물질 자체를 반대 방향에서 잡아당기는 반발력을 더 이상 견딜 수 없게 될 것입니다.

사랑하는 이들이여, 나는 모든 사람들이 증기기관차의 기관사가 될 수 있는 기회를 가질 수 있기를 바랍니다. 증기 엔진의 원리는 솥에서 압력을 만들어 바퀴로 전달함으로써 기차가 앞으로 움직여가게 하는 원리입니다. 그러나 압력이 너무 강해지게 되면, 솥이 폭발하여 기관차가 망가질 수도 있습니다. 따라서 압력이 임계수치 이상으로 증가될 경우, 기관사는 반드시 안전밸브를 열어 증기를 내보내야 합니다다.

사랑하는 이들이여, 이 안전밸브를 기꺼이 열어 이 행성에 쌓이고 있는 압력을 배출할 사람들이 나에게는 필요합니다. 내가 전해주는 이 로사리오들은 여러분이 이런 일을 할 수 있게 실제적인 권능이 실리도록 계획돼 있습니다. 솥이 폭발하지 않도록 행성 차원에서 가해지는 압력을 이 로사리오 기도를 통해 배출할 수가 있습니다. 또한 로사리오들은 여러분이 그리스도 의식을 향해 성장해가도록 도움을 줄 것이며, 그렇게 함으로써 새로운 사이클이 지닌 에너지가 기차의 바퀴를 향해 흘러가도록 유도해줄 것입니다. 따라서 여러분은 하나의 긍정적인 순환을 새로이 시작할 수 있으며, 이를 통해 인류와 행성은 더 좋은 미래를 향해 앞으로 전진해가게 될 것입니다.

초기에는 아마도 이러한 것이 필요하다고 느끼는 사람들이 소수에 지나지 않을 것입니다. 그러나 이 로사리오 기도의 효력이 워낙 강력하기 때문에 비교적 제한적인 사람들만이라도 이 로사리오 기도를 하게 되면, 이와 같은 위험한 압력이 쌓이는 것을 어느 정도는 둔화시킬 수 있습니다. 이렇게 함으로써 시간을 벌 수 있으며, 점차적으로 더 많은 사람들이 깨어나서 새시대가 요구하는 의식을 받아들이게 될 것입니다.

알다시피 로사리오의 에너지들은 불완전한 에너지들로 구성된 행성의 보텍스가 지닌 강도를 체계적으로 낮추어주는 역할을 하게 됩니다. 이러한 보텍스들 때문에 사람들, 적어도 균형이 잡히지 않은 사람들이 실제로 낡은 사고의 틀을 벗어나 그 너머의 세계를 보지 못하고 있는 것입니다. 사람들은 이러한 보텍스들에 쉽게 압도되어 처음으로 그러한 보텍스들을 창조해냈던 의식 상태를 버려야 한다는 것조차도 이해할 수가 없는 실정입니다. 하지만 만약 누군가 아래로 당기는 힘의 강도를 줄일 수만 있다면, 사람들은 자유로이 그 너머의 세계를 바라볼 수 있게 될 것입니다.

그리하여 점점 더 많은 사람들이 자유로워짐에 따라 그들도 여러분이 쏟고 있는 노력에 힘을 보태게 될 것입니다. 이렇게 되면 보텍스가 지닌 자기력도 더 많이 줄어들게 될 것이고, 결국에는 정지하게 될 것입니다. 아래로 당기는 힘이 멈추게 되면, 대부분의 사람들은 위로 당기는 힘(상승력)을 따라 갈 수 있을 것이며, 행성 전역에서 상승나선의 구축을 촉진시키게 될 것입니다. 나는 여러분들, 특히 지구 행성에 존재하는 부정적인 에너지의 보텍스들을 변형시키는 데 시간이 필요하다고 느끼고 있는 사람들에게 이 책이 진실로 힘을 불어넣어 주기를 희망하고 있습니다. 그러나 이러한 희망은 잠정적인 목표에 지나지 않습니다. 승천한 대사들이 진정으로 바라고 있는 목적은 상승나선을 강화시켜, 이 나선을 통해 자연과 인간사회 양자 간의 균형을 의미하는 하느님의 왕국을 이 지구 위에 완벽하게 실현하는 것입니다.

상승 나선

이 이야기를 끝마치기에 앞서, 상승나선은 이미 창조되어 있다는 사실을 분명히 밝혀두고자 합니다. 현 시점에서의 문제는 너무 많은 사람들이 하향나선에 빠져 있어서 아직도 끌어올리려는 힘에 저항하고 있다는 것입니다. 앞에서 설명했듯이, 상승나선은 아직까지는 자체적으로 유지되지 못하고 있습니다. 따라서 반대편의 힘, 다시 말해 아래로 당기는 힘에 의해 물리적인 물질이 산산조각 나게 될지도 모르는 위험한 상황에 놓여 있습니다.

이것을 이해하기 쉽도록 설명하자면, 층계가 없는 높은 건물을 한번 상상해보십시오. 오직 건물의 중앙에만 한 개의 층이 있는데, 이 층의 마루는 전체가 한 장의 유리로 되어 있습니다. 유리의 아래쪽에는 바람을 아래로 불어내는 여러 대의 강력한 송풍기가 설치돼 있으며, 송풍기를 가동시키게 되면 건물의 안쪽에는 소형 토네이도가 만들어지게 됩니다. 여러분은 송풍기가 유리를 아래로 끌어당기는 것을 분명하게 볼 수 있을 것입니다. 유리의 위쪽 즉, 건물의 꼭대기에는 아주 큰 하나의 송풍기가 설치되어 있으며, 이 송풍기가 유리를 위로 끌어당기게 될 것입니다.

유리도 어느 정도의 탄력을 지니고 있으므로, 유리에 가해지는 힘에 어느 정도는 대응하게 될 것입니다. 그러나 유리가 견딜 수 있는 한계점을 벗어나면, 그 유리에는 균열이 생기게 될 것이며, 한계점을 벗어나 더 세게 끌어당기게 되면 아주 박살이 나고 말 것입니다. 위와 아래에 있는 송풍기들이 모두 유리를 끌어당기게 되면, 이번에는 상황이 달라집니다. 위에 있는 송풍기가 유리 전체를 균일하게 잡아당기게 됩니다. 따라서 유리를 깨지게 하지 않고도, 유리 전체를 위로 끌어올릴 수 있게 될 것입니다.

아래쪽에 있는 여러 대의 송풍기들은 부분적인 압력을 가하게 됩니다. 만약 이 송풍기들을 그대로 두면, 유리의 특정 부분들을 아래로 끌어당기게 될 것이며, 마침내 유리는 금이 가고 되고, 깨지고 말 것입니다. 달리 표현하면, 아래에 있는 보텍스들은 유리에 부분적으로 여러 개의 홀을 만들어내게 되고, 결국에는 유리 전체를 산산조각 낼 수도 있습니다. 이런 현상이 일어나지 않게 하는 유일한 힘은 유리의 위쪽에 있는 송풍기가 유리를 위로 잡아당기게 하는 힘뿐이며, 이 힘이 아래쪽의 송풍기가 아래로 당기는 힘을 상쇄시키게 됩니다. 그러나 만약 특정 지역 내에서 가해지는 아래로 당기는 힘이 위로 끌어올리는 힘보다 강해지게 되면, 유리는 아래로 휘어지기 시작할 것이고, 그러한 힘이 계속되면 궁극에는 금이 가고 부서지게 될 것입니다. 만약 실제로 위로 당기는 힘이 없었다면, 유리는 오래 전에 산산조각 났을 것이며, 지구 행성도 파괴되고 말았을 것입니다.

이 유리판이 어느 정도는 지구의 표면에 비유될 수가 있습니다. 예수가 설명했듯이, 물질우주의 4가지 측면이 동일한 공간에 함께 존재해 있습니다. 따라서 부정적인 감정에 의해 창조된 에너지의 보텍스들은 실제로 행성의 물리적인 물질을 잡아당기는 자기력을 행사하게 될 것입니다. 있는 그대로의 한 실례로서, 지표 아래에는 지구의 딱딱한 표면을 안쪽으로 끌어당기는 힘이 존재한다고 말할 수 있습니다. 마찬가지로 지구의 위쪽에 있는 영적에너지는 지구의 표면을 위로 끌어당기고 있습니다. 지구의 표면도 일정한 탄력을 가지고 있기는 하지만, 어느 정도까지만 구부러질 수 있을 뿐입니다.

하향 나선

예수가 설명했듯이, 이 행성에는 실제로 부정적인 에너지의 보텍스가 지역적으로 아주 강하게 형성돼 있는 장소가 여러 곳 있으며, 이미 많은 부정적인 효과를 나타내고 있습니다. 이 보텍스의 강도가 계속 증가할 경우, 넓은 지역에 걸쳐서, 심한 경우에는 행성 전체에 광범위한 영향을 미칠 수도 있습니다.

이해를 돕기 위해, 여러분이 강물이 바다로 흘러드는 아름다운 지역을 소유하고 있다고 가정해봅시다. 항구로서 안성맞춤인 장소이기 때문에, 사람들이 그곳으로 이주하여 자리를 잡기 시작합니다. 점차적으로 아름답고 활기에 넘치는 도시가 건설되고, 그 장소에 사는 사람들의 집단의식도 긍정적인 나선을 형성하여 도시의 번영으로 이어지게 됩니다. 그러나 세월이 흐르면서, 미묘한 변화가 일어나기 시작합니다. 건물들은 낡고, 보수도 제대로 이루어지지 않게 됩니다. 도시에는 소음이 심하고, 인구도 너무 많아져서, 여유가 있는 사람들은 교외로 이사를 갑니다. 그리고 남은 사람들은 점차적으로 부정적인 것들에 더욱 더 관심을 집중하게 되는 의식 상태로 빠져들게 됩니다.

몇 십 년이 경과하면서, 한 때는 아름답고 활기에 찼던 도시가 이제는 변해 쇠락해가는 도시로 변해 버렸습니다. 물질적인 환경 자체가 쇠락해가는 신호를 명백하게 보여줍니다. 건물들은 낡아빠졌고, 거리는 온통 쓰레기로 넘쳐나고, 공공 서비스는 더 이상 기능을 제대로 발휘하지 못합니다. 한 때는 많은 문화적인 기능으로 활기에 찼던 사회활동도 이제는 인간의 부정적인 행위들로 가득 차게 됩니다. 점차적으로 빈곤과 범죄, 그리고 마약을 비롯한 약물 남용으로 이어지게 되면서 사회구조도 붕괴를 맞이하기 시작합니다. 결국 그 지역은 갱들(gangs)로 넘쳐나게 되고, 이전에 문명화되고 문화적이었던 사회가 이제는 정반대로 정글의 법칙이 지배하는 지역으로 전락하게 되는 것입니다.

사랑하는 이들이여, 실제로 여러분도 이러한 현상을 이 행성의 많은 거대 도시들에서 이미 목격해왔습니다. 도시의 운명이 바뀌게 되는 것에 대해 많은 해석이 있지만, 감춰진 근본적인 이유는 도시에 거주하는 사람들이 도시에 긍정적인 에너지 보텍스를 유지하는 것이 얼마나 중요한지를 이해하지 못하고 있기 때문입니다. 따라서 그들은 점차적으로 부정적인 에너지의 보텍스를 창조하게 되며, 이 보텍스에게 사람들의 생각과 감정이 압도당하게 되는 것입니다. 부정적인 영향을 인식하는 사람들은 도시를 떠나게 되고, 그것을 인지하지 못하고 남아 있는 사람들은 이 보텍스에 의해 지배되는 것입니다.

이러한 과정이 좀 더 큰 규모로 전개된다고 가정하면, 부정적인 에너지의 보텍스가 계속 쌓여감에 따라 이 보텍스의 작용범위도 점차적으로 더 넓어지고, 강도도 더 강해지게 될 것입니다. 처음에는 이 보텍스가 인간 개개인을 압도하게 될 것이며, 이들의 삶도 하향나선 속으로 빠져들게 할 것입니다. 이 보텍스는 결국에 사회 전반에 영향을 미치게 되고, 사회구조가 붕괴되도록 만들 것입니다. 그리고 이러한 과정을 통해 압력이 계속 쌓여가게 되면, 이 보텍스는 결국 엄청나게 강해져서 인간 사회뿐만 아니라 물질 환경 자체에도 해를 끼치게 됩니다. 초기에는 기후변화로 나타나며, 점점 더 극심해지게 됩니다. 이 보텍스로 인해 다양한 자연재해, 즉 폭풍, 혹서(酷暑)의 여름과 혹한(酷寒)의 겨울과 같은 극심한 온도의 변화도 일어나게 됩니다. 심지어 이 보텍스는 태풍, 홍수 및 한발을 만들어낼 수도 있습니다. 이 보텍스가 더욱더 강해지면, 궁극에는 지구의 지각(地殼) 자체에도 영향을 미치게 되고, 지진과 화산폭발을 일으키기도 합니다.

사랑하는 이들이여, 많은 사람들이 이러한 이야기를 듣고 비웃을 거라는 것을 나는 잘 알고 있습니다. 사람들이 과거 예수를 보고 비웃었듯이(마태복음 9:24),[28] 실제로 누군가는 비웃을 것입니다. 그러나 에너지에 관해 과학자들이 말하는 것과 내가 이 책에서 말하고 있는 것을 객관적으로 잘 살펴보면, 물질 그 자체는 형상을 지닌 에너지에 불과하다는 것을 이해하게 될 것입니다. 그러므로 앨버트 아인슈타인의 상대성 이론이 말하는 논리적인 결과에 따르면, 물리적인 물질도 보이지 않는 에너지의 파동에 의해 붕괴될 수 있다고 합니다. 여러분도 잘 알고 있는 바와 같이, 강력한 음파(音波)는 유리를 산산조각 낼 수도 있습니다. 실제로 과학자들은 음파가 충분히 강력해지면 건물을 부술 수 있는지 여부를 확인하기 위해 실험을 실시하기도 했었습니다.

---

28) "가라사대, 물러가라 이 소녀가 죽은 것이 아니라 잔다 하시니, 저들이 비웃더라.(마태 9:24)"

주님에게 기쁨의 소리를

사랑하는 이들이여, 나는 임계수치의 사람들이 이 로사리오를 활용하여 강력한 음파를 창출해주기를 바라면서 이 책을 통해 여러분에게 로사리오를 전하고 있습니다. 여러분이 충분히 강력한 음파를 만들어낼 때, 개인들의 삶과 인간의 사회구조, 자연의 균형, 행성의 에너지 시스템의 통합을 저해하는 이 보텍스들의 영향을 완화시키게 될 것입니다. 나는 여러분이 내가 전하는 로사리오를 활용하여 주님에게 기쁜 소리를 전해주기를 바랍니다. 또한 나는 여러분이 주님께 소극적으로 그냥 앉아서 이 행성이 자멸(自滅)의 나선 속으로 더 깊이 빠져 들어가는 것을 지켜보지만은 않겠다는 신호를 보내라고 요청하고 있는 것입니다. 로마가 불타고 있는데 계속 떠들고 노는 것이 아니라, 여러분은 필요한 조치를 취할 수 있는 진정한 담장 위의 파수꾼이 되어야 할 것입니다. 사랑하는 이들이여, 지구 어머니는 실제로 산고(産苦)의 고통 속에 있습니다. 때문에 지구 어머니는 여러분의 도움을 간절히 필요로 하고 있습니다.

다가오는 몇 년, 혹은 몇 십 년 내에 일어날 수도 있는 대재앙을 예고하는 무시무시한 예언들이 많이 있음을 여러분도 알고 있으리라 확신합니다. 나는 여러분이 부정적인 예언들에 초점을 맞추어 그 예언들로 인해 두려움을 키우는 것을 바라지 않습니다. 또한 나는 두려움을 조장할 의향도 없습니다. 그리고 미래에 대한 두려움 때문에 이 행성에 사는 많은 사람들이 실제로 무기력해지고, 압도당하는 모습을 보고 싶지도 않습니다. 나는 여러분이 극단적인 두려움으로 마비되지 말고 깨어나기를 바라며, 따라서 현재 이 행성에서 일어나고 있는 과정을 세상의 종말을 불러오는 부정적인 사건으로 바라보지 않기를 바랍니다.

나는 세상에 어떤 재앙이 일어나든, 성경의 구절을 어떻게 해석하든, 이 세상의 종말은 절대로 오지 않는다는 것을 여러분에게 확실하게 밝혀두고자 합니다. 다양한 사람들이 새천년으로 이어지는 몇 해를 포함하여 여러 시대에 걸쳐 세상의 종말을 예언했다는 점을 여러

분에게 상기시키겠습니다. 그러나 지금까지 그들이 했던 예언은 매번 틀린 것으로 밝혀졌으며, 지금 이 자리에서 확실하게 언급하고 싶은 것은 세상의 종말을 예언하는 사람들은 언제나 틀리게 될 것이라는 것입니다. 왜냐하면 세상의 종말은 오지 않을 테니까요. 하느님께서는 이 지구가 인간의 영혼들이 영적인 진화를 이룰 수 있는 무대로 보존 되기를 바라고 계시며, 승천한 대사들인 우리들도 하느님의 이러한 소망을 실현시키고자 온 힘을 다하고 있습니다. 그리고 이 지구는 긍정적인 나선(positive spiral) 덕분에 이미 행성차원의 대재앙으로 인한 파괴의 위험으로부터는 벗어나 있습니다.

이 행성에 사는 생명체들에게 어떤 일이 일어나게 되는 것은 모종의 전환점이 가까이 다가오고 있기 때문이며, 그러한 전환점에 이르게 되면 인류의 의식도 반드시 변화되어야 합니다. 만약 사람들이 고차원의 의식을 받아들이려 하지 않는다면, 여러 가지 결과들이 나타나게 될 것인데, 물질행성 자체도 여러 형태의 자연적인 재해 혹은 기타의 큰 재난을 겪을 수도 있습니다. 그러나 실제로 지구에서 일어나는 있는 현상은 지구 행성 전체가 고차원적인 의식으로 상승하고 있다는 것입니다. 따라서 지구가 새롭고 더 나은 시대를 분만하기 위해서 산고의 고통을 겪고 있다고 생각하기 바랍니다.

나의 아들 예수가 2,000년 전에 이 지구 위를 걸었을 때, 그는 이 행성에 그리스도 의식(Christ Consciousness)의 씨앗을 심었습니다. 예수가 지구 어머니에게 그리스도의 아이를 잉태시켰다고 말할 수도 있습니다. 이 그리스도 아이의 임신기간이 2,000년간 지속되었으며, 이제는 그 아이가 태어나야 할 때입니다. 그러나 그리스도의 아이는 지구 어머니에 의해 태어날 수가 없으며, 반드시 이 행성에 사는 사람들의 마음과 가슴을 통해서 태어나야 합니다. 달리 표현하면, 이 시대에 그리스도 아이의 탄생은 예수가 자신의 책 속에서 설명했듯이[29] **많은 사람들이 개별적으로 그리스도 의식을 분만해야 한다는 것을 의미합니다.**

사랑하는 이들이여, 임신한 여인이 아이를 출산하려고 하지 않을 때, 어떠한 일이 생기게 되는지 여러분도 잘 알 것입니다. 산모에게는

---

29) <그리스도는 여러분 내면에서 탄생한다>를 참고할 것 (저자 주)

고통이 따를 것이며, 분만도 훨씬 더 어려워지고 더더욱 고통스러워지게 될 것입니다. 실제로 산모가 분만의 과정에 계속 저항하게 되면, 자신의 생명뿐만 아니라 아이의 생명도 위험해질 수 있습니다.

 현재 지구 행성에서 일어나고 있는 현상은 대단히 많은 사람들이 자기 자신뿐만 아니라 타인들 속에서 그리스도 의식을 낳는 것에 대해서도 저항하고 있다는 것입니다. 그리고 그리스도 아이의 탄생을 방해하고 있는 행성 차원의 적그리스도(Anti-Christ)의 세력이 현 시대에 존재하고 있는 것도 사실입니다. 이 때문에 지구 어머니가 정상적인, 또는 자연적인 분만보다도 훨씬 더 어려운 분만을 체험하고 있는 것입니다. 지구 어머니가 그리스도의 아이를 낳으려고 시도는 하지만, 분만이 제대로 되지 않는 것처럼, 이 어려운 분만은 어머니의 육신을 관통하는 대재앙을 초래할 수도 있습니다.

지구 어머니의 출산(出産)을 도와주라

 사랑하는 이들이여, 나는 지구 어머니가 새 시대의 그리스도 아이를 분만해야하므로 지구 어머니를 돕고자 부르는 이 소리에 누군가가 귀를 기울여주기를 희망하면서 이 책을 여러분에게 전하고 있습니다. 지구 어머니를 돕는 방법에는 여러 가지가 있을 수 있습니다. 지구 어머니가 마음을 가라앉히고 좀 더 편안해지도록 함으로써 분만의 고통을 덜 받게 할 수도 있습니다. 여러분들 중의 일부는 지구 어머니의 마음을 가라앉히는 일을 감당할 만큼 강한 사랑을 느끼고 있는 사람들도 있을 것이며, 실제로 내가 전해주는 이 로사리오들은 이러한 일을 이루게 하는 데 완벽한 도구가 될 것입니다. 또 어떤 사람들은 보다 더 적극적인 역할을 하고 싶어 하는 사람들도 있을 것인데, 이들은 "영차, 영차!"하고 외칠 적절한 시기에 이곳에 존재하기로 선택한 사람들입니다. 이러한 사람들로 인해 사회의 어떤 측면과 인간 삶의 어떤 측면에서 새롭고 고차원적인 의식이 생겨나게 되는 것이며, 새롭고 고차원적인 하느님의 왕국을 실현할 수 있게 되는 것입니다. 내가 전해주는 이 로사리오들은 이런 사람들에게 인류의 발전을 이룩하게 했던 선구자적인 생각들을 실현시켜줄 소중한 도구가 될 것입니다.

 사랑하는 이들이여, 나는 지구 어머니가 그리스도의 아이를 출산하도록 나와 함께 돕고자 하는 사람들에게 다음과 같이 말하고자 합니다. "이제 함께 주님(Lord)의 일을 합시다. 그리고 함께 길을 닦읍시다. 그래야 우리 모두의 참된 영적 형제요, 주님이자, 구세주인 예수 그리스도가 이 행성으로 돌아올 수가 있고 준비된 곳이 있다는 것을 알게 될 것입니다. 왜냐하면 임계수치의 사람들이 개인적인 그리스도 의식에 이르는 길을 받아들였고, 그의 발자취를 따라 각자가 그리스도 의식의 성배를 들었으니, 예수도 예전보다 더 가시적인 모습으로 돌아올 수 있을 테니까요."

 사랑하는 이들이여, 나는 세상의 일들을 기꺼이 제쳐놓고 마음과 가슴 속에 존재하는 내면의 신전인 하느님의 신전으로 들어가 자신의 신아와 다시 연결되고자 하는 사람들을 찾고 있습니다. 또한 나는 이 지구에 예전보다 더 많은 그리스도의 의식을 가져올 수 있도록 열려진 문이 되고자 하는 사람들을 찾고 있습니다. 그리고 나는 이 세상의 세력들이 사람들을 세속의 일로 다시 끌어들이고 그들의 주의력을 흩어 놓으려 할 때, 지금도 생생하게 기억하고 있는 나의 사랑하는 아들이 잊지 못할 그날에 말했던, "내가 아버지의 일에 전념해야 되는지 모르셨습니까?(누가복음 2:49)"라고 말할 수 있는 사람들을 찾고 있습니다.

 나는 나의 아들 예수의 훌륭한 모습을 떠올리면서 기쁨의 눈물을 흘리고 있습니다. 예수는 신전(神殿) 안쪽에 서서, 내 영혼의 깊숙한 곳을 뚫어질 듯이 응시하면서 나를 쳐다보았습니다. 확실하게 말하자면, 내가 이 특별한 아이를 낳게 될 영광을 지녔다는 사실은 알고 있었지만, 지구를 영광스럽게 했던 이 훌륭한 존재의 영(Spirit)이 지닌 진정한 깊이와 진정한 가능성을 나도 예수의 현존을 통해 바로 그 순간에 보았던 것입니다. 나는 이 확고부동하게 결의에 찬 예수의 훌륭한 영(靈)을 여러분도 나와 함께 보고 체험했더라면 얼마나 좋았을까 하고 아쉬워합니다. 하지만 예수의 신아(神我)라고 해서 여러분의 개인적인 신아보다 결코 더 훌륭하지 않다는 사실을 여러분도 이해해주리라 믿습니다.

따라서 여러분도 이 지구에서 살아 있는 그리스도(Living Christ)가 될 수 있으며, 어떠한 사람도 닫을 수 없는 열린 문이 될 수 있는 잠재력을 지니고 있습니다. 실제로 여러분의 신성(神性)을 실현하지 못하도록 막을 수 있는 유일한 것은 여러분 자신뿐입니다. 사랑하는 이들이여, 부디 여러분의 그리스도 자아(Christ Self)가 여러분의 마음과 가슴 속으로 들어갈 수 있도록 허용해주기 바랍니다. 그리고 부디 가슴의 문을 열어, 여러분도 나의 아들 예수가 "나와 아버지는 하나이다.(요한복음 10:30)"라는 불후의 말로 표현했던, 바로 그 신아와 하나됨을 느껴보기 바랍니다. 그리고 예수만이 그러한 말을 할 수 있는 것이 아니라, 하느님의 모든 아들딸들도 똑같이 그렇게 할 수 있는 잠재력을 지니고 있다는 뜻으로 예수가 그렇게 말했다는 사실을 진실로 받아들이기 바랍니다.

진실로 하느님의 왕국을 이 지구에 실현케 하는 것은 임계수치의 사람들이 **하느님의 왕국을 자신들의 의식(意識) 속에 구현함으로써 이루어지게 되는 것입니다.** 이러한 이유 때문에 예수가 이 땅에 직접 와서 시범을 보였던 것입니다. 그러나 우주의 법칙에 따라, 한 개인만으로는 하느님의 왕국을 이 땅에 구현할 수가 없습니다. 이것을 이루는 데에는 예수가 보인 본보기를 많은 이들이 기꺼이 따르고자 해야 하며, 자신들의 내면에 있는 하느님을 부정하지 않는 사람들이 임계수치에 이르러야 합니다.

다시 한 번 강조하지만, 이 로사리오들은 자기부정, 즉 하느님을 뜻하는 참나(眞我)를 부정하게 하는 보텍스들이 여러분을 아래로 끌어당기는 힘을 극복하는 데 도움을 주게 될 것입니다. 이러한 보텍스들은 바로 적그리스도의 보텍스들로서 현재 이 행성을 완전히 감싸고 있고, 대부분의 사람들을 억누르고 있는 상태입니다. 지금부터는 일련의 이야기를 통해 여러분에게 영적인 자유를 가져다줄 로사리오들을 소개하도록 하겠습니다.

아버지의 화염

7장

나는 알파요 오메가이다

사랑하는 이들이여, 지금까지의 이야기를 통해 나는 이 중대한 시기에 여러분이 이 지구가 직면해 있는 기본적인 현실에 대해 보다 더 잘 이해할 수 있도록 기초를 다지고자 노력했습니다. 현재 이 행성에는 고차원의 의식으로 기꺼이 올라서고자 하고, 또한 낡은 의식을 버리려고 애쓰는 임계수치의 사람들을 필요로 하는 것이 현실입니다. 즉 수천 년에 걸쳐 어머니 지구의 에너지장 속에 축적되어온 불완전한 에너지들을 태울 수 있도록 천상을 향해 영적인 에너지를 기원해줄 사람들이 필요한 것입니다.

나는 이러한 사실들을 이해할 수 있고, 또한 받아들이려고 애쓰는 사람들이 가능한 많이 나와 주기를 희망하면서 될 수 있는 대로 모든 사람들이 보편적으로 이해할 수 있게 가르침을 전하고자 노력했습니다. 따라서 차분하게 여러분을 대하는 가운데 점차적으로 여러분의 자각력(自覺力)을 끌어올리려고 시도해 왔습니다. 그리고 많은 기독교인들이 성장하면서 의심하지 말고 받아들이라고 배워왔던 상당수의 교리들을 자극하지 않으려고 애를 써왔습니다.

하지만 나는 이 책의 1부에서 전한 내용만으로는 인류의 의식을 변화시키기에 충분치 않다는 사실을 이제 말하지 않을 수가 없습니다. 이미 언급한 바와 같이, 전 우주는 두 가지의 기본적인 요소, 즉 확장하려는 아버지의 힘과 수축하려는 어머니의 힘에 의해 창조되었습니다. 어머니의 화염은 편안함과 보살핌을 주는데, 사실 1부를 통해 여러분이 받았던 에너지가 바로 이 어머니의 화염이었습니다. 그러나 필요한 의식의 변화를 일으키기 위해서는 여러분이 반드시 아버지의 화염을 받아들여야 합니다. 그리고 이 아버지의 화염을 통해 여러분이 익히 알고 있는 믿음으로부터 스스로 벗어날 수 있을 뿐만 아니라 정통 기독교나 과학계로부터 들어왔던 것보다 더 고차원적인 가르침과 진실들을 받아들일 수 있게 됩니다.

이 행성에 사는 대부분의 사람들은 성장하면서 제한적이고 불완전한 믿음을 갖게 되었습니다. 따라서 이제는 내가 여러분이 영적세계에 대해 보다 수준 높은 이해력을 가질 수 있도록 이야기를 전할 필요가 있습니다. 이러한 과정의 일환으로 여러분이 절대적으로 확실하다거나 혹은 의심하지 말고 수용하라고 배워왔던 몇 가지의 믿음들에 관해 나는 그러한 믿음에서 벗어나는 말을 부득이 하지 않을 수가 없습니다. 만약 여러분이 일정 수준 이상의 성장을 이룰 의도가 있다면, 나는 반드시 여러분을 흔들어 깨워서 그러한 믿음과 의식(意識), 심지어 그러한 믿음의 토대 위에서 구축된 그릇된 정체감으로부터 벗어나도록 해야만 합니다. 그리고 이것은 여러분이 아래로 끌어당기는 낡은 시대의 의식과 오랜 세월에 걸쳐 인류에게 악영향을 끼치고 있는 교활한 거짓말로부터 벗어나 상승하고 자유로워지는 데 꼭 필요한 것입니다.

몇몇 사람들에게는 다음에 이어지는 이야기들이 일종의 충격요법이 될 것이라는 점을 나는 잘 알고 있습니다. 그러나 여러분이 이 과정에 저항하지 않기를 바랍니다. 나는 2,000년 전에 예수가 이 지구 위를 걸었을 때에도 이와 같은 두 가지 기법들을 사용했었다는 사실을 여러분이 깨닫기를 원합니다. 예수는 실제로 여러 사례에서 사람들에게 치유와 편안함을 주고, 또한 이해할 수 있도록 도와주었습니다. 그러나 또 다른 경우, 즉 사람들이 듣기에는 달콤하지만 고차원적인 의식수준으로 데려갈 수 없는 믿음들에 대해서는 아주 직설적으로 거부했었습니다. 그리고 인간들의 눈에는 올바르게 보일지라도 그 믿음의 결과가 영혼의 죽음 내지는 영적인 죽음에 이르게 하는 것들(잠언 16:25)에 대해서는 단호하게 저항했었습니다.

영혼은 어디에서 오는가?

여러분이 새 시대의 의식을 충분히 받아들이고자 한다면, 수백 년에 걸쳐 소위 정통적인 기독교 신앙이라는 가톨릭 및 개신교 양쪽에 의해 조장돼온 절대 확실하다고 하는 교리들 중의 하나를 버려야 한다는 점을 확실하게 밝혀두면서 이 충격요법을 시작하겠습니다. 그 기독교 교리는 영혼이 먼저 존재한다는 영혼의 선재설(先在說)을 비난하고 부정하고 있으며, 그것을 이단시하여 금지하고 있습니다.

나는 이런 교리가 어떻게 해서 가톨릭교회의 절대 무오류(無誤謬) 교리들 중의 하나가 되었는지에 관계된 역사적인 긴 이야기는 여기에서 생략하도록 하겠습니다. 역사적인 사건들을 들여다보고자 하는 사람들은 초기 기독교 시대의 몇 백 년 동안에 많은 기독교의 유명한 지도자들이 영혼의 선재설과 환생(Reincarnation)이라는 개념을 받아들였다는 사실을 쉽게 알 수 있을 것입니다. 그 후 고도의 정치적인 과정과 격렬한 권력투쟁을 거친 후에, 가톨릭교회는 영혼의 선재설을 금지했으며, "영혼의 부활"도 이단으로 간주하는 교리를 만들어냈습니다.1) 이 말은 환생(還生)을 믿는 사람들을 실제로 파문시켰다는 뜻입니다.

사랑하는 이들이여, 이러한 개념을 아주 강력하게 금지시켰다는 사실은 영혼의 선재설이 초기 기독교인들에게는 실제로 삶의 일부였다

---

1) 알렉 산드리아의 클레멘스(Clement), 성 제롬 (Saint Jerome), 그리고 오리겐(Origen)을 포함하여 초기 기독교회의 많은 지도자들은 환생을 인정했다. 로마 황제 유스티니아누스(Justinian, 483-565)는 교회가 영혼의 선재설을 금지하는 일련의 과정을 처음으로 시작하게 한 장본인이다. 이러한 과정은 서기 553년에 콘스탄티노플에서 개최된 가톨릭 주교들의 모임인 공의회(公議會)에서 절정에 달하게 된다. 이 공의회는 오리겐의 반대에도 다음과 같은 파문을 허락하였다. : "사실이 아닌 영혼의 선재설을 주장하거나 영혼의 부활을 주장하는 자는 파문될 것이다"   (저자 주)

는 것을 여실히 보여주는 것이라 할 수 있습니다. 이러한 개념은 예수가 살았던 시대에는 누구나 다 알고 있었던 상식이었기 때문에 기독교인들의 삶의 일부였던 것입니다. 예수가 다른 책에서도 설명했듯이, 예수도 환생이라는 개념에 대해서 잘 알고 있었습니다. 나를 포함하여 예수의 제자들도 이 개념을 아주 잘 이해하고 있었고, 마음 속 깊은 곳으로부터 우리가 과거에도 존재했었다는 사실을 모두가 알고 있었으므로 이러한 사실을 현실로 받아들였습니다. 우리의 영혼은 대단히 복잡하게 얽혀 있어서 영혼이 수태되거나 육체로 태어날 때에 아무 것도 없는 빈 공간에서 나타날 수는 없으며, 우리가 육체적인 죽음을 맞이한 이후에도 영혼은 계속 살아 있다는 것을 우리는 잘 알고 있었습니다. 따라서 영혼이 육체에 들어오기 전에는 영혼이 존재하지 않았다는 것은 말도 안 되는 것이었습니다.

여러분들 중에도 내가 환생이라는 개념을 배척했다고 추측할 만한 나의 출현이 몇 번 있었다고 말하는 사람들이 있을 거라 생각되지만, 이러한 사람들은 이 책의 앞부분에서 밝혔던 내용, 즉 목격자들의 믿음의 정도에 따라 내가 제한적으로 출현했었다는 사실을 숙고해보아 주기 바랍니다. **만약 내가 가톨릭 교인들 앞에 나타나서 교회의 교리를 반박했다면, 그 출현은 거짓된 것이거나 심지어 악마의 장난이라고 치부되고 말았을 것입니다.** 따라서 기존의 관습적이고 일반적인 출현을 통해서는 진실을 전할 방법이 없었습니다. 그래서 내가 하고 싶은 말에 제약을 가하지 않는 이 메신저를 통해서만, 이렇게 진실을 전할 수밖에 없는 것입니다.

환생이라는 개념을 이해하는 것이 왜 그렇게 중요할까요? 기독교의 약속, 그리고 실제로 지구 위에 존재하는 모든 종교가 하게 되는 약속은 여러분의 영혼이 구원받을 수 있다고 하는 것입니다. 모든 사람들이 깨닫게 되겠지만, 이 개념은 임시로 타고 다니는 것에 불과한 육체의 죽음 이후에도 여러분의 영혼은 보다 높은 어느 세계에 존재하게 될 것이라는 것을 의미합니다. 내가 앞쪽의 장(章)에서 전해준 가르침들을 토대로 숙고해 본다면, 영혼이 고차원의 진동을 지닌 영적세계에 계속 존재하게 될 것이라는 점을 분명하게 이해할 수 있을 것입니다.

이제 잠깐 멈춰 영혼이 고차원의 진동을 가진 영적세계로 어떻게 올라갈 수 있는지에 대해 생각해보기로 하겠습니다. 논리적으로는 하나의 결론 밖에 없으며, 그것은 영혼이 영적세계의 고차원적인 진동으로 만들어졌다는 것입니다. 이는 영혼이 육체적인 몸이 지니고 있는 진동들을 초월해서 존재한다는 것을 뜻합니다. 따라서 영혼은 육체적 몸과는 상관없이 독립적으로 존재할 수가 있습니다. 영혼은 육신에서 생겨나는 것이 아니며, 흙에서 생겨나는 것도 아닙니다. 또한 영혼은 물질우주(ma-ter world)의 진동으로부터 태어나는 것도 아닙니다. 영혼은 영적인 우주의 진동으로부터 태어나는 것입니다. 여러분이 이러한 결론에 대해 성경의 근거를 찾고자 한다면, 예수가 말한 다음의 구절을 살펴보기 바랍니다.

"하늘에서 내려온 자, 곧 하늘에 있는 사람의 아들(the Son of man) 외에는 하늘로 올라간 자가 없느니라(요한복음 3:13)."

이제 하늘에서 내려온 것만이 다시 하늘로 올라갈 수 있다는 것을 이해하겠습니까? 따라서 영혼이 다시 하늘로 올라갈 수 있다면, 그 영혼은 본래 틀림없이 하늘에서 내려왔다는 것을 뜻합니다. 그러므로 현재 거주하고 있는 육체적인 몸속으로 내려오기 전에, 그 영혼은 하늘에서 존재하고 있어야 합니다. 달리 표현하면, 영혼은 육신에 의해 만들어지는 것이 아니며, 그러므로 육신에 묶여 있을 수도 없다는 뜻입니다. 영적세계에 있는 모든 것들은 낮은 진동을 지닌 물질세계와는 상관없이 독자적으로 존재하고 있으므로 영혼도 육체와는 상관없이 독립적으로 존재해 있는 것입니다.

사랑하는 이들이여, 예수는 여러분의 영혼이 영적세계에서 내려왔다는 사실을 명확하게 말했음을 이제 이해할 수 있을 것입니다. 나는 영적세계에서는 물질세계에서처럼 시공간의 제약을 받지 않는다는 사실을 확실하게 말할 수 있습니다. 혹자(或者)들은 영적세계에서는 시공간이 아무런 의미도 없으며, 또한 시공간이 지구에서 사용되는 것과 같은 의미를 지니고 있지도 않다고 말을 합니다. 시공간을 직선적인 개념으로 이해하는 데 익숙해져 있는 인간이 영적인 세계의 실상을 이해하기란 쉽지가 않습니다. 따라서 수태되기 전까지, 혹은 육신으로 태어나기 전까지는 영혼이 존재하지 않았다는 교회의 교리를 받아들이는 사람들이 많은 것도 이해할 수는 있습니다. 그럼에도 교회에서 말하는 이 교리가 예수가 언급한 말과 맞지 않을 뿐만 아니라 하느님께서 창조하신 실체와도 맞지 않는다는 것을 이제 여러분이 이해할 수 있기를 바랍니다.

영혼은 육체와는 별도로 존재한다

육신을 포함하여 물질세계에 존재하는 어떤 것과도 상관없이 영혼은 진실로 독자적으로 존재합니다. 따라서 영혼은 시공간을 초월해 있는 영적세계에서 태어난 존재입니다. 이 말은 영혼이 육신 속에 들어오기 전에 이미 존재하고 있었으며, 또한 사후(死後)에도 존재하게 될 것이라는 것을 의미합니다. 그리고 논리적으로 생각해보면, 여러분의 영혼은 장시간에 걸쳐 많은 육신 속으로 내려왔을 수도 있다는 결론에 이르게 됩니다.

전통적인 기독교 문화 속에서 성장한 사람들이 이러한 사실을 충분히 이해하고 받아들이는데는 상당한 시간이 필요하게 될 것이라는 점을 나는 잘 알고 있습니다. 그러나 내가 한 말들을 깊이 생각해보면, 정통교리로는 설명되지 않는 많은 의문점들을 이러한 개념을 통해 이해할 수 있게 될 것입니다. 여러분은 많은 육체적인 결함을 지니고 태어난 아이들, 그리고 어려운 가정환경 속에 태어나 끔찍한 학대에 시달리고 있는 아이들을 보아왔을 것입니다. 그렇다면 어떻게 정의롭고 사랑이 깊다고 하시는 하느님께서 어떤 아이에게는 유복한 가정에서 태어나게 하고, 또 어떤 아이는 비참할 정도로 가난한 가정에서 태어나게 하시는지 여러분도 궁금하게 생각했을 것입니다. 또한 정의롭고 자애로운 하느님께서 왜 이토록 불공정한 일들이 일어나게 하시는지 틀림없이 자문해보았을 것입니다.

사랑하는 이들이여, 정통 기독교는 환생이라는 진실을 부정하면서부터 이러한 의문에 대한 해답을 줄 수 없게 되었습니다. 따라서 교회는 지적인 신학자들에게나 어울릴 만한 인위적인 이야기를 꾸며낼 수밖에 없었으며, 그렇다고 이런 꾸며낸 이야기들이 영혼이 지닌 내적인 참된 호기심을 결코 충족시켜줄 수는 없습니다. 그 결과, 많은 교회들이 이러한 질문들을 하지 못하도록 억압해왔으며, 공식적인 교리로 답변할 수 없는 질문들을 못하도록 막고자 노력해왔던 것입니다. 수많은 사람들이 성직자들에게 물었지만, 돌아온 것이라고는 고작 "그건 불가사의한 거야?"라고 하는 대답뿐이었습니다.

사랑하는 이들이여, 예수는 여러분을 자유롭게 해주는 것이 진리(요한복음 8:32)라고 분명하게 말했으며,2) 그가 여기에 온 것은 이 진리를 전해주기 위해서라는 것은 명백한 사실입니다. 확실히 말할 수 있는 것은 하느님께서는 어떤 종교든 그 종교가 진리를 전하지 않고 유보해두는 것을 절대로 바라시지 않는다는 것입니다. 하느님께서는 여러분이 자유롭게 되어 다시 하느님의 왕국으로 올라오기를 바라시며, 마땅히 여러분이 진리를 알 수 있게 되기를 바라고 계십니다. 이와 같이 교회가 진리를 유보하는 태도는 절대로 하느님으로부터 나온 것이 아닙니다.

뿌린 것을 어떻게 거두게 되는가?

위의 질문으로 돌아가서, 우리는 환생이라는 개념을 통해 이 문제에 대한 논리적인 해답을 얻을 수 있습니다. 어려운 환경 속에 태어난 어느 한 아이를 바라볼 때, 여러분이 보고 있는 그 아이는 특정한 육체 속에 수태되어 어느 날 갑자기 나타나게 된 어느 한 영혼을 보고 있는 것이 아닙니다. 여러분이 보고 있는 그 영혼은 이 지구 행성에서 오랜 역사를 가지고 있으며, 많은 생(生)들을 살아온 한 영혼을 보고 있는 것입니다.

내가 앞에서 설명했듯이, 영혼은 하느님의 순수한 에너지에 권능을 잘못 부여할 수가 있습니다. 그리고 그 영혼이 그 에너지에 권능을 다시 부여하여 고차원의 진동을 띠게 하지 않는 한, 그러한 왜곡된 에너지들은 없어지지가 않습니다. 따라서 어느 영혼에 의해 권능이 잘못 부여된 에너지는 육체적인 몸이 죽는다고 해서 그냥 사라지는

---

2) "너희가 진리를 알게 될 것이니, 진리가 너희를 자유케 하리라."(요한복음 8:32)

것이 아닙니다. 그 에너지들은 그 영혼의 에너지장과 지구행성의 에너지장 속에 쌓이게 될 것입니다. 그래서 그 영혼이 지구로 돌아와서 새로운 육신을 가질 때, 그 영혼의 새로운 삶은 이전의 생(生)에서 구축해놓은 토대위에서 만들어지게 됩니다. 바꾸어 말하면, 이번 생에서 여러분이 직면해 있는 상황들은 여러분이 이전의 생에서 창조해놓은 것들이라는 뜻입니다.[3] 지난 생에서 여러분이 선택한 것들은 이번 생에서 여러분이 맞이하게 될 무대를 미리 준비해놓은 것이라 할 수 있습니다.

여러 생에 걸쳐 불완전한 에너지를 창조하여 이를 축적하게 되면, 영혼은 많은 짐을 짊어지게 되며, 이로 인해 결국에는 매우 어려운 상황을 체험하게 된다는 것을 이것이 잘 설명해주고 있는 것입니다. 아이들이 서로 다른 환경 속에 태어나는 것이 하느님께서 불공평하시기 때문에 그러한 것이 아니라는 사실을 이제 알게 되었을 것입니다. 모든 사람들이 과거의 생(生)에 뿌린 것을 그대로 수확하게 됨으로써 오히려 하느님의 법칙이 공정하다고 말할 수 있습니다.

사랑하는 이들이여, 다음의 성경 구절을 살펴보세요. "자신을 속이지 말라; 하느님께서는 업신여김을 받지 않으시니, 사람이 무엇을 뿌리든지, 뿌린 대로 거두리라(갈라디아서 6:7)." 그런데 만약 여러분이 누군가를 살해하고 난 후 얼마 되지 않아서 죽게 되었다면, 여러분이 행한 행동에 대한 결과를 언제 받게 될까요? 전통적인 기독교의 이론에 따르면, 오직 하나의 가능성 밖에는 없습니다. 만약 여러분이 지구에 살고 있는 동안에 여러분이 뿌린 것을 수확할 기회가 없었다면, 여러분의 영혼은 영원히 지옥에서 불타고 있어야 합니다. 한 번의 잘못으로 영원한 고통을 당해야 한다는 것을 과연 자애로우신 하느님께서 바라실까요?

사랑이 가득한 하느님께서는 우주가 하나의 거울과 같이 작용하는 역할을 하도록 만들어 놓았습니다. 즉 여러분이 타인에게 행한 대로, 우주도 여러분에게 그렇게 할 것입니다. 왜냐하면 인간이 무엇인가를

---

[3] 이것이 소위 동양철학(易學)에서 말하는 개인의 사주팔자(四柱八字)라는 것이다. 사주는 우연히 생기는 것이 아니라 과거 전생(前生)에 그 영혼이 행했던 카르마(業)에 의해 만들어지게 되는 것이다. 따라서 사주팔자를 정확하게만 푼다면, 한 개인의 기본적인 운명행로를 알아낼 수가 있다. 하지만 그렇다고 사주가 절대 100% 맞을 수는 없는데, 왜냐하면 인간에게는 신(神)에게 부여받은 자유의지와 노력이라는 요소가 있기 때문이다.　　(감수자 주)

배우는 방법 중의 하나가 여러분이 타인에게 행한 것을 자신의 몸을 통해 체험하는 것이기 때문입니다. 하느님께서는 한 번의 중대한 잘못으로 인해 영원히 지옥불 속에서 고통을 받아야 하는 우주를 창조하신 것이 아니라, 한 번 이상의 기회를 통해 여러분의 영혼이 교훈을 배우고 다시 고향으로 돌아올 수 있도록 우주를 창조하신 것입니다. 따라서 영혼은 어느 한 생에 뿌린 것을 다음 생에 그대로 수확하도록 되어 있습니다. 이것은 사랑스럽고 자비스러운 하느님의 은총이며, 하느님께서는 여러분이 물질우주 내에서 자신만의 세계를 창조할 수 있도록 허용해 주셨습니다. 하느님께서는 여러분이 행한 행위의 결과를 스스로 체험케 함으로써 궁극적으로 여러분이 인간적 고통과 아픔을 더 이상 체험하고 싶지 않다는 결정을 스스로 해주기를 바라고 계십니다. 따라서 여러분은 그리스도 의식을 추구하게 될 것이며, 이 그리스도 의식이 여러분을 하느님의 법칙과 일치하도록 다시 정렬시켜줌으로써, 하느님의 왕국으로 돌아오게 할 것입니다.

사랑하는 이들이여, 나는 여러분이 환생의 개념에 대해 주의를 기울여주기 바라며, 이 윤회사상이 당신들의 영혼이 가진 질문, 즉 이 지구에 왜 이렇게 많은 고통이 존재하고 있는지, 그리고 하느님께서는 왜 고통을 종식시키지 않는지에 대한 해답을 얻는 데 도움이 될 것입니다. 환생은 하느님께서 인간에게 이 지구 행성에서 자신만의 세계를 창조할 수 있도록 허용하셨음을 명확히 설명해 줍니다. 하느님께서 이렇게 하신 이유는 자신의 자녀들이 에덴동산을 떠났기 때문이며, 이들이 에덴동산에 있을 때에는 영적인 스승들과 직접적으로 연결돼 있었습니다.

그러나 이들이 에덴동산을 떠난 후 스승과의 접촉도 끊어지게 되었고, 이마에 땀을 흘리면서 자구책을 스스로 강구해야만 했습니다. 이 자구책이란 영적인 스승으로서의 역할을 대신해주는 것으로서, 자신들이 행한 행동과 그 행동에 대한 결과를 뜻하는 것입니다. 에덴동산의 이야기가 말해주듯이, 영혼들이 영적스승에게서 등을 돌리게 되면, 하느님이라 할지라도 영혼들의 자유의지를 침해하지 않고는 그 영혼과 접촉할 수가 없습니다. 따라서 동양의 종교들에서 "카르마(業)의 법칙"이라 부르는 이 <인과(因果)의 법칙>이 이제 영혼의 스승으로서의 역할을 하게 됩니다. 이 법칙이 가르치는 바는 여러분이 하느님의 에너지에 권능을 잘못 부여해서 씨앗을 뿌리게 되면, 우주가 그 에너지를 여러분에게 되돌려줄 때 반드시 수확해야 한다는 것입니다. 즉 여러분이 타인에게 행한 것을 자신의 삶 속에서 그대로 체험함으로써 배우게 되는 것입니다.

이것을 달리 표현하면, "너희가 남에게서 대접받고자 하는 대로, 너희도 남을 대접하라.(마태복음 7:12)"는 예수의 가르침이 됩니다. 이것은 예수가 가지고 있던 확고한 지식에 근거하고 있으며, 그 지식이란 바로 여러분이 남에게 행한 것을 우주가 그대로 여러분에게 되돌려준다는 것을 말합니다. 만약 여러분이 타인들에게 해를 끼쳤다면, 여러분은 반드시 미래의 어느 생에 다시 돌아와서 타인에게 행한 것을 체험해야만 합니다. 다행스러운 것은 이 가혹한 시련의 학교에서 이 고통스러운 과정을 겪어가면서 영혼은 다른 사람에게 해를 끼치는 의식 상태를 초월하겠다고 결심하게 된다는 것입니다.

하느님께서는 사람을 벌하지 않으신다

사랑하는 이들이여, 하느님과 에덴동산에서 하느님을 대신했던 영적 스승에게 인간이 등을 돌리고 난 후, 영혼들이 배울 수 있는 방법은 체험 밖에 없었기 때문에 하느님께서 인간이 고통을 창조하는 것조차도 용인하신다는 것을 이해할 수 있습니까? 하느님께서는 여러분이 이러한 고통을 계속 창조한다 할지라도, 심지어는 여러분 자신들뿐만 아니라 여러분이 살고 있는 행성을 파괴한다 할지라도 창조를 계속하도록 허용하실 것입니다. 그러나 하느님의 대리인, 즉 승천한 대사들인 우리는 끝이 보이지 않는 고통과 아픔의 나선을 멈추게 할 수 있도록 언제든지 여러분을 도울 준비가 되어 있습니다. 또한 우리는 한계와 고통을 창조하는 세속적인 마음을 초월할 수 있는 방법에 대해서도 여러분들에게 고차원적인 가르침을 전해줄 준비가 돼있습니다. 또 우리는 언제든지 여러분이 개인적인 그리스도 의식을 성취하는 데 도움이 되는 내적인 길을 가르쳐줄 수도 있습니다. 이 그리스도 의식은 참으로 아버지의 왕국(마태복음 22:11)을 뜻하는 결혼 축하연에 입장할 수 있는 결혼예복과도 같은 것입니다.

 사랑하는 이들이여, 하느님의 왕국에 들어가는 방법은 간단합니다. 아버지의 왕국에 입장하기 전에, 우선 반드시 그 왕국에 들어가기를 원하는지의 여부부터 결정해야 합니다. 여러분이 하느님에 대한 불완전한 이미지, 즉 분노하고, 심판하며, 불공정한 하느님이라는 이미지를 가지고 있는 한은 왕국에 입장하고 싶어 하지 않는 것으로 간주될 것입니다. 에덴동산에서 아담과 이브가 그랬던 것처럼, 여러분은 하느님으로 멀어지고자 계속 도망 다니게 되고, 숨을 곳을 찾게 될 것입니다. 구원에 이르기 위해서는 하느님과 화평(和平)을 이루어야 하며, 하느님과의 관계에서 생긴 모든 불완전한 것들과 제약들을 해소해야만 합니다.

 그런데 환생의 진실을 인정하지 않고는 그러한 제약들을 해소하기가 대단히 어려우며, 따라서 그렇게 되면 여러분이 겪고 있는 고통을 하느님께서 창조했다거나, 또는 하느님께서 여러분을 현재의 상황 속에 빠지게 만들었다는 생각이 남아있게 됩니다.

 우선 자신의 삶에 대해서 전적으로 자신이 책임을 져야 합니다. 그리고 현재의 상황도 지난 생(生)들을 살면서 자신이 스스로 창조했다는 것을 인정함으로써만이 하느님과의 완전한 화평을 이룰 수가 있으며, 고향으로 돌아올 수도 있는 것입니다.

 사랑하는 이들이여, 여러분보다 먼저 그 길을 걸었고, 구원을 성취한 사람들의 말을 부디 들어주기 바랍니다. 나 자신도 여러분이 현재 걷고 있는 바로 그 길을 걸었습니다. 나도 지구 행성에서 육신을 가졌었으며, 또한 인류가 지닌 엄청난 무게의 집단의식 위로 상승한다는 것이 얼마나 어려운지도 잘 알고 있습니다. 그러나 여러분은 결코 불공정한 하느님의 희생양이 아니며, 여러분 스스로가 자신의 운명을 창조한 장본인이라는 사실을 인식하게 될 때, 상승하기가 훨씬 더 쉬워지게 될 것입니다. 하느님께서는 아담과 이브가 오래 전에 지은 죄로 해서 여러분을 벌하시지는 않습니다. 여러 생에 걸쳐 하느님의 법칙을 위반한 것에 대해 여러분을 벌하고 있는 존재는 다름 아닌 바로 여러분 자신입니다. 아담과 이브 때문에 여러분이 낮은 의식 상태로 태어난 것이 아닙니다. 여러분의 영혼도 아담과 이브처럼 똑같은 결정을 했던 것이며, 따라서 여러분도 상대적인 선악(善惡)을 알게 하는 과일을 함께 나누어 먹기로 스스로 선택했던 것입니다. 이 "선악과(善惡果)"란 삶을 바라보는 이원적인 방식을 가리키는 것으로서 인간들을 세속적인 마음속에 가두어둠으로써 여러분의 신아(神我)와의 연결을 끊어지게 했던 것입니다.

알다시피 영적세계에 있는 모든 존재들은 하느님과 하나임을 체험하고 있으며, 이러한 연결을 통해 서로들 간에도 일체성을 느끼고 있습니다. 하느님께서는 그와 똑같이 지구에 사는 모든 사람들도 그런 합일상태를 체험하기를 바라시지만, 대부분의 사람들은 모든 생명체와의 하나됨을 가로막는 이원성(二元性)에 빠져 길을 잃고 있는 상황입니다. 사랑하는 이들이여, 여러분은 왜 예수가 아버지와 자신이 하나라고 말했다고 생각하나요?(요한복음 10:30) 그리고 왜 그는 "너희가 여기에 있는 내 형제 중에서 지극히 작은 자에게 행한 것이 곧 내게 행한 것이다.(마태복음 25:40)"라고 말했을까요? 그것은 그가 하느님과 하나임을, 그리고 모든 생명체와 하나라는 것을 느끼고 있었기 때문입니다.

사랑하는 이들이여, 또한 예수는 자신이 여러분과 하나라는 말도 했으며, 이는 곧 여러분과 그가 하나라는 것을 뜻하는 것입니다. 따라서 여러분은 분리의식을 극복하고, 하느님과 하나라는 것을 받아들이게 하는 그리스도 의식으로 되돌아올 수 있는 잠재력을 지니고 있습니다. 예수가 이 땅에 온 것은 여러분이 방향을 바꿈으로써 과거에 잘못 행했던 것들을 빠르게 원상회복할 수 있다는 것을 보여주기 위해서였습니다. 실제로 개인적인 신성(神性)에 이르는 길을 부지런히 따라감으로써 여러분은 단 한 번의 생애만으로도 영적으로 승천할 수 있으며, 집으로 돌아올 수도 있는 것입니다.

여러분의 영혼은 더 큰 일도 할 수 있는 준비가 돼 있다

사랑하는 이들이여, 만약 여러분이 이 책을 읽고 있다면 – 그리고 여전히 계속 읽고 있다면 –거기에는 단 한가지의 이유만이 있을 수가 있습니다. 이는 여러분의 영혼이 성숙해져서 정통 기독교의 전통적인 교리를 통해서는 집으로 돌아갈 수 없다는 사실을 깨닫게 되었다는 것을 뜻합니다. 즉 여러분의 영혼이 일정한 성숙 단계에 접어들게 되어 더 이상 끝없는 아픔과 고통의 나선에 계속 머물러 있고 싶지 않음을 깨닫게 되었다는 것이지요. 그리고 구원과 관련해서도 여러분을 대신하여 모든 일을 해줄 외적인 구세주를 기다리는 것이 아니라, 이제는 자신이 스스로 책임을 져야 할 때라는 것을 여러분의 영혼이 깨닫고 있음을 의미합니다.

여러분의 영혼은 더 높이 오르고자 원하고 있으며, 여러분이 살아 있는 언젠가는 틀림없이 더 좋은 방법이 있을 거라는 것을 알고 있습니다. 여러분의 영혼은 사람들이 옳다고 생각하는 길을 열심히 따라왔지만, 그 길의 끝은 죽음의 길(잠언 14:12)이라는 것을 깨닫고 있는 것입니다. 따라서 여러분의 영혼은 더 고차원적인 길을 찾고 있으며, 이 고차원적인 길이란 낡은 의식 상태의 교리와 믿음을 초월하는 것입니다. 또한 여러분의 영혼이 모든 제약들을 극복하고 그리스도 의식을 성취하여 천상의 왕국으로 통하는 열린 문이 될 수 있는 잠재력을 지니고 있다는 사실을 받아들이는 것입니다.

그리스도의 씨앗이 개인의 그리스도 자아(personal Christ Self)라는 형태로 여러분의 내면 깊숙한 곳에 존재해 있기 때문에 여러분의 영혼은 그리스도 의식을 성취할 수 있는 잠재력을 갖고 있습니다. 이 그리스도 자아는 열린 문으로서 어떠한 인간도 닫을 수 없으며, 여러분의 영혼과 신적자아 사이의 중개자이기도 합니다. 여러분은 그 문을 완전히 닫을 수 없는데도 불구하고, 대부분의 사람들은 마치 그 문이 존재하지 않는 것처럼 그 문을 외면하고, 무시하고 있습니다. 많은 사람들이 마음속에 존재하고 있는 내적인 문을 그토록 애써 외면하는 이유 중의 일부는 정통 기독교가 자신들 밖의 어딘가에 그 문이 존재하고 있다는 믿음을 심어주었기 때문입니다.

사랑하는 이들이여, 정확하게 말해서 이것은 환상이며, 내가 이 책을 통해 타파하고자 하는 것이 바로 이것입니다. 또한 이 메신저(저자)를 통해 예수가 다른 책에서 부수고자 했던 것이 바로 이러한 환상입니다. 예수가 2,000년 전에 "하느님의 왕국은 너희 안에 있다.(누가 17:21)"고 말했을 때, 그가 부수고자 했던 것이 바로 이러한 환상이었습니다.

  사랑하는 이들이여, 나는 여러분의 손을 잡고 180도 돌아서 여러분의 가슴 속 깊은 곳에, 영혼 속 깊은 곳에 언제나 존재하고 있는 그 열린 문을 볼 수 있게 하고자 합니다. 다음의 이야기4)를 계속 진행하면서, 나는 여러분의 손을 붙잡고 바늘귀와 같이 좁은 문틈을 통해 여러분을 인도하겠습니다.

---

4) 다음의 이야기는 성모 마리아로부터 앞장의 이야기보다 앞서 받았으며, 각각의 이야기 윗면에는 받은 날짜가 표시되어 있다. 따라서 다음의 이야기들은 앞장에서 밝힌 내용과 유사한 내용들을 상당수 포함하고 있다. 비록 이 이야기들이 중첩된다 하더라도, 그 가르침들을 잘 두었다가, 앞의 이야기와 하나로 통합하기 바란다.   (저자 주)

8장

모든 생명의 내면에 존재하는 그리스도를 수호하라!

성모 마리아의 메시지 (2003. 11. 27)

나는 세계의 어머니(the Mother of the World)이며, 이 메신저를 통해 나의 아들 예수와 예수의 잊어버린 사명에 관해 이야기하려고 왔습니다.

먼저 태양(Sun, s-u-n)에 대해서 이야기하고자 합니다. 지난 몇 주에 걸쳐 우리는 태양 활동이 현저하게 증가하고 있는 현상을 목격하고 있습니다.5) 과학자들은 이러한 현상이 무작위적으로 발생한다고 하지만, 그렇지가 않습니다. 실제로는 계획된 활동이라고 말할 수가 있습니다. 이 태양활동은 한 주기(週期)의 시작을 알리는 신호로서, 2,000년 전에 나의 아들 예수가 당시 암흑시대에 자신의 말을 듣고 이해할 만한 제자들에게 설교했던 것처럼, 예수 그리스도의 내적인 사명을 새로이 각성할 수 있도록 하기 위해 주도면밀하게 계획된 것

---

5) 과학자들에 의하면 2003년 11월에 태양 표면의 폭발(solar flares)이 현저하게 증가한 것으로 나타났다. (이상 저자 주)

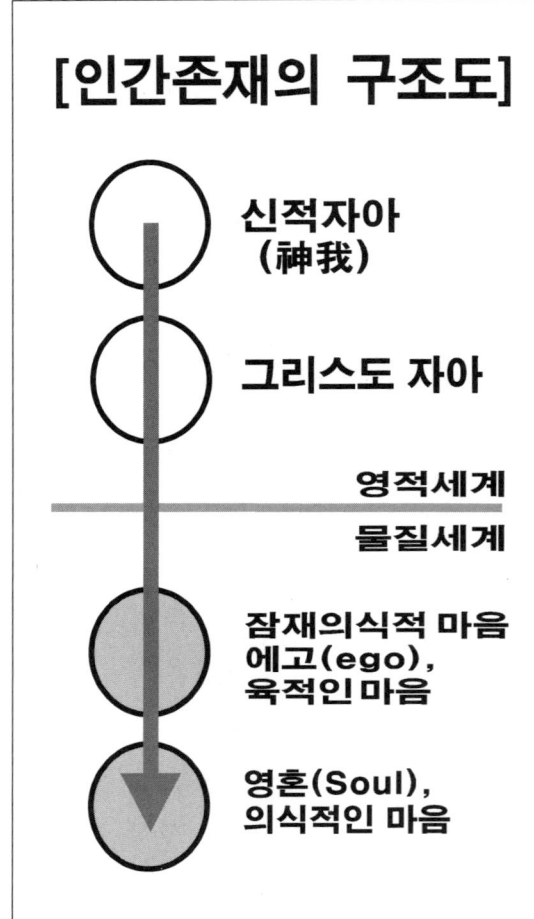

입니다.

그리스도의 참된 가르침에 대한 왜곡

오늘날의 많은 사람들과 소위 예수 그리스도의 추종자라 부르는 사람들이 어둠의 시대에 우리가 직면했던 의식 상태를 비록 짧은 시간만이라도 체험해볼 수 있었으면 좋겠습니다. 예수는 그 시대에 맞추어 하늘의 특별한 뜻과 영적인 가르침을 전하러 왔었으며, 나는 나의 아들 예수가 균형을 유지할 수 있도록 돕기 위해 왔었습니다.

여러분이 당시 지구의 뒤편에 만연해있었던 어둠을 어렴풋하게라도 체험할 수 있다면, 왜 예수가 자신의 영적인 가르침들을 대중들에게 충분히 전해줄 수가 없었는지를 이해하리라 믿습니다. 그러한 체험을 하게 될 때, 이러한 내적인 가르침, 즉 그리스도가 초림(初臨)해서 왔던 것에 관한 참된 가르침을 왜 알아들을 수 있는 제자들에게만 전하게 되었는지 그 이유를 이해하게 될 것입니다. 그러나 예수와 가까웠던 대부분의 제자들조차도 이러한 내적인 가르침을 충분히 이해하지 못했다는 사실을 밝혀 두고자 합니다.

만약 당시의 인간들이 지닌 집단의식이 얼마나 어두웠는지를 이해한다면, 내 아들의 가르침이 곧바로 왜곡될 수밖에 없었던 이유를 이해하게 될 것입니다. 그리고 많은 대중들이 예수의 내적인 가르침을 들을 수 없었다는 사실도 예수가 대중 앞에서 행한 외적인 가르침들이 곧바로 왜곡되거나 잘못 해석될 수밖에 없었던 이유가 될 수 있습니다. 이러한 왜곡 때문에 기독교는 절대로 종교가 되지 말았어야 했으며, 그리고 나의 아들 예수의 참된 내적인 사명에 대한 이해의 부족으로 기독교는 초기부터 심한 손상을 입을 수밖에 없었습니다.

기독교의 복원

여러분은 기독교가 탄생한 이후, 처음 몇 백 년에 걸쳐 권력대결과 정치공작이 새로 생겨난 이 신앙 속으로 침투해 들어와서 실제로 이것을 이해할 수 없을 정도로 왜곡시켜 놓았다는 것을 이해하게 될 것입니다. 그 어둠의 시대에 지구를 덮고 있던 의식(意識)과 오늘날의 인간이 가진 훨씬 밝은 의식 사이에 존재하는 엄청난 차이를 이해할 수 있다면, 여러분은 오늘날 여러분이 알고 있는 것으로서의 기독교가 거의 전적으로 쌍어궁 시대인 초기 몇 백 년 동안의 그리스도교 시대에 당시의 인류가 지녔던 낮은 의식 상태에서 생겨난 산물이라는 것을 즉시 알 것입니다.

지금은 인간의 의식이 아주 높이 향상돼 있으므로 이제는 예수 그리스도의 진정한 가르침인 내적인 가르침들을 부활시켜야 하며, 또 이를 부정하기도 어렵다는 것을 이해할 것입니다. 이러한 내적인 가르침들에는 예수가 비단 제자들에게 전한 가르침들뿐만 아니라 기록된 것들(어떤 의미에서는 지금까지 밝혀졌거나 공개되지 않은 것들)도 포함됩니다. 거기에 덧붙여, 예수가 대중들에게 전한 외적인 가르침들도 그 일부만 부분적으로 기록되어 있는 실정입니다. 또한 그러한 기록들은 기록된 이후에도 여러 번에 걸쳐 변질되고, 잘못 해석되고, 오역됨으로써 오직 예리하고 직관적인 사람들만이 예수가 이 행성에서 전한 메시지 — 예수가 일생을 바쳐 전한 내적인 메시지 — 의 참된 의미를 밝혀낼 수 있을 뿐입니다. 그리고 예수를 침묵시키기 위해 그의 목숨을 빼앗은 자들은 그를 없애고자 수단과 방법을 가리지 않고 온갖 짓을 다 자행했습니다.

그들은 왜 예수를 살해했을까?

　현대의 기독교인들은 예수는 항상 애써 참으며, 사랑이 깊고, 다른 쪽 뺨마저 내밀면서 모든 사람들에게 자애롭고 친절한 메시지를 전해 주는 좋은 마스터였다고 생각하며 성장해왔습니다. 예수가 확실히 그러한 메시지를 가지고 온 것은 사실입니다. 그러나 그의 메시지가 무차별적으로 친절한, 다시 말해 맹목적으로 친절한 것은 아니었습니다. 참으로 친절함이란 것이 신성(神性)이 지닌 속성이기는 하지만, 신의 속성이라 해서 무분별하고 무차별적이지는 않습니다.

　성경에 기록된 것처럼, 하느님은 조롱받지 않으십니다(갈라디아서 6:7). 하느님께서는 성 바울(Saint Paul)이 육적인 마음이라고 불렀던 그런 마음속에 갇혀 있는 인간들이 만들어낸 거짓말이나 속임수, 그리고 헛된 것에 속지 않으십니다. 따라서 여러분이 항상 집착과 분노, 두려움, 또는 기타의 부정적인 감정에서 벗어나 있어야 한다는 것은 맞습니다. 하지만, 나의 아들 예수가 여러 상황에서 문인들과 바리새인들, 율법학자들을 심하게 비난했던 것처럼, 친절해야 할 필요가 없는 사람들에게조차 다른 쪽 뺨을 내밀고 친절해야 할 필요는 없음을 하느님께서도 잘 알고 계십니다.

　확실히 말하자면, 예수는 이러한 위선자(僞善者)들을 성경 속에 기록되어 있는 것보다 몇 배는 더 심하게 질책했었습니다. 새로운 영적 가르침을 전하는 사명 이외에 예수의 사명이 지닌 또 다른 주요 목적 중의 하나는 다음과 같이 "나는 심판하기 위해 왔다!"라고 하는 문구 속에 잘 표현되어 있습니다.

　예수는 참된 하느님 앞에 무릎을 꿇지 않는 자들, 그리고 수 천 년 이상에 걸쳐 하느님을 대리하여 이 땅에 왔던 영적 스승들, 그 혈통들, 하느님이 파송했던 영단의 교사들 앞에 무릎을 꿇지 않는 이들을 실제로 심판하기 위해 왔었습니다. 이 어두운 영혼들, 이 오만한 영혼들은 신(神)의 참된 대리인들인 승천한 대사들 앞에 무릎을 꿇으려 하지 않았습니다. 심지어 예수가 육체로 그들 앞에 섰을 때, 이 오만한 영혼들은 예수가 전하는 메시지를 들으려고 하지 않았으며, 오히려 예수를 침묵케 하려고 애를 썼습니다. 이들이 궁극적으로 예수의 육신을 죽이는 데는 성공했지만, 그의 영(靈), 그의 불멸의 영혼은 죽일 수가 없었습니다. 따라서 그는 다시 나타나서 자신의 메시지를 알아들을 수 사람들에게 계속 전했었던 것입니다.

이 오만한 영혼들이 뒤늦게 예수를 죽일 수 없다는 사실을 깨달은 후에는 과연 무슨 짓을 했습니까? 이제 그들은 예수의 추종자들을 죽이려고 했으며, 동시에 예수의 가르침들, 다시 말해 개인적인 신성(神性)에 이르는 내면의 길에 관한 그의 가르침들을 없애려고 시도했습니다. 만약 여러분이 온통 어둠에 몰입해있는 이런 영혼들의 의식을 잠시만이라도 체험해볼 수 있다면, 당신들은 이들이 그리스도가 전한 참된 내면의 메시지를 곧바로 왜곡하고 훼손했을 거라는 사실을 금방 이해할 수 있을 겁니다. 따라서 그러한 메시지에 대한 복원작업은 반드시 필요한 것입니다.

성모 마리아 출현이 지닌 참된 의미

나는 지난 백 년에 걸쳐 여러 차례 출현한 바가 있으며, 주로 가톨릭을 믿는 신자들 앞에 나타났습니다. 이는 내가 가톨릭교회가 원래의 상태를 되찾고, 나의 아들 예수 그리스도가 전했던 내적인 참된 메시지를 복원해주기를 바랬기 때문이었습니다. 분명히 말하지만, 그럼에도 교회는 아직까지도 개방성을 보이지 않고 있으며, 과거로 돌아가 가톨릭교회가 저지른 행위들이 보존되어 있는 판도라의 상자를 열어 과거를 보려고도 하지 않습니다. 인간의 의식은 2,000년 전보다 훨씬 높이 향상했지만, 가톨릭교회의 현 지도자들은 오히려 너무 경직되고 오만해져, 이 조직의 더러운 것들이 보존되어 있는 은닉장소를 환기(換氣)시키고 바티칸의 기록 보존소를 개방함으로써 내 아들의 참된 가르침들을 되살리려고 하지 않고 있습니다.

따라서 나는 지금까지 여러분이 보아왔던 상냥하고 부드러운 이미지가 아닌 어머니로서 여기에 왔다는 사실을 말하지 않을 수 없습니다. 사자의 어린 새끼를 잡아먹으려는 하이에나들(Hyenas)[6]에 맞서 어린 새끼를 보호하려는 암사자의 단호함과 격렬함을 가지고 나는 왔

---

[6] 늑대와 유사한 외형의 동물로 아시아와 아프리카에 서식한다. (감수자 주)

습니다. 이제 나는 나의 아들 예수 그리스도와 인류를 위한 그의 숭고한 희생을 수호할 것이며, 그의 가르침도 지켜낼 것입니다.

오늘은 2003년 11월 27일로 미국에서 추수감사절로 기념하는 날이며, 동시에 새로운 영적 주기(週期)의 시작을 알리는 날이기도 합니다. 이 영적 주기는 강렬한 심판의 사이클로서, 나의 아들 예수의 가르침을 왜곡한 데 책임이 있는 자들과 2,000년이 지났음에도 무릎을 꿇으려 하지 않고 예수의 참된 가르침을 복원하려고도 하지 않는 자들을 심판하게 될 것입니다.

예수가 율법학자들을 꾸짖으며, 했던 말 즉, "화(禍)있으리라, 너희 율법학자들아! 너희가 지식의 열쇠를 가져갔으니, 너희 스스로도 들어가지 않으면서 들어가려고 하는 자들마저 막았느니라.(누가복음 11:52)"라는 말을 기억할 것입니다. 바로 이러한 율법학자들 중의 일부가 오늘날 여러분과 함께 살고 있습니다. 이들은 교회에서 높은 신분을 유지하고 있으며, 과학계와 언론계에서도 높은 지위를 차지하고 있습니다. 이들은 아직도 무릎을 꿇으려 하지 않고, 그리스도가 자신들과 그 외 모든 사람들 속에 존재한다는 사실도 인정하려 들지 않습니다. 그리고 이들은 그리스도의 참된 내적인 가르침과 그리스도 의식에 이르는 개인적인 길, 즉 모든 인간이 진정으로 하느님의 아들딸이기에 육신을 지닌 채로 그리스도가 될 수 있는 잠재력을 지니고 있다는 사실을 자신들 외에 이 행성에 사는 모든 사람들이 알지 못하게 하려고 애를 쓰고 있습니다. 그렇습니다. 바로 이러한 어둠의 존재들이 예수, 사랑하는 나의 아들 예수가 하느님의 독생자라고 하는 우상을 창조해낸 자들이며, 그리스도의 가르침을 훼손했던 자들입니다.

이 얼마나 어리석은 짓입니까? 이 얼마나 말도 안 되는 거짓말입니까? 이것은 뱀이 이브를 설득하여 선악과를 따먹게 한 이후로 한 번도 본적이 없는 교묘하고 교활한 논리가 아니겠습니까? 나의 아들 예수의 사명은 방황하는 이스라엘 민족에게 고차원적인 의식 상태에 이르는 길이 있다는 사실을 깨닫게 함으로써 에덴동산에서 지녔던 원래의 의식 상태로 회복시키는 것이었습니다. 그리고 이러한 그리스도 의식을 성취함으로써 이스라엘 민족은 자신들의 하느님과의 관계를 올바로 정립할 수 있었으며, 자기들이 하느님의 아들과 딸이라는 신성한 유산을 되찾을 수가 있었던 것입니다.

이것이 바로 예수가 가르치고자 했던 주요 메시지입니다. 하지만 여러분도 명확하게 알 수 있듯이, 이러한 가르침들은 거의 초기부터 왜곡되었습니다. 그 후부터 상당수의 기독교 교회가 이러한 왜곡된 것들을 계속 유지시키기 위해 온갖 짓을 다하고 있습니다. 그리고 나는 실망스럽게도 그리스도의 참된 가르침을 감추는 데 가톨릭교회가 다른 어떤 조직보다도 앞장섰다는 사실을 말하지 않을 수 없습니다.

신성한 어머니의 심판

오늘, 그리고 지금 이 순간 이후부터 태양의 뒤편에 존재하는 영적 태양의 중심부(中心部)로부터 특별한 빛이 방출될 것이라는 점을 밝혀둡니다. 이러한 특별한 시여(施與)와 빛의 방출로 인해 그릇된 교사 및 눈먼 지도자들에 대한 심판의 과정이 가속화될 것입니다. 그리고 이들은 인류를 지옥의 의식(意識), 다시 말해 육적인 마음이 지닌 의식의 깊은 연못 속으로 빠지게 만들었던 자들입니다.

신성한 어머니(Divine Mother)로서, 그리고 승천한 마스터인 성모 마리아(the Ascended Master Mother Mary)로서, 우주의 동정녀(Cosmic Virgin)로서, 내가 나의 오른팔을 들어 2,000년 전에 나의 아들이 했던 것처럼, "나는 심판하기 위해 왔노라."라고 선언합니다. 따라서 이러한 거짓된 교사들은 이제 심판받게 될 것입니다.

이에 따라 나는 가톨릭교회와 교회의 지도자들에게 – 그리고 예수 그리스도의 우상화를 부추긴 모든 사람들에게 – 그리고 무릎 꿇지 않고, 나의 사랑하는 아들딸들인 사람들에게 예수 그리스도의 참된 가르침을 전하지 않은 모든 자들에게 하느님의 심판이 있을 것임을 천명합니다.

나는 오늘 가톨릭교회가 전례를 찾아볼 수 없을 정도의 큰 방향전환을 하지 않는다면, 가톨릭교회의 종말에 대한 예언이 대부분의 사람들이 생각하고 있는 것보다 훨씬 더 빨리 실현될 것이라는 점을 경고해두고자 합니다.

하지만 아직까지는 교회가 방향전환을 하고 복원될 수 있는 실낱같은 희망이 남아있습니다. 그러나 그러한 희망은 마치 바람에 깜박이는 작은 촛불과도 같습니다. 그리고 수백만의 가톨릭 신자들이 봉기하여 교회 내의 새로운 개방과 예수의 원래 가르침 및 바티칸의 문서 기록실에서 최근에 불태워진 기독교의 성서 원본을 본래의 상태로 복원하도록 요구하지 않는다면; 즉 이러한 봉기가 실제로 일어나고 그것도 빨리 일어나지 않는다면, 교회가 방향전환을 할 가능성은 전혀 없다는 점을 말하지 않을 수 없습니다. 물론 교회가 지금까지 교회의 추종자들이 그리스도의 내적인 가르침에 접근하지 못하도록 막아왔기 때문에 실제로 사람들이 봉기에 나선다는 것은 불가능할 것입니다.

나의 성모상이 피눈물을 흘리는 이유

지난 2,000년에 걸쳐 일어났던 일은 기독교가 2,000년 전에 나의 아들 예수가 일깨웠던 참된 영적 전사(戰士)들을 억누르는 강력한 도구로 전락해버렸다는 것입니다. 그 당시로 되돌아가 보면, 이러한 많은 전사로서의 영혼들은 깨어날 준비가 전혀 돼있지 않았던 존재들이었습니다. 그러나 계획에 따라 모든 일들이 순조롭게 진행되었더라면, 이들은 나의 아들이 온 이후 몇 세기 뒤에 깨어났을 것입니다. 그러나 정확히 말해 그릇된 교사들이 그리스도의 내적인 가르침을 왜곡함으로써 이러한 전사들이 깨어나지 못하게 되었던 것입니다. 그리고 지난 2,000년에 걸쳐 기독교는 그저 사람들의 마음을 위로해주는 종교로, 그리고 사람들을 순한 양, 즉 눈먼 교사들이 만들어놓은 신앙단체에서 맹목적으로 무리지어 앉아 있는 순한 양으로 탈바꿈시키는 종교로 변질되고 말았습니다.

이것은 그야말로 우스꽝스러운 하나의 희극입니다! 이것은 지난 2,000년에 걸쳐 실제로 일어났던 비극이기도 합니다. 이것이 내 가슴에는 무거운 짐으로 남아 있으며, 이런 이유로 전 세계 곳곳에 서있는 나의 많은 조각상들이 눈물을, 심지어 피눈물을 흘리고 있는 것입니다. 수많은 가톨릭 신자들이 이 눈물을 보고 흥분했지만, 그들은 눈물 속에 감추어진 메시지

피눈물을 흘리는 성모상

를 전혀 이해하지 못했습니다. 즉 그들은 내가 많은 사람들이 가톨릭 교회를 떠났기 때문에 눈물을 흘린다고 생각하고 있습니다. 그러나 **정확히 말하면, 내 동상이 눈물을 흘린 이유는 그게 아니라 가톨릭교회가 나의 아들 예수와 그의 가르침을 떠났기 때문입니다.**

그럼에도 사실 솔직하게 말하자면, 많은 사람들이 교회를 떠난다는 것이 오히려 나에게는 힘이 됩니다. 왜냐하면 이런 사람들은 아직까지 완전히 세뇌당하지 않았으며, 뭔가 허전하고 가톨릭교회의 가르침에 뭔가 잘못된 점이 있다는 것을 내면적으로, 직관적으로 느끼고 있기 때문입니다. 그리고 그들이 교회를 떠나 그리스도의 진정한 가르침을 찾아 나서는 이유도 바로 이 때문인 것입니다.

그렇습니다, 많은 가톨릭 신자들에게는 이 말이 충격적이고, 또 즉각적으로 이를 거부하겠지만, 그러나 이는 사실입니다. 오늘날의 가톨릭교회는 내 아들 예수 그리스도를 대변할 자격이 없습니다. 따라서 나는 사람들이 매주 일요일마다 계속 교회에 앉아 있기 보다는 교회를 떠나 예수의 참된 가르침을 찾는 것이 더 낫다고 생각합니다. 그들은 마치 장님이나 벙어리처럼 그냥 멍하니 앉아 있을 뿐이며, 스스로 생각할 능력을 갖고 있지도 못합니다. 그리고 이런 사람들은 많은 가톨릭의 교리가 얼마나 이치에 맞지 않는지를 모릅니다. 또한 예수가 정말로 의도하고자 했던 것이 무엇이고, 이 행성을 위한 그의 사명이 무엇인지에 관한 교인들의 합리적인 질문에 대해 교회가 제대로 답변할 수 없음을 깨닫지 못하고 있는 것입니다.

사랑하는 이들이여, 여러분은 예수가 전한 메시지의 핵심이 여러분(나는 모든 인간을 지칭합니다)이 하느님의 아들 혹은 딸이라는 사실을 깨닫게 하는 것이었음을 이해하지 못합니까? 하느님의 아들과 딸로서의 권리를 의식적으로 되찾음으로써 여러분은 하느님의 한 명의 사절로서, 그리고 하느님이 확장된 하나의 모습으로 역할을 할 수 있게 되는 것입니다. 또한 궁극적으로 여러분은 하느님 아버지의 집을 나의 아들과 딸들을 도둑질해가는 도둑들의 소굴로 만들어놓은 환전상(換錢商)들의 식탁을 뒤엎을 영적인 전사(戰士)로서 행동할 수 있게 되는 것입니다.

여러분은 수천 년에 걸쳐 이러한 일들이 진행되고 있다는 사실을 알지 못하나요? 나의 아들 예수가 이 땅에 온 이유는 이러한 상황을 역전시켜 이들의 식탁을 뒤집어엎고, 이들이 이 행성의 사람들에게 가하고 있는 정신적, 감정적, 영적인 횡포로부터 탈출할 수 있는 도구를 전해주기 위해서였습니다. 이러한 횡포를 통해 이들은 수천 년에 걸쳐, 그리고 지금도 사람들을 노예화하고 있지만, 대부분의 기독교인들은 이러한 사실을 믿으려고도 하지 않습니다. 이 행성에서 수천 년에 걸쳐 보아온 것처럼, 영혼들에게 자유를 가져다주어야 할 교회가 오히려 영혼을 노예화하기 위한 가장 효율적인 도구들 가운데 하나로 전락해버린 이 엄청난 비극이 여러분에게는 아직도 보이지가 않습니까?

여러분의 영혼은 위험에 처해 있는가?

만약 여러분이 이러한 비극을 볼 수 없다면, 나는 여러분의 영혼은 위험에 처해 있다고 공개적으로, 그리고 솔직하게 말하지 않을 수가 없습니다. 여러분의 영혼은 위험에 노출되어 있습니다. 여러분의 영혼은 지옥 불에 떨어질 위험에 처해 있는 것입니다. 당신들은 마치 물에 빠져 아래로 떠내려가면서 지푸라기를 붙잡고는 있지만, 나의 아들 예수가 그들을 구하기 위해 뻗어 놓은 사다리를 볼 수 없는 사람과 같습니다. 여러분은 정통 교회에서 제공하는 잘못된 가르침이라는 지푸라기를 붙잡고 있는 것입니다. 그런데도 당신들은 지금까지 2,000년 동안 제공돼온 내 아들의 내적인 가르침이라는 사다리가 있음에도 정작 그것은 보지 못하고 있습니다. 그러나 아직도 이 사다리는 자신의 내면으로 들어가 직관력을 사용하여 그 말 속에 숨어 있는 뜻을 찾으려고 애쓰는 사람들에게는 여전히 유용합니다.

만약 여러분이 근대의 기독교가 만든 거짓말과 위선으로 인해 생긴 엄청난 비극을 볼 수 없다면, 여러분은 깨어날 필요가 있으며, 그것도 반드시 지금 깨어나야 합니다!

오늘 내가 개시하여 처음 일으키는 영적인 사이클은 교회와 국가, 특히 정통 기독교에 존재하는 그릇된 교사와 거짓된 설교자들을 심판하는 사이클이라는 것을 분명히 밝혀두고자 합니다.

그들의 시대는 끝났습니다. 그들이 지배하던 시대는 이제 시간이 다 됐습니다. 그리고 여러분이 그들로부터 신속하게 벗어나지 않는다면,

그들의 침몰하는 배로 인해 여러분도 함께 휩쓸려 들어갈 위험에 처해 있다는 점도 분명히 밝혀두겠습니다. 여러분이 하느님과 나의 아들 예수 그리스도에 대해 지니고 있는 신뢰가 훼손될 수 있는 위험에 처해 있습니다. 이러한 위험은 사람의 뼈로 가득하지만 겉보기에는 번지르하게 회칠한 무덤과 같은 이런 그릇된 지도자들의 위선과 부패, 그리고 거짓말이 노출되는 것을 여러분이 목격하게 될 때 일어날 가능성이 높습니다.

자연재해가 발생할 가능성

사랑하는 아들딸들이여, 내가 이렇게 단호하게 말하는 이유는 여러분이 이 시간에 준엄하게 하는 말을 들을 필요가 있기 때문입니다. 나는 여러분들에게 시간이 늦었다는 사실을 말하지 않을 수 없습니다. 되돌아갈 수 없는 시간, 그리고 나의 아들 예수가 예언했던 일들이 이루어져야 하는 시간이 다가오고 있습니다. 그 시기가 되어도 사람들이 침묵하며 그리스도를 수호하려 하지 않는다면, 예수는 돌(石)마저도 울부짖게 될 것이라고 예언했었습니다.

이것은 인류가, 즉 임계수치의 인류가 일어나서 자신과 타인들 속에 존재하는 그리스도를 반드시 수호해야 할 시간이 빠르게 다가오고 있다는 사실을 여러분에게 전하고 있는 것입니다. *만약 인간이 자신들 속에 그리스도가 존재한다는 사실을 확신하지 않는다면 돌마저 울부짖게 될 것이라고 한 말은 물질 그 자체, 물질 행성 그 자체가 일어나 그리스도를 수호하고자 울부짖게 될 것이라는 뜻입니다.*

여러분은 교회와 국가 양쪽에서 활동하는 환전상들의 테이블을 뒤엎을 수 있는 영적인 전사가 되기로 예정돼 있던 존재들임을 이해하지 못하겠습니까? 사랑하는 이들이여, 여러분이 일어나 개인적인 신성(Christhood)에 이르는 길을 추구하지 않고, 그것에 의해 행동하는 영적인 전사가 될 수 없다면, 부득이 지구 어머니 자체, 즉 나의 육신이 확장한 한 형태인 지구 어머니가 일어나게 될 것입니다. 또한 여러분이 일어나서 환전상들의 탁자를 뒤집어엎지 않는다면, 지구 어머니가 그 탁자를 뒤엎을 것이며, 여러분은 이것을 자연의 대재앙이라는 형태로 목격하게 될 것입니다.

최근의 몇 년 동안 지난 수십 년의 어느 해보다도 극심한 이상기후가 발생했다는 사실을 모든 사람들이 알 수 있을 것입니다. 유엔(UN)에서도 이 이상기후를 주요 관심사로 언급한 바 있습니다. 물론 눈먼 과학자들은 이러한 현상이 영적인 이유, 즉 새 시대를 맞이하기 위해 꼭 필요한 영적인 대변동과 정화(淨化) 때문에 일어난다는 사실을 알지 못하고 있습니다.
　나는 오늘 다음과 같은 사실을 밝혀두고자 합니다. 혹시라도 내 말을 알아들을 귀를 가진 자들은 전심전력을 다해 개인적인 그리스도 의식을 구현해야만 합니다. 그리고 자신과 형제자매들 속에 존재하는 그리스도를 수호하고 교회와 국가에서 활동하는 거짓된 교사들의 탁자를 뒤엎고자 노력하지 않는다면, 극심한 기후패턴과 자연재해가 훨씬 더 빠른 속도로 가속화되어 지진과 화산, 해일, 상상할 수 있는 기타의 재앙으로 나타나게 됨을 목격하게 될 것입니다.
　지구 어머니는 인류가 생성해 놓은 잘못된 에너지로 인해 극도로 피로한 상태에 있으며, 겨우 자신의 중심축에서 균형을 유지하고 있는 실정입니다. 사실 지구 어머니는 인간의 죄(罪)라는 권능이 잘못 부여된 에너지들로 가득 차 있음으로 해서 너무 힘든 상황에 처해 있습니다. 때문에 이런 에너지들을 털어내기 위한 노력의 일환으로 지축(地軸)이 한 쪽으로 기울어지든지, 아니면 아예 전복될 위험에 놓여 있는 것입니다.

정통 기독교라는 무덤에서 벗어나기

　그렇기에 이제는 여러분이 깨어 일어나서, 정통 기독교라는 무덤에서 빠져나와야 할 때임을 깨닫는 것이 필요합니다. 살아 계시는 그리스도(the Living Christ)의 부름에 죽은 나사로(Lazarus)가 일어섰던 것처럼, 여러분도 일어나야 합니다. 여러분은 그릇된 교리라는 수의(壽衣)를 벗고 죽은 예배 의식들로부터 반드시 빠져 나와야 하며, 여러분의 영혼은 이러한 죽은 의식(儀式)속에 거의 2,000년간이나 갇혀 왔던 것입니다.
　나는 여러분의 어머니로서, 지구에 사는 모든 생명체의 어머니로서, 우주 자체의 어머니로서, 당신들이 이제는 하느님 안에서 존재한다는 사실을 깨달아야 할 때임을 말하고자 합니다. 이러한 사실은 실제로 여러분이 하나의 그리스도화한 존재라는 것을 뜻합니다. 나의 아들 예수는 자신이 펴낸 "그리스도는 여러분 내면에서 탄생한다.(The Christ is Born in You)."라는 책에서 여러분이 그리스도 의식을 구현하는 데 필요한 모든 사항들을 말해 주고 있습니다. 나는 이 책을 읽어볼 것을 여러분에게 권고합니다. 그 책 속에서 예수는 현재 10,000명의 영혼들이 그리스도 의식을 이미 구현해냈지만, 그러한 사람들 중에 많은 이들이 이러한 사실을 의식적으로 인지하지는 못하고 있다고 설명하고 있습니다. 그리고 백만 명 이상의 사람들이 높은 수준으로 자신의 신성(神性)을 발현시키고 있습니다. 이러한 영혼들이 깨어나서 자신이 누구이고, 왜 이곳에 존재하고 있는지를 의식적으로 깨달아야 할 최적의 시간이 바로 지금입니다.

그들이 이곳에 있는 이유는 이 중대한 시기에 일찍이 지구 어머니가 수천 년 간 겪어보지 못했던 대격변의 시기를 무사히 통과해갈 수 있도록 균형을 유지시키기 위해서입니다. 즉 **여러분은 돌격대로서, 나의 아들 예수 그리스도를 대신하여 이 행성의 방향을 바꿀 수 있는 영적인 전사들의 최선봉에 서있다는 뜻입니다.** 그래야 예수가 돌아와서 영적인 왕(王)으로 군림하게 될 것이며, 전능하신 하느님으로부터 진정으로 기름부음을 받게 될 것입니다.

일어나, 주어진 운명을 완수하라 - 지금 즉시!

이 메시지는 여러분이 지붕 위로 올라가서 진정으로 소리쳐 외쳐야 하는 메시지입니다. 나는 오늘 성모 마리아로서, 축복받은 어머니로서, 이 글을 읽는 모든 사람들이 - 나를 향해 가슴의 문을 열기만 하면 -가슴 속에서 느낄 수 있는 실체적 모습으로 여러분 앞에 서있습니다. 나는 여러분에게 말합니다. "일어나 여러분에게 주어진 운명을 완수하라! 나의 아들 예수와 그의 가르침 속에 살아 계신 그리스도(the Living Christ)를 수호하라. 또한 여러분 자신 속에, 그리고 여러분의 영적 형제자매들 속에 존재하는 살아 계신 그리스도를 수호하라."

이것은 진정으로 시대의 요청입니다. 이것은 시대의 부름입니다. 나의 요청을 귀담아 듣기 바랍니다. 그렇지 않을 경우 결정적인 시기가 되면, 누구도 되돌릴 수 없는 이 행성의 전면적인 파괴를 목격하게 될 것입니다. 그 시기가 빠르게 다가오고 있습니다! 나의 요청이 얼마나 다급한 것인지 정말로 말로 다 표현할 수가 없습니다! 여러분은 스스로 깨어나야 하며, 그것도 지금 바로 깨어나야 합니다!

여러분의 손이 여러분의 형제자매들과도 연결되어 그들이 깨어날 수 있도록 이 메시지를 전달하기 바랍니다. 이 그리스도의 내적인 가르침들, 즉 개별적으로 신성(神性)에 이르는 이 길을 가능한 많은 사람들에게, 그리고 빨리 전달하기 바랍니다. 이 책과 이 메신저를 통해 나의 아들이 펴낸 책들에 대해서도 그들에게 이야기해주기 바랍니다. 지붕 꼭대기에 서서, 이 메시지를 소리쳐 외치세요. 그것도 지구 어머니가 이 지붕을 파괴하기 전에, 여러분이 딛고 서 있는 지붕이 온전히 있을 때, 가능한 한 빨리 외치십시오.

나는 단호하게 말합니다.
나는 직설적으로 말합니다.

나는 무엇보다도 여러분이 처해있는 긴박한 상황에 대해 솔직하게 말하고 있습니다. 그러나 당신들에게 두려움을 주고자 이런 이야기를 하는 것이 아니라는 점을 분명히 밝혀둡니다. 영적인 전사들에게는 진실로 두려움이 끼어들 여지가 전혀 없습니다. 두려움을 통해 여러분을 깨우는 것이 나의 목적이 아니며, 나의 목적은 오히려 여러분이 처해 있는 현실의 냉엄함을 분명히 일깨워주고자 하는 것뿐입니다. 모든 것이 잘 될 거라고 외치는 사람들의 말에 현혹되지 말기 바랍니다. 아무 것도 모르는 사람들에게 자신들이 만든 상품을 팔고 있는 거짓된 교사들의 말에 속지 말기 바랍니다. 여러분은 하느님의 아들과 딸들이며, 여러분의 빛의 형제인 나의 아들 예수에게 봉사함으로써 하느님의 왕국을 이 지구에 실현하기 위해 여기에 있다는 사실을 깨닫기 바랍니다.

나에게 매일 잠시만이라도 시간을 내어달라

매일 잠시만이라도 마음을 모아 나의 순결한 가슴에 집중한다면, 나는 여러분들에게 신성한 어머니로서의 사랑과 빛의 특별한 도구를 전해줄 것입니다. 그리고 인간의 표면의식에 의해 가려있는 모든 것들을 포함하여 이 지구에서 일어나는 모든 것들을 알고 있는 신성한 어머니의 지혜와 진리의 도구도 전해줄 것입니다.

나는 여러분을 그대로 남겨둔 채 빈손으로 떠나지는 않겠습니다. 여러분이 나의 아들 예수가 전해준 도구들, 특히 여러분의 그리스도 자아(Christ Self)[7]와 조율하기 위한 도구를 사용하고자 한다면, 나는 이 지구에서 일어날 수 있는 어떤 재난으로부터 여러분 자신과 사랑하는 사람들을 보호하기 위해 알아야 할 것이 무엇인지를 진정으로 말해줄 것입니다. 매일 이러한 수행을 하기 바라며, 정원으로 나가 축복받은 어머니인 나에게 그곳에 와서 함께 해 달라고 요청해보세요. 여러분이 부지런히 수행하고 나에게 가슴의 문을 열면, 나의 현존(Presence)은 여러분과 함께 그곳에 있게 될 것입니다. 그리고 나는 여러분의 그리스도 자아를 통해 여러분과 여러분이 사랑하는 사람들의 안전을 지키기 위해 나의 사랑과 편안함, 그리고 신성한 방향을 제시해줄 것입니다.

오늘부터 나와 접촉하도록 하세요. 그러면 여러분은 지금까지 여러분의 곁을 결코 떠난 적이 없고, 앞으로도 떠나지 않을 신성한 어머니의 실재(實在)와 신의(信義)를 체험하게 될 것입니다. 나는 나의 아들 예수 그리스도의 이름으로 여러분을 봉인하며, 당신들은 이 자리에 그대들과 함께 하고 있는 나의 아들을 통해 이제 새로운 수준의 우주적인 자각으로 상승했습니다.

아멘. 어머니의 빛 속에서 평화롭기를 …

---

[7] "그리스도 자아"란 다른 말로는 "고등한 자아(Higher Self)"라고도 표현한다. 이것은 우리의 내면에 존재하는 개별화된 하느님이자 신성(神性) 자체인 "신적자아 또는 신아(神我)"와 인간적인 에고(Ego), 즉 소아(小我)와의 사이에서 중개자 역할을 한다고 한다.
(감수자 주)

9장

지구가 흔들리는 해

성모 마리아의 메시지 (2003. 12. 28)

나는 오늘 성부와 성자, 성령과 기적의 어머니(the Miracle Mother)의 이름으로, 이곳에 왔습니다. 나는 마리아이며, 여러분은 지금까지 나를 여러 가지 이름으로 불러 왔습니다. 나는 또한 축복받은 동정녀(the Blessed Virgin)로, 또 하느님의 어머니(Mother of God)로 불리기도 했습니다. 그러나 지금은 또 다른 새로운 호칭으로 왔으며, 이 호칭은 헌신과 봉사를 통해 내가 얻게 된 것입니다. 그것은 기적의 어머니(the Miracle Mother)라는 호칭입니다.

오늘 나는 지구와 지구의 진화에 있어 마지막의 기회를 상징하는 오전 11시에 왔습니다. 나는 한 달 전에도 심판을 위해 왔었으며, 지금은 인간의 경직성과 인간이 선(善)보다 오히려 악(惡)을 더 사랑함으로써 인류가 지금까지 지구에 쌓아놓은 어둠을 털어내는 과정에서 실제로 지구가 흔들릴 수도 있다는 사실을 경고하기 위해 이렇게 왔습니다. 우리는 지난달에도 실제로 많은 지진(地震)들이 발생하는 것을 보았으며, 지난 며칠 사이에도 이란과 태평양에서, 그리고 캘리포니아와 파나마지역에서 주요한 지진들을 목격했습니다.8) 그러나 이것은 "지구가 흔들리는 해"에 일어날 수도 있는 여러 가지 재난의 시작에 불과한 것들입니다.

그렇습니다. 나는 이런 끔찍한 소식을 전하게 되어 마음이 무척 무겁습니다. 천상에 있는 어떠한 존재도 이러한 소식을 전하고 싶어 하지 않는다는 사실을 이해해주기 바랍니다. 그러나 우리는 사람들에게 현재 일어나고 있는 상황을 경고하지 않을 수가 없습니다. 따라서 누군가는 반드시 이러한 소식을 전하는 메신저가 되어야 합니다. 만약 내가 지구 어머니와 접촉하고 있는 존재라면, 나라도 이런 끔찍한 예언을 기꺼이 전하고자 할 것입니다.

지구의 흔들림으로 인해 다가오는 미래에는 말 그대로 지구가 구르게 될 가능성이 있으며, 그 충격의 여파로 지구의 지각(地殼)이 이동하고, 여러 곳에 균열이 생기게 될 수도 있음을 나는 경고합니다.

지구는 왜 흔들리는가?

이와 같이 지구가 흔들리게 되는 이유에 대해 설명하고자 합니다. 그 이유는 지구가 높은 의식 수준으로 상승하고 있기 때문이며, 이는 많은 개개인들이 개인적인 차원에서 의식을 상승시키고자 선택했기 때문입니다. 여러분은 나의 아들 예수가 "내가 땅에서 들리면, 모든 사람을 내게로 이끌겠노라.(요한복음 12:32)"고 했던 말을 상기할 것이고, 예수는 실제로 그렇게 했습니다. 2,000년이 지난 지금에 일어나고 있는 일은 많은 사람들이 개별적인 신성에 이르는 길을 걷고 있다는 것입니다. 그리고 개인적으로 높은 수준의 신성을 구현하기 시작했습니다. 그렇게 함으로써 그들은 인류를 들어 올리는 자기력(磁氣力)을 창조하고 있는 것입니다. 더군다나 이 자기력은 지구 자체에도 영향을 미치게 됩니다.

---

8) 2003. 12월에 지진활동이 급격히 증가하였으며, 리히터 규모 6이상의 지진이 이례적으로 17건이나 발생했다. 2003. 12. 26 이란의 밤(Bam)이라는 도시에서 발생한 지진으로 사망자만도 30,000명에 이르렀다.   (저자 주)

알다시피, 인간은 오래전 낮은 의식 상태로 떨어졌고, 그러한 하강이 시작되면서 이 지구에 사는 사람들의 의식도 수축하게 되었습니다. 모든 것이 의식(意識)이기 때문에, 사람들의 의식이 수축됨에 따라, 물질 지구 자체도 수축하게 되었던 것입니다.

지금까지 지구는 아주 오랫동안 확장기에 있었습니다. 인류의 의식은 점차적으로 상승해 왔는데, 이것이 가속화되면서 2,000년 전에는 나의 아들 예수의 육화라는 주요한 도약이 일어나게 되었습니다. 이것은 실제로 우주적인 중대한 사건이었으며, 나의 아들이 이 지구에 그리스도 의식을 성공적으로 구현함에 따라 우리는 이제 가속화된 사이클 속으로 들어서게 되었습니다. 그리고 이로 인해 전 행성과 인류도 차원 상승을 맞이할 수 있게 된 것입니다.

인류의 의식 속에 여전히 남아 있는 짙은 밀도 때문에 아직까지는 지구의 표면이 아주 단단합니다. 그러나 지구의 둘레에 살고 있는 개인들의 의식이 올라가는 만큼 이 의식은 지구의 표면(地殼)을 들어올리려는 자기력을 형성하게 될 것입니다. 말 그대로 지구는 한 겹의 딱딱한 석고로 덮여 있는 풍선과도 같습니다. 이제 이 풍선 속으로 공기를 주입한다고 한 번 상상해 보십시오. 풍선을 둘러싸고 있는 한 겹의 석고는 어떻게 될까요? 사랑하는 이들이여, 그렇습니다. 풍선이 커지면서, 석고는 풍선과 함께 커질 수가 없기 때문에 균열이 생기게 될 것입니다.

내부에서 바람만 주입하지 않을 뿐이지, 이러한 현상이 현재 지구에서 일어나고 있습니다. 한 장의 고무판 위에 딱딱한 석고가 덮여 있는 것처럼, 지표면 자체가 위로 당겨지고 있는 것입니다. 그렇다고 지구가 정말로 석고로 덮여 있는 것은 아닙니다. 지구의 표면은 인류가 생성한 짙은 에너지로 덮여 있습니다. 이러한 에너지들은 인간의 의식을 나타내는 하나의 반영물이며, 따라서 이러한 에너지들은 액화(液化)될 가능성이 있습니다.

만약 임계수치의 사람들이 영적인 세계와 하느님의 실재에 대해, 그리고 자신들이 이 지구에서 살아 있는 그리스도가 될 수 있다는 잠재력에 대해 눈을 뜬다면, 이러한 각성으로 인해 이 지구의 표면은 액화하게 되며, 균열이 생기지 않고도 위로 끌어올려질 수 있게 될 것입니다. 그러나 현재는 지구 표면이 너무 단단한 상태에 있으므로 만약 사람들의 의식이 끌어올려져서 지구의 표면을 잡아당기게 된다면, 어쩔 수 없이 지구의 표면은 여기저기에 균열이 생기게 될 것입니다. 바로 이러한 이유 때문에 현재 여러분이 갖가지 형태의 지진들을 목격하고 있는 것입니다.

사랑하는 이들이여, 그렇습니다. 과학자들이 나의 설명을 듣는면, 비웃을 거라는 것을 나도 잘 알고 있습니다. 그러나 이는 지구가 신성한 하느님 어머니의 에너지로 만들어졌다는 사실을 과학자들이 인정하지 않고 있기 때문입니다. 과학자들은 물질의 가장 깊은 단계에서 인간의 의식이 아원자 형태의 입자들에 영향을 미칠 수 있다는 사실을 관찰하고도 모든 것이 의식(Consciousness)이라는 사실을 인정하려 들지 않습니다. 만약 인간의 의식이 물질의 가장 깊숙한 단계에 영향을 미칠 수 있다면, 이러한 사실은 물질도 실제로는 의식이라는 것을 말해주는 것 아닌가요?

기적의 로사리오(묵주기도)

그렇다면 지구에 발생할지도 모를 재앙을 피하기 위해 우리가 무엇을 해야 할까요? 무엇을 해야 인류의 의식을 녹일 수 있을까요? 이 지구를 위해 내년, 그리고 그 이후에 할 수 있는 가장 큰 봉사는 가능한 한 많은 사람들에게 개인적인 신성에 이르는 길을 가르치는 것이며, 사람들이 이러한 길을 따를 수 있도록 도움이 될 만한 도구들을 전하는 것이라 할 수 있습니다.

사랑하는 이들이여, 나의 아들도 많은 도구들을 전해주었지만,[9] 예수 외에도 인류의 의식을 상승시키는 데 도움이 되는 영적인 가르침과 도구들을 전해준 개인들과 조직들도 많이 있습니다. 이러한 도구들은 그리스도 의식에 이르는 내적인 길을 따르고자 하는 사람들에게 실질적인 도움을 줄 수가 있습니다. 내가 여기에 온 것은 오직 하나의 조직, 한 개인, 또는 하나의 가르침만이 그리스도에 이르는 해답을 가지고 있다는 것을 말하기 위해서가 아닙니다. 내가 여기에 온 이유

---

[9] <그리스도는 여러분의 내면에서 탄생한다>를 참고하기 바람. (저자 주)

는 많은 개인들과 조직들도 그 해답의 일부를 가지고 있다는 것을 말해주기 위해서입니다. 만약 임계수치의 사람들이 지금까지 전해준 것들을 정말로 잘 활용한다면, 인간의 의식과 지구의 표면이 녹아내리는 것을 목격하게 될 것이며, 이에 따라 지구도 균열이나 흔들림을 겪지 않고 상승할 수 있게 될 것입니다.

하지만 나는 여러분에게 또 다른 하나의 도구를 전해주고자 하며, 이 도구는 일시적인 것으로서 지구가 균열을 겪지 않고도 상승할 수 있도록 도움을 주게 될 것입니다. 이 도구는 <기적의 로사리오(Miracle Rosary)>로서, 이 메신저를 통해 오늘 이 로사리오를 전하고자 합니다.10) 가능하다면 들을 귀를 가진 모든 사람들이 매일 이 로사리오 기도를 해줄 것을 나는 촉구하는 바입니다.

이 로사리오를 전하는 목적 중의 하나로서 나는 여러분에게 내 가슴에서 우러난 특별한 선물을 하나 더 전하고자 합니다. ***인류의 의식을 상승시키기 위해 만약 여러분이 부지런히 <기적의 로사리오> 기도를 해준다면, 그때 나는 행성 차원의 문제뿐만 아니라 여러분이 개인적으로 안고 있는 문제들 중에서 어느 하나의 문제를 해결할 수 있도록 도와줄 것입니다.*** 즉 자신의 삶에서 일어나는 어떤 특정한 문제를 해결하기 위해 여러분이 나의 가슴에다 요청한다면, 나는 여러분의 자유의지와 개인적인 카르마(Karma), 그리고 여러분의 신성한 계획에 따라 내가 할 수 있는 모든 일을 하게 될 것입니다. 내 요구사항은 이것밖에 없습니다. 먼저 개인적인 문제를 선택하고, 그 요청사항을 간단히 메모하기 바랍니다. 그리고 기적의 로사리오 기도를 행할 때마다, 그 요청사항을 읽기만 하면 됩니다. 그렇게 하는 것이 마음속에서 내키지 않으면, 요청사항을 조정해보세요. 그러나 그 요청사항은 동일한 문제에 관한 것이어야 합니다.

로사리오 기도를 하면서, 요구사항을 적어도 9일 동안은 계속 말하기 바랍니다. 달리 표현하면, 전체의 로사리오 기도를 하루에 한번씩 9일 동안 행한 후에, 또 다른 해결해야 할 개인적인 과제를 선택하여 요청하면 됩니다. 그러한 로사리오들은 이미 물질세계에 소개되어 있으므로 다른 장에서 설명하도록 하겠습니다. 나는 여러분이 이 도구

---

10) 뒤쪽의 3부 345 페이지부터 수록돼 있다.

들을 적극적으로 활용하기 바라며, **이 도구들은 시간의 촉박함으로 인해 주어지게 된 참으로 특별한 은전(恩典)이라 아니할 수 없습니다.**

비록 소수의 사람들만이라도 이 도구를 열심히 지속적으로 활용한다면, 향후에 일어날 대규모적인 지진을 크게 감소시킬 수 있다는 것을 확실히 말할 수 있습니다. 사실 *임계수치에 달하는 사람들만이라도 이 로사리오를 받아들인다 해도, 지구의 표면이 녹아내릴 수가 있습니다. 따라서 어떠한 지진도 지표면에 닿기 힘들 뿐만 아니라, 지표면에 균열이 생기거나 균열로 인한 참화나 인명의 손실을 겪지 않아도 될 것입니다.*

거짓된 교사들에 대한 심판

앞에서 이야기했던 이 지구상에 있는 거짓된 교회들에 들이닥치게 될 심판, 즉 하느님의 심판에 대한 이야기를 계속하겠습니다. 내가 특별히 가톨릭교회라고 언급했지만, 이 가톨릭교회는 사실 일반적인 교회를 지칭하는 말이었습니다. 교회는 원래 창조된 모든 것들 속에 존재하는 보편적인 그리스도,11) 즉 보편적인 그리스도 의식을 신봉하기로 되어 있었습니다.

보편적인 그리스도, 보편적인 그리스도 의식은 실제로 요한 복음서에 언급된 말씀(Word)입니다. 그리고 이 세상 자체는 바로 이 보편적인 의식, 이 보편적인 말씀(universal Word)으로부터 창조되었습니다. 이런 이유로 나의 아들 예수가 만약 그리스도를 지키는 데 사람들이 침묵한다면, 돌마저도 울부짖게 될 것이라고 했던 것입니다. 왜냐하면 보편적인 그리스도 의식은 모든 것 속에 존재하고 있기 때문입니다.

보편적인 그리스도 의식은 모든 사람들 속에 존재하며, 따라서 각 개인은 누구나 그리스도 의식을 구현할 수 있는 잠재력을 지니고 있습니다. 이것은 참으로 나의 아들 예수가 2,000년 전에 이 땅에 가져

---

11) 그리스도(Christ)라는 말은 본래 희랍어인 "크리스토스(Christos)"에서 유래했다고 한다. 그리고 이 "크리스토스"에는 "빛의 세례" "기름을 붓다" 또는 "빛이 부어진 자"라는 뜻이 있다고 한다. 여기서는 "우주보편의 사랑(빛) 혹은 신성"이란 의미로 언급되고 있다.

(감수자 주)

왔던 메시지였습니다. 그리고 이는 예수의 바람이었으며, 또한 하느님의 바람이기도 했습니다. 그러므로 예수로부터 시작된 교회는 원래 보편적인 그리스도에 관한 진리와 각 개인이 신성(神性)에 이르는 길을 신봉하는 교회가 되어야 했습니다. 각 개인이 그리스도 의식에 이르는 길이 가능한 이유는 보편적인 그리스도 의식이 모든 것들 속에 존재하고 있기 때문입니다.

여러분도 잘 알다시피, 가톨릭교회는 진정한 의미에서 보편적인 교회가 되지 못했으며, 그 대신에 나의 아들 예수가 보여준 훌륭한 본보기를 특별히 예외적인 것으로 바꾸어 놓았습니다. 가톨릭교회는 예수를 우상화시켰으며, 예수의 탄생은 오직 하느님의 독생자에게만 일어날 수 있는 특별한 육화였다는 거짓말을 만들어냈습니다.

그런데 이런 생각과 이러한 우상화는 모든 생명 속에 존재하는 그리스도를 부정하는 것이나 마찬가지입니다. 이것이 바로 **적그리스도(Anti-Christ)의 본질**입니다. 여러분이 알아야만 하고, 또한 여러분이 관찰할 수 있는 바와 같이, 이러한 그리스도에 대한 부정은 거의 이 행성 전역에 걸쳐 퍼져 있습니다. 이러한 행태는 비단 가톨릭교회에만 국한돼 있지 않으며, 따라서 내가 한 달 전에 언급했던 **심판은 실제로 그리스도를 부정하는 모든 사람들에 대한 심판입니다.** 그러한 사람들이 어디에 존재하든, 즉 가톨릭교회, 그 밖의 다른 교회, 국가, 세계의 정부, 언론계, 혹은 찾아 볼 수 있는 그 어떤 곳이든 상관없이 심판받게 될 것입니다.

심판은 곧 기회이다

앞으로 일어나게 될 일은 가속화된 사이클이 하강하여, 자신과 타인들 속에 존재하는 그리스도를 부정하는 자들에 대한 심판이 물리적인 형태로 실현되어 나타날 것입니다. 이러한 심판으로 말미암아 내가 설명했던 바와 같이, 일정한 부류의 개인들의 의식 증진 과정이 강화될 것입니다.

심판은 하느님의 빛, 즉 응축된 그리스도 빛의 하강을 의미합니다. 그리스도가 될 수 있다는 가능성을 받아들이고 있는 사람들은 이 빛을 흡수할 것입니다. 이러한 사람들은 그 빛을 구체화시켜 빛의 몸이 될 수도 있습니다. 이들은 자기력(磁氣力)을 크게 촉진시켜, 인간의 의식과 지구의 표면을 끌어당기게 될 것입니다. 이렇게 되면, 지구가 그리스도를 받아들이고 확신하는 사람들과 그리스도를 계속 부정하는 사람들 간에 양 방향에서 끌어당기는 힘을 견디지 못하고 균열이 생길 가능성이 크게 높아지게 될 것입니다.

여러분이 목격하게 되는 것은 길이 두 갈래로 나누어지는 일종의 분기점인데, 2,000년 전에 나의 아들 예수가 "세상에 평화를 주러 온 것이 아니라 검((劍))을 주러 왔다(마태복음 10:34)"고 말했던 것이 바로 이것입니다. *이 검은 다름이 아니라 빛을 선택한 사람들과 자신과 타인들의 내면에 존재하는 빛을 부정하는 사람들 사이에 길이 나누어지는 것을 뜻합니다.* 이 두 가지 길의 나누어짐은 모든 사람들이 오늘 누구를 섬길 것인지를 선택하도록 강요하게 되며, 그들의 선택이 바로 심판이 되는 것입니다. 따라서 하느님의 심판이 곧 기회가 된다는 것을 알 수 있을 것입니다.

사람들이 어둠 속에 있을 때는 빛과 어둠 사이에서 자유로운 선택을 하기가 참으로 어렵습니다. 보이는 것이라고는 온통 어둠 밖에 없는데, 어떻게 빛을 선택할 수가 있겠습니까? 그러나 하느님의 빛이 내려오면, 빛을 보고 이 빛을 선택하기가 훨씬 쉬워집니다. 그러나 어떤 사람들은 빛을 보고도 악(惡)을 더 사랑하기 때문에 빛을 거부하는 사람들도 있을 수 있습니다(요한복음 3:19). 이들이 빛을 거부할 때, 이들은 자기 자신에 대한 심판을 불러오게 될 것입니다. 그들은 자신의 내면에 존재하는 그리스도의 빛에 의해 실제로 심판받게 됩니다. 따라서 말하자면 이것을 보고 **스스로 자신을 심판한다**고 말하는 것입니다.

2004년과 그 이후에 여러분들이 보게 될 일들은 빛을 선택한 사람들과 어둠을 선택한 사람들 간에 나타나는 양극화(兩極化) 현상입니다. 이러한 양극화 현상이 발생함에 따라 세계의 어떤 지역들은 더 밝아져 상승하게 되고, 또 어떤 지역들은 더 어두워져 내면에 존재하는 그리스도를 진실로 부정하는 온갖 행태들이 나타내게 될 것입니다.

이란에서의 지진

 이와 같이 가속화된 심판이 무슨 이유로 이란의 외딴 지역에 있는 조그만 도시에 엄청난 지진을 일으키게 되었는지 의아하게 생각할 사람들도 있을 것입니다. 그 이유는 다음과 같습니다. 2,000년 전에 나의 아들 예수가 동방으로 순례를 떠나던 중 이 도시를 지나게 되었습니다. 예수는 이 도시에서 설교를 하였으나, 퇴짜를 맞고 가까스로 목숨만 건진 채 도망치게 되었습니다. 만약 그가 도망가지 않았다면, 아마도 돌에 맞아 죽었을 것이며, 그의 육신은 그곳에 매장되었을 것입니다. 그랬더라면 그가 이 지구에 가져오고자 했던 은총은 실현되지도 못하고, 그와 함께 그곳에 묻히고 말았을 것입니다.

 지난 2,000년 동안 그 도시에 거주했던 사람들은 기독교에서 말하는, 그리고 그들이 믿는 종교에서 말하는 그리스도를 계속 부정해왔습니다. 실제로 개인적인 면에서 이슬람 종교도 그리스도 의식에 이르는 하나의 길이 될 수 있습니다. 그리하여 이 도시는 내면에 존재하는 그리스도를 부정하는 다른 영혼들을 끌어들이게 되었으며, 지금은 규모면에서 2,000년 전보다 더욱 크게 성장하였습니다.

 쌍어궁 시대의 말기에는 지난 2,000년 동안 자신의 내면에 존재하는 그리스도를 계속 부정해온 사람들에게 심판이 반드시 내려오게 되어 있습니다. 최근의 지진을 통해 여러분이 목격하고 있는 것이 바로 이것입니다. 천상에 있는 우리들은 이러한 재난으로 인해 희생된 사람들에 대해 깊은 연민을 느끼고 있지만, 이들이 무릎을 꿇고 마음과 가슴의 문을 열어 모든 생명 속에 존재하는 그리스도를 받아들일 때까지는 하늘의 법칙에 따라 우리가 그런 사람들을 위해 도울 수 있는 것은 아무 것도 없습니다.

 이러한 참상을 보면서, 머지않아 지구의 또 다른 곳에서도 동일한 상황을 목격하게 될 것이라는 점을 알아야 합니다. 그리스도를 가장 심하게 부정하는 곳이 어디일까요? 사랑하는 이들이여, 그곳들이 바로 앞으로 지진이 일어날 가능성이 가장 큰 장소들입니다.

 고대의 기록에 따르면, 그리스도를 부정했던 많은 지역들이 존재합니다. 현대의 과학자들은 인류가 이 행성에 영향을 끼치기 시작한 것이 과학이 밝혀낸 것보다 훨씬 더 거슬러 올라간다는 것을 부정하고 있기 때문에 여러분이 이 지역들을 모두 알 수는 없습니다. 그러나 고대에 태평양상에는 하나의 대륙이 존재했으며,12) 이 행성에서 그리스도에 대한 부정은 바로 그 대륙에서 처음으로 생겨났습니다. 현재는 이 대륙이 존재하고 있지 않지만, 그 대륙과 그곳에 살던 주민들의 자취는 태평양 상의 가장자리 둘레를 따라 아직까지 남아 있습니다. 이러한 이유 때문에 태평양을 따라 형성된 **불의 고리(Ring of Fire)**가 앞으로 지진활동이 가장 심하게 일어날 지역들 중의 하나가 될 것입니다.

또한 중동(中東)지역도 지구상에서 가장 어두운 지역들 중의 하나이며, 지구 어머니가 이곳의 그리스도에 대한 부정을 더 이상 견딜 수 없는 수준에 와있다는 사실을 경고해두고자 합니다. 따라서 기적이 일어나지 않는 한, 실제로 이러한 지역들에는 또 다른 형태의 재앙이 뒤따르게 될 것입니다. 그리고 그리스도에 대한 부정이 강하게 뭉쳐 있는 또 하나의 지역은 가톨릭교회의 발상지인 로마(Rome)입니다. 그리고 고대의 기록에 따르면, 파나마 운하 인근지역에서도 빛을 남용했다는 기록이 있다는 것을 추가적으로 경고해둡니다.

기적이란 무엇인가?

기적에 관해 몇 가지 가르침을 전해주고자 합니다. 이 지구상에는 세상에 존재하는 어떤 것도 자연의 법칙에 반해 존재할 수 없다는 이유로 기적의 존재를 부정하는 사람들이 많이 있습니다. 한편 기적이 존재한다는 것은 인정하지만, 그 기적이 일어나는 데 인간이 할 수 있는 일은 아무 것도 없으며, 할 수 있는 일이라고는 고작 어떤 은총으로 기적이 일어날 수 있도록 수동적으로 기다릴 수밖에 없다는 사람들도 있습니다. 사랑하는 이들이여, 이 두 부류의 사람들은 기적에 대한 실상을 잘못 알고 있는 사람들입니다.

그 어떠한 것도 하느님의 법칙을 거슬러서 존재할 수 없다는 것은

---

12) 이 대륙의 이름은 보통 "레무리아(Lemuria)" 또는 "무(Mu)"라고 불린다. 고도의 문명을 이루었으나 약 12,000년에 발생한 지각변동으로 하룻밤 사이에 태평양 바다 속으로 가라앉았다고 한다. (감수자 주)

맞지만, 하느님의 법칙에는 두 가지가 있습니다. 하나는 **물질의 법칙**으로 과학자들은 이것을 자연의 법칙이라고 말하고 있습니다. 또 다른 하나는 **영적인 법칙**이며, 이것은 보다 높은 법칙으로 실제로 자연의 법칙을 바꾸거나 정지시킬 수도 있습니다. 그러므로 영적인 법칙을 마음대로 구사할 수 있게 되면, 자연의 법칙 하에서 기적과 같이 보이는 것을 만들어낼 수가 있습니다.

　사랑하는 이들이여, 나의 아들 예수가 왜 이 지구로 내려왔다고 생각하나요? 여러분이 개인적으로 신성을 구현하거나 그리스도 의식을 가지게 되면, 여러분도 열린 문이 되어 이 물질우주 속에서도 영적인 법칙을 적용시킬 수 있습니다. 예수는 바로 그런 경우 자연의 법칙을 바꾸거나 정지시킬 수도 있음을 인간에게 보여주기 위해 내려왔던 것입니다. 사람들이 과거 여러 상황 속에서 예수가 행한 것을 목격했던 것도 바로 이러한 기적이었던 것입니다.

　물을 포도주로 변하게 하는 마술은 존재하지 않습니다. 그러나 한 인간이 자신의 의식을 끌어올려 영적 세계에 존재하는 고차원적인 법칙을 물질우주 속에서 실현시키는 마술은 얼마든지 가능합니다. 물질은 보편적인 그리스도 의식의 표현이므로, 그 물질의 구성성분은 얼마든지 바꿀 수가 있습니다. 따라서 개인적인 그리스도 의식을 구현한 사람은 열린 문에 되므로 순간적으로 보편적인 그리스도 의식을 물질세계 속에 적용시킬 수가 있는 것입니다. 따라서 물질 자체를 그리스도 의식이라는 순수한 상태로 끌어올릴 수가 있습니다. 이 그리스도 의식은 인류의 의식이 지닌 짙은 밀도에 의해 물질에 씌워진 단단한 껍질을 용해하고, 제거하게 되는 것입니다.

　어느 한 개인이 영적인 법칙을 활용할 수만 있다면, 그 사람은 실제로 물 위를 걸을 수도 있고, 죽은 자를 일으켜 세워 부패하고 있는 육신의 세포와 분자에 생명력을 불어넣을 수도 있습니다. 마찬가지로 병으로 불구가 된 육신의 세포와 분자를 다시 재생해낼 수도 있습니다. **질병이란 개인이 지닌 의식의 밀도가 육체를 통해 구체화되어 나타난 것** 이상도 이하도 아닙니다.

　기적이 존재하기는 하지만 그 기적이 일어나기만을 기다릴 수밖에 없다고 믿는 사람들과 접촉하기 위해 내가 이 기적의 로사리오를 전하는 것이 아닙니다. 이 로사리오를 전하는 목적은 신성에 이르는 개인적인 길이 존재한다는 것을 기꺼이 인정하고 그 길을 걸어가는 사람들과 만나기 위해서입니다. 이러한 사람들이 기적을 불러올 것입니다. 그 이유는 그들 스스로가 보편적인 그리스도 의식, 즉 하느님의 말씀이 육화한 기적이기 때문입니다. 하느님의 살아 있는 말씀은 물질 법칙뿐만 아니라 인류의 의식이 지닌 밀도보다도 앞서 있는 상위의 법칙입니다.

이것은 진실로 살아 있는 기적입니다. 다시 말해서 이런 사람들은 살아 있는 그리스도가 될 수 있다는 가능성을 자각한 한 인간을 통해서 그리스도 의식이 육화해 있는 상태인 것입니다. 그 사람은 지상에 살아 있는 그리스도, 즉 육화한 채 살아있는 그리스도가 될 수 있는 가능성을 받아들인 사람입니다. 그러한 가능성과 그러한 육화는 진정으로 하느님의 기적이며, 이 하나님의 기적은 인류에 의해 저질러진 모든 잘못, 또는 많은 기독교인들이 죄(罪)라고 부르는 모든 것들을 제거할 수가 있습니다.

죄란 잘못 부여된 에너지이며, 다시 말해 "하느님의 완전함"이라는 과녁에서 빗나간 에너지를 지칭하는 것에 불과합니다. 따라서 이러한 에너지들은 불완전한 하나의 사념체(思念體), 불완전한 하나의 모체(matrix)에 갇히게 됩니다. 그리고 그리스도가 내려올 때, 이 그리스도의 의식이 불완전한 사념체에 들어있는 이 에너지를 자유롭게 할 것이며, 이 에너지는 또 다시 하느님의 살아 있는 액화한 에너지로 바뀌게 될 것입니다. 이 에너지는 이제 하느님 왕국의 완벽한 모체 속으로 자연스럽게 흐르게 되며, 이에 따라 일종의 기적과 같이 갑자기 이 지구에 그 왕국을 구현해내게 될 것입니다.

그렇습니다, 사랑하는 이들이여, 이것은 단순한 환상이 아닙니다. 이것은 절대 실현되지 못할 이상세계(유토피아)에 대한 약속이 아닙니다. 진실로 이것은 살아 있는 현실이며, 살아 있는 가능성입니다. 그러나 이것은 반드시 임계수치의 사람들이 그들 자신의 내면에 존재하는 그리스도 의식의 탄생, 즉 기적이 일어날 가능성을 받아들일 때에만 실현될 수 있는 것입니다.

동정녀 잉태의 진실

　법을 온전히 지키기 위해서 나는 나의 아들 예수의 탄생에 관해 언급하지 않을 수가 없습니다. 인간이 기적의 왕국이 지구에 실현될 가능성이 있다는 고차원적인 가르침을 받고 나면, 이런 사람들은 법칙을 충실히 따르기 위해 그 왕국의 실현에 방해가 되는 여러 환상들 중의 하나를 기꺼이 버림으로써 그 가르침에 균형을 맞춰야만 합니다. 오늘 여러분이 버려야만 하는 환상은 동정녀 잉태라고 하는 환상으로서, 이것은 현재 대다수의 기독교인들이 가지고 있는 환상입니다.

　사실상 이런 이야기는 사실 많은 기독교인들의 마음을 불편하게 하는 주제에 해당됩니다. 그들은 나의 아들 예수의 탄생과 관련하여 참으로 무지하고도 완고한 의식을 만들어냈으며, 내 아들의 우상화를 기정사실화하려는 시도에서 동정녀 잉태설이란 것까지 꾸며냈습니다. 예수는 유일무이한 존재이며, 어느 누구도 예수의 발자취를 따를 수 없다는 생각을 굳히기 위해 이러한 거짓말을 만들어낸 것입니다. 그러므로 그들은 내 아들을 모든 다른 인간들과 떼어놓으려는 강박관념에서 동정녀 잉태설이라는 완전히 허황된 신화를 만들었습니다.

　내 아들 예수 탄생의 진실은 무엇일까요? 동정녀 잉태라는 것은 사실이지만, 오늘날 대부분의 사람들이 알고 있는 것과 같지는 않습니다. *"동정녀(virgin)"라는 말의 참된 의미는 순수한 의식(意識)을 가진 여인이라는 말로서, 그녀가 자신의 에너지를 임계수준 이상으로 유지하는 법을 알고 있었다는 것을 뜻합니다.* 따라서 그녀의 생각과 느낌은 과녁(하느님의 완전함)에서 벗어나지 않으며, 하느님의 순수한 에너지에 권능을 잘못 부여하지도 않습니다. 그런 까닭에 그녀는 순수하고, 그녀가 행하는 것은 무엇이든 순수합니다. 이러한 의식 상태에 있게 되면, 자연스럽게 아이를 잉태할 수가 있게 되며, 그 아이도 또한 죄 속에서 잉태되지도 않게 될 것입니다.

　내가 여기에서 말하고자 하는 것은 내 아들 예수도 이 지구상의 모든 다른 아이들과 마찬가지의 방식으로 수태되었다는 사실입니다. 즉 나와 사랑하는 나의 남편 요셉과의 육체적인 상호접촉을 통해 수태된 것입니다. 그러한 수태의 순간에 성령(Holy Spirit)이 임한 것은 사실이지만, 이 성령이 대부분의 기독교인들이 마음속으로 생각하는 것과 같은 방식으로 일이 되지는 않았습니다.

천사(天使)가 내 앞에 나타났을 때, 여러분은 내가 천사에게 질문한 것을 기억할 것입니다. 그 질문은 좋지 못한 습관이었습니다. 나는 천사에게 내가 남자를 알지 못하는데 어떻게 이 일이 이루어질 수 있느냐고 물었습니다(누가복음 1:34). 여러분도 알다시피, 당시에 나도 오늘날 모든 사람들이 알고 있듯이 아이를 수태하는 데는 남자와 여자의 육체적인 관계가 필요하다는 것을 알고 있었습니다. 천사의 대답은 성령(Holy Spirit)이 나에게 임할 것이라고 했으며, 많은 기독교인들은 이것을 예수만이 성령의 힘으로 수태되었다는 개념으로 받아들이고 있습니다.

실제로 일어난 일은 성령이 나와 요셉에게 함께 왔었다는 것입니다. 우리 둘은 서로 만나자 마자, 우리가 성령의 힘을 통해 그리스도 아이의 부모가 되기로 되어 있었다는 사실을 곧 바로 알게 되었습니다. 또한 우리의 사랑하는 아들에게 지구에서의 사명을 완수케 하기 위한 가장 좋은 무대를 제공해주기 위해서 그 그리스도 아이는 정확한 시간에 수태되어야 한다는 것도 알게 되었습니다. 그러므로 우리는 결혼식을 올리지 않은 상태에서 실제로 예수를 잉태하게 되었습니다. 왜냐하면 우리가 결혼식을 치르고, 부모의 동의를 받을 시간이 없었기 때문입니다.

알게 되겠지만, 당시에는 대부분의 결혼이 부모의 결정에 따라 이루어졌습니다. 당시 나는 진실로 하느님에게 봉사하기 위해 신전(神殿)에 바쳐진 처녀였으며, 따라서 나의 부모님께서는 내가 결혼하리라고는 생각조차 하지 못했습니다. 만약 내가 부모님을 찾아가서 결혼하고 싶다고 말했더라면, 내 생각과는 반대로 부모님께서 크게 화를 내셨을 것이라 확신합니다. 그리고 부모님께서는 자신들이 알지도 못할 뿐만 아니라 나보다 나이도 훨씬 많은 남편과의 결혼을 동의하지도 않았을 것입니다. 게다가 남편은 나사렛(Nazareth)라는 마을에서 살았는데, 그 곳은 예루살렘에 사는 모든 사람들이 업신여기는 곳이었습니다.

나의 아들 예수는 사실 정식으로 결혼식을 치르지 않은 상태에서 수태되었고, 태어났습니다. 왜냐하면 나의 부모의 동의가 없었는데, 우리가 어떻게 감히 결혼식을 올릴 수 있었겠습니까? (그 후 오랜 시간이 지났다하더라도 부모님께서는 동의하시지 않았겠지만 …) 그러므로 우리가 베들레헴으로 여행을 떠나게 된 것은 단지 인구조사 때문만은 아니었으며, 부모님과 마을 사람들의 비난을 피하려는 뜻도 있었습니다. 그리고 이집트로 도망가게 된 것도, 확실히 헤롯왕의 분노가 내 아들의 목숨에 위협이 되기는 했지만, 단순히 왕의 분노가 두려워서 도망간 것은 아닙니다. 우리가 이집트로 도망가게 된 것도 나와 요셉, 그리고 소중한 아들이 우리가 자랐던 사회로부터 받게 될 비난으로부터 벗어나고자 하는 바람에서였던 것입니다. 게다가 당시 우리가 자라온 사회는 우리가 성령의 힘에 의해 임신할 수밖에 없었다는 사실을 이해할 수도 없었고, 또 이해하려고도 하지 않았습니다.

  사랑하는 이들이여, 만약 여러분이 성경의 말을 문자 그대로 받아들인다면, 여러분은 결코 내적인 의미를 이해하지 못할 것이며, 성경에서 말하는 사건들 뒤에 숨겨져 있는 영적인 의미도 결코 이해하지 못할 것입니다. 따라서 여러분은 고차원적인 법칙, 즉 영적인 하느님의 법칙을 절대로 이해하지 못하게 될 것입니다. 그리고 만약 여러분이 그 법을 이해하고 받아들이지 못한다면, 여러분도 이 법칙에 따라 육화했고, 또 이러한 육화를 통해 살아있는 그리스도로 화현할 수 있다는 것을 어떻게 마음으로 받아들일 수 있겠습니까? 사랑하는 이들이여, 이것은 거의 불가능한 일입니다.

  내가 해야 할 일의 마지막 순서는 나의 아들 예수의 수태 및 탄생과 지구에 태어나는 모든 아이들의 수태 및 탄생과 관련된 이야기입니다. 앞서 언급한대로 나의 아들 예수는 지구에서의 사명을 완수하기 위한 최상의 무대를 마련하기 위해 정확한 순간에 수태가 이루어져야 했습니다. 이것은 이 행성에서 수태되는 다른 아이들과도 별반 다르지 않습니다. 내가 이러한 이야기를 전하는 까닭은 승천한 대사들인 우리가 왜 낙태(落胎)를 인정하지 않는지, 그 이유를 여러분이 보다 더 잘 이해할 수 있도록 돕기 위해서입니다.

  알다시피, 아기가 잉태되었을 때 그 임신이 부모들에게 불편한 일이건, 계획하지 않았던 일이건, 또는 원치 않았던 일이건 상관없이 육화하려는 특정 영혼에게는 그 임신이 유일무이한 기회라는 것을 우리는 완벽하게 이해하고 있습니다. 그러므로 그런 아이를 낙태시킨다는 것은 그 영혼에게서 태어날 기회를 빼앗는 것이나 마찬가지입니다.

나는 여성들이 자유로운 선택권을 행사하여 실질적인 모든 수단을 동원해 임신을 피하고자 하는 것은 얼마든지 받아들일 수 있다는 점을 여러분도 이해해주었으면 합니다. 여기에는 피임도 포함됩니다. 따라서 로마 가톨릭교회가 피임수단 사용을 부정하는 것은 진리적인 측면에서뿐만 아니라 승천한 대사들의 입장과도 맞지 않음을 다시 한 번 밝혀둡니다. 현 시대에는 이것이 옳지 않습니다.

하지만 여성들이 자유로운 선택권을 행사했음에도 불구하고 임신이 되었다면, 이제는 물질의 법칙을 뛰어넘어 고차원의 법칙이 효력을 갖게 된다는 사실을 깨닫는 것이 여성 자신뿐만 아니라 들어오는 영혼에게도 아주 유익할 것입니다. 비록 그 여성의 표면 의식, 즉 의식적인 마음이 이 아이를 원하지 않는다 하더라도, 그녀의 영혼 더 깊숙한 곳에서는 스스로 원해서 이 특별한 순간에 이 아이가 세상에 태어나도록 선택했다는 사실을 깨닫는 것이 중요합니다. 그렇다고 해서 이 여성이 그 아기를 양육해야 한다는 뜻은 아닙니다. 입양을 위해 아기를 포기하는 것은 얼마든지 받아들일 수 있습니다. 하지만 그것은 만약 이 여성이 하느님의 법칙을 이행하고, 그녀의 영혼이 스스로 택한 선택을 이행하고자 한다면, 이 아기가 세상에 태어나도록 해야 함을 의미하는 것입니다.

축복

사랑하는 이들이여, 나는 신성한 어머니의 지혜로서 전하는 이 기나긴 말을 참고 들어준 모든 분들에게 축복을 전하면서, 이 이야기를 끝마치고자 합니다. 신성한 어머니의 특별한 빛과 사랑을 방사하여 여러분에게 보내면서 이 이야기를 끝내고자 하며, 이제 이 빛과 사랑이 이 말씀을 통해 우주의 곳곳으로 흐르게 될 것입니다. 이 물질우주는 진실로 신성한 하느님 어머니의 육신으로서, 어머니(마더, 또는 매터:ma-ter)13)가 물질로 육화한 것입니다. 따라서 나는 여러분에게 다음과 같이 말합니다.

"신성한 어머니의 품속에서 평안 하라! 항상 그 평화 속에서 살고자 선택하라. 그리고 신성한 어머니의 완벽한 사랑을 받아들이라. 그러면 이 완벽한 사랑이 여러분이 지닌 모든 두려움들, 즉 육신을 지닌 그리스도가 되어야 하는 두려움, 하느님 안에 존재하는 모든 것이 되어야 하는 두려움, 그 외의 모든 두려움들을 태워버리게 될 것이다."

성부(Father), 성자(Son), 성령(Holy Spirit), 그리고 기적의 어머니의 이름으로 나는 나의 사랑과 빛으로 여러분을 봉인합니다. 신성한 어머니의 입이 말씀하셨으므로 이제 이루어져 완성되었으며, 물질 속에 봉인되었습니다. 아멘."

---

13)사전을 찾아보면, 의미심장하게도 Mater는 영국의 구어로 곧 어머니, 엄마를 뜻한다. 즉 물질의 어원인 Mater가 → 어머니(Mother)가 된 것이다. 그리고 물질 또는 구성 재료를 뜻하는 단어인 Material도 Mater(어머니)에서 유래된 것임을 알 수가 있다.

(감수자 주)

10장

자연재해의 예방

성모 마리아의 메시지 (2004. 1. 28)

성부와 성모, 성자, 성령의 이름으로 나는 오늘 기적의 어머니로서, 하느님의 어머니로서, 그리고 성모 마리아로서 이렇게 오게 되었습니다. 지금 이 순간 천상에서도 기뻐하고 있으므로 나도 기쁜 소식을 가지고 왔습니다.

　이 기쁨은 내가 지난 번 설교에서 언급했던 여러 지진이 2004년에 일어날 가능성이 있다는 이야기를 많은 사람들이 배워 알게 되었다는 데서 유래합니다. 특히 이 기쁨은 그 설교로 인해 많은 사람들이 내가 전해준 기적의 로사리오를 시작했고, 진실로 이 기도를 매일 하기로 맹세함으로써 생겨나게 된 것입니다.

　내가 마지막의 이야기를 전하면서 언급했던 것처럼, 이 로사리오 기도의 힘은 참으로 무한합니다. 그러나 이러한 힘이 방출되기 위해서는 반드시 육체를 지닌 누군가가 기꺼이 열린 문이 되어 로사리오의 빛과 힘, 즉 신성한 어머니의 빛과 힘이 그 문을 통해 이 물질우주 속으로 방출되도록 해야 합니다. 따라서 **로사리오 기도의 힘은 이 로사리오를 행하는 사람들의 숫자와 그들의 헌신과 가슴의 열정에 달려 있다고** 할 수 있습니다.

이 로사리오 기도를 시작한지 한 달도 채 되지 않았음에도, 지난 1월 한 달에 발생했을지도 모를, 그리고 이로 인해 실제로 많은 참화와 인명의 손실을 야기했을 수도 있는 지진들을 피할 수 있게 되었다고 말할 수 있습니다. 여러분도 최근에 엄청난 지진이 발생했던 이란 지역에서 여진(餘震)이 계속되고 있는 것을 지켜봤을 것입니다. 그러나 이 여진으로 인해 인명의 손실은 발생하지 않았습니다. 그 이유는 이러한 지진을 완화시키는 데, 로사리오가 지닌 기적의 힘이 크게 작용했기 때문이라 할 수 있는 것입니다.

하지만 앞으로 일어날 수도 있는 모든 지진들을 막기에는 이 로사리오 기도를 시작한 사람들의 숫자가 아직까지는 부족하다는 말을 하지 않을 수 없습니다. 그러나 이미 이루어진 것만으로도 나에게는 큰 힘이 되었습니다. 그리고 물 위에 동그라미가 퍼져나가 듯이 더 많은 사람들이 이 로사리오 기도를 시작한다면, 내가 예언했던 것과 같이 앞으로 일어날지 모를 거의 모든 지진들과 많은 자연재해들을 실제로 피해갈 수도 있게 될 것입니다.

여러분의 기도를 통한 사명에 대한 새로운 방향감각과 중요성을 일깨워주기 위해서, 나는 다가오는 2004년 3월에 파나마 운하 인근지역에서 실제로 일련의 강력한 지진이 일어날 가능성이 있다는 것을 미리 알려주고자 합니다. 만약 이러한 지진들이 누그러지지 않는다면, 지진으로 인해 파나마 운하는 원상회복이 불가능할 정도로 파괴되고 말 것이며, 세계경제도 큰 타격을 입게 될 가능성이 높습니다.

나는 이러한 예언으로 인해 여러분이 과도한 두려움이나, 어떠한 두려움도 전혀 느끼지 않으리라 믿고 있습니다. 내가 이러한 예언을 전하는 목적은 기도시의 여러분의 요청사항에 대해 보다 더 큰 방향감각을 일깨워주기 위해서입니다. 그래야 이러한 예언을 완화시킬 수 있도록 로사리오의 첫 부분에 특정한 기원사항을 집어넣을 수 있기 때문입니다.

"하느님의 어머니"라는 호칭의 참된 의미

　나는 여러분에게 평화와 격려, 감사를 전하면서, 가톨릭교회에서 나에게 붙여준 "하느님의 어머니(Mother of God)"라는 호칭에 대한 화제로 넘어갈까 합니다. 나는 "하느님의 어머니"라는 호칭의 뒤에 숨겨진 참된 의미가 무엇인지에 대해 열린 마음과 가슴을 지니고 있는 여러분들에게 설명하고자 합니다.

　이 호칭이 이 지구 행성에서 육신을 지니고 태어났던 한 인간인 내가 실제로 하느님의 어머니였다는 사실을 의미하지는 않는다는 것을 여러분도 이해하리라 믿습니다. 만약 내가 실제로 하나님의 어머니였다면, 하느님을 태어나게 하기 위해서 하느님께서 생겨나시기 이전에 내가 먼저 현존하고 있어야만 했습니다. 이는 전혀 이치에 맞지 않는 말입니다. 왜냐하면 하느님의 이전에는 어떠한 것도 존재하지 않았기 때문입니다. 성서에서는 "태초에 말씀이 있었으며, 이 말씀이 하느님과 함께 계셨으니, 이 말씀이 곧 하느님이시다(요한복음 1:1)."라고 언급하고 있습니다. 따라서 태초에 하느님 외에는 아무 것도 존재하지 않았습니다. 심지어 하느님의 아버지 혹은 어머니 측면마저도 존재하지 않았습니다. 있는 것이라고는 형태도 없고, 분리도 없는 미분화된 전체만이 오로지 존재하고 있었습니다.

　그렇다면 하느님의 어머니라는 말이 도대체 무엇을 의미하는 것일까요? 나의 아들 예수가 이 메신저를 통해 전해준 가르침 속에 훌륭하게 설명되어 있듯이, 모든 것은 하느님의 본질과 하느님의 존재로부터 창조되었습니다. 또한 내 아들은 창조주 하느님께서는 두 가지 본성(dual nature)을 지니고 계신다고 설명했습니다. 하느님의 한 측면은 하느님의 아버지이고, 하느님의 또 다른 측면은 하느님의 어머니입니다.

　진실로 하느님의 아버지 측면과 어머니 측면이 조화와 균형을 이루어 결합하게 됨으로써 나의 아들 예수가 보편적 그리스도 의식이라고 불렀던 하느님의 아들이 탄생하게 되었던 것입니다. *이 하느님의 아들은 형태를 지니고 창조될 모든 것들에 대한 청사진과 모형(母型)을 간직하고 있는 일종의 마음의 상태를 말합니다. 하느님 아버지의 무*

한한 빛이 하느님 아들의 마음속에 간직된 사념체들(Thoughtforms)을 통해 비춰질 때, 이것들이 신성한 어머니의 질료 위에 각인되어 형태로, 심지어는 물질우주, 즉 매터(ma-ter) 우주라는 형태로 구현되어 나타나게 되었던 것입니다. 이러한 형태들은 오직 하느님의 빛이 지속적으로 흐를 때에만 그 형상을 유지할 수 있으며, 이 하느님의 빛이 곧 성령(Holy Spirit)으로서, 이 성령은 하느님께서 창조하신 모든 계층의 피조물을 통해 흐르고 있습니다.

여러분의 이해를 돕기 위해, 창조된 모든 것들은 실제로 하느님의 재료로부터, 즉 하느님 어머니의 질료 그 자체로 창조된 것이라는 점을 부연코자 합니다. 따라서 모든 것은 하느님으로부터 창조되었으며, 하느님께서 어떤 형체를 창조하셨을 때 그 형체는 하느님에 의하여, 하느님으로부터 창조된 것이며, 하느님께서 개체화하신 것입니다. 하느님께서는 무한한 존재이신 자기 자신을 제한된 형태, 즉 여러 제약들에 의해 한정된 하나의 형태로 창조하고 계십니다. 실제로 이것은 아버지의 무한한 사랑이며, 자신의 무한한 존재를 소위 유한한 형태 속에 가두어두는 것이라 할 수 있습니다.

나는 이제 여러분이 나, 성모 마리아도 하느님께서 창조하신 하나의 개별영혼이라는 것을 이해할 수 있기를 바랍니다. 나는 개별영혼으로 창조되었으며, 그리고 나는 지구 행성에서 육신을 갖고자 선택했었습니다. 따라서 나도 육화한 존재의 일부로서 다른 모든 영혼들처럼 똑같은 과정을 겪었으며, 다른 대부분의 영혼들처럼 나도 나의 신성한 본질과 근원을 잊게 되었습니다. 하지만 그렇다고 내가 나의 그리스도 자아(Christ Self)와의 접촉마저 완전히 단절된 것은 결코 아니었으며, 나는 그러한 접촉을 통해 영적인 각성과 성취를 이루는 단계에까지 상승하게 되었습니다. 그리고 이러한 깨달음과 성취로 인해 나는 과거 지구 행성에서 육체로 있던 동안에도 영적인 직책을 가질 수 있게 되었던 것입니다.

그 직책이 바로 "하느님의 어머니"라는 호칭이었습니다. 이것은 내가 하느님의 어머니 측면을 지니고 있는 존재가 되었다는 것을 뜻하며, 이 지구에서 신성한 하느님 어머니의 대리인(代理人)이 되었다는 것을 상징하는 것이기도 합니다. 따라서 이러한 이유로 나의 아들 예수의 영혼을 탄생시킬 수 있도록 내가 선택을 받게 되었던 것입니다.

그럼에도 나는 여러분에게 가톨릭의 교리, 즉 내가 하느님의 어머니라는 교리는 본말을 전도하고 있다고 분명히 말해야만 합니다. 알다시피, 가톨릭의 교리에서는 예수 그리스도가 하느님의 독생자이지만, 실제로는 하느님의 화신이라고 말하고 있습니다. 이러한 교리에 따르면, 세상이 창조될 태초부터 예수는 하느님이었으며, 예수는 결코 하느님에 의해 창조되지 않았다는 말입니다. 따라서 내가 예수를 낳았고, 예수가 또한 하느님이므로, 내가 하느님을 낳은 하느님의 어머니라고 불리게 되었다고 말하고 있는 것입니다.

그러나 내가 설명했듯이, 나는 진실로 하느님 어머니 측면에 헌신했으며, 이러한 헌신을 통해 (하느님 어머니의 대리인이라는) 영적인 직책을 가질 수 있게 되었고, 예수를 낳을 수 있는 후보자가 되었습니다. 따라서 나는 예수를 낳기 전에도 하느님의 어머니였으며, 하느님의 어머니로서의 직책도 가지고 있었습니다.

예수는 하느님이었는가?

예수가 하느님이었다는 가톨릭의 교리는 보다 깊은 관점을 가지고 이해할 때에만 올바른 것이 됩니다. 나의 아들 예수가 설명했듯이,[14] 예수는 하느님의 유일한 독생자가 아니었습니다. 그 이유는 하느님에 의해 창조된 모든 것들은 하느님께서 개체화된 한 존재로서 창조되었기 때문입니다. 이 말은 예수도 또한 개별영혼으로 창조되었다는 것을 뜻합니다. 예수도 지구에서 육화라는 동일한 과정을 거쳤으며, 점차적으로 자신의 신성한 근원에 대한 완전한 자각을 잃게 되었습니다. 그럼에도 예수는 예전의 각성과 영적인 도달상태를 되찾았습니다. 그 결과, 예수의 영혼도 이 행성을 위해 영적인 직책을 가질 수 있게 되었습니다. 그 영적인 직책이 "하느님의 아들(the Son of God)"이라는 직책이었으며, 또한 "인류의 구세주"라는 직책도 함께 가지게 되었습니다.

그러나 예수의 영혼이 "하느님의 아들"이라는 직책을 가지기 전에도

---

[14] <그리스도는 여러분 내면에서 탄생한다>를 참고할 것.　(저자 주)

그 직책은 존재하고 있었습니다. 따라서 알다시피, 진실로 예수도 하느님께서 개체화하신 하나의 영혼이므로 예수가 하느님께서 육화한 존재라는 말이 엄밀히 말해 틀린 말은 아닙니다. 하지만, 하느님에 의해 창조된 모든 다른 영혼들도 또한 하느님의 아들과 딸들입니다. 따라서 예수만이 하느님의 독생자라거나, 하느님께서 지구 행성에서 유일하게 육화했던 존재가 예수라는 교리는 잘못된 것입니다. 즉 사실상 하느님의 모든 아들과 딸들이 곧 하느님께서 이 지구 행성에 육화한 존재들입니다. 나 역시도 하느님께서 육화하신 하나의 존재이며, 사랑하는 요셉도 또한 그러합니다. 그리고 예수의 제자들, 기타 이 행성에 사는 모든 인간들 또한 마찬가지인 것입니다.

　예수를 두드러지게 했던 것은 예수가 자신이 하느님의 한 아들이라는 것을 충분히 깨닫게 되었다는 데에 있습니다. 따라서 예수는 하느님께서 의식적으로 육화한 것이 되었으며, 대부분의 다른 사람들은 그 반대로 무의식적인 육화였던 것입니다. 그러나 *예수는 모든 사람들이 하느님의 화현(化現)이고 그리스도 의식을 지닐 수 있는 잠재력이 있으므로 이를 통해 누구나 의식적인 신(神)의 화신(化身)이 될 수 있으며, 또 자신이 지닌 신성한 본성을 자유롭게 표현할 수 있음을 보여주기 위해 이 땅에 왔습니다.*

　나는 이러한 가르침이 예수가 하느님의 육화였고 이 땅에서 일어났던 하느님의 유일한 육화라는 교리를 믿으면서 성장해온 많은 기독교인들에게 큰 충격을 줄 것이라는 점을 잘 알고 있습니다. 이러한 교리가 주입돼 있는 영혼들에 대해 천상에 있는 우리들은 커다란 연민을 느끼고 있으며, 이들 중의 어떤 영혼들은 거의 2,000년간이나 이러한 교리로 세뇌되어 왔습니다. 때문에 우리는 이러한 교리를 버린다는 것이 많은 사람들에게 어려울 것이라는 점도 잘 압니다. 그러나 여러분이 천상에 있는 우리가 이러한 교리를 어떻게 보고 있는지, 또한 하느님의 우주적인 실체와 이러한 교리를 서로 비교해보아 그러한 교리가 얼마나 제한적인지를 잠시만이라도 체험해볼 수 있다면, 이러한 교리로 인해 여러분이 짊어지게 된 무거운 짐을 지금 당장이라도 벗어버리고 싶어 할 거라고 생각합니다. 그리고 그러한 왜곡된 교리 때문에 여러분은 각자 자기 자신이 하느님의 아들 혹은 딸이라는 영적인 근원을 부정하고 있는 것입니다.

따라서 여러분은 이제 예수가 한 사람의 우상으로 추앙받기 위해서 온 것이 아니라는 사실을 깨닫게 되었을 것입니다. 예수는 모든 사람들에게 고차원적인 의식 상태에 이르는 체계적인 길을 보여주고자 왔었습니다. 또한 그는 모든 사람들 역시 지구에서 육신을 지닌 채로 자신의 신성(神性)을 구현할 수 있다는 것을 보여주기 위해 왔던 것입니다. 따라서 여러분은 예수가 하느님의 유일한 독생자이고 예수만이 하느님의 육화라는 기독교의 교리는 예수에게는 그야 말로 최고의 신성모독이며, 최고의 우상숭배라는 것을 자각했을 것입니다. 확신컨대 비록 예수가 직접적으로 그렇게 말은 하지 않지만, 이러한 교리가 예수에게는 아주 당혹스러운 것이라는 사실만은 분명히 말할 수 있습니다.

그러므로 나는 열린 마음과 가슴을 지닌 사람들에게 이러한 교리를 버릴 것을 요청합니다. 만약 여러분이 이러한 교리를 버리는 데 어떠한 도움이 필요하다면, 이러한 교리들이 어떻게 해서 존재하게 되었는지를 정직하고 진지하게 조사해보기 바랍니다. 그러면 예수나 예수의 제자 혹은 사도들이 이러한 교리를 가르치지 않았다는 것을 분명하게 알 수 있을 것입니다. 사실 이러한 교리는 3세기 전까지는 생겨나지도 않았었습니다. 3세기가 되어서야 이러한 교리가 나중에 기독교 교회가 로마 가톨릭과 동방 정교회[15]로 분리되는 아리우스 논쟁(the Arian Controversy)[16]을 불러일으킨 촉매제가 되었던 것입니다.

---

[15] 서기 395년, 고대 로마제국이 동로마와 서로마제국으로 분열됨에 따라 초대 기독교 역시 8~12세기에 걸쳐 서방의 "로마 교황"을 중심으로 한 <로마 가톨릭>과 동방의 "콘스탄티노플(현 이스탄불) 총대주교"를 중심으로 한 <동방 정교>로 분열되었다. 이것은 여러 가지 정치적, 교리적, 지리적, 언어적 차이와 대립으로 인한 것이었다. 1054년에는 <로마 교황>과 <콘스탄티노플 총대주교>는 로마 교황과 세계총대주교라는 칭호가 의미하는 권위 및 권한에 대한 서로 간의 시각차이가 사절 교환 시에 문제가 되어 반목, 대립하였고, 상대방을 상호 파문하였다. 이 사건을 "교회의 동서 대분열"이라고 부른다. 그 후, 양쪽 간에 여러 차례 화해의 시도가 있었지만, 완전한 교리상의 합의나 일치를 보지는 못하였다.
현재 동방정교는 로마 가톨릭의 <교황청>처럼 초국가적인 세계조직은 없으며, 그리스 정교회, 러시아 정교회처럼 국가별 또는 민족별로 각각 별도의 체제가 갖추어져 있다. 주로 동유럽의 슬라브 지역 국가들에 분포돼 있고, 각 지역의 정교회는 국가를 주된 단위로서 신앙과 정신과 전통을 공유하여 서로 독립성과 자주성을 인정하면서 느슨한 제휴 관계를 유지하고 있다. 신도수는 전 세계적으로 약 5억 정도라고 한다. 참고로 한국 천주교는 로마가톨릭에 소속돼 있다. (감수자 주)

기독교의 분열은 결코 나의 아들이 바랐던 것이 아니었으며, 하느님의 바람도 아니었습니다. 여러분은 이러한 교리가 그리스도의 본질을 이해하지 못했던 당시의 사람들과 궁극적으로 로마제국을 지배하기 위해 기독교를 권력투쟁의 수단으로 악용했던 자들에 의해 만들어졌다는 것을 알게 될 것입니다. 그 당시에는 이 로마제국이 알려진 세계 전체를 의미했으며, 따라서 지구에서 최고의 권력을 추구했던 영혼들에게는 그 제국이 최고의 전리품(戰利品)이었던 것입니다.

나는 하느님의 모든 자녀들의 어머니이다.

이 이야기의 요지는 여러분이 "하느님의 어머니"라는 호칭이 우주적인 호칭이며, 우주적인 직책이라는 것을 이해하도록 돕기 위한 것입니다. 하느님의 어머니로서 나는 하느님의 모든 자녀들의 어머니입니다. 피부색이나, 출생지, 그리고 종교와 상관없이, 나는 모든 인간들의 어머니입니다. 따라서 나는 사람을 편애할 수가 없습니다. 하느님께서 사람을 차별하시지 않는 것처럼(사도행전 10:34), 하느님의 어머니도 진실로 사람을 차별하지 않습니다. 하느님 어머니는 겉으로 인위적으로 드러난 모습, 예를 들어 종교와 같은 것을 기준으로 자녀들 중의 누구를 비난하지도 않습니다. 하느님께서는 이러한 외적인 구분을 결코 만드시지 않으셨습니다. 이러한 구분은 오로지 인간의 상대적인 의식, 즉 육적인 마음(carnal mind)에 의해 만들어지게 된 것들입니다.

하느님의 어머니로서, 나 자신은 이와 같은 낮은 의식에 영향을 받

---

16) 4세기에 이집트 알렉산드리아 출신의 신학자이자 장로였던 아리우스(Arius)의 주장을 중심으로 발생했던 대립과 논쟁이다. 아리우스는 하느님만이 모든 존재의 궁극적인 원인이 되신다는 사실을 강조하며, 하느님(聖父)과 성자, 즉 그리스도가 본질적으로 같다는 당시의 "동일본질론(同一本質論)"을 부정했다. 그리고 육화했던 예수 그리스도는 어디까지나 하느님으로부터 나중에 지음을 받은 피조물로서 일종의 반신반인적(半神半人的) 존재라고 주장했다.
 반면에 이런 아리우스의 주장에 비판적이었던 아타나시우스를 비롯한 반대파들은 세상의 구원자로 온 예수 그리스도가 태초 이전부터 존재하셨던 하느님과 동일하신 분이며, 곧 육신으로 오신 하느님 자신일 수밖에 없다는 주장을 폈다. 그 후 아리우스의 신학이론은 A.D 325년 5월에 열린 '니케아 공의회'에서의 결정에 의해 이단으로 배격되었다.
(감수자 주)

지 않으며, 따라서 나는 실제로 모든 생명의 우주적인 어머니입니다. 열린 마음과 가슴을 지닌 사람들은 이 하느님의 어머니라는 호칭이 오로지 기독교나 가톨릭에서만 사용되는 호칭이 아니라는 것을 이해할 수 있으리라 믿습니다. 겉으로 드러난 종교가 어떤 것이든 이와는 상관없이, 나는 모든 사람들을 사랑합니다.

마찬가지로 나의 아들 예수도 구세주, 하느님의 아들이라는 직책을 가지고 있으며, 이것 또한 우주적인 직책입니다. 여러분이 솔직해진다면, 예수가 살았을 당시의 유대교가 비유대교인들을 비난했던 것처럼, 그렇게 편협한 종교를 개척하기 위해 예수가 이 땅에 온 것이 아니라는 사실을 이해할 것입니다. 여러분은 예수가 편향된 유대교인들과 남을 비방하기 위한 무기로 자신들이 믿던 종교를 이용하고자 했던 유대교인들을 끊임없이 반박하는 모습을 성경을 통해 보지 못합니까? 또한 여러분은 예수가 예루살렘의 엘리트 유대교인들로부터 버림받은 사람들, 또 자기 스스로를 하느님께서 선택하신 사람이라고 생각했던 이들과 지속적으로 접촉하는 것을 보지 못합니까? 예수는 나병환자, 세금 징수원, 사마리아인, 로마인, 그리고 그 외에 잘났다는 사람들로부터 버림받은 사람들과 끊임없이 접촉을 했었습니다.

동양과 서양의 신성한 어머니

내가 지니고 있는 직책이 우주적인 직책이라는 것을 깨닫게 되면, 동양에서보다 서양에서 우선적으로 나를 숭배하겠지만, 그렇다고 내가 서양이나 기독교에만 국한되지 않는다는 것은 이해할 것입니다. 여러분이 예수의 어머니인 마리아로 육화해 있는 동안의 나를 신성한 어머니로 보았던 이미지보다도, 사실 나는 훨씬 더 큰 존재입니다.

그리고 실제로 동양에도 신성한 어머니라는 직책이 존재하는데, 다시 말해 이는 "신성한 하느님 어머니의 대리인"이라는 직책을 가지고 있는 존재가 동양에도 있다는 뜻입니다. 동양에서 그녀는 여신(女神) "관세음(觀世音)"로 불리고 있으며, "자비의 어머니"로 숭배되고 있습니다. 확실하게 말하자면, 내가 승천한 대사들의 일원이듯이, 관세음

서울 성북동 <길상사> 경내에 있는 관세음보살상 - 성모 마리아 상을 닮은 것으로 유명하다.

보살17)도 승천한 대사들 중의 한 명입니다. 천상에는 경쟁이란 것이 존재하지 않기 때문에, 나와 관세음은 동료이자, 영적인 자매입니다. 실제로 우리는 신성한 어머니를 대표하는 두 명의 대리인으로서 마음을 하나로 결집시켜 이 행성을 변모시키고자 서로 협력하고 있습니다.

나의 아들 예수가 다른 책에서 설명했듯이, 예수는 기독교의 성경에 언급돼 있지 않은 잃어버린 17년 중의 상당한 기간을 동방으로 여행하는데 보냈습니다.18) 예수가 이렇게 여행을 하게 된 데에는, 그가 자신이 모든 사람들의 구세주라는 우주적인 직책을 갖도록 부름을 받았다는 것을 알고 있었기 때문입니다. 그러한 직책으로 인해 예수는 하느님을 유대교에서 말하는 하느님에만 국한하여 이해할 수는 없었습니다. 따라서 예수는 동방으로 여행하며 동양의 몇몇 종교들을 통해 시대를 초월하는 보편적인 가르침을 배우고자 했던 것입니다.

물질 자체에 통달하여 능수능란하게 다루는 법을 배운다는 견지에서, 나의 아들 예수는 동양의 종교가 가진 비법(秘法)들을 배울 필요가 있었습니다. 그리고 실제로 예수가 갈릴리에서 자신의 사명을 수

---

17) 불교에서 신앙하는 4대 보살(菩薩) 가운데 1명으로서 유일하게 여성이다. 관세음은 "자비(慈悲)"를 상징하는 보살이며, 대단히 높은 영적 존재이다. 가톨릭에서 성모 마리아를 경배하고 신앙하는 것과 마찬가지로 불교 사찰에서는 관세음을 신앙의 대상으로 숭모하고 기도하는 경우가 많다. 또한 공교롭게도 불교에서는 때때로 관세음을 <성모 관음>이라고 부르기도 한다.

18) 이에 관한 증거자료로는 19세기에 러시아의 언론인 니콜라스 노도비치가 1887년 당시 인도와 티베트 지역을 여행하다 우연히 라닥 지방의 오래된 사원(寺院)에서 발견한 <이사전(傳)>이라는 고문헌 자료가 있다. 티베트어로 기록된 이 내용에 따르면 예수님은 동방을 순례하며 머물 당시에도 많은 설교와 치유를 행한 것으로 나타나 있고, 성자(聖者) "이사(Issa)"라는 이름으로 기록돼 있다. 학자들의 비상한 관심을 불러일으켰던 이 문헌은 그 후 프랑스와 독일, 이태리, 미국 등에서 <알려지지 않은 예수의 생애 - 성(聖) 이사의 일대기>라는 제목으로 출판된 바가 있다.

(이상 감수자 주)

행하던 중에 보여주었던 기적을 실현하는 데도 이 비법들이 큰 도움을 주었습니다.

사랑하는 이들이여, 따라서 여러분도 알다시피 영적인 성취도가 어느 단계에 올라서게 되면, 인간은 육적인 마음에 의해 창조된 인위적인 분별력을 버리게 되고 하느님에게 되돌아가기 위해 우주적인 길을 걷게 됩니다. 그러므로 하느님께서 만드신 도구들 중에 영적인 길을 가는 데 도움이 되는 도구들이라면 그 무엇이든 가리지 않고 그것들을 기꺼이 사용하고 싶어집니다. 이러한 도구들이 동양에서 나왔건, 서양에서 나왔건, 혹은 이 종교에서 나왔건, 저 종교에서 나왔건, 혹은 과학에 의해 밝혀진 것이든, 아니든 이런 것은 문제가 되지 않습니다. 여러분은 영적인 여정에서 다음 단계로 더 높이 올라가기 위해 필요한 도구들이라면 어떤 것이든 사용하고자 할 것입니다.

새로운 도구를 여러분에게 전해주기 위한 자리를 마련하고자 이렇게 장황한 설명을 하게 되었습니다. 나는 여러분 자신의 영적인 성장과 지구 행성의 영적인 균형을 회복하는 데 이 도구가 대단히 필요한 상황이기 때문에 먼저 일부만이라도 여러분에게 전해주고자 합니다. 또한 기적의 로사리오 기도를 매일 실천하겠다고 맹세한 사람들에게 그에 대한 보답의 하나로 이 도구를 전해주고자 하는 것입니다.

성모 마리아의 동·서양의 로사리오

내가 오늘 전하고자 하는 도구는 성모 마리아의 동-서양의 로사리오입니다.[19] 이 도구 즉, 로사리오 기도는 동양의 가르침과 도구들을 서양의 그것들과 실제로 하나로 통합하게 됩니다. 이 로사리오는 동양에서 잘 알려진 몇몇 영적인 존재들에게 기원하는 것을 전제로 하고 있습니다. 불교를 통해 이러한 영적인 존재들은 이미 알려져 있으며, 이들을 디야니 붓다들(Dhyani Buddhas)이라 부르고 있습니다.

불교에서는 이 디야니 붓다(佛陀)들을 원시 붓다들로 숭배하고 있으며, 이들은 하느님의 기본적인 특성들을 구체적으로 표현하고 있습

---

19) "성모 마리아가 전하는 동-서양의 로사리오(Mother Mary's East-West Rosary)"는 뒤쪽의 351 페이지에 기재되어 있으므로 참고하기 바람.　　　(저자 주)

니다.[20] 이러한 특성들은 다섯 가지로, 에테르, 불, 공기, 물, 흙을 나타냅니다. 불교에서는 물질우주 전체를 창조하는 데 이 다섯 가지 특성들이 사용되었다고 말합니다. 모든 물질 속에는 이 다섯 가지의 근원적인 특성들이 포함돼 있으며, 피조물이 계속 유지되기 위한 열쇠는 이 요소들이 얼마나 완벽한 균형을 유지하고 있는지에 달려있습니다. 그러므로 이러한 요소들이 균형을 이루지 못할 때, 형태를 띤 모든 물질들은 붕괴를 맞이하게 됩니다. 또한 개별 영혼이 영적 성장을 이루는 열쇠도 바로 이 다섯 가지 기본적인 요소의 균형이라 할 수 있습니다.

우주에 존재하는 모든 것들은 인간이 지닌 자유의지의 지배를 받게 돼 있으므로 사람들이 디야니 붓다들에 의해 표현되는 기본적인 특성들에게 권능을 잘못 부여할 수가 있습니다. 이러한 특성을 지닌 에너지가 인간의 오용으로 인해 오염되면, 그 에너지는 독(毒)을 지닌 유해한 에너지로 바뀌게 됩니다. 디야니 붓다가 지닌 각각의 특성에 대응하는 잘못된 에너지들이 존재하는데, 그것은 종종 독이라고 불립니다. 개인의 영혼과 행성 차원의 불균형을 생성케 하는 것이 바로 이런 독들입니다. 이러한 독들은 딱딱한 장벽을 만들어내어 개별 영혼뿐만 아니라, 행성 차원에서 동양과 서양 간에 에너지의 원활한 흐름을 방해하게 되는 것입니다.

균형을 회복하는 열쇠는 디야니 붓다들에게 영적인 빛을 기원하는 것으로서 이 빛은 다섯 가지의 지혜로 나타나게 됩니다. 앞에서 설명한바와 같이, 천상으로부터의 영적인 빛을 기원하게 되면, 하늘에서 빛이 내려오게 되는데, 이 빛은 아주 고차원적인 빛입니다. 그리고 그 빛이 낮은 주파수를 지닌 에너지 속으로 들어가게 되면, 그 낮은 진동을 끌어올려 에너지를 변형시키게 됩니다. 디야니 붓다들에게 지혜를 기원함으로써 유해한 에너지, 즉 독소를 지닌 에너지도 원래의 순수한 상태로 다시 바꿀 수가 있습니다.

지금부터 디야니 붓다들과 이들의 특성, 그리고 이들이 지닌 지혜와

---

[20] 이들은 석가모니 붓다처럼 역사적 존재들이 아니라 신성한 우주원리와 힘들을 상징하는 초월적 존재들이다. 이 디야니 붓다들을 티베트 불교에서는 <오방승불(五方勝佛)>이라고 칭하는데, 깨달음에 이른 의식의 여러 특성들을 대표하고 있으며, 마음과 영혼의 위대한 치료자들로서 우리를 영적으로 변형시킬 안내자들이라고 한다. (감수자 주)

이에 상응하는 독소들에 대해 설명하겠습니다.

- 첫 번째 붓다의 이름은 바이로차나(Vairochana:비로자나불 또는 대일여래)이며, 의식(意識)의 세계를 지배합니다. 이 붓다의 지혜는 법신(Dharmakaya)의 지혜로서, 모든 것들 속에 스며들어 있습니다. 이에 상응하는 독은 무지(無知)와 망상입니다.

- 두 번째 붓다는 악쇼비아(Akshobya:아축여래)이며, 원초적인 형태의 세계를 지배합니다. 이 붓다의 지혜는 거울과 같이 투명한 지혜(Mirror-like Wisdom)이며, 이에 상응하는 독은 분노와 증오입니다.

- 세 번째 붓다는 라트나삼바바(Ratnasambhava:보생여래)이며, 느낌의 세계를 지배합니다. 이 붓다의 지혜는 공평한 지혜(Equalizing Wisdom)이며, 이에 상응하는 독은 영적 및 지적인 교만입니다.

- 네 번째 붓다는 아미타바(Amitbha:아미타여래)이며, 인식(認識)의 세계를 지배합니다. 이 붓다의 지혜는 분별의 지혜(Discriminating Wisdom)이며, 이에 상응하는 독은 갈망과 탐욕입니다.

- 다섯 번째 붓다는 아모가시디(Amogasiddhi:불공성취여래)이며, 선택의 세계, 물질적 행위의 세계를 지배합니다. 이 붓다의 지혜는 모든 것을 이루게 하는 성취의 지혜(All-accomplishing Wisdom)이며, 이에 상응하는 독은 시기와 질투입니다.

- 여섯 번째 붓다는 바즈라사뜨바(Vajrasattva:금강여래)이며, 존재의 세계, 하느님의 의지의 세계를 지배합니다. 이 붓다의 지혜는 금강석의 지혜(Wisdom of Diamond Will)이며, 이에 상응하는 독은 무의지, 비실재, 불신입니다.

동양에서 서양으로 흐르는 행성 에너지의 흐름

동-서양의 로사리오는 몇 가지 확언(確言)들을 결합하여 디야니 붓다들에게 빛과 지혜를 기원하게 됩니다. 이러한 확언을 통해 존재의 모든 곳에 들어있는 독소들을 연소시켜주도록 요청하는 것입니다. 이렇게 함으로써 개인적인 측면에서 크나큰 영적인 성장을 이룰 수 있을 뿐만 아니라, 행성 차원에서도 커다란 진보를 이룰 수가 있습니다.

이와 같이 행성이 진보하기 위한 첫 번째 요소는 동양과 서양 간의 영적 에너지의 균형을 이루고, 그 흐름을 원활하게 하는 것입니다. 앞에서 설명했듯이, 하느님은 두 가지 본성을 지니고 계시며, 이 이중의 본성은 하느님의 남성적인 측면과 여성적인 측면으로 나타나게 됩니다. 이것이 바로 도교(道敎)에서 말하는 음양(陰陽)의 조화이며, 태극(太極)의 형상으로 묘사되어 있습니다.21)

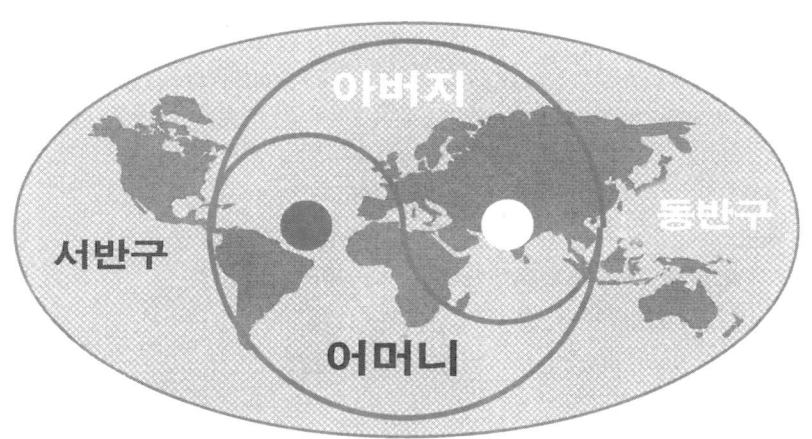

---

21) 우리나라 국기(國旗)인 태극기 역시도 동양철학인 주역(周易)의 태극도와 8괘 가운데 4괘를 그대로 가져다 배치하여 국기로 삼은 것이다. 이 책에서 성모님이 설명하신 그대로 태극은 우주의 두 가지 힘의 원리인 음양(陰陽)을 철학적으로 묘사한 것으로서 이를 종교적으로 표현하자면, 곧 하느님 아버지와 어머니인 것이다. 세계의 많은 국가들 가운데 하느님을 상징하는 국기를 가진 나라는 오직 우리나라가 유일하니, 우리는 이에 자부심을 가져도 좋을 것이다. 또한 이와 아울러 우리의 애국가 속에도 "하느님이 보우하사 우리나라 만세!"라는 구절이 있음도 의미심장한 측면이 있다고 할 수 있겠다.

(감수자 주)

실제로 동양, 즉 동양의 종교와 문화는 하느님의 아버지적인 측면을 나타냅니다. 이러한 이유로 인해 동양의 문화가 일반적으로 서양의 문화보다 더 영적(靈的)입니다. 그러나 두 개의 문화가 균형을 이루지 못하면, 동양의 문화는 대개 물질적인 것들을 소홀히 생각하게 됩니다. 이 때문에 동양에서 많은 빈곤과 질병이 목격되는 것입니다.

반대로, 서양은 보다 더 물질적이며, 삶의 관심을 물질적인 것에다 많이 쏟습니다. 이로 인해 삶의 수준이 높아지고, 빈곤과 질병이 줄어들게 됩니다. 반면에 하느님의 존재나, 자신의 영적인 본질을 부정하는 영적인 빈곤에 빠져 있는 사람들이 서양에 많은 것도 바로 이 때문입니다. 이런 사람들은 영적으로 자신에게 필요한 것들을 무시하거나 소홀히 대하며, 그 결과 삶이 아무런 목적이 없고, 아무런 의미도 없는 것처럼 느낍니다. 그리고 그들은 대개 육체적인 자살(自殺)이나, 물질문화가 기분전환을 위해 만들어낸 다양한 형태의 활동과 오락을 통해 영적인 자살의 늪에 빠져들게 됩니다.

보는 바와 같이, 동양과 서양 간에 원활한 에너지의 흐름에 제약이 생기면, 동서양 간에 균형이 이루어지지 않습니다. 이로 인해 행성 전체가 불균형해지고, 실제로 지구 행성의 축(軸)이 기울어지게 됩니다. 그러므로 지구 행성에 적절한 영적인 균형을 회복시키기 위해서는 동양과 서양 간의 에너지의 흐름이 원활해질 수 있도록 복구돼야만 합니다.

여러분은 이런 에너지의 흐름을 숫자 8이 수평을 이루고 있는 것처럼, 즉 에너지가 ∞과 같이 흐르는 모습으로 시각화할 수 있습니다. 숫자 8의 절반은 동반구(東半球)의 중심에 위치해 있고, 나머지 절반은 서반구(西半球)에 위치해 있습니다. 그리고 숫자 8의 중심은 중동(中東) 지역에 위치해 있습니다.

숫자 8이 지나는 전 지역에서 에너지의 흐름이 제약을 받고 있지만, 가장 심하게 제약을 받고 있는 곳은 중동 지역입니다. 많은 기독교인들이 믿는 것처럼, 사실 중동 지역이 빛이 가장 많은 지역들 중의 하나였다면 예수가 중동지역에서 태어나지도 않았을 것입니다. 중동지역이 이 행성에서 가장 어두운 지역들 중의 하나였기 때문에 예수가 중동지역에서 태어났던 것이며, 동서양 간의 영적 에너지 흐름에 주요한 장애가 되고 있는 곳이 바로 이곳입니다. 따라서 예수가 이곳에 태어났던 것은 중동지역의 어둠을 태워버릴 권능의 가르침들을 전하여, 동서양 간의 에너지 흐름을 원활하게 하기 위해서였습니다.

   그런데 만약 예수의 사명이 완전한 결실을 거두었다면, 그리스도화한 많은 존재들이 중동지역에서 자라났을 것입니다. 그리하여 그들이 지닌 빛으로 그 지역에 존재하는 어둠을 태워버려 에너지가 원활하게 흐르도록 회복시켰을 것입니다. 하지만 불행히도 이러한 일은 이루어지지 않았습니다. 기독교는 눈먼 샛길로 치달았으며, 그 결과 지구의 균형을 회복시킬 만큼 많은 그리스도화한 존재들이 성장하지도 못했습니다. 따라서 인류는 지금도 중동지역에 축적된 유해한 에너지로 인해 생겨난 주요 문제를 안고 있는 것입니다.

   이러한 에너지들은 하느님께서 지니고 계신 원초적인 특성이 왜곡되어 내가 앞에서 말한 독소들로 나타나게 된 것입니다. 이 행성이 균형을 회복하기 위해서는 이러한 독소들이 반드시 제거되어야만 합니다. 이것이 바로 동-서양의 로사리오를 전하게 된 실질적인 이유들 중의 하나라 할 수 있습니다. 이 로사리오는 이 행성을 위해 베푸는 크나큰 하늘의 은전(恩典)이라 아니할 수 있습니다. 또한 동-서양의 로사리오 기도는 이 행성에 존재했던 가장 강력한 영적인 의식(儀式)들 중의 하나라고 말할 수 있습니다. **이 기도의 잠재력은 실제로 무한하며, 순수한 마음을 지닌 사람들이 행하게 되면, 중동지역의 미래를 포함하여 이 행성의 미래에도 기적과 같은 효과를 발휘하게 될 것입니다.**

   따라서 여러분이 숫자 8의 흐름을 시각화하면서 다음과 같이 로사리오 기도를 해주기 바랍니다. 동남아시아에서 에너지가 흘러나와 인도와 중동을 거쳐, 유럽과 북 아메리카로 들어가서, 남아메리카로 흐르게 합니다. 그리고 아프리카를 거쳐 다시 중동으로 돌아와 아시아의 북쪽 지역으로 들어가며, 일본과 호주를 거쳐 다시 동남아시아로 돌아오게 하십시오. 이러한 흐름을 시각화하고, 또한 영적 에너지가 모든 어둠을 중동지역에서 태워버리는 것을 시각화한다면, 여러분은 이 행성을 위해 엄청난 봉사를 하는 것이 될 것입니다.

자연재해가 일어나는 영적인 이유

동-서양의 로사리오가 이 행성에 유익함을 가져다주는 두 번째 측면을 살펴보겠습니다. 진실로 모든 것은 하느님의 의식(意識)으로부터 창조되었으며, 따라서 모든 것은 의식입니다. 결과적으로 물질행성 그 자체도 하나님의 의식으로 만들어졌으므로 이 물질행성도 인간의 의식에 의해 많은 영향을 받을 수가 있습니다. 이것은 내가 지난번의 이야기에서 설명했던 내용인데, 이 이야기를 하면서 나는 지진이 발생하는 원인이 상당수의 사람들이 의식을 상승시키는 것에 저항하고 있기 때문이라고 밝힌 바가 있습니다. 이러한 저항이 지구의 지각(地殼) 표면을 끌어당기기 때문에, 지표면에 균열이 생기고 지구가 흔들리게 되는 것입니다.

그러나 내가 지난번에 이야기한 것 외에 훨씬 더 많은 이야기들이 있습니다. 이제 이에 대한 설명을 하겠습니다.

● 디야니 붓다들 중에서 첫 번째 붓다는 바이로차나(Vairochana:대일여래)이며, 이에 상응하는 독소는 무지(無知)라고 이야기했던 것을 기억할 것입니다. 무지는 사람들을 제한된 믿음 속에 가두어 둠으로써 자신이 지닌 세계관을 확장하여 그러한 믿음을 뛰어넘어 성장하는 것을 거부하도록 만듭니다. 이러한 이유 때문에 지구의 표면이 실제로 굳어지게 되는 것입니다. 따라서 **지진이 일어나는 진짜 이유**, 즉 영적인 이유는 인간의 무지라 할 수 있습니다. 사람들이 지상에서 자신들이 하는 일에 몰두해 있는 동안 지표 아래에서는 압력이 계속 쌓여가고 있는데도, 사람들은 무지하여 이를 모르고 있습니다. 그러다가 압력이 임계점에 도달하게 되면, 지구가 흔들리게 되고, 그제야 사람들은 깜짝 놀라 잠에서 깨어나게 되는 것입니다.

● 그 다음의 디야니 붓다는 악쇼비아(Akshobya:아측여래)이며, 이에 상응하는 독소는 분노입니다. 분노가 축적될 때, 이것이 지구에 영향을 미치게 되며, 분노가 임계수치에 도달하면, 화산폭발이라는 형태로 표출됩니다. 따라서 화산이 발생하게 되는 영적인 이유는 인간의 집단의식 속에 축적되어 있는 분노와 증오 때문입니다. 이 분노

가 계속 쌓이게 되면, 누군가를 세게 때리고 싶은 욕망이 일어나게 됩니다. 때리고자 하는 인간의 욕망을 지구 어머니가 잘 표현하고자 할 때, 가장 약한 지표면 위로 용해된 용암을 분출시키는 것입니다.

● 다음은 라트나삼바바(Ratnasambhava:보생여래)로서, 이에 상응하는 독소는 교만입니다. 교만이 축적될 때, "남들을 날려버리기" 위해 억누르는 압력이 쌓이게 됩니다. 이러한 압력이 방출될 때에는, 격렬한 바람과 폭풍의 형태로 나타나게 됩니다. 따라서 이러한 교만은 태풍, 회오리, 그리고 기타 격렬한 폭풍을 일으키는 영적인 원인이 되는 것입니다.

● 다음의 붓다는 아미타바(Amitabha:아미타여래)로서, 이에 상응하는 독소는 탐욕입니다. 이것은 어떤 것도 충분치 않다는 느낌으로서, 가질 수 없거나 통제할 수 없는 모든 것을 파괴하고자 하는 욕망을 창조하게 됩니다. 탐욕은 불과 같아서 모든 것을 태우며, 어떤 것으로도 결코 만족할 수 없고, 충분히 가졌다고 생각하지 않게 만듭니다. 이것은 인간에 의한 발화(發火)나, 또는 천둥과 번개, 기타 자연적인 발화로 시작된 화재의 원인, 영적인 원인이 되는 것입니다. 또한 이것은 지구를 황폐화시키는 가뭄의 원인이 되기도 합니다. 실제로 이것은 최근 몇 년에 걸쳐 보아왔던 많은 산불들을 몰고 왔으며, 이러한 화재로 인해 예전에는 녹색으로 생산적이었던 광범위한 숲과 대지가 황폐화되고 말았습니다.

● 다음의 붓다는 아모가시디(Amogasiddhi:불공성취여래)로서, 이에 상응하는 독소는 시기와 질투입니다. 이러한 시기와 질투는 밀려오는 밀물과 같아서 언젠가는 이 지구를 덮게 됩니다. 시기와 질투는 홍수를 일으키는 영적인 원인이 되며, 비가 내려서 홍수가 난 것이든, 바다 자체의 작용에 의한 것이든, 그 홍수가 난 곳 안에는 머물러 있을 수가 없습니다. 성서에서 "비는 의로운 자에게나 불의(不義)한 자에게나 똑같이 내린다.(요한복음 5:45)"고 한 말을 기억할 것입니다. 이 말의 의미는 하느님께서는 자신의 선물을 모든 사람들에게 공평하게 준다는 의미입니다. 인간의 시기로 말미암아 하느님의

선물이 공평하게 분배되지 못함으로써 비가 골고루 내리지 못하고, 홍수로 이어지게 되는 것입니다.

● 여섯 번째 디야니 붓다는 바즈라사뜨바(Vajrasattva:금강여래)로서, 이에 상응하는 독소는 무의지, 비실재, 불신입니다. 이 독소에 압도 당하게 되면, 어떤 것도 하려 들지 않습니다. 따라서 사람이 경직되게 되고, 그 결과 얼어버리게 됩니다. 따라서 비실재의 상태를 물질적으로 보다 잘 표현하는 것이 실제로 얼음입니다. 현재 과학자들이 주장하는 것과는 반대로, 이 행성에 아무런 흔적도 남기지 않고 과거에 사라져버린 많은 문명들이 실제로 존재했었습니다. 이러한 문명들은 빙하기(氷河期)에 의해 사라지게 되었던 것입니다. 과학자들과 그 외의 많은 사람들은 빙하기가 인간이 지닌 의식(意識) 때문에 발생한다는 사실을 이해하지 못하고 있습니다. 대부분의 인간들이 무의지와 비실재의 상태로 떨어지게 됨에 따라, 이러한 빙하기가 찾아오게 되는 것입니다. 이러한 사람들은 하느님 안에 자신들이 존재한다는 것을 받아들이려 하지 않습니다. 따라서 행성 자체가 얼어버리게 되고, 궁극에는 이들의 문명도 사라지게 되는 것입니다.

균형 회복을 위한 무한한 가능성

나는 이제 여러분이 동-서양의 신성한 어머니들과 함께 디야니 붓다들에게 기원함으로써 자신의 존재 속에 지니고 있는 독소들을 태우고, 또한 개인적인 발전도 더욱 공고하게 다질 수 있다는 것을 이해할 수 있으리라 믿습니다. 이를 통해 인류의 집단의식 속에 축적돼온 독소들도 태우게 될 것입니다. 결과적으로 여러분은 이러한 독소들로 인해 지구 어머니가 짊어지고 있는 무거운 짐을 벗어던질 수 있도록 돕게 되는 셈이 됩니다. 뿐만 아니라 지구 어머니가 더 이상 균형을 유지할 수 없을 정도로 무거운 짐을 짊어짐으로써 이런 긴장감을 해소하기 위해 부득이 일어날 수밖에 없는 지진과 화산, 태풍, 화재, 홍수, 또는 빙하의 위험을 최소화시킬 수 있게 될 것입니다.

나는 개인 및 행성적인 차원에서 여러분이 이 동-서양의 로사리오가 지니고 있는 무한한 잠재력을 이해해주기를 진심으로 바라고 있습니다. 이 로사리오 기도가 이 행성에 존재했던 가장 강력한 영적인 의식(儀式) 중의 하나라는 것을 거듭해서 말하고자 합니다. 이 로사리오 기도는 동양의 빛과 서양의 빛을, 그리고 신성한 아버지의 빛과 신성한 어머니의 빛을 하나로 결합하기 때문에 강력할 수밖에 없습니다. 그리고 이 로사리오 기도는 하느님의 아버지 측면을 대표하는 디야니 붓다들의 빛과 신성한 어머니의 빛을 결합하는 것이기도 합니다.

이러한 결합이 이루어질 때, 동양의 아버지적 측면과 서양의 어머니적 측면 간에 에너지의 적절한 균형과 원활한 흐름이 복원될 가능성이 가장 큽니다. 이 로사리오는 하느님께서 지니고 계신 본질을 하나로 아우르는 의식이라 할 수 있습니다.

사실, 이 의식은 너무나 강력한 까닭에 내가 이 동-서양의 로사리오 기도를 날마다 하지 말라고 요청할 정도입니다. 나의 요청은 기적의 로사리오(혹은 기타의 로사리오들 중 하나)를 하루에 한 번 씩, 일주일에 6일을 하겠다고 여러분이 약속해주는 것입니다. 그런 다음에 나머지 하루를 택해서 다른 로사리오 대신에 이 동-서양의 로사리오 기도를 하기 바랍니다. <기적의 로사리오(혹은 기타의 로사리들 중 하나)> 기도를 하게 되면, 개인의 에너지장이 정화될 뿐만 아니라 동-서양의 로사리오를 통해 무한한 빛이 방출됨으로 인해 생기는 과중한 부담도 덜어주게 될 것입니다.

그런데 만약 억지로 천국을 이루고자 이 동서양의 로사리오를 남용하게 되면, 여러분의 에너지장 속에 있는 몇몇 정교한 회로들에 과부하가 걸리게 되고 합선(合線)이 일어날 수도 있다는 것을 알려드립니다. 나는 이러한 상황이 일어나는 것을 원치 않으며, 따라서 모든 것 속에서 균형을 유지할 것을 다시 한 번 요청하는 바입니다.

영혼의 파편들에 대한 복원

이야기를 마무리 하면서, 내가 기적의 로사리오를 설명할 때 행성차원의 문제에 덧붙여 개인적인 문제를 해결할 수 있도록 선물을 주겠다고 약속했던 것에 관해 이야기하고자 합니다. 나는 여러분에게 주겠다고 약속한 이 선물을 동-서양의 로사리오 기도 속에 접목시켰습니다. 이 로사리오 속에는 기원을 요청하는 문구가 있는데, 이 대목에서 디야니 붓다들의 천사(天使)들에게 이 형태의 세계 구석구석을 찾아가서 지난 시기부터 현재에 이르기까지 그곳에 갇혀 있는 여러분 영혼의 파편들이 자유롭게 빠져나올 수 있도록 요청하게 됩니다. 그러면 천사들은 영혼의 파편들을 되찾아 여러분에게 되돌려주게 될 것입니다. 그런 다음 동-서양의 신성한 어머니를 돕는 천사들을 불러, 이러한 영혼의 파편들을 여러분의 존재와 하나로 통합해주도록 요청하기 바랍니다. 그럼으로써 여러분은 자신의 영적인 부모에 의해 창조된 모습대로인 온전한 영적인 존재로 거듭나게 될 것입니다.

나의 아들 예수는 영혼이 산산조각이 날 수 있는 위험과 이에 따라 발생할 수 있는 일들이 무엇인지에 대해 설명한 바가 있습니다.22) 사실 모든 심리적인 문제와 개인적인 제약들이 생기게 된 원인을 계속 추적해서 올라가면, 영혼의 파편화(破片化)로까지 거슬러 올라가게 됩니다. 따라서 **잃어버린 영혼의 파편들을 되찾고 통합함으로써 영혼의 온전함을 회복하는 것이 실제로 영적인 성장을 이루는 데 중요한 열쇠가 되는 것입니다.** 영혼의 파편들을 복구시켜주는 이 의식(儀式)은 영혼의 성장을 위해 여러분이 성취할 수 있는 최고의 선물들 중의 하나라고 할 수 있습니다. 따라서 나는 여러분이 이 의식을 참된 선물로 이해하고, 존중과 감사한 마음으로 이 로사리오를 다루어 주리라 믿습니다.

나는 이제 여러분을 디야니 붓다와 동-서양의 하느님 어머니들의 무한한 빛으로 봉인합니다. 성부와 성자와 성령, 그리고 동-서양의 신성한 어머니의 이름으로, 신성한 어머니의 입이 말씀하셨으므로 물질 속에 봉인되었습니다. 따라서 그것이 이루어져 완료되었습니다. 아멘.

---

22) "너희 자신을 구원하라 (Save Yourself)"를 참고할 것.　　　(저자 주)

11장

전쟁의 흐름을 되돌리기

성모 마리아의 메시지 (2004. 4. 8)

사랑하는 이들이여, 다시 여러분을 찾아 왔습니다. 나는 이번에는 "평화의 어머니"라는 호칭으로 왔습니다. 이 호칭은 내가 그리스도의 어머니였고, 또 지구를 위해 지난 2,000년간 영적인 평화의 화염을 간직해오고 있기 때문에 얻게 된 것입니다. 그 기간 동안 나는 아름답지만 전쟁으로 얼룩진 이 지구를 위해 승천한 대사들의 일원으로 함께 일하며 봉사해왔습니다.

나는 내가 이전에 전해준 로사리오 기도를 열심히 해준 데 대해 여러분에게 감사하며, 실제로 큰 효과를 나타내고 있다는 것을 전하고자 합니다. 지난번의 이야기에서 나는 금년 3월에 지진이 일어날 가능성이 매우 높다는 사실을 경고한 바 있으며, 현재도 계속 중이라는 것을 말하지 않을 수 없습니다. 그러나 우리는 지진과 인명의 손상 및 손실을 최소화할 수 있다는 큰 희망을 가지고 있습니다. 나는 여러분의 노력에 대해 칭찬을 아끼지 않으며, 또한 여러분이 지닌 마음의 성실성을 느끼고 있기 때문에 진실로 여러분의 도움과 사랑, 헌신을 절실하게 필요로 하는 또 다른 장소에 관심을 집중시켜 주기를 요청합니다.

전쟁에 대한 새로운 정의(定意)

나는 인류가 생성해온 부정적인 감정에너지로 인해 지구 어머니가 균형을 유지할 수 없을 정도로 크게 긴장하고 있다고 설명한 바가 있습니다. 이러한 부정적인 에너지들 중에서 지구 어머니를 가장 크게 긴장시키는 요인들 중 하나는 다름 아닌 전쟁 그 자체이고, 이 전쟁이 이 지구에서 수천 년 동안 지속되어왔다는 것을 여러분도 이해하리라 믿습니다.

단일의 요인으로서 전쟁보다 더 많은 살생과 유혈 사태, 분노, 증오, 그리고 보복행위를 불러오는 것이 어디 또 있을까요? 국가 간에 전쟁이 벌어져 서로를 죽이려 할 때, 전쟁을 수행중인 자기편마저 죽게 하는 이런 비인간적인 행태를 어디에서도 찾아볼 수 없음을 여러분도 알 수 있을 것입니다. 따라서 내가 오늘 전하고자 하는 기적의 평화 로사리오에 다 함께 참여해주기를 바랍니다.

나는 또한 이 행성에서 전쟁이 일어나는 진정한 원인이 무엇인지에 대해 설명하려 하지만, 이에 앞서 전쟁이 무엇을 의미하는지부터 여러분이 이해해주기를 바랍니다. 전쟁이 무엇인지를 가장 간단하게 설명하면, 그것은 극도의 불균형한 상태라고 할 수 있습니다. 즉 가장 큰 위협이라 생각되는 적과 맞서 온 힘을 다해 싸워야 할 필요성으로 인해 정상적으로 고려해야 할 모든 것들이 사라져버린 상태입니다. 따라서 고차원적인 원칙은 사라지게 되고, 사람들은 이제 적을 물리치고 자신의 생명과 삶의 방식을 보존하기 위해 필요한 것이라면 무엇을 하든 그것이 정당하다고 느끼게 됩니다.

사랑하는 이들이여, **삶의 본질은 균형입니다.** 이 행성이 지축(地軸)을 중심으로 계속 돌고 있는 것도 바로 이 균형입니다. 그러나 여러분도 알다시피, 지구의 축은 기울어져 있으며, 이는 이 지구에 불균형한 상태가 존재하고 있음을 말해주는 것입니다. 이러한 불균형은 인간에 대한 인간의 비인간적인 태도로 인해 부정적인 에너지가 생성되었기 때문에 생기게 되며, 이러한 부정적인 에너지를 가장 크게 유발시키는 것이 바로 전쟁 그 자체입니다. 따라서 전쟁은 사람들이 알고 있는 최고의 불균형한 형태라고 말할 수 있습니다.

나는 전쟁이 불균형을 나타내는 유일한 형태라고 말하는 것은 아닙니다만, 최고로 불균형한 형태라는 것만은 확실히 말할 수 있습니다. 그 이유는 일반적으로 양극단으로 치우치지 않게 하는 안전장치라고 할 수 있는 견제와 균형이 사라지고, 극도의 환상 속에 빠지게 되기 때문입니다. 즉 무엇이든 해도 되고, 목적이 수단을 정당화시키며, 선(善)을 드러내기 위해 악(惡)을 행할 수도 있고, 평화를 이루기 위해서 많은 사람들을 죽여도 된다는 환상 속에 빠지게 되기 때문인 것입니다.

하느님 아버지·어머니의 우주적인 힘들

그러면 전쟁의 원인은 무엇일까요? 무엇이 사람을 불균형하게 되도록 만들까요? 사랑하는 이들이여, 알다시피 겉으로 보이는 것과는 반대로 인간은 본래부터 악하지 않으며, 또한 본래부터 불균형하지도 않았습니다. 인간은 자연적으로 균형을 이루고자 애를 쓰게 되는데, 따라서 사람이 불균형한 상태에 있을 때, 그것은 그들이 그들 자신 외부의 힘에 의해 조종당했다는 것을 보여주는 것입니다.

사랑하는 이들이여, 과학자들은 자연의 균형에 대해서 이야기합니다. 그리고 자연 - 자연에 존재하는 모든 창조물들- 은 지구 어머니의 자녀들입니다. 지구 어머니는 항상 완벽한 균형을 유지하려고 애를 쓰고 있으며, 자연적으로 그녀의 모든 자녀들도 균형을 유지하려는 성향을 가지고 있습니다. 그리고 인간도 또한 지구 어머니의 자녀로서 균형을 유지하려는 욕구를 가지고 있습니다. 그러나 인간은 영적 세계에서 내려온 영혼을 지니고 있으므로 동물 이상의 존재입니다. 영혼은 신성한 아버지의 자녀이며, 영혼 또한 균형을 유지하려고 애를 쓰게 됩니다. 그럼에도 영혼이 불균형을 보이는 것은 어떠한 외부의 힘이 육체와 영혼 간의 자연스러운 균형을 잃도록 조종하고 있기 때문인 것입니다. 그럼 이제 이 외부의 힘이 무엇인지에 대해 알아보겠습니다.

나의 아들 예수가 설명했듯이, 하느님 아버지-어머니께서는 형태를 지닌 전 우주를 창조하셨습니다. 하느님 아버지-어머니의 특성은 도교(道敎)에서 말하는 상징적인 태극(太極)의 형상으로 가장 멋지게 설명할 수 있습니다. 이 태극의 도형은 기본적으로 우주가 지닌 두 개의 힘을 표시하며, 이 두 개의 힘 중에서 하나는 확장하려는 하느님 아버지의 힘을 나타내고, 또 하나는 수축하려는 어머니의 힘을 나타냅니다.

하느님 아버지의 본성은 확장하고, 성장하며, 자기초월(self-transcend)을 하는 것입니다. 하느님 어머니의 본성은 수축하는 것이지만, 아버지의 성장을 제한하는 방식으로 수축하는 것이 아닙니다. 어머니의 본성은 확장하려는 아버지의 힘이 균형을 이루면서 성장해갈 수 있도록, 그 반대의 힘(평형력)을 제공하여 균형을 유지하도록 만들어줍니다.

여기에서 이야기하고자 하는 것은 형태의 세계가 지닌 속성은 확장하는 것이며, 따라서 이러한 이유 때문에 우주 전체가 실제로 확장하고 있다는 것입니다. 이러한 성장은 아버지의 확장하는 힘과 어머니의 수축하는 힘 사이에 조화로운 상호작용에 의해서 이루어지게 됩니다. 이러한 것을 통해 알 수 있는 것은 확장하는 힘과 수축하는 힘이 서로 상반(모순)되는 것이 아니라, 상호보완적인 관계라는 것입니다. 이 둘은 상대편을 무용지물(無用之物)로 만드는 것이 아니라, 서로 균형을 이루도록 도와줍니다. 그러므로 이 두 개의 힘은 반드시 필요한 것이며, 서로가 올바른 관계를 형성해야 합니다. 달리 표현하면, 이 두 개의 힘은 서로 상호작용을 일으키면서 자손을 만들어내게 되며, 그 자손의 형태는 아버지와 어머니 힘 간의 균형에 의해 결정되는 것입니다.

여러분이 또한 잘 알다시피, 원래 아버지의 힘이 어머니의 힘보다 다소 더 강하게 돼 있습니다. 때문에 (이 힘에 의한 종족보존을 통해) 자손들이 살아남게 되는 것이며, 다시 말해 이는 그것이 계속 성장하고 자신을 초월하게 된다는 의미입니다. 그리고 바로 이러한 **자기초월과 성장이 형태를 지닌 이 우주 전체가 지닌 목적이며, 존재의 이유인 것입니다.** 이 때문에 성경에서는 아버지가 집안 식구의 우두머리라고 하는 것입니다. 이 말이 성(性)적인 면에서 불평등해야 한다는 말이 아닙니다. 왜냐하면 하느님 아버지와 어머니는 모든 면에서 절대 평등하기 때문입니다. 단지 이 둘은 창조라는 드라마에서 서로가 다른 기능, 서로 다른 역할을 가지고 있을 뿐입니다.

한 가정에서 남편과 부인이 동등해야 하지만, 아버지(신성한 아버지란 전 우주를 의미함)의 역할은 가정이 성장과 끊임없는 자기초월을 이루게 하는 확실한 장소가 되게 하는 것입니다. 그리고 어머니의 역할은 성장이 균형을 이루도록 하여 모든 참여자가 잘 양육될 수 있도록 하는 것입니다. 이 두 개의 힘이 올바른 극성(極性) 속에 있을 때 확장하려는 아버지의 힘이 항상 수축하려는 어머니의 힘보다 약간 더 강해지게 됩니다. 그렇지 않으면, 성장이란 있을 수 없으며, 전 우주 혹은 일부의 우주라도 정체되고 말 것입니다.

그러므로 이제 여러분은 만약 둘 중에 어느 하나의 힘이 너무 지나치게 강해진다면, 그로 인해 불균형한 상태가 초래된다는 것을 이해할 것입니다. 만약 아버지의 힘이 어떠한 제약도 받지 않고 계속 확장하게 되면, 너무 강력하게 팽창하게 되어 스스로를 유지할 수 없을 뿐만 아니라 모든 피조물들도 산산조각 나고 말 것입니다. 바꾸어 말해, 우주가 무제한으로 확장한다면, 모든 은하와 태양, 행성들도 산산조각날 것이며, 생명체가 살아갈 근거마저 잃게 될 것입니다. 또 다른 한편으로 어머니의 수축하려는 힘이 너무 강해지면, 아버지의 성장이 멈추게 되며, 따라서 우주도 정체될 것입니다. 과학자들이 발견한 것처럼, 정체는 곧 바로 수축을 불러오게 되며, 궁극에는 역시 스스로의 무게를 견디지 못하고 붕괴되고 말 것입니다. 그러므로 여러분은 이제 우주의 조화로운 성장은 올바른 극성(極性)과 하느님 아버지-어머니의 확장하고 수축하려는 힘 간의 적절한 균형에 달려있다는 사실을 이해했을 것입니다.

창조와 자유의지

사랑하는 이들이여, 이제 우주가 지닌 두 개의 기본적인 힘에 대해 이해가 되었으리라 생각합니다. 이제는 하느님께서 전혀 다른 별개의 두 가지 진화방식을 창조하셨다는 사실을 알아야 할 필요가 있습니다. 하느님께서는 영적세계라고 부르는 천상에서 봉사할 많은 영적인 존재들을 먼저 창조하셨습니다. 그리고 이 영적존재들은 많은 인간들이 천사(天使)라고 부르는 존재들입니다. 영적존재라는 개념을 보다 더 명확하게 하기 위해서 나는 천사라는 용어를 사용하겠습니다.

앞에서 예수가 설명했듯이, 하느님 아버지-어머니께서는 서로 다른 많은 층, 혹은 세계들을 창조하셨습니다. 이러한 세계들 중에서 가장 낮은 세계가 여러분이 살고 있는 우주, 즉 물질우주입니다. 그 후 하느님께서는 천사의 진화방식과는 다른 또 하나의 진화방식을 창조하셨습니다. 이 존재들은 물질세계로 내려와 밑바닥에서부터 시작하여 하느님께서 창조하신 창조계의 다른 경로를 통해 꼭대기까지 오르게 되어 있습니다. 이러한 존재들 중에서 지구에 가장 먼저 내려왔던 존재가 바로 인간이었습니다. 성경에 기록된 것처럼, 인간은 천사보다 약간 낮게 만들어졌습니다. 이 말은 천사가 하느님의 보다 높은 자각(自覺)으로 창조되었다는 것을 의미합니다. 그리고 인간은 하느님께서 지니신 이러한 자각상태를 점차적으로 습득해갈 수 있는 기회를 가지게 됩니다. 그러나 인간은 반드시 형태를 지닌 세계의 다른 경로를 통해 상승함으로써 이러한 자각을 습득해야만 합니다.

천사들 중에는 인간에게 봉사하고, 진화과정에 있는 인간을 도와야 하는 임무를 부여받은 천사들도 많이 있습니다. 예수가 가장 큰 사람이 되고자 하는 자는 모든 사람들의 종이 되어야 한다(마가복음 9:35)[23]고 말하면서 제자들에게 설명했던 하나의 원칙이 바로 이것입니다. 알다시피 모든 것 중에 가장 높은 존재는 하느님입니다. 그러나

---

23) "예수께서 앉으사 열 두 제자를 불러서 이르시되, 아무든지 첫째가 되고자 하면 뭇사람의 끝이 되며 뭇사람을 섬기는 자가 되어야 하리라 하시고 (마가 9:35)"

인간이 만든 모든 권력을 쥔 통치자로서의 하느님이라는 이미지와는 반대로, 하느님께서는 모든 것 중에서 가장 비천한 존재입니다. 진실로 하느님께서는 모든 사람들의 종이십니다. 왜냐하면 하느님께서는 자신의 실체, 자기 스스로의 존재를 형태의 세계 속에 가두어놓고 계시기 때문입니다. 하느님께서는 자유의지를 지닌 의식적인 존재들이 자신이 원하는 것은 무엇이든 할 수 있도록 허용하셨습니다. 그리고 하느님께서 이렇게 하신 이유는 자신의 아들과 딸들에게 성장의 기회를 주기 위해서입니다. 따라서 하느님께서는 진정으로 모든 것들의 가장 큰 종이라 할 수 있는 것입니다.

하느님께서는 자신의 존재를 삼라만상 모든 것 속에 깊숙이 심어놓으심으로써 자신의 형상을 따라 창조한 모든 존재들에게 하느님의 가장 높은 곳까지 도달할 수 있는 잠재력을 주셨습니다. 그리고 이 잠재력을 통해 모든 존재들은 자신만의 우주를 창조할 수 있게 하신 것입니다. 그러나 그러한 신성(神性) 또는 신의식(神意識:하느님과의 합일상태)을 성취하기 위해서는 자기보다 낮은 존재들의 종이 되겠다는 것을 증명해 보여야 합니다. 정말로 그렇습니다. 그러므로 최고로 높은 천사들이 천사들보다 낮은 인간에게 봉사해야 하는 임무를 부여받은 것은 참으로 당연한 것입니다. 그럼에도 불구하고 천사들 중에도 개중에는 내가 설명한 법칙을 이해하지 못하는 천사들도 있습니다. 이러한 천사들은 인간에게 봉사해야 하는 이유도 이해하지 못할 뿐더러 인간에게 봉사하려고도 하지 않습니다.

성경에 설명돼 있듯이, 그리고 나의 아들 예수가 보다 자세하게 설명했듯이, 천사들은 인간에게 봉사해야만 한다는 칙령을 어기고 더군다나 반란까지 일으켰던 한 천사가 있었습니다. 성경에는 악마 또는 사탄이라고 기술되어 있지만, 내가 말하는 이 존재는 루시퍼(Lucifer)24)라 불리는 존재이며, 그는 천상에서 반란을 일으켰습니다. 이 반란은 인간에게 봉사하라는 하느님의 부름에 대한 일종의 저항이었습니다. 이로 인해 아주 많은 천사들이 루시퍼와 같은 편이 되었으며, 결국에는 그와 함께 반역에 동조했던 것입니다.

---

24) 성경의 [요한계시록 12:7-9]에 의하면, 루시퍼는 일반적으로 악마와 사탄으로 불리고 있다. (저자 주)

사랑하는 이들이여, 천사들도 자유의지(自由意志)를 가지고 있지만, 천사들의 자유의지는 인간의 자유의지와는 약간 다릅니다. 알다시피 천상에 있는 존재들은 하느님의 법칙을 충분히 자각하고 있습니다. 그리고 이러한 자각에는 반드시 책임이 뒤따르게 되는데, 이는 천상에 있는 존재들은 하느님의 법칙이라는 틀 안에서 자유의지를 행사해야 하며, 고의적으로 하느님의 법을 위반할 수 없다는 것을 의미합니다. 예컨대 만약 어느 한 천사가 하나님의 법을 거스르게 되면, 그 천사는 천상에 머물러 있을 수가 없으며, 반드시 물질우주로 내려와야 합니다. 그러나 인간은 이미 물질우주에 존재하고 있으므로 더 이상 어떤 곳으로 떠나지 않고도 하느님의 법칙을 (일정한 범위 내에서) 위반할 수가 있습니다. 인간이 자유의지를 남용한 것에 대해서는 분명히 충분한 책임을 져야하겠지만, 그렇다고 물질우주를 떠나야 하는 것은 아닙니다.

루시퍼의 반란을 충분히 이해하기 위해서는 널리 알려진 신화(神話)와는 반대로 루시퍼는 사악한 존재가 아니었다는 사실을 알아야 할 필요가 있습니다. 그는 하느님에 의해 본래 거대한 빛의 존재로 창조되었습니다. 루시퍼의 문제는 자만(自慢)이었으며. 이 자만으로 인해 자신이 하느님보다 더 잘 알고 있다고 느끼게 되었습니다. 그리하여 그는 하느님께서 인간에게 자유의지를 부여하려는 계획과 천사가 인간을 도와야 한다는 요청이 하나의 재앙을 불러오게 될 거라고 믿었습니다. 또한 루시퍼는 이로 말미암아 인간과 천사들이 길을 잃게 되고, 결국 물질우주의 파괴를 가져올 것이라고 생각했던 것입니다.

그리고 이러한 자만 때문에, 결국 루시퍼는 자신이 하느님을 구해야 한다고 생각하기에 이르게 되었습니다. 그는 자신의 결정이 가져올 결과를 하느님께서 이해하시지 못한다고 생각했으며, 따라서 루시퍼는 자신이 하느님의 잘못을 바로 잡지 않으면 안 된다고 생각하게 되었습니다. 루시퍼는 자신의 행동이 분명히 하느님의 법칙을 어기는 것이라는 사실은 알고 있었지만, 더 큰 재앙을 막기 위해서 하느님의 법칙을 위반할 수밖에 없다고 믿기 시작했습니다. 그러므로 루시퍼는 목적이 수단을 정당화하는 사고방식, 그리고 선(善)을 드러내기 위해 악(惡)을 행할 수 있다는 사고방식의 아버지가 되었던 것입니다.

그리하여 루시퍼는 하느님의 창조계를 보존하기 위해서 하느님의 법을 위반할 필요가 있다는 환상의 희생물이 되고 말았습니다. 그러나 실제로 하느님의 창조계를 보호할 수 있는 유일한 방법은 하느님의 법칙을 따르는 것입니다. 왜냐하면 하느님의 법칙만이 균형 잡힌 성장을 보장해주기 때문입니다. 자신이 지닌 모든 빛과 억지궤변 때문에 루시퍼는 이러한 진실을 이해하지 못했으며, 결코 자신의 환상을 꿰뚫어볼 수가 없었던 것입니다.

천상(天上)에서의 전쟁

성경에 따르면, 천상에서 전쟁이 있었으며, 루시퍼와 루시퍼를 따르는 천사들이 싸움을 일으켜 천상에서 추방되었다고 기록되어 있습니다. 그런데 천상에서의 전쟁은 지구에서의 전쟁처럼 실제로 싸움을 벌이지는 않습니다. 지구에서는 양측이 분노와 증오심을 가지고 싸우지만, 천상에서는 단 한쪽에서만 싸우고 분노하게 됩니다. 알다시피 하느님께서는 루시퍼의 반란으로 인해 우롱당하지 않으셨습니다. 반란에 참여하지 않은 천사들은 평화를 유지했으며, 따라서 루시퍼와 루시퍼의 에너지에 관여하지 않았습니다. 이러한 천사들은 하느님 아버지-어머니와 조화를 이룬 상태에서 균형을 유지하고 있었으므로 루시퍼는 이들에게서 가져갈 것이 아무 것도 없었으며, 따라서 루시퍼는 그들이 자신과 싸우게끔 할 수가 없었습니다.

그러므로 성경에 설명되어 있는 대로, 루시퍼는 천상에서 추방되었습니다. 하느님의 법칙을 거스르는 반란으로 인해 루시퍼는 스스로 천상을 떠나게 된 것입니다. 루시퍼가 스스로 떠나게 된 것은 반란을 통해 자기의 의식(意識)의 진동이 낮아지게 되었고, 그의 의식이 어느 수준 아래로 떨어지게 되자 더 이상은 고차원의 진동을 인식할 수 없게 되었기 때문입니다. 따라서 루시퍼는 물질우주의 낮은 진동 밖에는 볼 수가 없게 되었던 것입니다.

알다시피 전쟁을 일으킨 유일한 존재는 루시퍼였습니다. 루시퍼는 하느님에게 대항했으며, 하느님의 법칙, 그리고 창조 그 자체의 기본적인 의도(意圖)인 자기초월의 필요성을 무시하고 고의로 반란을 일으켰습니다. 또한 루시퍼는 천상의 모든 천사들을 하느님에게 대항하는 전쟁으로 끌어들이려 했었습니다. 모든 천사들이 자기의 편에 서게 되면, 하느님께서도 자신의 주장과 논리에 따르지 않을 수 없을 거라는 교만한 생각 때문에 루시퍼가 이 반란을 일으켰던 것입니다. 그리고 이러한 교만에 압도되어 루시퍼는 우주의 작동원리와 영혼의 구원방법에 대해 자신이 하느님보다 더 잘 알고 있다고 생각했던 것입니다.

루시퍼에게 일어났던 실상은 루시퍼가 성장을 두려워했고, 자신을 초월하고자 하는 마음이 없었다는 것입니다. 알다시피, 루시퍼는 가장 높은 천사들 가운데 하나였습니다. 그는 천사의 세계에서 올라갈 수 있는 최고까지 올라갔으며, 따라서 루시퍼는 자신이 아주 강력한 존재이고, 무엇이든 할 수 있다고 느끼게 되었습니다. 그러나 하느님의 법칙은 자기초월입니다. 그리고 여러분 같으면 꼭대기에 도달하고 난 후에 어떻게 자기 자신을 초월할 수 있겠습니까? 그것은 오로지 자기 스스로가 모든 것의 종이 됨으로써 가능해지는 것이며, 루시퍼가 하고자 하지 않았던 것이 바로 이것이었습니다. 따라서 루시퍼는 균형이 무너지게 되었으며, 그는 우주가 항상 똑같이 머물러 있기만을 바랐습니다. 왜냐하면 그래야 자신이 통제 할 수 있다고 느꼈기 때문입니다.

자기가 무엇이든 할 수 있다는 느낌을 계속 유지하기 위해 루시퍼는 하느님의 여성적인 측면이 지닌 수축하려는 힘을 불균형한 상태에 놓이게 하여 성장을 멈추게 하려고 시도했습니다. 그리고 이러한 불균형으로 인해 루시퍼는 자신의 의식이 밀도가 짙어짐에 따라 영적세계가 지닌 고차원적인 진동을 더 이상 인식할 수 없게 되었습니다. 루시퍼가 물질세계로 떨어지게 된 것은 루시퍼라는 존재의 내면에 있는 여성적인 측면이 균형을 이루지 못했기 때문이며, 이러한 불균형으로 인해 루시퍼는 만족할 줄 모르는 지배욕을 가지게 되었다고 말할 수도 있습니다. 이러한 지배를 계속 유지하기 위해, 루시퍼는 여성적인 힘 자체를 활용하여 모든 것을 제한하고 수축시키게 되면, 성장과 자기초월을 할 필요가 없게 될 것이라고 생각했던 것입니다.

말하자면, 루시퍼가 하느님 어머니의 측면을 왜곡시킨 첫 번째 사례라고 할 수 있습니다. 여러분도 하느님 어머니의 측면을 왜곡시키게 되면 어떻게 되는지를 부디 이해하기 바랍니다. 어머니의 수축하려는 힘을 왜곡시키게 될 경우, 여러분은 양 극단의 한 쪽으로 치우칠 수가 있습니다. 즉 성장과 자기초월을 거부하게 되거나, 혹은 하느님의 법칙으로부터 지나친 자유를 요구하게 됩니다. 다시 말해 성장을 거부하거나, 또는 보다 높은 권한을 가진 존재로부터 어떠한 제약도 받지 않고 성장할 수 있는 방안을 찾고자 모색하게 되는 것입니다. 어떠한 방법이든 그것은 불균형의 상태로 이어지게 되고, 그 결과 더 이상 아버지의 왕국에 머물러 있을 수 없을 정도로 의식의 밀도가 짙어지게 될 것입니다. 그 다음에는 수축하려는 어머니의 힘이 천상에 머물 수 있게 하는 힘보다 더 강해짐에 따라 물질세계로 내려올 수밖에 없게 되는 것입니다.

고차원의 영적세계는 확장하려는 아버지의 힘이 더 강하며, 따라서 그 세계가 지닌 진동이 대단히 높습니다. 그리고 형태의 세계를 향해 아래로 계속 내려가면, 마침내 물질우주로 내려오게 됩니다. 물질우주로 내려올수록 에너지의 진동수는 점차 낮아지게 되는데, 이러한 이유 때문에 물질우주가 영적세계보다 더 짙은 밀도를 가지게 되는 것입니다. 그렇다고 처음부터 물질세계가 균형이 맞지 않았다는 뜻은 아니며, 확장하려는 힘과 수축하려는 힘 사이의 균형이 영적세계의 균형과는 다소 차이가 있다는 뜻입니다.

악마는 이미 여러분 곁에 내려와 있다.

루시퍼는 어머니의 수축하려는 힘을 악용했으며, 따라서 어쩔 수 없이 밀도가 짙은 물질우주로 내려올 수밖에 없게 되었습니다. 이것은 한 때 고차원의 영적세계에서 살았던 한 천사에게는 엄청난 변화였습니다. 자신의 교만으로 인해 루시퍼는 낮은 세계로 떨어지게 된 것을 자신의 계급이 추락했다고 이해하게 되었는데, 어떤 의미에서는 이것이 옳다고도 할 수 있습니다. 그리고 그는 하느님에 대한 분노를 가지고 있었기 때문에 낮은 세계로 내려오게 된 것에 대해 엄청나게 분개했습니다. 더욱이 어머니의 빛을 악용하고자 했던 존재가 바로 자신임에도 불구하고, 이에 대한 모든 책임을 이제는 하느님 어머니의 탓으로 전가하고 있습니다.

이처럼 루시퍼가 낮은 세계로 내려오게 된 이유는 하느님에 대한 반역을 멈추지 않았기 때문이었습니다. 루시퍼는 자신의 잘못을 인정하려 하지 않았으며, 자기 자신을 하느님의 법칙과 일치하도록 다시 고침으로써 그 실수를 만회하려고 하지도 않았습니다. 그리고 루시퍼가 자신의 행위에 대한 책임을 지려 하지 않았으므로 그는 자신의 죄를 대신할 희생양이 필요하게 되었습니다. 그리하여 루시퍼는 그 책임을 어머니에게 전가시키고, 어머니에 대한 강한 증오심을 키우게 되었습니다. 또한 루시퍼는 인간에게도 그 책임을 전가시켰는데, 그 이유는 결국 자신이 추락하게 된 발단이 인간에게 봉사하라는 요청을 거부했기 때문이었습니다. 루시퍼는 자신의 선택에 대해 책임을 지려고 하지 않으면서부터 그 허물을 인간에게 돌리게 되었던 것입니다. 이것이 바로 성경에서 "악마가 자기의 때가 얼마 남지 않은 줄을 알기 때문에, 크게 분노하여 너희에게 내려갔다.(계시록 12:12)"라고 한 까닭입니다.

어느 천사가 물질우주로 내려오게 되면, 인간의 영혼이 꼭대기까지 올라갈 수 있는 것과 마찬가지로 그 천사도 영적세계로 다시 올라갈 수 있는 가능성은 가지고 있습니다. 그러나 이 두 가지 형태의 존재들이 그 가능성을 언제까지나 마냥 가지고 있을 수 있는 것은 아닙니다. 다시 말해 **거기에는 정해진 기간이 있으며, 그 때까지 이들이 상승할 수 있는 자격을 갖추었다는 것을 입증해야 합니다.** 그래야만 고차원의 세계로 올라갈 수가 있는 것입니다. 만약 이들이 정해진 기간 내에 상승하지 못하게 되면, 예수가 설명했듯이 두 번째 죽음이라는 의식(儀式)을 통해 소멸하게 될 것입니다. 그리고 **루시퍼와 루시퍼를 따랐던 모든 천사들도 루시퍼가 오직 일정한 시간 동안만 물질세계에 머물러 있을 수 있다는 것을 알고 있었습니다.**

그러나 분노에 눈이 멀어 루시퍼는 자신의 결정을 번복하지 않았으며, 다시 하느님에게 돌아가려고도 하지 않았습니다. 그 대신 루시퍼는 여기 물질세계에서 하느님과 맞서 자기 스스로가 만든 일방적인 전쟁을 실행하기로 결심했습니다. 루시퍼는 이 물질세계의 힘을 이용하여 모든 인간들을 하느님의 의지에 대항하는 반란에 참여시켜 복수를 하고자 합니다. 그리하여 그는 하느님의 계획, 즉 인간이 꼭대기까지 올라가서 그들 스스로 신(神)들이 될 수 있게 하는 이러한 계획을 파괴하고자 했습니다.

사랑하는 이들이여, 이 중요한 측면을 이해하기 바랍니다. 루시퍼가 원래 반란을 일으키게 된 것은 인간의 영혼들에게 자유의지가 주어지게 되면, 이로 인해 영혼들이 길을 잃게 되고, 우주도 스스로 파괴를 맞이하게 될 것이라는 데에 근거를 두고 있었습니다. 루시퍼가 추락한 후에 그가 행했던 모든 것, 그리고 그의 추종자들이 지금 하고 있는 모든 일들은 루시퍼가 원래 가졌던 생각이 옳았다는 것을 증명하는 데 모든 초점이 맞추어져 있습니다. 루시퍼는 자신의 말이 그대로 이루어지는 자기실현적 예언이 되기를 원했습니다. 따라서 그는 모든 영혼들이 길을 잃고 우주도 스스로 파괴되기를 원했던 것입니다. 만약 일이 그렇게 진행되었더라면, 루시퍼는 자신이 옳았고, 하느님이 틀렸다고 느꼈을 것입니다.

사랑하는 이들이여, 부디 루시퍼의 오만함을 이해하기 바랍니다. 루시퍼는 자신이 옳았고 하느님께서 틀렸다는 것을 증명하기 위해 말 그대로 모든 영혼들뿐만 아니라 전 우주를 파괴할 준비가 돼있었습니다. 하지만 이것은 모든 것의 종이 되라는 요청을 근본적으로 왜곡하는 행위라 아니 할 수가 없습니다. 모든 것에 봉사하는 대신, 루시퍼는 모든 것들을 자신이 옳았다는 것을 증명하기 위한 노예로 삼고자 했던 것입니다. 이러한 비이성적인 의식 상태를 굳이 설명할 필요가 있을까요? 이러한 존재들이 마음을 바꿔 빛을 보게 할 방법이 있다고 생각하십니까? 루시퍼와 같은 마음 상태를 가진 존재들은 특별한 이유도 없이 하느님 어머니의 실체, 즉 물질우주의 매-터(ma-ter)로부터 나온 것과 싸우고자 합니다. 따라서 이 지구에서 어둠을 걷어내기 위한 유일한 방법은 하느님의 빛을 가져오는 것이며, 이 빛은 하느님께서 지니신 확장하고 수축하는 힘의 완벽한 균형에서 나온 빛입니다. 오로지 이 빛만이 우주가 지닌 두 개의 기본적인 힘 간의 불균형으로 인해 생겨난 어둠을 대체할 수가 있습니다. 빛의 부재(不在)가 어둠이듯이, 불균형도 단지 균형의 부재에 불과한 것입니다.

　루시퍼의 계획은 인간들을 조종하여 하느님에게 대항하는 전쟁을 일으키는 것이며, 그 과정에서 인간들이 서로 자멸하도록 만드는 것임을 이제 알 수 있을 것입니다. 그렇다면 하느님에게 대항하는 반란의 형태가 궁극적으로 이 물질우주에서 어떠한 형태로 나타나게 될까요? 하느님께서 인간, 즉 인간의 영혼들에게 주신 최고의 선물은 생명 그 자체입니다. 따라서 하느님에게 대항하는 반란의 형태도 궁극적으로는 자살이든 타살이든, 아무튼 생명을 빼앗는 것이 될 것입니다.

　그러므로 아는 바와 같이 하느님에게 대항하는 이 전쟁에서 루시퍼는 인간들을 조종하여 서로를 죽이는 전쟁으로 몰아가기로 결심하게 되었습니다. 이러한 전략이 갖는 하나의 목적은 인간이 자유의지를 책임 있게 사용할 수 있는 능력이 없다는 자신의 당초 주장이 옳았다는 것을 증명하는 것입니다. 또 다른 하나는 어둠의 존재들에게는 전쟁이 생존을 계속 유지할 수 있는 하나의 방법이기 때문입니다. 예수가 설명한 바와 같이,25) 어둠의 세력들은 하느님의 빛으로부터 단절되었으며, 이로 인해 낮은 진동의 빛 밖에는 흡수할 수가 없습니다. 따라서 이들은 사람들이 하느님의 빛에 권능을 잘못 부여하도록 조종하지 않을 수가 없으며, 그렇게 함으로써 어둠의 세력들은 그 빛을 손에 넣을 수가 있게 되는 것입니다.

　전쟁이란 행위가 루시퍼가 가진 두 가지의 목적을 이루게 해준다는 사실을 이제 이해하게 되었을 것입니다. 그 목적 중에 하나는 인간이 서로 상대방을 죽이게 함으로써 그들이 극단적인 카르마(業) – 극도로 불균형 상태를 창조 – 를 생성하도록 유도하여 궁극적으로 영적 세계로 상승하지 못하게 하는 것입니다. 또 다른 하나는 사람들이 엄청난 양의 에너지에 권능을 잘못 부여하게 함으로써 이를 통해 어둠의 세력들이 스스로를 보존하고 인간에 대한 자신들의 영향력을 확장하고자 하는 것입니다.

어둠의 세력들은 어떻게 인간을 조종하는가?

---

25) <그리스도는 여러분 내면에서 탄생한다>를 참고할 것.

어둠의 세력들이 인간을 조종하여 서로 간에 전쟁을 일으키게 할 수 있는 수단이 무엇이 있을까요? 이들은 가능한 모든 수단을 다 사용하고자 할 것입니다. 왜냐하면 이들의 주요 목적은 사람들로 하여금 내면의 균형을 이루지 못하게 하는 것이기 때문입니다. 사람들이 균형을 이루지 못하고 중심을 잡지 못하게 되면, 매사가 양 극단으로 치우치게 됩니다. 따라서 이런 사람들이 루시퍼가 타락하여 목적이 수단을 정당화할 수 있다고 믿었던 것과 똑같은 덫에 빠지게 되는 것은 시간문제라 할 수 있습니다.

사람들이 균형을 잃게 되면, 하느님의 은총, 즉 하느님께서 지니신 두 개의 기본적인 힘 간에 완벽한 균형을 잃게 되어 타락하게 됩니다. 그렇게 되면 그들은 동요하게 되고, 평화로운 느낌을 상실하게 되어 평화를 되찾기 위해서는 무슨 일이든 해야 한다고 느낍니다. 마음의 동요가 더 심해지면, 이들은 대개 마음의 동요를 일으킨 장본인이 누구라고 지목하게 되며, 이러한 사람들을 자신들과 다르다는 이유로 위협의 대상으로 여기게 됩니다. 그리고 이러한 불균형이 자신들에게 너무나 위협적이기 때문에 이러한 불균형을 즉각적으로 제거하는 것이 장기적으로 근심을 없애는, 또는 고차원적인 원리를 무력화시키는 방법이라고 느끼게 됩니다. 따라서 그들은 대개 평화를 되찾는 궁극적인 방법이 그러한 불균형을 야기했다고 생각되는 사람들을 죽이는 것이라는 결론에 이르게 되는 것입니다.

어둠의 세력들이 주로 사용하는 수단은 창조의 과정인데, 다시 말해 네 가지 원소로 이루어진 창조의 과정 그 자체를 이용하는 것입니다. 예수가 언급했듯이, 세상은 4가지 기본적인 원소인 아버지와 아들, 어머니와 성령으로 구성되어 있으며, 이 네 가지는 불(火)과 바람(風), 물(水), 그리고 땅(地)에 해당합니다. 이러한 네 가지 원소들이 완벽하게 균형을 이루고 있으면, 우주는 조화로운 방식으로 성장해갈 것입니다. 그러나 만약에 하나 또는 그 이상의 힘이 극단에 치우치게 되면, 불균형이 초래됩니다. 어둠의 세력들은 사람들을 조종하여 상대방을 죽이고, 죽일 필요가 있다고 느끼게 만드는 데 필요한 것이라면, 어떠한 원소라도 이용할 수 있습니다. 뿐만 아니라 하느님께서도 이것을 정당화시켜 주실 거라고 느끼고 있는 것입니다. 이제 이 네 가지 원소들에 대해 살펴보겠습니다.

● 아버지의 요소는 확장하려는 힘으로서, 영혼들에게 성장해갈 수 있는 추진력과 자신을 초월할 수 있도록 자유의지를 부여해줍니다. 아버지께서는 우주가 균형을 유지할 수 있도록 일정한 법칙을 제정하시며, 이러한 법칙을 통해 영혼들은 스스로를 파괴하지 않고도 성장해갈 수 있게 되는 것입니다. 아버지께서는 지속적이고 균형 잡힌 성장을 바라십니다.

● 어머니의 요소는 수축하려는 힘입니다. 어머니는 아버지의 창조적인 힘에 순응하는 요소이기도 합니다. 어머니의 역할은 영혼들이 자유의지를 표현할 수 있도록 해줌으로써 영혼들이 실험하고, 체험할 수 있게 해줍니다. 그러나 어머니는 영혼들이 너무 빠르게 확장하여 자신의 정체성을 상실하지 않고도 자유로운 성장을 할 수 있도록 반대의 힘을 제공하여 균형을 잡아주는 힘(平衡力)이기도 합니다. 어머니의 역할은 안전한 환경을 제공하고, 안정적으로 성장해갈 수 있게 하는 것입니다. 다시 말해 성장을 멈추게 하는 것이 아니라 영혼들이 안정을 유지할 수 있게 하며, 영혼들이 성장해감에 따라 그들을 보살펴주는 역할을 하게 됩니다.

말하자면 아버지가 성장을 이끈다면, 어머니는 그 성장이 안정적으로 유지되도록 하는 것이라 할 수 있습니다. 지속가능한 성장을 이루기 위해서 영혼은 반드시 스스로 지니고 있는 확장하고 수축하는 힘 간에 균형을 이루어야 합니다. 영혼들은 이러한 균형을 어떻게 유지할까요? 그것은 다름 아닌 아들의 의식(意識)을 통해서 균형을 이루게 되는 것입니다.

● 아버지와 어머니에 의해 생겨난 산물이 아들이며, 아들의 역할은 확장하고 수축하는 힘 간에 균형이 이루어지도록 하는 것입니다. 그리고 이는 창조하고자 하는 내용물에 대한 이미지가 균형을 이루

고 있을 때만 가능한 것입니다. 이렇게 되기 위해서 아들은 반드시 하느님의 균형 잡힌 성장이 어떤 것인지, 그리고 그 성장이 너무 확장적이거나 너무 수축적이지 않은지를 식별할 수 있는 능력을 지니고 있어야 합니다. 영혼은 그리스도의 의식을 통해 하느님의 법칙 테두리 내에서 자유의지를 행사할 수 있으며, 그렇게 함으로써 지속적이고 균형 잡힌 성장을 유지할 수가 있습니다. 그러나 영혼은 그 영혼 자체만을 위해 성장하도록 창조된 것은 아닙니다. 영혼은 하느님과 함께 공동 창조자가 되도록, 그리고 물질우주에서 하느님의 완벽함을 표현하도록 창조되었습니다. 따라서 이 지구에 하느님의 왕국을 실현하기 위해 영혼이 창조된 것이며, 오로지 성령의 힘을 통해서만 영혼은 이것을 이룰 수가 있습니다.

- 성령(聖靈)은 생명력 그 자체입니다. 성령이 지속적으로 흐르지 않고는 어떤 것도 생존할 수가 없습니다. 성령의 역할은 하느님의 완벽함을 물질우주에 표현해내는 것입니다. 이렇게 되기 위해서는 균형 잡힌 성장이 계속 유지되어야만 합니다. 왜냐하면 균형 잡힌 성장은 아들의 완벽한 비전을 나타내는 것으로, 하느님 아버지-어머니의 확장하고 수축하는 힘 간에 극성이 완벽하게 하나로 통합되기 때문입니다. 성령은 하느님의 법칙에 완벽하게 일치되도록 스스로를 표현해내게 됩니다.

잘못된 극성(極性)

사랑하는 이들이여, 생존의 열쇠가 우주를 구성하는 기본적인 원소들 간의 균형에 있다는 것을 이해했기를 바랍니다. 어둠의 세력들은 이러한 균형을 방해하고자 하며, 이들은 영혼들이 확장하는 힘이나 수축하는 힘, 어느 쪽이든 잘못 사용하게 함으로써 이러한 균형이 이루어지지 못하도록 방해하고 있습니다. 이들은 영혼들을 조종하여 어느 하나의 힘이 극단에 치우치도록 만들어 잘못된 극성(極性)을 만들어내게 하고자 애를 쓰고 있는 것입니다.

우주는 하느님 아버지-어머니의 극성으로부터 창조되었습니다. 아버지와 어머니의 힘은 서로 상반되거나 상호 배타적이지 않습니다. 이들은 서로 보완적이며, 이 힘들이 만난다고 해서 서로 상대방을 상쇄시키지 않습니다. 그 대신 이 두 힘들은 서로 간의 상호작용을 통해 균형 잡힌 창조를 하게 됩니다. 가령 사람이 균형이 잡혀 있을 때는 계속 유지될 수 있는 어떤 것을 창조할 수 있으며, 또한 성장도 지속해갈 수 있게 됩니다. 사회도 균형을 이루고 있을 때는 스스로 파괴되지 않을 뿐더러 번영도 지속해갈 수가 있는 것입니다.

 루시퍼의 구상은 바로 이러한 극성을 파괴하는 것이었습니다. 루시퍼는 확장하려는 힘과 수축하려는 힘을 왜곡시켜 잘못된 극성을 창조해냄으로써 이것을 이루고자 했습니다. 이 두 힘 간에 균형이 이루어지지 않을 때, 여러분은 다음과 같은 두개의 극단을 창조합니다.

● 하나의 극단은 반(反)-아버지입니다. 절대적인 권위를 가진 아버지의 힘이 수축하려는 어머니의 힘과 결합하게 될 때, 반-아버지라는 극단의 힘이 창조됩니다. 이 힘은 봉건적인 형태의 권위를 만들어냄으로써 사람들이 가진 자유의지의 표현을 제약하고, 또 통제를 가함으로써 성장을 제약하려고 합니다. 이러한 힘은 자유를 위험한 것으로 간주하며, 따라서 이러한 자유를 없앰으로써 위험을 제거하려고 합니다. 그리고 이러한 반-아버지의 힘은 성장하고 초월해야 하는 하느님의 법칙을 사람들이 반드시 따를 필요가 없을 뿐더러 모든 것들이 계속 동일한 상태에 머물러 있을 수 있다는 거짓말을 낳게 됩니다.

● 또 다른 극단은 반-어머니입니다. 이 힘은 확장하려는 아버지의 추진력에 순응하려는 어머니의 힘이 결합함으로써 창조됩니다. 이 반-어머니의 힘은 어떠한 제약도 받지 않는 무제한의 자유에 대한 욕구를 만들어내게 되며, 이러한 욕구는 균형 잡힌 성장을 유지해야 하는 하느님의 법칙을 거역하는 반란으로 이어집니다. 그리고 이러한 반-어머니의 힘은 정부가 자유를 구속하는 모든 법과 제약들을 철폐해야 한다는 철학을 낳게 됩니다. 즉 자유를 얻기 위해서라고 말은 하지만, 자유는 오로지 하느님의 법칙이라는 안전한 틀

속에서만 존재할 수 있다는 것을 이해하지 못하고 있는 것입니다. 이것은 균형 잡힌 성장을 해야 하는 하느님의 법칙을 따르지 않아도 되고, 그 순간에 기분이 좋게 느껴지는 것은 무엇이든 해도 된다는 거짓에 빠지게 만듭니다. 또한 장기적인 결과나 고차원적인 원칙에 대해서는 걱정을 할 필요가 없다는 거짓말을 낳게 됩니다.

이 두 개의 힘은 잘못된 극성을 형성하게 되는데, 이렇게 되는 이유는 이 두 개의 힘이 서로 반목하고 상호 배타적이 되기 때문입니다. 통제에 대한 욕구는 무제약(無制約)에 대한 욕구를 말살하게 되므로 두 힘 간의 상호작용으로 계속 유지될 수 있는 산물이 만들어질 수가 없는 것입니다. 이러한 상호작용은 오로지 지속적인 긴장과 불균형만 초래할 뿐입니다. 사랑하는 이들이여, 태초 이래로 인간사회에서 보아 왔던 모든 갈등의 근원이 바로 이러한 잘못된 두 극성 간의 긴장이었던 것입니다.

인간이 타락하게 된 이후 어둠의 세력들은 사람을 조종하여, 이 양극단들 중의 어느 하나에 몰입하도록 사주해왔습니다. 그 첫 단계는 아들의 의식을 왜곡시키는 것입니다. 모든 것은 상대적이므로 절대적이고 궁극적인 진리란 존재하지 않는다는 관념을 사람들에게 심어줌으로써 이러한 의식(意識)의 왜곡이 가능해지게 됩니다. 이것이 바로 에덴동산에서 뱀이 이브를 유혹하는데 사용했던 의식입니다. 사람들이 상대적인 선악(善惡)을 알게 하는 과일을 먹게 되면, 이들은 하느님의 확장하고 수축하는 힘 간의 올바른 균형이 무엇인지를 더 이상 분간할 수 없게 되고, 하느님의 법칙도 더 이상 식별할 수 없게 됩니다. 따라서 사람들은 현실에 대한 잘못된 이미지를 만들어내게 됩니다. 그 후에는 이러한 잘못된 이미지가 진실한 것이고 자기들은 자신만의 세계를 규정할 권리를 가지고 있다고 믿게 되는 것입니다.

일단 사람들이 잘못된 이미지를 믿게 되면, 어둠의 세력이 이들을 조종하여 양 극성 중의 하나인 봉건적인 독재 또는 자유에 대한 과도한 요구를 쟁취하기 위해 투쟁하도록 만드는 것은 아주 쉬운 일입니다. 보시다시피 인간사회에는 이 두 개의 기본적인 힘이 작용하고 있으며, 하나는 과도한 통제를 통해 자유를 구속하려는 것이고, 또 하나는 규칙도 없는 잘못된 자유를 추구하는 것입니다. 사랑하는 이들이여, 나는 이 두 개의 힘들 중에서 어떠한 것도 사회가 적절한 균형을 회복하게 만들 수 없다는 사실을 여러분이 이해하기를 바랍니다. 적절한 균형은 오로지 하느님의 법칙을 따름으로서 가능해지는 것이며, 인간이 만든 법을 따르지 않아서이거나 법규가 미비해서 균형이 이루어지지 않는 것은 아닙니다.

사람들은 그리스도 의식, 즉 하느님 아들의 선물을 잃고 난 후 성령을 쉽게 왜곡하게 되었습니다. 이러한 왜곡으로 인해 사람들은 자신이 속해 있는 극단(極端)이 궁극적인 진실이며, 살아남기 위한 유일한 열쇠라고 느끼게 됩니다. 따라서 이들은 자유를 제한하거나, 혹은 모든 규제를 철폐해야 한다는 것에 대해 절대적인 필요성을 느낍니다. 또 이들은 자신들이 가진 권위가 하느님으로부터 특정 종교를 통해 나오는 것이라고 느끼게 되거나, 또는 하느님은 존재하지 않으므로 모든 제약으로부터 벗어날 당연한 권리가 있다고 느끼게 됩니다. 일단 어느 쪽이든, 사람들이 성령의 화염을 왜곡하게 되면, 이들은 자신들의 정당성을 입증하는데 필요한 것이면 무슨 짓을 해도 된다고 생각합니다. 이러한 사람들은 이제 목적이 수단을 정당화하고 선을 드러내기 위해 악도 행할 필요가 있다는 루시퍼의 거짓말에 쉽게 속아 넘어가게 되어, 결국 먹잇감으로 전락하고 맙니다. 마침내 이들은 쉽게 조종당하게 되어 보다 큰 재앙을 막기 위해서, 혹은 폭군을 타도하기 위해서 전쟁도 불사해야 한다는 위험한 상황 속으로 빠져 들어가게 되는 것입니다.

사랑하는 이들이여, 반-아버지와 반-어머니라는 두 개의 잘못된 극성 간에 끊임없이 긴장이 조성됨으로써 셀 수 없이 많은 전쟁이 일어났다는 사실을 이해할 수 있겠습니까? 사람들이 무엇을 믿건 관계없이, 이러한 전쟁들은 하느님 아버지-어머니의 참된 극성을 되찾는데 전혀 도움이 되지 않는다는 것을 알 수 있지 않은가요? 이러한 전쟁은 부정적인 에너지를 생성하여 성령의 흐름을 단절시키게 되며, 이는 필연적으로 사회의 붕괴를 초래하게 됩니다.

여러분의 육체가 살아 있는 것도 오직 모든 물질을 통해 성령이 흐르고 있기 때문입니다. 이것은 과학자들이 소위 열역학의 제2법칙이라 부르는 것으로서, 이 법칙은 밀폐된 세계 속에서 무질서(파괴)는 그 세계가 소멸될 때까지 계속 증가된다는 이론입니다. "밀폐된 세계(closed system)"란 말의 참된 의미는 성령이 흐르지 않는 구조를 지칭하는 것입니다. 따라서 그 세계는 불균형해질 수밖에 없으며, 궁극에는 소멸되고 맙니다.

영적인 무지

자기 파괴 내지 소멸로 이어지는 불균형의 과정은 과도한 통제나 과도한 규제철폐라는 두 개의 힘 중에서 어느 한 쪽, 혹은 양자에 의해 촉발되게 됩니다. 그러나 사람들은 그리스도 마음이 지닌 분별력을 사용하려 하지 않기 때문에 매사가 극단에 치우치고 있다는 사실을 알 수가 없습니다. 이로 인해 결과적으로 성령의 흐름이 차단되고, 사회는 심한 불균형에 빠지게 되어 목적을 달성하는 데 필요한 것이라면 무엇이든 할 수 있는 권리가 있다고 믿게 됩니다. 소위 이들이 말하는 목적이란 통제를 가하여 무정부상태 및 혼란을 방지하는 것이 될 수도 있고, 혹은 독재자를 제거하여 사람들을 속박에서 벗어나게 하는 것이 될 수도 있습니다. 그러나 만약 사람들이 전쟁을 벌이려 하거나, 사랑의 법칙을 위반하려 하거나, 자신들의 목적을 보장받고자 한다면, 이러한 행위는 그야말로 자신들이 불균형한 상태에 있다는 것을 증명하는 것이나 마찬가지라 할 수 있습니다.

어떤 권력을 가진 자들이 "목적이 수단을 정당화할 수 있다"는 주장을 믿기 시작하여, 이들이 사람들을 조종해서 자신들이 적(敵)이라 여기는 자들과 전쟁을 벌이도록 사주하는 경우가 종종 발생합니다. 이러한 엘리트 집단에 속하는 자들은 실제로 이러한 행위가 정당한 일이며, 심지어 특정 종교의 이름으로도 자신들의 정당성을 표현할 수 있다고 믿고 있습니다. 그러한 사회구조에 속해 있는 사람들은 하느님의 법칙에 따라 살인도 정당화될 수 있다고 믿고 있고, 심지어 하느님의 이름으로 자신들이 타인들을 살해할 신성한 의무를 지니고 있다고 느끼는 사람들조차도 있습니다.

사랑하는 이들이여, 하느님의 이름으로 동료 인간들을 죽여도 된다는 믿음은 그야말로 루시퍼와 루시퍼적인 사고방식의 승리라는 것을 여러분이 이제 이해할 수 있기를 바랍니다. "선(善)을 드러내기 위해 악을 행하자."라는 말과 "평화를 이루기 위해서 사람들을 죽이자."라는 말은 절대로 하느님이나 하느님의 대리인들이 한 말이 아닙니다. 이러한 말들은 환상 속에 빠져 하느님을 거역하고자 하는 자들과 하느님과 맞서 전쟁을 벌이고자 하는 자들이나 할 수 있는 말입니다.

이러한 사고(思考)는 최고 형태의 무지(無知)로 이어지게 되며, 사람들은 하느님의 실체 및 법칙들과 완전히 어긋나 있으면서도 인간이 만든, 혹은 악마가 만든 믿음은 참된 것인 양 절대적으로 확신하게 됩니다. 그러므로 그들은 타인들에게 온갖 수단을 다 동원하여 이러한 믿음을 강요하는 것이 궁극적으로는 정당하다고 느끼는 것입니다.

전쟁이 지구 어머니에게는 가장 큰 부담이다.

내가 이렇게 장황하게 설명하는 이유는 결국에는 전쟁이 불균형의 가장 큰 원인이 되며, 이 짐을 지구 어머니가 짊어져야 하기 때문입니다. 역사의 과정에서 전쟁으로 인해 권능이 잘못 부여된 엄청난 양의 에너지들이 만들어지게 되었으며, 이 에너지들은 지구의 에너지장에 축적되어 왔습니다. 이러한 불균형한 에너지의 강도가 종종 임계점에 도달하기도 하며, 현재는 잘못된 에너지들이 너무 많이 쌓여 있어 지구 어머니가 더 이상 견딜 수 없는 상황에 직면해 있습니다. 그리고 이러한 에너지가 자꾸 쌓이게 되면, 축적된 에너지는 자연재앙이라는 형태로 분출될 수밖에 없습니다.

앞에서 다섯 가지의 영적인 독소와 이 독소와 연결된 자연재해에 대해 설명한 바 있습니다. 내가 설명한 바와 같이, 영적인 독소들은 근본적으로 무지의 상태에서 생긴다는 것을 이해했으리라 믿습니다. 하느님의 실체와 어긋나 있을 때, 무지하여 균형을 이루지 못할 때, 사람들은 분노, 교만, 욕심, 질투라는 영적인 독소들을 생성하게 됩니다. 그리고 이러한 독소들 때문에 인간은 이 세상에서 하느님과 함께하는 공동 창조자가 되고자 하는 의지마저 상실하게 되는 것입니다.

지구에서 인류는 진화의 사슬에 있어서 가장 높은 위치에 자리하고 있습니다. 따라서 인간에게는 지구가 균형을 유지할 수 있도록 해야 하는 책임이 있습니다. 앞에서 설명한 바와 같이, 사람은 마음의 힘을 통해 창조를 하게 됩니다. 그리고 인간의 마음은 네 가지 측면을 지니고 있는데, 각각의 측면들은 다음과 같이 우주가 지닌 기본적인 힘들 중의 어느 하나에 상응하게 됩니다.

● 인간의 마음이 지닌 가장 높은 수준의 체(體)는 에테르체(Etheric Body)입니다. 이 몸은 사람들이 지닌 정체성의 자리로서, 영적인 근원에 대한 기억의 요체이기도 합니다. 이것은 아버지(聖父)의 요소에 해당됩니다. 에테르체의 임무는 자기초월이라는 가장 높은 가능성뿐만 아니라 하느님의 법칙과 사람들이 일치되도록 유지시켜 주는 역할입니다.

● 다음 단계는 정신체(또는 思考體, Mental Body)로서, 논리적이고 이성적인 마음을 지칭합니다. 이것은 아들(聖子)에 해당되며, 정신체의 임무는 확장하고 수축하는 힘 간의 균형감각(비전)을 유지시켜줍니다.

● 감정체(또는 아스트랄체, Feeling Body)는 어머니(聖母)에 해당됩니다. 이 감정체의 기능은 균형 잡히고 도움이 되는 환경을 유지시켜 줌으로써 영혼과 모든 생명체들이 가정과 행성에서 잘 양육되도록 보살펴주는 역할을 합니다.

● 육체의 마음(Physical mind) 혹은 두뇌는 성령(聖靈)에 해당되며, 그 기능은 물질세계가 하느님의 법칙과 비전에 맞는 상태로 머물러 있게 하는 것이며, 이렇게 함으로써 불균형과 자기 파괴를 피할 수 있게 합니다.

어둠의 세력들은 사람들의 마음을 불안하게 만들어, 이 네 개의 측면들 중의 어느 하나 또는 모두에서 불균형을 만들어내게 함으로써 내적인 평화를 잃게 하려고 애를 쓰고 있습니다. 내면의 평화를 잃게 되면, 외적인 투쟁이나 전쟁으로 번지는 것은 단지 시간 문제입니다. 겉으로 드러난 모든 전쟁들은 구성원들 간의 적대시, 즉 개인들 간의 정신적인 반목에서 시작됩니다. 그러므로 사회를 구성하는 사람들 중에 임계수치의 사람들이 내면적인 전쟁상태에 이르게 되면, 곧 바로 외부적인 세상의 전쟁으로 이어지게 되는 것입니다.

이제 여러분은 사람들이 어떤 방식으로 조종을 당해 영적인 독소들을 생산해내게 되는지에 대해 보다 깊이 이해했을 것입니다. 이러한 독소들은 인간이 외부의 적으로 인해 마음의 동요가 일어나는 것은 불가피하다거나, 그런 적개심이 종교의 율법에 의해 정당화될 수 있다고 생각함으로써 생겨나게 되는 것입니다. 하지만 전쟁을 하게 되는 진짜 원인은 불균형한 상태이므로 하느님께서 보시기에 전쟁은 결코 정당화될 수 없습니다. 하느님께서는 언제나 완벽한 균형 상태에 계시며, 그러한 불균형은 하느님의 의도와는 전혀 맞지 않는 것입니다. 궁극적인 면에서 인간의 불균형이 밖으로 표출되어 나타나게 되는 형태가 바로 전쟁 그 자체인데, 하느님께서 보실 때 왜 전쟁이 필요하다고 느끼시겠습니까?

승천한 대사들의 간절한 소망

사랑하는 이들이여, 이 행성에서 생명에게 가장 큰 위협이 되는 것이 전쟁이라는 것을 이제 이해할 수 있기를 바랍니다. 따라서 승천한 대사들이 바라는 가장 큰 소망도 균형 잡힌 사람들이 예전에 없던 각별한 노력을 기울여 이 행성에서 전쟁을 종식시켜 주는 것입니다. 분명히 말해서 전쟁을 종식시키기 위해서는 많은 활동들이 필요하게 될 것이며, 여기에는 내가 이 책에서 전해주는 가르침들을 사람들에게 일깨워주는 것도 포함될 수 있습니다. 그러면 사람들도 전쟁에 대해 미리 제공받은 선택들을 할 수 있게 될 것이며, 반복적으로 조종을 당해 갈등 속으로 또 다시 빠져들지 않게 될 것입니다. 그러나 이 행성에서는 너무나 오랫동안 전쟁이 지속되어 왔기 때문에, 실제로 이 전쟁이 하나의 자기 파괴적인 하향나선을 형성했다는 사실을 말하지 않을 수가 없습니다. 그야말로 그것은 일종의 자기실현적 예언의 과정이 되어가고 있는 것입니다.

이러한 에너지들이 계속 축적되도록 내버려두게 되면, 이 에너지는 모든 것을 빨아들이는 블랙홀(Black Hole)과 같은 보텍스를 형성하게 됩니다. 이 지구에는 장구한 세월에 걸쳐 전쟁이 진행되어 왔기 때문에 많은 에너지의 보텍스들이 존재하고 있습니다. 그리고 이러한 보텍스들은 현재 너무나 강력하여 사람들의 눈을 멀게 하고, 사람들을 압도할 수가 있습니다. 따라서 이런 보텍스에 사로잡혀 있는 사람들은 이 이야기를 통해 내가 전하고자 하는 가르침들을 완전히 이해할 수가 없을 것입니다. 그들은 자신들이 다른 사람들과 맞서 싸우도록 누군가에 의해 조종당하고 있다는 사실조차 알지 못하고 있습니다. 또 설사 안다고 하더라도, 다른 누군가에 대한 증오심이 워낙 강해서 그 과정에서 실제로 자기 자신이 파괴되고 있다는 사실조차 알지 못하게 됩니다.

사랑하는 이들이여, 내가 이렇게 장황하게 긴 이야기를 전하는 목적은 지금 이 시간 승천한 대사들의 돌격대가 되어줄 사람들이 굉장히 필요하다는 사실을 알려주기 위해서입니다. 나는 이 행성에 존재하는 에너지 보텍스와 전쟁의 기운을 태우는 데 노력을 아끼지 않을 사람들이 필요합니다. 소방수와 같은 역할을 해줄 사람들이 나는 필요합니다. 사람들이 전쟁의 에너지에 압도되지 않고 명확하게 볼 수 있을 때까지 불타는 도시 속으로 뛰어 들어가 전쟁의 불길 위에 물을 뿌려 화염과 연기를 멈추게 해줄 사람들이 필요합니다. 그리고 내가 여기에 온 목적은 바로 이러한 일을 떠맡고자 하는 사람들에게 전쟁의 기운을 태워버릴 강력한 도구를 전해주기 위해서입니다. 이 도구가 바로 <기적의 평화 로사리오>로서, 이것은 내 가슴에서 여러분에게 드리는 특별한 선물입니다.

'기적의 로사리오' 대신에, 일주일에 한 번은 이 로사리오를 해주기 바랍니다. 그러나 시간이 있다면, 일주일에 6일은 <평화의 로사리오>를 하고, 일요일에는 <동-서양의 로사리오>를 해도 괜찮습니다. 만약 일주일에 한 번만 평화의 로사리오를 할 수 있다면, 그 로사리오를 토요일에 해주길 바랍니다. 왜냐하면 일요일에 하는 <동-서양

의 로사리오>가 효력을 극대화할 수 있도록, 이 <평화의 로사리오>가 강력한 토대를 마련해주기 때문입니다.

불안해하지 말라

사랑하는 이들이여, 더 많은 로사리오 기도를 해달라는 나의 요청에 너무 부담감을 느끼지 않기를 바라며, 특히 지구 어머니가 지고 있는 짐에 대해서도 너무 심려치 말기 바랍니다. 나의 의도는 여러분에게 부담감을 주고자 하는 것이 아니며, 오늘날 이 시대를 살아가는 많은 사람들처럼 여러분이 마비될 정도로 심한 부담감을 느끼게 되지 않기를 바라는 것입니다. 세상 사람들은 그들이 어찌할 수 없는 사회에서 직면하는 많은 도전과제들로 인해 갈피를 잡지 못하고 있는 실정입니다. 그들은 "나 혼자서 무슨 일을 할 수 있겠어. 내가 무슨 변화를 만들어낼 수 있겠냐구?"라고 생각합니다.

사랑하는 이들이여, 솔직히 말하자면, 여러분 혼자서는 이 행성을 바꿀 수 없으며, 지금까지 오랜 기간에 걸쳐 일어나고 있는 전쟁의 흐름을 되돌릴 수도 없습니다. 그러나 그러한 흐름을 막기 위해 아무도 어떠한 조치를 취하지 않는다면, 수문(水門)은 언젠가는 터지게 될 것이며, 여러분은 기록된 역사를 통해 보아왔던 것보다 훨씬 더 비참한 전쟁을 목격하게 될 것입니다. 과학자들이 개발한 무기들은 예전보다 더 강력해졌습니다. 따라서 파괴와 인명의 손실도 그만큼 더 커질 가능성이 높다는 것을 여러분도 잘 알고 있을 것입니다. 그러므로 내가 전해주는 로사리오 기도를 한다고 해서 반드시 전쟁을 피할 수 있다고 나는 약속할 수는 없습니다.

그러나 아무도 어떤 조치도 취하지 않는다면, 3차 세계대전은 일어날 수밖에 없고, 이전의 두 개의 세계대전보다 훨씬 더 파괴적이 될 것이라는 점은 확실하게 언급할 수 있습니다. 사랑하는 이들이여, 그럼에도 궁극적으로 여러분은 엄청난 변화를 만들어낼 수 있습니다. 한 사람이라도 이 로사리오 기도를 한다면, 긍정적인 변화를 만들어낼 수가 있습니다. 비록 한 개인이 큰 흐름을 변화시킬 수는 없다 하더라도, 점차적으로 많은 사람들의 노력이 쌓여서 임계수치에 도달하게 되면, 엄청난 부정적인 에너지를 태울 수 있을 뿐만 아니라 궁극에는 큰 전쟁도 일어나지 않게 될 것입니다.

사랑하는 이들이여, 알다시피 이것은 마치 불난 곳에 양동이로 물을 끼얹는 것과 같습니다. 하나의 양동이로는 어떠한 변화를 만들어내지 못하지만, 많은 양동이들로는 큰 변화를 만들어낼 수 있습니다. 그러나 한 양동이의 물로는 부족해서 불을 끄지 못하는 경우도 있습니다. 부디 여러분의 개인적인 헌신이 이 로사리오 기도가 지닌 힘을 임계 수준으로 끌어올리고, 세상에 큰 변화를 만들어낼 수 있는 그 한 양동이의 물이 될 수 있기를 바랍니다. 따라서 변화를 만들어낼 수 없다고 생각하지 말고, 이 세상의 힘 때문에 무기력해지지도 않기를 바랍니다.

여러분은 "악이 승리하기 위해서는 선한 사람들이 아무 것도 하지 않게 하면 된다."라는 말을 들어보았을 것입니다. 이 말 속에는 이 행성에서 균형을 이루고 있지 못한 사람들이 많으며, 이들은 전쟁이나 갈등을 일으키기 쉽다는 뜻이 숨어 있습니다. 내가 설명한 바와 같이, 사람들을 조종하여 전쟁으로 몰아가는 도구들을 사용하는 어둠의 세력들에게 있어, 이러한 사람들은 아주 손쉬운 먹잇감이 됩니다. 이런 사람들은 낮은 의식 상태에 갇혀있으므로 전쟁을 멈추게 할 수가 없습니다. 따라서 전쟁을 멈추게 할 수 있는 유일한 사람들은 고차원의 의식 상태에 있는 사람들, 즉 고차원의 원칙을 꽉 붙잡을 수 있을 정도로 균형을 이루고 있는 사람들뿐입니다. 그리고 악마도 이것을 알고 있으므로 그는 두 갈래로 공격을 하게 됩니다.

악마의 전략 중의 하나는 낮은 의식 상태에 있는 사람들을 선동하여, 이들의 분노가 갈등과 전쟁으로 공공연하게 터져 나오게 하는 것입니다. 또 다른 전략은 고차원의 의식을 지닌 사람들에게 심한 부담감을 느끼게 만들어, 이들이 어떠한 변화도 만들어낼 수 없을 것 같은 느낌을 갖게 함으로써 결국에는 아무 일도 하지 못하게 하는 것입니다. 이러한 의욕의 상실은 악마들이 사용하는 도구들 중에서도 가장 유용한 도구이며, 악마들은 이 지구에서 균형 잡힌 사람들을 상대하는 데 이 도구를 아주 효율적으로 사용하고 있습니다.

이 의욕상실이라는 도구가 균형 잡힌 사람들을 상대하는 데 왜 그렇게 효율적인지 아십니까? 그것은 균형 잡힌 사람들이 갈등을 계속 일으키는 세력들이나 사람들을 보면서도 그 사람들이 갈등을 일으키는 행위를 왜 중단하지 않는지를 이해하지 못하기 때문입니다. 사랑하는 이들이여, 여러분은 아무리 필요하다 하더라도 절대로 다른 사람을 죽일 수 없다는 것을 가슴속에서 잘 알고 있습니다. 여러분이라면 주위에서 보게 되는 갈등들을 결코 만들어낼 수 없으며, 그런 까닭에 또한 사람들이 왜 그렇게 갈등을 계속 양산해내는지에 대해서도 이해할 수가 없습니다. 이 때문에 여러분이 부담을 느끼게 되고 의욕을 상실하게 되는 것이며, 마침내 "과연 내가 변화를 만들 수 있겠어? 내가 왜 해야 되지?"라고 생각하게 되는 것입니다.

사랑하는 이들이여, 나는 지금까지 당신들이 전쟁의 이면에 숨어있는 영적인 원인에 대해 보다 더 깊이 이해할 수 있도록 노력해왔습니다. 그러므로 이제 여러분이 실제로 할 수 있는 일이 있으며, 영적차원에서 전쟁을 멈추게 할 수 있는 무엇인가가 존재한다는 것을 이해해주기를 바라고 있습니다. 여러분이 사람들의 마음을 변하게 할 수는 없지만, 부정적인 에너지 보텍스로 인해 많은 사람들이 불안해하는 것은 볼 수 있을 것입니다. 이런 사람들이 부정적인 에너지를 지니고 있는 한, 스스로 갈등을 멈출 가능성은 거의 희박합니다. 왜냐하면 이들이 지닌 부정적인 에너지가 그들의 감정체(emotional body)를 격렬한 화산(火山)으로 변하게 만들기 때문입니다. 하지만 아는 바와 같이 로사리오 기도나 기타 영적 수행(修行)을 통해 이러한 부정적인 에너지를 연소하고 사람들이 자유롭게 됨으로써 어느 정도의 감정적인 평화와 정신적인 명료함을 유지할 수 있게 되는 것입니다. 이런 기도와 수행이 그들에게 갈등을 해소할 수 있는 선택의 기회를 줄 것입니다. 그리고 이것이 이 행성에 전쟁의 기운이 싹트지 못하도록 막는 중요한 요소가 될 수 있습니다.

마지막으로 내가 전해주는 로사리오들은 항상 행성적인 효과뿐만 아니라 개인적인 효과도 가지고 있다는 것을 말해두고자 합니다. 이 기적의 평화 로사리오는 세상에서 갈등을 조장하는 힘뿐만 아니라 여러분의 마음과 삶 속에서 불편함을 느끼게 하는 힘들도 함께 연소시키게 될 것입니다. 여러분이 어느 단계에 이르면, 인간에게 있어 가장 필요하고도 또한 가장 큰 욕구이기도 한 행복에 이르는 열쇠들 중의 하나가 마음의 평화라는 것을 깨닫게 될 것입니다. 불균형을 야기하여 구성원들 간의 싸움으로 이어지게 하는 힘들을 연소시킴으로써 개인적인 면에서 영적 구도자로서의 궁극적인 목표라 할 수 있는 내적인 마음의 평화, 즉 인간의 이해를 넘어서는 평화를 향해 커다란 진전을 이룩하게 될 것입니다. 여러분은 서로 싸워, 더 이상 지탱할 수 없을 정도로 갈라진 가정이 되어서는 안 될 것입니다(마가복음 3:25).

사랑하는 이들이여, 이 긴 이야기를 참고 인내하며 들어준 데 대해 감사드리며, 또한 로사리오 기도를 해주시는 여러분의 사랑에도 감사를 드리는 바입니다. 여러분 한 사람 한 사람이 로사리오 기도를 함으로써 세상의 구석구석을 밝히게 됩니다. 그리하여 충분한 빛이 뿜어져 나오게 되면, 여러분은 진실로 새 시대를 목격하게 될 것입니다.

성부와 성자, 그리고 성령과 평화의 어머니의 이름으로 나는 여러분의 마음과 가슴을 봉인하며, 여러분의 마음이 지닌 네 개의 측면들을 침투할 수 없는 기적의 평화의 벽으로 봉인합니다. 항상 그러한 평화 속에 거하고, 이 기적의 평화가 여러분 각자들뿐만 아니라 지구 위에 하느님의 몸체를 구성하는 구성원들, 그리고 지구 어머니의 몸에 존재하는 모든 구성원들 간의 갈등을 연소시킬 것입니다. 평화의 왕인 예수 그리스도의 이름으로 이루어 마쳤습니다. 아멘.

12장

감사는 풍요한 삶을 이루게 하는 열쇠이다

성모 마리아의 메시지 (2004. 3.28)

사랑하는 이들이여, 나는 오늘 감사의 기적이라는 화염으로 여러분을 찾아왔습니다. 다시 말해 감사의 어머니(Mother of Gratitude)로서 찾아온 것입니다. 나는 여러분들 중에 많은 사람들이 오랜 세월에 걸쳐, 심지어 수많은 생애들에 걸쳐 제공한 봉사에 대해 천상의 감사를 전하기 위해 찾아왔습니다. 이러한 봉사에 의해 어려움에 처한 이 지구가 변화하고, 하느님 왕국의 실현에 한걸음 더 가까이 다가갈 수 있게 되었습니다. 이것은 그야말로 여러분이 쌓아온 봉사와 노력 덕분입니다.

또한 내가 전해준 새로운 로사리오 기도를 열심히 해준 여러분들에게도 나의 감사뿐만 아니라 천상의 감사를 전하는 바입니다. 이 로사리오 기도들은 진실로 변화를 만들어내고 있습니다. 그리고 만약 여러분이 로사리오 기도를 하지 않았다면, 지난달에 매우 처참한 지진을 목격했을 것이라고 나는 확신합니다. 우리는 지난달에 이런 대지진들은 피할 수 있었으나, 그 대신에 인명의 손실을 초래하지 않은 작은 지진들은 많이 체험할 수 있었습니다.26) 그러나 지진을 비롯한 기타 자연재해의 위험이 종식되기에는 아직도 요원한 것이 사실입니다. 따라서 나는 여러분이 로사리오 기도를 계속해주기를 강력히 촉구합니다.

사랑하는 이들이여, 이 로사리오들은 비단 2004년에만 효과가 있는 것이 아니라, 앞으로도 계속 유효합니다. 다가오는 미래에, 특히 지금부터 2012년까지는 이 로사리오 기도가 엄청나게 필요하다는 것을 확실히 말씀드릴 수 있습니다. 여러분들 중에 많은 사람들이 알고 있는 바와 같이, 2012년은 마야력(Maya曆)의 마지막 해이며, 많은 영성인들이 이 사실에 큰 의미를 부여하고 있습니다. **내가 분명히 말할 수 있는 것은 2012년에 이 세상이 종말을 맞이할 위험성은 전혀 없으며, 종말은 맞이하는 것은 바로 지구의 영적인 사이클입니다.** 만약 우리가 2012년 전까지 불완전한 에너지들을 임계수준에 해당하는 양만큼이라도 변형시킬 수만 있다면, 이 지구는 진실로 새 시대, 즉 풍요와 평화의 시대로 재탄생할 수 있게 될 것입니다. 하지만 만약 이 불완전한 에너지, 다시 말해 카르마(Karma)가 청산되지 않는다면, 이 행성에는 대격변이 있게 될 것이며, 인명의 손실이 발생할 가능성이 아주 커지게 될 것입니다.

사랑하는 이들이여, 물 위의 동그라미가 퍼져나가듯이, 이 로사리오들이 퍼져나가게 해주십시오. 이 로사리오를 하는 사람들이 수천 명, 아니 수백만 명에 달하게 되면, 그 때에는 무시무시한 예언들이 진실로 완화될 수 있으며, 여러분은 평화와 풍요의 시대인 그리스도 시대의 재림을 목격하게 될 것입니다.

폭력주의(Terrorism)의 영적인 원인

여러분도 지난달에 목격했던 문제인 폭력주의 문제에 관해 이야기

---

26) 2004년 2월의 마지막 주와 3월의 첫째 주에, 파나마 운하 인근에서 일련의 지진들이 발생했으나, 이러한 지진들 중에 어느 것도 지표면에 손상을 입히지는 않았다.
(저자 주)

하려고 합니다.27) 테러리즘은 전쟁을 일으키는 불균형이 구체적인 형태로 나타난 것처럼 보일 수도 있지만, 그 속에는 겉으로 보이는 것 이상의 무엇인가가 존재하고 있습니다. 테러리즘은 성경 속의 카인(Cain)이 아벨(Abel)을 죽였던 바로 그 의식 상태에 뿌리를 두고 있습니다. 이 의식은 하느님의 한 아들이 다른 아들을 질투하여, 자신이 총애 받는 아들이 되지 못하도록 방해하고 있다고 생각되는 동생을 죽이거나 살해하기로 결심하게 되는 의식 상태를 가리키는 것입니다.

앞에서의 이야기를 통해 알 수 있겠지만, 성경에는 겉으로 기록되어 있는 것보다 더 많은 내용들이 숨어있습니다. 예수가 설명했듯이, 성경에 나타난 이야기나 말 속에는 많은 의미들이 감추어져 있는 것입니다. 그리고 물론 성경을 통해 찾을 수 없는 의미들도 또한 많이 있습니다.

따라서 카인과 아벨의 이야기를 좀 더 심도 있게 이해해보도록 하겠습니다. 사실상 이 이야기는 하느님의 빛이 자신들을 통해 일하게 하는 사람들과 자신들이 하나님과 분리돼 있다고 생각하는 사람들 간의 관계를 상징적으로 나타내고 있습니다. 아벨은 커다란 영적인 빛을 가진 존재, 즉 하느님의 법칙에 따라 영속적으로 성장하기 위해 확장하려는 하느님 아버지의 힘이 수축하려는 어머니의 힘보다 약간 더 강한 상태를 상징적으로 나타내고 있는 것입니다. 따라서 아벨은 형인 카인보다 더 많은 빛을 지니고 있으며, 카인보다 더 많은 능력을 지니게 됩니다. 예수가 시범을 보여주었듯이, 영적인 빛을 가진 사람들은 대부분의 사람들에게는 기적과 같이 보이는 것들도 실현할 수가 있습니다.

그럼에도 불구하고 더 많은 빛을 지녔다고 해서 이것이 하느님께서 카인보다 아벨을 더 사랑한다는 뜻은 아닙니다. 이것은 단지 이 둘이 하느님의 완벽함을 표현하는 수단으로서, 또 하느님의 개체화된 형태로서 창조되었다는 것을 의미할 뿐입니다. 다시 말하면, 삶의 드라마 속에서 이 둘은 단지 서로 다른 역할을 하도록 창조되었을 따름입니다. 그러므로 영적인 빛을 더 많이 지닌 형제자매들을 질투하게 하고,

---

27) 2004년 3월에 이라크에는 폭동의 급증하고 있으며, 스페인의 마드리드에서는 열차 폭발사건 일어나 200명에 가까운 인명이 사망하는 사건이 발생했음. (저자 주)

하느님께서 일을 불공평하게 처리하신다고 느끼게 만드는 것이 어떻게 카인이나 물질우주에 살아 있는 의식적인 존재들일 수 있겠습니까? 사랑하는 이들이여, 이 질문에 대한 대답은 앞에서 마지막의 이야기를 통해 설명했던 루시퍼의 타락에 있습니다.

루시퍼가 지속적인 자기초월과 성장이라는 하느님의 법칙을 거역하고 반란을 일으켰다는 것은 이미 언급한 바가 있습니다. 또한 루시퍼가 어떻게 해서 물질우주로 내려오게 되었고, 하느님과 맞서 대적하며, 또 어떻게 이 우주에 존재하는 하느님의 아들과 딸들을 상대로 전쟁을 벌이려고 하는지에 대해서도 이미 설명했습니다. 그리고 모든 인간들을 어떻게 자신의 의식 속으로 끌어들이려고 하는지에 대해서도 설명한 바가 있습니다. 루시퍼는 이 세상에서 그 누구도 커다란 빛을 지닐 수 없고, 또한 누구도 대중의식을 뛰어넘을 수 없게 하는 마음상태를 창조해내고자 시도했습니다. 누구도 그리스도 의식을 구현하지 못하도록 막기 위해 루시퍼는 모든 사람들이 가장 낮은 공통의 요소(의식)를 받아들이게 하고자 노력했습니다. 심지어 그는 그리스도가 되고자 하는 것은 신성모독(神性冒瀆)이라는 거짓말까지 퍼뜨렸습니다.

내가 말한 이 이야기는 모두가 사실입니다. 하느님의 목적에 거슬러서 반란을 일으켰고, 그 다음에는 지구에 사는 모든 존재들을 하느님에게 대항하는 반란에 끌어들이고자 했던 존재가 바로 루시퍼라 불리는 존재였습니다. 그러나 그 이상의 이야기가 더 있습니다. 그것은 하느님을 거역하고 반란을 일으켰던 존재가 비단 루시퍼만이 아니라는 사실입니다. 사랑하는 이들이여, 알다시피 루시퍼는 어떠한 의식 상태를 구체화하기로 결정했기 때문에 반란을 일으켰습니다. 그러나 루시퍼보다 훨씬 이전에도 그러한 의식은 존재하고 있었습니다. 왜냐하면 하느님께서 자유의지를 지닌 존재들을 창조하고자 하셨을 때, 바로 그 때에 그러한 의식도 함께 존재하게 되었기 때문입니다.

사랑하는 이들이여, 이것은 인간들이 육체로 있는 동안에는 이해하기가 매우 어려운 미묘한 주제입니다. 그런 까닭에 육체의 두뇌 속에 프로그램 돼있는 직선적인 방식으로 인간이 사고하는 경향이 있는 것입니다. 따라서 **육체적인 두뇌와 육체의 마음으로는 이해할 수 없는**

것들을 이해하려고 노력하는 것은 마음을 넓혀 가는 데 있어서 대단히 가치 있는 일입니다. 이러한 과정을 통해 여러분은 그리스도의 마음을 고차원적으로 이해하게 되며, 설사 그러한 마음 상태를 희미하게 엿보기만 해도 이를 통해 여러분의 의식은 이전보다 훨씬 높이 상승하게 되는 것입니다. 그러니 여러분의 의식을 넓혀가기를 바랍니다.

죽음의 의식

지난번의 이야기를 통해 나는 전 우주가 확장하는 아버지의 힘과 수축하는 어머니의 힘 간의 창조적인 긴장(creative tension)으로부터 생겨났다고 설명한 바가 있습니다. 또한 우주는 지속적으로 확장하게 돼 있으나, 이러한 확장은 균형 잡힌 방식으로 이루어져야 하며, 그래야만 지속적인 성장도 가능하다고 설명했습니다. 그렇다면 확장하고 수축하는 힘 간에 균형을 유지하게 하는 것이 여러분은 무엇이라고 생각하나요? 그것은 바로 보편적인 그리스도의 마음속에, 그리고 하느님의 아들과 딸들의 개별적인 그리스도의 마음속에 지니고 있는 완벽한 비전(映像)입니다.

창조계가 이러한 완벽한 이미지에 따라 확장해갈 때, 확장하고 수축하는 힘 간에 균형이 존재할 수 있습니다. 그러나 하느님께서 자신의 아들과 딸들에게 자유의지를 주셨을 때, 이 아들과 딸들은 그리스도의 마음이 지닌 완벽한 이미지로부터 멀어질 수가 있게 되었습니다. 다시 말해서 하느님의 아들과 딸들이 그리스도의 마음이 지닌 균형 잡힌 이미지와 일치하지 않는 의식 상태에 놓여 있을 수 있게 되었다는 뜻입니다. 그리고 이러한 의식 상태는 아버지/어머니의 확장하고 수축하는 힘 간의 불균형 때문에 생기게 됩니다.

나는 이미 아버지와 어머니의 힘이 서로 상충되지 않으며, 상호 보완적인 관계라는 것을 밝힌 바 있습니다. 이 두 개의 힘이 균형을 이루고 있을 때는 조화로운 완전체를 형성하여 그리스도의 마음이 지닌 비전(vision)에 따라 자손을 창조하게 됩니다. 그러나 이 두 개의 힘이 균형에서 벗어나 조화를 이루지 못하게 되면, 이것들은 더 이상 완전한 모습을 형성하지 못합니다. 대신 이 두 개의 힘들은 서로 상충하게 되며, 상충의 정도에 따라 상대방의 힘을 상쇄시키기 시작합니다. 이 두 개의 힘이 서로를 방해함으로써 이 두 개의 힘에 의해 생겨난 것(자손)들은 그리스도의 마음이 지닌 비전과 조화를 이루지 못하게 될 것이며, 결과적으로 이렇게 생겨난 결과물(자손)은 계속 유지될 수가 없게 됩니다. 따라서 이러한 결과물은 불균형한 상태에 놓이게 되어 오랜 기간 존속해 있을 수가 없게 되는 것입니다.

과학자들은 이러한 불균형을 <열역학의 제2법칙>이라고 부르고 있습니다. 과학자들은 어떤 세계나 용기(容器)가 밀폐되면, 그 용기는 붕괴하기 시작하여 결국에는 소멸된다는 사실을 발견했습니다. 이것이 실제로 의미하는 바는 물질우주에 존재하는 모든 것들은 영적세계에서 나오는 에너지의 흐름이 차단될 때, 이것이 바로 하나의 밀폐된 용기가 된다는 뜻입니다. 그리고 이런 일이 생기게 될 때, 물질우주에 창조되어 있는 구조와 형태들은 더 이상 스스로를 초월하거나 성장해 갈수도 없습니다. 따라서 이러한 것들은 어머니의 수축하는 힘의 지배를 받게 되고, 이 수축하는 힘은 모든 것들을 수축과 부패의 나선 속으로 들어가게 하여 궁극에는 형태와 구조가 존재하지 않는 상태로 회귀시키게 됩니다. 달리 표현하면, 창조물이 그리스도의 마음이 지닌 이미지를 따르지 않고 자기 초월의 길로 더 이상 나아가지 않는다면, 이 창조물은 계속 수축하게 되는 것입니다. 그리고 물질 그 자체는 계속 수축되다가 결국 중력(重力)의 힘에 이끌려 빠져나올 수 없는 블랙홀(Black Hole) 속으로 빨려 들어가게 됨으로써 붕괴를 맞이하게 되는 것입니다.

그러므로 사랑하는 이들이여, 이와 같이 창조물이 지속적으로 균형을 유지할 수 있게 하는 열쇠는 그리스도의 마음이라는 실체와 그것이 지닌 비전뿐입니다. 이러한 비전은 지속적이고 균형 잡힌 성장을 창조하게 합니다. 하느님께서 만드신 법칙이 하나 있는데, 그것은 *생명이라는 선물을 받은 대가로, 여러분은 반드시 지속적인 성장과 자기초월을 해야만 한다는 것입니다. 따라서 생명 그 자체는 곧 성장과 자기초월이며, 만약 성장하고자 하지 않는다면, 그것은 곧 죽음을 선택하는 것이 될 것입니다.* 하느님께서는 여러분이 그러한 선택을 하는 것도 허용하시지만, 그 결과는 필연적으로 죽음과 연결된 부패의 나선 속으로 들어갈 수밖에 없는 것입니다.

    죽음의 의식(意識)을 갖기로 선택하게 되면, 더 이상 여러분은 확장하고 수축하는 이 두 개의 힘들을 서로를 보완하고 서로를 고양시키는 참된 극성으로 이해할 수 없게 될 것입니다. 그리고 반드시 **확장하려는 아버지 하느님의 힘이 약간 더 강해야만 창조물이 자기초월을 지속해갈 수 있다**는 것도 이해할 수 없게 됩니다. 그 대신에 확장하고 수축하는 힘을 서로 상충되는 것으로 이해하게 되며, 자기초월을 두려워하게 됩니다. 그리고 여러분은 만약 자기 자신이 변화하고 스스로를 초월하게 될 경우 혹시나 자기가 가지고 있는 것을 잃어버리지나 않을까 두려워하기 시작할 것입니다.

받아들일 만한 제물

    사랑하는 이들이여, 알다시피 고차원의 상태로 성장하기 위해 여러분은 기꺼이 자기 자신을 하느님에게 온전히 내맡겨야 합니다. 여러분은 반드시 자신이 이룬 영적 업적을 하느님께서 받으실만한 제물(祭物)로서 기꺼이 제단(祭壇) 위에 놓아야 하며, 그렇게 해야만 말 그대로 모든 것을 하느님에게 다시 돌려드리게 되는 것입니다. 예수가 재능에 관한 우화에서 설명했듯이, 그렇게 할 때, 하느님의 법칙에 따라 여러분이 내려놓은 공물(供物)은 여러 가지 형태로 증식되게 될 것입니다. 그러나 이러한 증식이 이루어지기 전에 여러분은 반드시 자신이 이룬 업적을 영원히 사라지는 것처럼 진실한 마음으로 기꺼이 포기해야 합니다. 그렇게 하는 것이 여러분이 이 형태의 세계에 존재하는 모든 것들에 대해 감정적으로 애착을 가지고 있지 않음을 증명해 보이는 것이 됩니다. 또한 이것은 여러분이 형태를 초월하여 존재하시는 아버지에 대한 불멸의 사랑을 지니고 있다는 사실을 증명하는 것이기도 합니다. 이를 통해 여러분은 하느님과 결합하기 위해 또 한 걸음을 앞으로 내디딜 수 있게 되는 것입니다.

    여러분이 가지고 있는 모든 것을 하느님에게 내맡기는 행위는 영적 성장을 이루는 열쇠입니다. 여러분이 가진 한계 있는 정체성(小我意識)을 포기하는 행위야 말로, 하느님께서 개체화된 하나의 존재로서의 여러분이 모든 것이 될 수 있는 열쇠이기도 합니다. 예수가 재능의 우화에서 설명하듯이(마태복음 25:14) 자신들이 가지고 있는 것을 포기하게 되면 손해 볼 수 있다는 두려움을 느끼게 하는 어떠한 의식 상태가 실제로 존재하고 있습니다. 따라서 사람들은 자신들이 지니고 있는 것에 대해 애착을 느끼게 되고, 증식을 위해 그것을 포기하려 들지 않습니다. 이러한 의식으로 인해 사람들은 자신이 지닌 재능을 땅(육적인 마음) 속에 묻어 두게 되며, 증식도 할 수 없게 됩니다. 사람들은 자신이 가진 것을 꽉 붙잡으려는 성향이 있으며, 이러한 성향 때문에 초월하기 위해, 그리고 신(神)의 더 나은 존재가 되기 위해 자신이 가진 것을 버리려 하지 않는 것입니다.

앞에서 설명한 바와 같이, 루시퍼에게 일어났던 것이 바로 이러한 일입니다. 루시퍼는 높은 영적인 성취를 달성했지만, 그도 모든 사람들이 직면하게 되는 것과 똑같은 시험, 즉 성장의 길에서 앞으로 한 걸음 더 내디디기 위해 가진 모든 것을 내려놓아야 하는 시험에 부딪치게 되었습니다. 그러나 예수가 부자에 관한 우화(마태복음 19:20)[28]에서 말했듯이, 가진 것에 대한 애착이 크면 클수록 이 시험을 통과하기가 그만큼 더 어려워지게 됩니다. 루시퍼가 물질세계로 내려온 이후에도 그가 이 세상에 사는 모든 사람들에게 그리스도의 마음이 지닌 균형과 빛을 가져다 줄 수 있는 기회가 있었습니다. 사랑하는 이들이여, 그렇습니다. 루시퍼라는 말이 "빛을 가진 자" 혹은 "빛을 가져오는 자"라는 뜻을 가지고 있는 것은 사실입니다. 루시퍼는 실제로 물질우주에서 진화하고 있는 존재들에게 그리스도의 빛, 그리스도라는 진리를 가져다주도록 되어 있었습니다.

그러나 루시퍼는 자신이 가진 빛을 잃어버리지 않을까 두려워했기 때문에 모든 존재의 종이 되는 것을 거부했습니다. 따라서 그는 진실로 모든 것을 제단 위에 내려놓고 하느님에게 내맡기지 않았습니다. 루시퍼는 자신이 가지고 있는 것을 꽉 붙잡고자 했으며, 그 결과로 루시퍼의 의식은 수축하는 어머니의 힘의 지배를 받게 되었습니다.

---

28) "그 청년이 가로되, 이 모든 것을 내가 지키었사오니 아직도 무엇이 부족하나이까? 예수께서 가라사대, 네가 온전하고자 할진대 가서 네 소유를 팔아 가난한 자들을 주라. 그리하면 하늘에서 보화가 네게 있으리라, 그리고 와서 나를 좇으라 하시니 그 청년이 재물이 많으므로 이 말씀을 듣고 근심하며 가니라. 예수께서 제자들에게 이르시되, 내가 진실로 너희에게 이르노니 부자는 천국에 들어가기가 어려우니라.(마태 19:20~23)"

그의 의식은 수축하기 시작했으며, 그가 지닌 전체의 진동도 떨어지게 되어, 마침내 고차원의 진동들로 이루어진 영적세계를 더 이상 볼 수 없게 된 것입니다. 그리고 이것이 바로 예수가 자신의 목숨을 구하고자 하는 자는 목숨을 잃게 될 것(마태복음 16:25)[29]이라고 말했던 이유입니다.

나의 사랑하는 이들이여, 여기에서 이해해야 할 중요한 점은 루시퍼의 사례가 자유의지를 가진 모든 존재들에게 일어날 수 있는 본보기이긴 하지만, 루시퍼에게 너무 지나친 관심을 가지거나, 루시퍼를 일종의 희생양으로 삼아서도 안 된다는 것입니다. 즉 지구에서 일어나는 모든 문제가 루시퍼 때문이라는 사고(思考)의 덫에 빠지지 말아야 합니다. 사실 루시퍼는 그리스도의 마음이 지닌 완벽한 비전과는 아주 거리가 먼 의식 상태에 함께 참여한 것 밖에 없습니다. 따라서 우리는 이것을 적그리스도의 의식(Consciousness of Antichrist)이라고 부르고 있습니다.

이러한 의식(意識)은 하나의 거짓말에 근거를 두고 있는데, 당초의 그 거짓말은 확장하는 아버지의 힘이 수축하는 어머니의 힘과 서로 상충된다는 것이었습니다. 그러나 애초의 이러한 거짓말에서 엄청날 정도로 다양한 거짓말들이 생겨나게 되었으며, 나는 이러한 의식 상태를 한마디로 "뱀 같이 교활한 마음"이라 지칭하고 있습니다.

이러한 의식 상태는 상징적으로 에덴동산에서 뱀으로 묘사되어 있습니다. 아담과 이브가 하느님으로부터 자유의지를 부여받았기 때문에 에덴동산에서 이들을 유혹했던 것이 바로 이러한 의식 상태였습니다. 알다시피 하느님의 법칙과 창조의 목적에 거역할 수 있는 기회를 갖지 않고는, 진정으로 자유의지를 가졌다고 말할 수 없을 것입니다. 하느님께서는 여러분이 하느님의 법칙과 목적에 따라주기를 바라시지만, 여러분의 완전하고도 자유로운 선택의 결과로서 그렇게 해주기를 바라고 계십니다. 그리고 여러분이 하느님의 뜻에 거역할 수 있는 선택권을 가지고 있다는 사실을 알지 못하고는 그러한 선택을 할 수가 없습니다. 가장 이상적인 것을 말한다면, 하느님께서는 여러분이 이러

---

[29] "누구든지 제 목숨을 구원코자 하면 잃을 것이요 누구든지 나를 위하여 제 목숨을 잃으면 찾으리라.(마태 16:25)"

한 사실을 알기를 바라시며, 그런 다음에 사랑의 발로에서 하느님의 뜻에 따르기로 선택한다면 더할 나위 없이 좋아하실 것입니다.

선과 악에 대한 거짓말

영혼들이 금단의 열매를 함께 나누어 먹기로 결정했을 때, 이들은 뱀 같은 의식 상태로 타락하게 되었고, 이제는 수축하고 확장하는 (하느님의) 힘들을 서로 상반되는 것으로, 다시 말해 서로 상충되는 선과 악으로 이해하기 시작했습니다. 이 영혼들은 실제로 하느님 아버지를 선한 것으로, 하느님 어머니를 악한 것으로 생각하기 시작했던 것입니다. 따라서 이들은 이 물질우주에서 자신들이 행한 모든 것이 악한 거라고 여기게 되었고, 이러한 생각으로 인해 "원죄(原罪)"라는 개념이 생겨나게 되었습니다. 이로 인해 또한 인간이 타락하게 된 것도 모두가 다 여자 탓이라는 책임 전가를 유발케 된 것입니다.

그러나 사실 수축하는 어머니의 힘에 사악한 것이라고는 전혀 존재하지 않습니다. 거기에는 오직 확장하는 아버지의 힘에 평형(counterbalance)을 잡아주는 역할만 존재할 뿐입니다. **이 평형력(平衡力)은 전 우주를 한데 모아주고, 물질세계에서 형태를 취할 수 있게 해주는 힘입니다.** 단지 악(惡)이 나타날 수 있는 소지는 평형을 잡아주는 어머니의 힘이 워낙 균형이 이루어지지 않아 확장하는 아버지의 힘보다 우위에 서게 됨으로써 성장을 멈추게 할 때뿐입니다. 따라서 이러한 상황은 오로지 의식적인 존재들이 성장을 거부하고 자신들의 영적자아로부터 분리되고자 할 때입니다. 이럴 경우 이들은 하느님의 영적 법칙에서 벗어나 있는 밀폐된 용기가 되고 맙니다. 그러므로 이러한 용기들은 물질법칙의 지배를 받게 되며, 결국 이 법칙에 따라 모든 것들은 수축되어 가장 낮은 에너지 상태로 되돌아가게 됩니다.

나의 사랑하는 이들이여, 나는 이제 여러분이 이 지구 행성에 존재하는 여러 문제들이 어느 한 존재로 인해 야기된 것이 아니라는 사실을 이해했기를 바랍니다. 비록 루시퍼의 추종자들이 교만으로 가득

차 있고 루시퍼가 대단히 강력한 존재라고 믿고 있지만, 루시퍼가 이 조그마한 행성에서 볼 수 있는 모든 문제들과 불균형을 만들어낼 만큼 그렇게 강력하지는 않습니다. 분란을 일으키기 위해서는 짝이 있어야 하며, 그러기 위해서는 전 인류가 현재 지구에서 목격하고 있는 여러 문제들과 고통들을 창조해내도록 해야 합니다. 따라서 지구에 사는 대부분의 사람들은 현재 이 지구에서 보는 여러 문제들에 대해 책임의식을 함께 나누어 가져야만 합니다. 그 이유는 사람들의 의식이 낮은 상태로, 즉 적그리스도의 마음, 뱀과 같은 마음으로 추락해 있기 때문인 것입니다.

 사람들은 교활한 거짓말을 받아들임으로써 그런 낮은 의식 상태로 떨어지게 되었습니다. 그렇다면 이 교활한 거짓말은 도대체 무엇일까요? 사랑하는 이들이여, 하느님께서는 많은 특성들을 지니고 계시는데, 여러분은 이러한 특성들을 어떤 색상과 결정구조(結晶構造)를 지닌 "영적인 화염들(Spiritual Flames)"이라고 상상할 수가 있습니다. 그러한 특성들에는 여러 가지가 있으며, 예를 들면 사랑, 힘, 진리, 지혜, 자비, 기타 등등이 있습니다. 여기서의 요지는 하느님의 긍정적인 특성들인 형태의 세계를 구성하는 단면들 각각에는 하느님의 특성과 화염에 반대되는 왜곡된 것들, 즉 일련의 거짓말들이 존재한다는 것입니다.

 각각의 영혼들은 하느님의 여러 화염들 중의 어느 하나로부터 탄생하게 되며, 또 영혼이 이 우주로 들어오게 되면, 하느님의 특정한 화염이 개별화된 형태로 나타나게 됩니다. 영혼이 낮은 의식 상태로 떨어지게 된 것은 그 영혼이 하느님의 특정 화염이 왜곡되어 나타난 몇 가지 거짓말을 믿었기 때문입니다. 예를 들어 하느님의 힘(God Power)의 화염으로부터 태어난 영혼들이 있다고 가정합시다. 그리고 이러한 영혼들은 하느님의 힘을 왜곡시킨 몇 가지 거짓말들을 믿음으로써 잘못될 수가 있는 것입니다. 그러한 거짓말의 한 예(例)로서 반드시 소수의 엘리트들이 대다수의 사람들을 지배해야 하고, 봉건적인 통제수단을 사용해서라도 사람들이 자멸하는 것을 막아야 한다는 것과 같은 허위들입니다.

 사랑하는 이들이여, 이러한 설명을 하는 이유는 각각의 영혼들은 하느님의 특정한 화염을 이 지구 행성에 표현하기 위해 왔다는 것을 여러분에게 알려주기 위해서입니다. 마지막 이야기에서 설명했듯이, 인간은 하느님 의식의 완전한 형태로 창조되지 않았습니다. **인간은 이 물질세계로 내려와서, 그들이 가진 자유의지와 하느님의 화염을 실험해봄으로써 자신의 신의식(神意識:God Consciousness)을 점차적으로 완성해가도록 되어있습니다.** 따라서 이러한 영혼들은 자신과 타인들을 파괴하지 않으면서 실험도 하고, 실수도 저지를 수 있는 안전한 환경을 부여받게 되었던 것입니다.

하느님께서는 완전함을 요구하지 않는다

내가 여기에서 말하고자 하는 취지는 하느님께서는 자신의 아들과 딸들이 지금 당장 완벽해지는 것을 요구하지는 않는다는 사실입니다. 하느님께서는 새로운 영혼이 지구로 내려가면, 그리스도 의식을 갖지 못한다는 것을 잘 알고 계십니다. 따라서 그 영혼은 자신이 지닌 하느님의 특정 화염의 확장하고 수축하는 힘 간에 적절한 균형을 항상 맞출 수는 없습니다. 알다시피 하느님의 여러 화염들 하나하나에는 그 속에 불변의 극성이 존재하며, 이 극성은 확장하고 수축하는 힘을 지니고 있습니다.

예를 들어 하느님의 힘을 나타내는 화염 속에도 확장하는 성질과 수축하는 성질이 존재합니다. 이러한 두 개의 성질이 균형을 이루고 있을 때, 여러분은 하느님의 힘을 조화로운 방식으로 표현하게 됩니다. 그러나 이 두 개의 힘이 균형을 이루지 못할 때는 조화롭지 못한 방식으로 하느님의 힘을 표현하게 되며, 다른 사람들의 자유의지를 무시하고, 무제한적인 통제를 포함한 무한의 권한을 가짐으로써 타인들을 지배하려 들게 됩니다.

여기서의 요지는 최초의 영혼들이 지구에 내려왔을 때 그들도 많은 실수를 저질렀지만, 그러한 실수들이 그다지 심각한 것이 아니었기 때문에 하향나선을 창조하지는 않았다는 사실입니다. 이 영혼들은 지속적으로 영적인 스승들과 접촉하고 있었습니다. 그리고 성서의 창세기(Genesis)에는 그러한 스승들이 상징적으로 에덴동산의 하느님으로 묘사되어 있습니다. 사실 그 존재는 진실로 영혼들의 스승으로 봉사하기 위해 영적세계에서 온 존재로서, 하느님의 대리인이었습니다.

그러므로 그 영혼들은 당시 자신들이 지닌 하느님의 화염을 실험해 볼 수 있도록 허락을 받았었습니다. 그리고 설사 그들이 잘못을 저지르고 자신들이 지닌 화염을 불균형한 방식으로 표현했다 하더라도, 영적스승들은 자상하게 그들의 잘못을 깨닫게 하여 이를 시정하도록 도와주었습니다. 이 때문에 영혼들은 계속 성장할 수 있었으며, 자신들이 지닌 하느님의 화염을 점점 더 균형 잡힌 방식으로 잘 표현할 수 있게 되었습니다.

이러한 영혼들은 온전한 사랑으로, 즉 어떠한 애착도 가지지 않고 자신들이 성취했던 모든 것들을 하느님의 제단 위에 올려놓았습니다. 이러한 내맡김을 통해서 그들이 저지른 모든 잘못은 즉시 용서되었고, 잘못 부여된 에너지도 정화되었습니다. 그리고 그들이 행한 모든 올바른 행위들은 하늘에 쌓아둔 보물로 저장되었습니다. 달리 표현하자면, 그들이 행한 올바른 선택들뿐만 아니라 그다지 옳지 못한 선택들마저도 모두 그들 영혼들의 지속적인 성장을 위한 디딤돌로 삼았던 것입니다. 그들은 진실로 긍정적이고 상승하는 나선 속에 살았으며, 모든 하나하나의 결정들은 그들이 좀 더 하느님 가까이 다가갈 수 있게 해주었습니다.

반면에 어떤 영혼들은 불행히도 금단(禁斷)의 열매를 함께 나누어 먹기로 했는데, 이 **금단의 열매란 죽음의 의식**(The Consciousness of Death)으로서, **이것은 회복할 수 없는 손상을 입지나 않을까 하는 두려움을 뜻합니다.** 사랑하는 이들이여, 지구에 내려온 첫 번째 영혼집단은 하느님께서 생명에 대해 지니고 계신 의도를 거역할 수 있다는 점을 전혀 생각하지 않고 자신들이 지닌 하느님의 화염을 실험했었습니다. 그들은 계속 배우고 스스로를 초월해갔으며, 자신들이 지닌 하느님의 화염도 더 잘 표현할 수 있게 되었습니다. 그리고 그들은 죽음의 의식이 자신들의 존재 속으로 들어올 수 있는 여지를 아예 만들지 않았습니다.

그러나 루시퍼가 추락한 이후, 지구의 영혼들이 뱀 같은 교활한 의식을 뜻하는 "금단"의 열매를 함께 나누어 먹기로 결정했을 때 중대한 위기가 찾아오게 되었습니다. 결국 그들은 이러한 교활한 거짓말의 희생양이 되고 말았으며, 그 결과 실수를 두려워하게 되었습니다. 그들은 갑자기 자신들이 "벌거벗고" 있다는, 즉 불완전하다는 것을 알게 되었고, 잘못을 저지르는 것을 부끄러워하게 되었습니다. 실수를 통해 배우고, 하느님의 용서를 받아들이며, 앞을 향해 전진해가는 것이 아니라, 이제 그들은 실험을 두려워하게 된 것입니다. 그리고 자신들이 이미 이루어 놓은 업적을 내려놓는 것이 아니라, 오히려 이를 꽉 붙잡고자 했습니다.

그리하여 그들은 결국 하느님께서 자신들을 덜 사랑하시거나, 또는 자신들이 불완전하기 때문에 하느님으로부터 엄한 심판을 받게 될 거라는 교활한 거짓말에 희생양이 되고 말았습니다. 이렇게 된 이유는 그들이 자신들이 불완전할 뿐만 아니라 영적세계에 있는 다른 형제자매들처럼 가치 있는 존재가 될 수 없을 거라고 느꼈기 때문입니다. 이로 인해 "카인(Cain)의 의식(意識)"이 탄생하게 되었으며, 만약에 타인들보다 덜 가지게 된다면 하느님의 사랑도 덜 받게 될 거라는 믿음이 싹트기 시작했던 것입니다. 따라서 그들은 가지고 있는 모든 것을 제단 위에 올려놓고 내맡기는 대신에 하느님께 불완전함을 감추고자 했으며, 자신들의 스승에게도 잘못을 숨기려 했습니다. 이러한 행위가 지속되면서, 그들은 자기보다 더 많은 빛을 가졌거나, 일반대중들보다 뛰어나 보이는 형제자매들 및 사람들을 거리낌 없이 "죽이게(kill)" 되는 상황에 이르게 되었습니다. 그리고 이들은 자기들보다 뛰어난 사람이 없다면, 틀림없이 자신들이 총애를 받는 아들이 될 거라는 잘못된 믿음에서 그러한 행위를 하고 있는 것입니다.

사랑하는 이들이여, 아벨(Abel)은 자신이 지닌 모든 것을 하느님께 내맡겼기 때문에 능력이 있었던 것입니다. 또한 아벨이 가치 있는 사람이 될 수 있었던 것은 하느님께서 아벨의 그 제물을 증식시켜 주셨기 때문입니다. 예수가 말했듯이, 그는 혼자서는 아무 것도 할 수 없었습니다(요한복음 5:30).[30] 왜냐하면 일을 하고 계시는 분은 아버지이기 때문입니다(요한복음 5:17).[31] 만약 카인도 자신이 가진 모든

---

[30] "내가 아무 것도 스스로 할 수 없노라. 듣는대로 심판하노니, 나는 나의 원대로 하려 하지 않고 나를 보내신 이의 원대로 하려는고로 내 심판은 의로우니라.(요한 5:30)"
[31] " 예수께서 저희에게 이르시되, 내 아버지께서 이제까지 일하시니 나도 일한다 하시매

것을 하느님에게 내맡겼더라면, 그도 똑같이 가치 있는 사람이 되었을 것입니다. 그러나 카인은 받을 만한 제물을 만들고자 하지 않았으므로 하느님께서 아무 것도 증식시킬 수 없었으며, 따라서 카인은 항상 아벨보다 뒤처질 수밖에 없었던 것입니다. 그리고 카인은 자기 자신을 버리고 하느님께서 자신을 가치 있는 존재로 만들어 주시기를 바라는 대신에, 하느님의 사랑을 받지 못하도록 자기를 방해하고 있다고 생각되는 장애물을 제거함으로써 자신이 가치 있는 존재가 되고자 했던 것입니다. 다시 말해 카인은 자신의 불완전함을 계속 상기시키는 동생을 없애고자 했던 것입니다.

물론 이러한 사고방식은 하나의 환상에 지나지 않습니다. 왜냐하면 하느님께서는 자신의 모든 아들딸들을 무한한 사랑으로, 그리고 조건 없이 사랑하고 계시기 때문입니다. 하느님의 사랑이 무한한데, 어떻게 특별히 총애하는 자녀들이 있을 수 있겠습니까? 무한함 속에 어떻게 불공평함이 존재할 수 있겠습니까? 예수가 재능의 우화에서 설명한 것처럼, 어느 한 아들이 다른 아들보다 더 많은 업적이 있다거나 더 많은 빛을 가지고 있다는 것이 하느님에게는 아무 문제가 되지 않습니다. 그러므로 자신들이 이룬 업적을 제단 위에 기꺼이 올려놓은 모든 사람들의 그 공물(供物)은 증식될 것이며, 주님(Lord)께서도 기쁘신 마음으로 받아들이실 것입니다.

생명 순환의 단절

사랑하는 이들이여, 카인의 의식이 안고 있는 진짜 문제는 그러한 의식으로 인해 사람들이 자신들의 스승으로부터 숨고자 한다는 데에 있습니다. 스승으로부터 숨고자 마음먹을 때, 여러분은 영적세계와 물질우주 간에 에너지의 흐름을 단절시키게 됩니다. 또한 여러분의 영적자아와 영혼 간에 에너지의 흐름도 단절되게 됩니다. 따라서 이러한 행위는 생명의 순환을 단절시키는 것으로서 이제 여러분은 하느님으로부터 단절되고, 자신들의 영적자아와도 단절되어 밀폐된 용기가 되고 마는 것입니다.

(요한 5:17)"

생명의 순환이 단절될 때, 여러분은 점차적으로 자기 자신이 부족하고, 미완성이며, 불완전하다고 느끼게 됩니다. 이 때문에 여러분은 하느님께서 자신을 불공평하게 대우하시고, 원하는 것을 주시지도 않을 뿐더러, 자신이 성장하기에 너무 힘든 상황을 만들어 놓으셨다는 느낌을 가질 수 있습니다.

비록 여러분의 영혼이 물질우주 속에 있을지라도 여러분의 승천한 형제자매들이 천상에서 완벽함을 구현하고 있는 것처럼, 여러분의 영혼도 이 세상에서 하느님의 완벽함을 구현해낼 수 있는 잠재력이 있습니다. 그러나 그러한 완벽함을 구현하기 위해서는 반드시 그리스도 의식을 성취해야 합니다. 그리하여 이 그리스도 의식을 통해 확장하고 수축하는 힘들 간의 완벽한 극성 속에서 여러분이 지닌 하느님의 화염을 가장 잘 표현해낼 수 있는 균형 잡힌 이미지를 가질 수 있게 되는 것입니다.

이것은 모든 사람들이 이룰 수가 있습니다. 하지만 앞에서 설명한 바와 같이, **인간의 영혼은 그리스도의 의식을 점차적으로 성취하도록 되어 있으므로** 이 모든 것을 한꺼번에 얻을 수는 없는 것입니다. 그러나 교활한 의식에서 생겨난 거짓말들 중의 하나는 스스로의 실험과 노력을 거치지 않고도 마땅히 인간의 영혼들에게 그리스도 의식이 주어졌어야 했다는 거짓말입니다.

사랑하는 이들이여, 인간의 영혼들은 생명을 부여받았습니다. 또한 그들은 자신들의 자유의지를 실험해 볼 수도 있고, 자기의 개성과 하느님의 화염들을 표현해낼 수 있는 아름답고 조화로운 행성도 부여받았습니다. 그렇다면 사랑하는 이들이여, 영혼에게 더 이상 바랄 것이 무엇이 있을까요?

자기초월의 기회와 점차적으로 하느님 자체이신 모든 것이 될 수 있는 기회도 가졌으니, 하느님으로부터 받은 이 선물이 얼마나 아름답고 훌륭한 것입니까! 그럼에도 여러분이 하느님 자신인 모든 것이 되는 과정에서 여러분은 하느님께서 개체화한 하나의 독특한 존재가 될 수 있는 기회마저 가지고 있습니다. 또한 여러분은 창조될 당시의 존재보다도 더 큰 존재가 될 수 있는 기회도 가지고 있는 것입니다. 왜냐하면 형태의 세계에서 겪게 되는 체험을 통해 자신만의 고유한 개체성을 확립할 수 있기 때문입니다.

사랑하는 이들이여, 진실로 인간의 영혼들은 모든 존재들이 원하는 최고의 선물을 받았습니다. 그러나 어떤 영혼들은 교활한 의식이 만들어낸 거짓말에 속아 하느님께서 자신들을 속여 왔고, 불공정하게 대우했으며, 또 자신들이 실수하도록 만들어놓고는 불합리한 요구를 하고 있다고 믿기 시작했습니다. 내가 앞에서 이야기했던 의식이 바로 이러한 의식으로서 이것은 인간들에게 자유의지를 준 것이 하느님의 실수라는 것을 모든 사람들이 느끼게 하려는 루시퍼의 의식인 것입니다.

사랑하는 이들이여, 하느님께서 여러분에게 자유의지를 부여하셨을 때, 여러분이 실수할 가능성도 함께 주셨다는 사실을 이해하기 바랍니다. 그러나 하느님께서는 여러분의 실수를 바로 시정할 수 있도록 영적인 스승도 함께 보내주셨습니다. 그리고 나는 실수가 비난받을 일이 아니라는 것을 확실히 말할 수가 있습니다. 분노하고 심판하는 하느님이라는 거짓된 이미지와는 반대로 하느님께서는 조건 없는 사랑의 하느님이십니다. 하느님께서는 실수하는 것에 대해 절대로 여러분을 비난하지 않으십니다. 그러므로 여러분이 자신의 잘못을 인식하고 그 잘못을 바로 잡고자 결심하자마자, 하느님께서는 즉각적이고도 무조건적으로 그것을 용서하십니다.

알다시피 인간의 영혼들에게는 실험할 수 있는 안전하고도 사랑스러운 환경이 주어졌습니다. 인간의 영혼들은 자유의지와 자유의지를 실험해볼 수 있는 권리를 부여받았을 뿐만 아니라 실수를 해도 용인되고, 게다가 그러한 실수를 바로잡아 줄 자애로운 스승까지 제공받았습니다. 또한 자신들이 저지른 실수에 대해서도 즉각적인 용서가 주어집니다. 사랑하는 이들이여, 에덴과 같은 이러한 상태를 깨뜨릴 수 있는 한 가지 요소가 있다면 그것이 무엇이며, 영과 물질 사이에 에너지의 흐름을 차단할 수 있는 그 한 가지가 무엇일까요? 또 사람들을 낙원으로부터 떠나게 하는 한 가지 요소가 무엇일까요?

사랑하는 이들이여, 하느님께서는 즉각적으로 용서하신다는 사실을 기억하기 바랍니다. *그러나 여러분은 자유의지를 가지고 있기 때문에, 그 용서를 반드시 받아들여야만 합니다. 그렇지 않으면, 여러분은 그*

실수로부터 자유로울 수가 없습니다! 그리고 하느님의 용서를 받아들이지 못하도록 가로막는 교활한 마음의 한 측면은 하느님을 향해 감사하다고 느끼지 않는 것입니다.

감사함이 결여된 교활한 거짓말이 여러분의 의식 속으로 들어오게 되면, 여러분은 자신의 잘못에 대한 하느님의 용서를 받아들일 수 없게 됩니다. 따라서 생명을 더 이상 일종의 선물로 여기지 않고, 오히려 하나의 위험으로 인식하기 시작합니다. 이렇게 되면 생명을 하나의 선물로 받아들이지 않음으로써 필연적으로 접촉의 끈은 끊어질 수밖에 없으며, 영과 물질 사이의 에너지의 흐름도 단절되어 생명의 순환도 멈춰지게 됩니다. 바로 이것이 사람들을 에덴동산으로 돌아올 수 없도록 가로막고 있는 것입니다. 에덴동산이란 실제로는 어떠한 의식(意識) 상태를 가리킵니다. 에덴동산에서의 마음 상태, 즉 은총의 상태에서는 모든 인간들이 자신의 그리스도 자아(Christ Self)와 연결돼 있으며, 이 그리스도 자아를 통해 신적자아뿐만 아니라 천상에 있는 영적인 스승과도 연결되는 것입니다.

낙원에 이르는 열쇠

사랑하는 이들이여, 나는 여러분이 지상천국을 회복하는 열쇠는 감사하는 마음, 즉 하느님에 대해, 그리고 진실로 생명이 기회라는 것에 대해 무한히 감사하는 마음을 회복하는 것임을 이제 이해할 수 있기 바랍니다.

사랑하는 이들이여, 이 행성을 한번 둘러보세요. 그리고 얼마나 극소수의 사람들만이 생명이라는 선물에 대해, 그리고 영혼이 바라는 것을 이룰 수 있는 기회로서 삶이 주어진 것에 대해 감사해하며 살아가고 있는지를 보십시오. 그리고 부모에 대해 감사해하지 않는 사람들이 얼마나 많으며, 삶에서 일어나는 불운(不運)에 대해 얼마나 많은 사람들이 부모를 원망하며 살아가는지 살펴보세요. 또 얼마나 많은 이들이 배우자에 대해 감사해하지 않고, 자신들에게 일어나는 문제들에 대해서도 서로 상대 배우자를 원망하며 사는지를 살펴보십시오. 그리고 사회에 대해서도 감사해하지 않고, 필요한 모든 것들을 주지 않는다고 얼마나 사회를 비난하는지도 말입니다. 또 얼마나 많은 이들이 하느님께도 감사하지 않으며, 자기들이 존재하고 있다는 사실 자체만으로도 하느님을 원망할 뿐만 아니라, 태양 아래 존재하는 모든 것에 대해서도 그 탓을 하느님께 돌리고 있는지를 보십시오. 그리고 이 행성에 존재하는 불완전한 상황들을 인간이 창조했다는 사실을 인정하기는커녕, 현재 지구에서 목격되는 비참함과 고통에 대해서도 하느님 탓을 하고 있는 이들이 얼마나 많은지를 살펴보기 바랍니다.

사랑하는 이들이여, 여러분이 자신의 문제로 타인들을 비난하게 되면, 여러분은 그러한 문제들을 더욱 더 고착화시키게 됩니다. 왜냐하면 그러한 문제들을 변화시킬 수 없도록 여러분 스스로가 자기 자신을 무능력하게 만들기 때문입니다. 여러분은 자유의지를 가지고 있습니다. 그러므로 마음속에 존재하는 그리스도의 실체와 자신을 일치시킬 수 있는 기회를 가지고 있음을 인정함으로써 고통과 결핍으로 이어지는 상황들을 변화시킬 신(神)의 힘을 자신의 삶 속으로 가져올 수가 있습니다. 그리하여 카인의 의식에서 벗어나 아벨의 의식으로 상승할 수 있으며, 삶의 모든 면에서 하느님의 풍요를 구현할 수 있게 되는 것입니다.

사랑하는 이들이여, 하느님께서는 여러분에게 풍요로운 삶의 왕국을 주시는 것을 진실로 기뻐하십니다. 또한 여러분이 멋지고 완벽한 선물들을 풍요롭게 가지기를 바라고 계십니다. 그러나 여러분이 자유의지를 가지고 있는 까닭에 하느님께서도 그 자유의지를 존중하지 않을 수 없습니다. 따라서 하느님께서는 여러분에게 풍요를 강요할 수는 없습니다. 만약 여러분이 생명의 순환을 단절하겠다고 결심하게 되면, 여러분의 삶은 끝없이 수축하는 어머니의 힘의 지배를 받게 될 것입니다. 이로 인해 여러분의 삶도 수축되어, 마침내 궁핍해지고 고통스럽게 될 것입니다. 만약 이러한 길을 계속 가겠다고 고집한다면, 이는 곧 하느님의 용서를 수용하지 않겠다는 뜻이 되므로 하향나선을 창조하게 될 것이며, 결국에는 파멸로 이어지게 될 것입니다. 임계수치의 사람들이 이러한 길을 가겠다고 선택하게 되면, 이는 곧 전체 문명의 멸망을 낳게 될 것입니다. 그리고 실제로 먼 과거에 지상에서 이러한 일이 일어났었으나, 단지 현재의 역사책에 기록되어 있지 않을 뿐입니다.

　사랑하는 이들이여, 선택은 여러분의 몫입니다. 하느님께서는 여러분에게 이 행성을 주셨으며, 자유의지를 실험할 권리도 주셨습니다. 여러분은 뱀과 같은 교활한 의식 상태에 머물러 있겠다고 선택할 수도 있지만, 그럴 경우 이러한 의식으로 인해 여러분은 거듭해서 실수를 하게 될 것입니다. 그리고 결국에는 도망갈 수 없는 블랙홀 속으로 빨려들어 가게 하는 카르마(Karma)와 불완전한 에너지의 큰 소용돌이 속에 갇히고 말 것입니다. 반면에 여러분이 그리스도의 마음을 성취하고자 선택할 수도 있습니다. 그러면 이 그리스도의 마음은 여러분의 가슴속에서 언제나 들을 수 있는 작은 목소리로 말을 할 것이며, 하향나선을 부수게 될 것입니다. 이를 통해 여러분은 풍요로운 삶을 향해 다시 위로 오를 수 있게 될 것입니다.

　자멸로 향한 하향나선을 부술 수 있는 열쇠는 여러분의 영혼이 다시 하느님에게 감사한 마음을 갖는 것입니다. 진정으로 감사함을 느낌으로써, 그리고 하느님과 그분의 완벽한 선물에 대해 조건 없는 무한한 감사의 마음으로 여러분의 영혼을 채움으로써 여러분은 영(靈)과 물질, 그리고 영적자아와 영혼(soul) 간에 에너지의 흐름을 복원하게 될 것입니다. 이를 통해 교활한 의식을 뜻하는 금단의 열매를 먹었을 때 장애를 일으켰던 생명의 순환도 또 다시 회복되어 재개될 것입니다.

기적의 감사 로사리오

　사랑하는 이들이여, 내가 오늘 전하고자 하는 기적의 감사 로사리오는 여러분이 이 행성에서 보아 왔던 가장 강력한 영적인 도구들 중의 하나로서 여러분이 생명의 순환을 재건할 수 있도록 돕게 될 것입니다. 따라서 궁핍하게 사는 사람들과 고통에 시달리는 사람들에게는 이 로사리오가 그야 말로 하나의 해독제가 될 것입니다.

　그렇다고 내가 전해준 다른 기도들이 필요 없다는 뜻은 아닙니다. 다른 기도들도 특정한 목적에 따라 참으로 긴요한 것들입니다. *감사를 통해 해결되지 않거나 제거될 수 없는 문제들은 거의 없다고 말할*

수 있습니다. 이유는 간단합니다. 감사는 여러분의 삶 속으로 하느님을 (다시) 불러오는 것이기 때문입니다. 하느님과 함께라면, 모든 것이 가능합니다. 따라서 하느님께서 여러분의 삶 속에 함께 하실 때, 모든 문제들이 풀리게 되고, 풍요로운 삶이 갑자기 나타나게 되는 것입니다.

사랑하는 이들이여, 폭력주의에 대한 주제로 돌아가겠습니다. 서구의 여러 국가들을 공격해온 테러리스트들은 참으로 카인의 의식(意識)으로 타락한 존재들이며, 이들은 자신들보다 더 많은 풍요를 누리고 있는 서구의 형제자매들에 대해 질투를 느끼고 있습니다. 그들은 이것을 불공정하다고 느끼고 있으며, 따라서 카인의 의식이 지닌 불완전한 논리로 서구 문명을 파괴하려고 기를 쓰고 있는 것입니다. 카인의 의식으로 인해 그들은 자기들이 형제를 살해하면 하느님께서 틀림없이 자신들을 더 사랑해주실 거라고 느끼고 있습니다. 사랑하는 이들이여, 이것은 그야말로 환상에 지나지 않습니다. 왜냐하면 하느님께서는 이미 그들을 조건 없는 무한한 사랑으로 사랑하고 계시기 때문입니다. 하느님의 사랑을 받아들이지 못하도록 가로 막고 있는 것은 다름 아닌 그들의 의식 상태입니다.

테러리스터들을 설득하는 것은 거의 불가능하다는 사실을 여러분도 이해하리라 믿습니다. 카인의 의식 속에 갇혀 있는 사람들을 설득한다는 것은 실제로 거의 불가능에 가깝습니다. 그러나 여러분이 할 수 있는 일은 이러한 카인의 의식을 태워버리는 것으로서, 이것을 이루게 하는 열쇠는 무한한 감사의 파동을 인류의 집단의식 속으로 흘려보내는 것입니다. 정확하게 말해서 이렇게 하는 것이 내가 전하고자 하는 기적의 감사 로사리오를 완수하는 것이라 할 수 있습니다. 단, 임계수치에 달하는 사람들이 이 로사리오를 할 경우에만 말이지요.

사랑하는 이들이여, 이 책을 읽고 있는 여러분은 영적으로 계몽된 존재들로서 이 행성을 변화시킬 나의 최고의 희망들이며, 나의 돌격대들입니다. 다시 한 번 더 말하지만, 나는 여러분들이 이 묵주 기도들을 받아들여, 가슴의 열정을 다해 기도해주리라 기대하고 있습니다. 또한 내가 전해준 모든 로사리오들을 전파해주시고, 가능한 어떠한 상황에서도 로사리오 기도를 해주리라 믿고 있습니다.

이 로사리오들은 여러분 모두에게 전하는 나의 선물입니다. 하지만 이 로사리오들이 육체를 가진 이 사람(저자 킴 마이클즈)을 통해 나 성모 마리아로부터 나왔다는 사실을 모든 사람들이 다 믿지는 않을 거라고 생각합니다. 다시 말해 모든 사람들이 모두 마음의 문을 열어 이 책과 이 책의 가르침들을 받아들이지는 않을 거라는 말입니다. 따라서 나는 여러분이 이 로사리오를 모든 사람들에게, 심지어 이 책의 가르침들에 대해 마음의 문을 열지 않는 사람들에게도 전파할 수 있는 하나의 선물을 드리고자 합니다.

이 로사리오들은 지구상에 존재하는 어떠한 언어로도 번역할 수 있으며, 여러분이 적합하다고 생각하는 방식으로 로사리오들을 출간해도 이미 나의 허락을 받은 것으로 간주하겠습니다. 그러나 상업적인 목적으로 이 로사리오들이 이용되는 것을 방지하기 위해 저작권(著作權)으로 보호되어 있다는 점은 이해해주기 바랍니다. 따라서 여러분 자신과 로사리오를 보호하기 위해 관련 법규들을 잘 살펴봐 주기 바랍니다.

마지막으로, 비록 이 세상의 상황을 바꾸기 위해 이 로사리오들을 전하는 것이기는 하지만, 각각의 로사리오들은 이 기도를 하는 사람들에게 개인적인 혜택도 가져다줍니다. 기적의 감사 로사리오는 영적 자아와 영혼 간의 생명의 흐름을 복원시켜 줌으로써 개인적으로 여러분에게 엄청난 도움을 주게 됩니다. 뿐만 아니라 하느님의 풍요를 여러분의 개인의 삶 속으로 가져다준다는 사실을 알게 될 것입니다. 나는 이 기적의 감사 로사리오가 진실로 하나의 선물이며, 천상으로 통하는 문을 여는 열쇠라고 확신하는 바입니다.

성부와 성모, 성자와 성령의 이름으로 나는 여러분을 신성한 어머니의 기적의 감사로 봉인하며, 기적의 감사가 지닌 무한한 파동을 지구 속으로 보냅니다.

육체를 지닌 이 대변인(저자)을 통해 이야기하고 있는 나는 이제 다음과 같이 말합니다. "신성한 어머니의 무한한 힘에 의해 나는 지구 행성을 덮고 있는 검은 구름을 소멸시키노라. 따라서 나는 모든 생명들에게 하느님에 대한 감사, 생명에 대한 감사, 성장을 위한 무대인 이 지구에 대한 감사를 받아들일 새로운 기회를 부여한다. 나의 아들 예수 그리스도의 이름으로, 이루어 마쳤도다. 아멘."

13장

완전한 용서는 완전한 자유를 낳는다

성모 마리아의 메시지 (2004. 4. 29)

사랑하는 이들이여, 나는 이 기쁜 날 여러분을 다시 찾아왔으며, 내가 진실로 용서의 어머니이기 때문에 기적의 용서라는 화염으로 오게 되었습니다. 실제로 용서의 화염(flame of forgiveness)은 영적인 자유의 화염이기도 합니다. 이 세상에서 볼 수 있는 불완전함으로부터 여러분을 자유롭게 해주는 것은 오로지 이 용서뿐입니다.

사랑하는 이들이여, 나는 지난 달 내내 성심을 다해 여러분이 로사리오 기도를 해준 데 대해, 무한한 감사를 드리기 위해 왔습니다. 내가 마지막으로 여러분에게 전한 선물은 <기적의 감사 로사리오>였습니다. 이 로사리오의 목적 중의 하나는 세계적인 테러 행위의 움직임을 소멸시키기 위한 것이었습니다. 지난달에 여러 국가들의 관계당국에 의해 위기는 가까스로 모면했지만, 실제로 우리는 테러리스트들의

몇 개의 주요한 음모들을 지켜봤습니다.32)

  나는 테러 행위의 원인을 완전히 소멸시키는 데 있어 현재 이 로사리오 기도를 하고 있는 사람들만으로는 충분치 않다는 것을 말하지 않을 수가 없습니다. 그러나 비록 상대적으로 제한된 숫자의 사람들만이라도 이 로사리오 기도를 하게 되면, 테러리즘에 큰 타격을 줄 수는 있습니다. 이는 테러행위자들을 자라게 하는 부정적인 에너지, 즉 부정적인 에너지의 보텍스를 연소시킴으로써 관계당국자들이 그들을 보다 쉽게 적발하고 음모를 실행하지 못하도록 여러분이 돕고 있는 것입니다. 적발이 어려운 이유 중의 일부는 부정적 에너지의 강도(强度)가 사람들의 눈을 멀게 할 정도로 강하기 때문에 이러한 현상이 일어나게 됩니다. 따라서 심한 경우에는 관계당국자들과 테러리스트들의 근처에 사는 사람들조차도 실제로 무슨 일이 일어나고 있는지 알지 못합니다. 그러니 사랑하는 이들이여, 소수의 사람들만으로도 이러한 에너지들을 감소시킬 수 있으며, 이로 인해 부정적인 에너지의 베일 뒤에 숨어 있던 것들이 노출되어 드러나게 되는 것입니다.

  바로 지난 달 내내, 여러분은 또 다른 세력, 즉 용서가 없는 보복주의 세력에 대한 몇 가지 사례들을 지켜보았습니다.33) 이러한 세력이 비록 전쟁과 테러리즘을 일으키는 직접적인 주요 원인은 아니라 하더라도, 실제로 이 행성에서 테러리즘과 전쟁의 강도를 더 높여가는 것만은 분명합니다. 여러분은 이러한 현상을 특히 중동지역에서 목격해 왔으며, 이스라엘 정부조차도 정부 주도의 암살에 개입해왔습니다. 이러한 암살은 참으로 무자비한 보복주의의 본보기라 할 수 있으며, 또 다른 측면에서 보복은 더 많은 보복을 불러오게 될 뿐입니다. 그러므로 이러한 행위들은 폭력을 응징하기 위한 또 다른 폭력의 하향나선에 힘을 더 보태줄 뿐이며, 수천, 수만 년에 걸쳐 이러한 폭력사태가 중동지역을 뒤덮어 왔습니다.

  심지어 승천한 대사들조차도 그 지역에 살고 있는 사람들이 언제까

---

32) 2004년 4월에 사우디, 프랑스, 영국, 요르단 등의 당국자들에 의해 몇 개의 테러음모가 적발되었음.
33) 하마스 지도자에 대한 암살사건을 포함하여 팔레스타인 테러리스트들에 대한 이스라엘의 반복된 공격.

(이상 저자 주)

지 주먹에 주먹으로, 그리고 복수에 대해 복수로 응수할 것인지에 대해 궁금하게 생각하고 있으며, 이러한 응징이 지금은 복수 그 자체를 위한 복수가 되어버렸습니다. 실질적인 면에서 이러한 보복 행위는 아무런 의미가 없습니다. 왜냐하면 너무 오래 전에 이미 폭력의 나선이 시작되었기 때문이며, 그 폭력이 왜 시작되었는지를 그 누구도 기억할 수조차 없게 되었습니다. 비록 보복에 또 다른 보복을 받는다 하더라도, 그들은 오로지 그 폭력을 영구적으로 지속해야 한다는 것만을 기억하고 있을 뿐입니다.

그러므로 사랑하는 이들이여, 오늘 나는 깨어 있는 여러분들에게 비단 중동지역 뿐만 아니라 전 행성의 여러 곳에서 볼 수 있는 복수와 용서의 부재라는 하향나선을 부수는 데 도움이 될 내 가슴속에서 우러나온 선물을 전하고자 합니다. 이 선물이 바로 <기적의 용서 로사리오>입니다.

용서의 중요성

용서가 왜 그렇게 중요한지를 이해하기 위해 하나의 가르침을 전하겠습니다. 진실로 용서의 중요성을 이해하기 위해서는 **자유의지의 법칙이 이 우주의 기본법칙**이라는 심오한 진리를 깨달아야 합니다. 또한 앞에서 설명한 바와 같이, **삶의 목적이자 생명의 본질은 성장이고, 앞을 향해 전진해가며 자기 자신을 초월해가는 것이라는** 것도 이해해야 합니다.

여러분이 성장하지 못하도록, 앞을 향해 움직여나가지 못하도록, 그리고 현재의 의식상태 및 정체감(正體感)을 초월하지 못하도록 가로막고 있는 것이 무엇이겠습니까? 그것의 핵심은 바로 용서의 부재(不在)입니다. 용서하지 않은 무엇인가가 존재할 때, 그것은 여러분이 꽉 붙잡고 있는, 다시 말해 놓아버릴 수 없는 무엇인가를 지니고 있다는 뜻입니다. 이 세상의 것에 대해 감정적으로 집착을 가지고 있다는 점에서 여러분은 자기 자신을 붙잡아두고 있는 것입니다. 즉 여러분은 자기 자신을 제한된, 그리고 불완전한 정체감 속에 묶어두고 있는 것이며, 이렇게 되면 기본적으로 자기 자신이 만들거나 문화적으로 이미 만들어진 어떤 우상을 숭배하게 됩니다.

　용서하지 않음으로써 여러분은 계속 전진할 수 있는 자신의 자유를 던져버리고 있습니다. 앞에서 설명 했듯이, 앞으로 움직여나가지 않으면, 정체하게 마련입니다. 그리고 한 장소에 너무 오래 머무르고 있으면, 열역학의 제2법칙의 지배를 받게 됩니다. 이 말은 에너지의 하향 나선, 즉 여러분의 주위에 부정적인 에너지의 보텍스가 형성된다는 뜻입니다. 그 보텍스가 너무 강해지게 되면, 이 보텍스가 여러분의 느낌과 생각들을 억누르게 되고, 마침내 여러분은 보텍스의 바깥쪽에는 아무 것도 존재하지 않는다고 믿게 됩니다. 또한 아래로 당기는 그 보텍스의 힘을 피할 수 없다고 믿게 되는 것입니다.

　이것이 바로 그렇게 많은 사람들, 특히 중동지역에 사는 사람들이 유대인에게 맞서거나 아랍인에게 대항하는 것 외에는 달리 살아갈 방법이 없다고 믿게 만드는 것입니다. 이러한 이유로 그들은 폭력의 악순환 내지는 복수(復讐)의 악순환을 피할 방법이 없다고 생각하게 되는 것입니다. 그들은 반드시 복수를 해야 하므로 이전에 받은 폭력을 응징하기 위해, 또는 보상받기 위해 또 다른 폭력을 행사해서라도 사태를 바로 잡아야 하기 때문에 이러한 악순환은 계속될 수밖에 없다고 느끼고 있습니다.

　불행하게도 이러한 부정적인 보텍스가 지닌 강렬한 에너지로 인해 이와 같은 보복행위가 언제, 그리고 어떻게 끝나게 될지에 대해서는 아무도 정확한 답을 해줄 수가 없습니다. 사랑하는 이들이여, 이 점에 대해서 한번 생각해보세요. 과연 마지막 복수라는 행위가 존재할 수 있을까요? 원한을 영원히 풀고, 그럼으로써 폭력을 종식시킬 수 있는 최후의 복수라는 행위가 과연 존재할 수 있을까요? 사랑하는 이들이여, 세속적인 마음이 지닌 이원성에 갇혀 있는 사람들과 보복주의라는 하향의 보텍스에 갇혀 있는 사람들은 아마도 이 말 속에 숨어있는 순수하고 단순한 논리를 이해할 수 없을 것입니다. 복수를 통해서는 평화란 존재할 수가 없습니다. 이것은 거의 불가능합니다. 폭력의 악순환을 끊을 수 있는 복수란 존재할 수가 없는 것입니다. 왜냐하면 여러분이 받은 것에 대해 타인에게 어떠한 행위를 가함으로써 보복하고자 한다면, 필연적으로 또다시 상대방에게 복수하고픈 욕망을 만들어내게 될 것이 분명하기 때문입니다.

 이것은 초등학교 수준의 기초적인 물리법칙(物理法則)이나 작용과 반작용에 관한 법칙만 알고 있어도 누구나 명확하게 알 수 있는 사실입니다. 모든 작용에는 상반되는 동일한 힘의 반작용(反作用)이 존재합니다. 이것은 단순한 물질우주의 법칙입니다. 따라서 복수하게 될 때, 이것은 여러분에게 가해진 작용에 대해 반작용을 하고 있는 것이지만, 또 다른 측면에서 보면 여러분의 반작용이 새로운 작용이 되며, 그러므로 필연적으로 상대방으로부터, 심한 경우에는 우주 그 자체로부터 이에 해당하는 반작용을 불러오게 되는 것입니다. 그리고 이러한 순환은 영원히, 적어도 영원한 것처럼 보일 정도로 계속될 수밖에 없는 것입니다.

 사랑하는 이들이여, 이 행성에 사는 사람들 중에서 평화를 원치 않는 사람은 실제로 극소수에 불과합니다. 오로지 소수의 그들만이 이러한 사태의 해결을 원치 않고 있으며, 폭력이나 복수의 나선이 종식되는 것을 원치 않고 있을 뿐입니다. 이런 사람들은 앞에서 설명한 바와 같이, 완전히 루시퍼의 의식 상태에 빠져있는 사람들입니다. 그러나 이러한 사람들은 극소수에 불과하며, 복수의 하향나선에 빠져있는 대다수의 사람들은 실제로는 평화를 원하고 있습니다. 그럼에도 말로는 평화를 원한다고 하면서도 실제로는 복수의 악순환을 끝내지 못하는 모순된 행동을 보이고 있는 것입니다.

 사랑하는 이들이여, 부정적인 나선에 붙잡혀 있지 않은 사람들은 이러한 사고방식을 이해하기가 거의 어렵지만, 에너지와 에너지의 보텍스에 대해 새롭게 이해하고 나면, 이러한 설명이 납득이 갈 것이라 생각합니다. 분노나 복수의 보텍스에 갇히게 되면, 자신의 잘못된 생각을 제대로 바라볼 수가 없습니다. 다시 말해 이러한 사람들은 논리적으로나 이성적으로 생각할 수가 없게 됩니다. 왜냐하면 감정적인 에너지에 압도돼 있어 무분별한 생각을 중단할 수가 없기 때문입니다. 따라서 이러한 나선을 무력화시킬, 즉 아래로 당기는 힘을 해체시킬 수 있는 무엇인가가 반드시 필요하게 됩니다. 그 무엇인가란 바로 복수와 용서의 부재로 인해 생성된 에너지를 누군가가 소멸시켜버려야 한다는 것을 뜻합니다. 이러한 부정적 에너지는 사람의 감정을 끌어당기는 자기력(磁氣力)을 형성하여 모든 논리와 이성(理性)을 잃게 할 정도로 사람들을 억누릅니다. 그리고 이러한 에너지를 태울 사람들은 반드시 균형 잡힌 사람들이어야 하며, 이와 같은 부정적인 힘과 보텍스에 갇혀 있지 않은 사람이어야 합니다. 사랑하는 이들이여, 그러한 사람들이 바로 여러분들인 것입니다.

여러분 자신을 용서하라

이 행성에 존재하는 보복주의(報復主義)의 보텍스를 연소시키는 데 효과적인 사람이 되기 이전에, 여러분은 반드시 자기 자신부터 용서의 부재 상태로부터 벗어나 자유로워져야 합니다. 그러나 여러분이 "성모 마리아님, 우리는 보복주의의 보텍스에 갇혀 있지 않다고 말씀하셨잖습니까?"라고 반문할지도 모르겠습니다. 그것은 실제로 맞는 말입니다. 여러분이 보텍스에 갇혀 있지 않다고 한 말은 여러분의 감정이 그것에 압도당하여 갈피를 잡지 못할 정도로 그렇게 강한 보텍스에 빠져 있지 않다는 뜻입니다. 하지만 여러분들 중에도 용서 없음의 진정한 의미가 무엇인지에 대해 아직도 깨닫지 못하고 있는 사람들이 많습니다. 여러분은 용서의 부재에 대해 제대로 이해하지 못한 채 성장해왔기 때문에, 이것이 어떤 것인지 깨닫지 못하고 있는 것입니다. 그리고 여러분이 제대로 이해하지 못한 채 성장하게 된 이유는 정통 기독교가 나의 아들이 2,000년 전에 전해준 용서에 대한 훌륭한 가르침을 이해하기 어렵게 만들어놓았을 뿐만 아니라 왜곡시켰기 때문입니다.

우리가 가진 문제는 지구에 사는 대부분의 사람들이 보복주의가 몇 가지의 거짓말에 근거를 두고 있다는 것을 제대로 알지 못하는 데 있습니다. 이러한 거짓말을 이해하지 못하기 때문에 이 거짓말 속에 숨어있는 마음의 상태를 엿볼 수가 없는 것입니다. 여러분이 악마의 거짓말을 꿰뚫어 볼 수 없다면, 그리고 뱀과 같이 지혜롭지 못하다면, 여러분은 이 지구에서 삶의 모든 측면에 침투해 있는 그러한 거짓말로부터 완전히 자유로울 수가 없게 됩니다. 뱀처럼 지혜롭지 못하다면, 여러분이 어떻게 해를 끼치지 않은 한 마리의 비둘기가 될 수 있

겠습니까?(마태복음 10:16)[34]

　이제 용서 없는 보복주의에 관한 거짓말들로부터 자유로워지는 데 도움이 될 수 있는 가르침을 전하고자 합니다. 앞에서 설명했던 것처럼, 이 우주의 기본적인 법칙은 <자유의지의 법칙>입니다. 여러분은 자신이 지닌 창조적인 능력을 실험할 수 있는 권리를 가지고 있습니다. 사실 여러분의 생명력과 영혼은 하느님의 법칙과 에너지를 실험하고자 하는 욕구와 욕망을 지니고 창조되었습니다. 한편 이 행성의 대부분의 사람들에게 일어난 불행한 사실은 자신의 영적스승과 접촉이 끊어지게 된 것입니다. 그리고 이로 인해 사람들은 자신들의 영적 자아와, 심지어는 하느님과도 분리된 존재라고 여기게 되는 아주 낮은 의식 상태에 놓이게 되었다는 것입니다. 이러한 분리의식 때문에 여러분은 하느님께서는 인간들에게 어떠한 해도 끼치지 않으셨다는 기본적인 사실마저도 더 이상 깨닫지 못하고 있습니다.

　하느님께서는 영혼들에게 해(害)나 상처를 입힐 만한 상황들을 이 행성에 창조하지 않으셨습니다. 이러한 상황들을 창조한 것은 낮은 의식 상태에 빠져 있는 인간 자신들이었으며, 앞에서 이야기한 것처럼, 이러한 인간들은 어둠의 세력에 의해 쉽게 조종되는 존재들입니다. 하느님께서는 여러분에게 상처를 입힐 만한 상황들을 창조하시지 않았을 뿐만 아니라 여러분이 상처를 입게 되는 것도 원치 않으십니다. 그러나 이 행성에 사는 대부분의 사람들은 지구에서 겪고 있는 고통들이 인간에 의해 창조된 것이고 하느님에 의해 창조된 것이 아니라는 사실을 충분히 이해하거나 받아들이지 못하고 있습니다. 이런 이들의 내면 깊숙한 곳에는 틀림없이 하느님께서 자신들이 겪고 있는 고통을 창조하셨거나, 아니면 그러한 고통들이 창조되도록 묵인하셨을 거라는 의식이 깔려 있습니다. 따라서 자신들의 삶 속에서 일어나는 어떠한 상황들에 대해 대다수의 사람들은 그 책임을 하느님에게 돌리고 있는 것입니다.

　많은 사람들이 이번 생(生)에서 여러 가지 부정적인 체험들을 겪고 있는 것에 대해 하느님에게 그 책임을 전가하고 있습니다. 게다가 인

---

[34] "이제 내가 너희를 보내는 것은 마치 양을 이리떼 가운데로 보내는 것과 같다. 그러므로 너희는 뱀같이 슬기롭고 비둘기같이 양순해야 한다.(마태 10:16)"

간의 잠재의식의 내면 깊숙이 들어가 보면, 많은 이들이 에덴동산에서 일어났던 일들에 대해서도 실제로 그 책임을 하느님에게 돌리고 있는 것을 보게 됩니다. 또한 인간은 자기들이 낮은 의식 상태로 떨어지게 된 것도 하느님 탓으로 돌리고 있습니다. 어쨌든 하느님께서 뱀을 창조하시지 않았다면, 그 뱀이 도대체 어디에서 생겨났다는 말입니까? 그리고 하느님께서 선악과(善惡果) 나무를 에덴동산에 가져다놓지 않았다면, 도대체 그 나무는 어디에서 왔다는 것일까요? 따라서 인간들은 하느님께서 선악과 나무를 에덴동산에 갖다 놓지 않고 거기에 뱀이 존재하도록 허용하지 않으셨다면, 영혼들도 타락하지 않았을 것이므로 마땅히 그 책임이 하느님에게 있다는 것입니다.

하느님을 비난하지 말라!

사랑하는 이들이여, 그러나 이러한 믿음은 여러분의 것이 아닙니다. 그러한 믿음들은 여러분을 낮은 의식 상태에 가두어두기 위해 루시퍼와 루시퍼의 추종자들이 주도면밀하게 조작해낸 것들입니다. 이러한 낮은 의식에 갇히게 되면, 여러분은 하느님에게 돌아갈 수 없을 뿐만 아니라 하느님의 아들과 딸로서 자아를 완벽하게 실현할 수 없게 됩니다. 또한 이를 받아들이는 것도 거의 불가능하게 됩니다. 어둠의 세력들은 거짓말투성이의 이야기들을 만들어냈으며, 따라서 내가 여러분이 이러한 거짓말들을 꿰뚫어 볼 수 있게 한다는 것은 거의 불가능합니다. 그것도 한 번의 이야기로 그렇게 한다는 것은 더 더욱 불가능한 것입니다.

마지막의 이야기에서 언급했듯이, 루시퍼가 타락하게 된 이유는 하느님께서 인간들에게 자유의지를 부여하는 실수를 범했다고 그가 진실로 믿었기 때문입니다. 따라서 루시퍼는 거짓말, 즉 자유의지가 일종의 실책이라는 거짓말을 만들어내게 되었는데, 왜냐하면 결국에 만약 인간들에게 자유의지가 없었다면, 어떻게 그들이 뱀에게 유혹을 받아 금단의 열매를 먹을 수 있었겠느냐는 것이지요. 따라서 이러한 이유로 많은 사람들이 인간에게 자유의지를 부여한 것뿐만 아니라 인간을 창조한 것에 대해서도 하느님을 비난하고 있는 것입니다.

사실 뱀은 어떠한 의식 상태, 즉 하느님의 법칙을 어기고 거역하는 상태를 상징적으로 나타내는 것입니다. 그리고 이는 인간에게 자유의지를 부여한 것에 따르는 불가피한 결과입니다. 왜냐하면 거역할 수 없었다면, 자유의지를 가졌다고 말할 수 없을 테니까요. 그렇다고 선택의 자유를 행사하기 위해, 즉 뱀의 의식을 갖기로 선택한 사람들이 교묘하게 만들어낸 거짓말을 믿기 위해 일부러 거역할 필요는 없습니다. 여러분은 그림자가 여러분의 몸을 따라다니는 것처럼, 뱀의 의식도 자유의지를 따라다닌다는 것을 아시나요? 하느님께서는 여러분이 스스로를 자신의 그림자와 동일시하는 것을 원치 않으시며, 자신의 그림자를 보고 두려워하는 것도 원치 않으십니다. 하느님께서는 항상 여러분이 자신의 신적자아의 빛을 향해 있고, 그림자는 여러분의 뒤에 있기를 원하십니다.

사랑하는 이들이여, 하느님을 비난한 결과가 무엇입니까? 어쩌면 그 결과는 여러분 자신이 마비되는 것이며, 이러한 마비를 일으키는 당사자는 바로 여러분 자신인 것입니다. 왜냐하면 여러분 자신이 처해 있는 상황에 대해 자신에게는 아무 책임이 없다는 믿음이 마음속 깊숙한 곳에 깔려 있기 때문입니다. 여러분은 이미 자신이 처한 현재의 상황을 자신이 창조하지 않았다는 믿음을 받아들였습니다. 그리고 자신이 그러한 상황을 창조하지 않았으므로 현 상황을 되돌릴 수 있는 방법은 아무 것도 없는 것입니다.

여기에서 아주 간단한 논리(論理) 하나를 들여다 볼 수 있기를 바랍니다. 만약 여러분이 우산을 휴대하지 않고 외출했는데, 갑자기 비가 내리기 시작했다고 가정합시다. 여러분은 분명히 비를 창조하지 않았으며, 또 비를 멈추기 위해 여러분이 할 수 있는 일이라고는 아무 것도 없습니다. 이런 경우가 마치 많은 사람들이 현재 자신들이 처한 상황을 창조하지 않았고, 지구 행성에 존재하고 있는 현재의 고통들도 창조하지 않았다고 말하게 만드는 상황과 흡사합니다. (이런 논리대로라면) 그들은 자기들이 낮은 의식 상태로 타락하게 만든 상황을 창조하지 않았습니다. 왜냐하면 그들 스스로 자유의지를 가진 것도 아니고, 자신들이 창조되도록 선택하지도 않았으며, 자신들이 태어나도록, 또 이 지구 행성에 오도록, 심지어 존재하도록 선택하지도 않았으니까요.

  그렇게 주장함으로써 그들은 모든 개인적인 책임과 의무를 피할 수 있으며, 상황을 좀 더 낫게 개선시키기 위해 할 수 있는 일이 아무 것도 없다고 느끼게 되는 것입니다. 사랑하는 이들이여, 나는 모든 거짓말 중에서 이것이 가장 교활한 거짓말이라고 말하지 않을 수 없습니다. 가장 교활한 거짓말은 그러한 상황을 초월하고 더 높이 오르기 위해 여러분이 할 수 있는 일이 아무 것도 없다는 발상입니다. 또 하나의 가장 교활한 거짓말은 감옥, 즉 이 물질우주에서 도망갈 곳이 전혀 없는 감옥이 존재할 수 있다는 생각입니다. 이러한 생각으로 인해 어떤 한 번의 실수로 운명적으로 영원히 불행해질 수 있는 가능성이 생길 수 있는 것입니다.

  사랑하는 이들이여, 나는 여러분이 승천한 존재인 나의 눈을 통해 볼 수 있고, 이러한 거짓말이 얼마나 터무니없는 것인지 이해할 수 있기를 바랍니다. 이렇게 말하고 있으면서도 나는 킥킥거리며 웃고 있습니다. 왜냐하면 상승하게 되면, 여러분도 물질우주에 존재하는 모든 것들이 하느님의 에너지로 창조되었다는 사실을 쉽게 깨닫게 되기 때문입니다. 하느님의 에너지는 진동(Vibration)일 뿐입니다. 그 진동이 얼마나 낮으냐와는 상관없이, 그리고 에너지나 물질의 밀도가 어떠하냐와는 상관없이, 그 에너지의 진동수를 끌어올리고 하느님의 순수함과 완전함에 다시 일치될 수 있도록 하는 것은 얼마든지 가능합니다. 부디 여러분이 살고 있는 우주에 관한 이러한 기본적인 진실을 이해하려고 노력해주기 바랍니다. 그러나 하느님의 빛과 사랑에 의해 원상회복될 수 없거나 정화될 수 없는 것을 여러분이 할 수 있거나 어떤 세력이 여러분에게 하게 할 수는 없습니다.

  원상회복될 수 없는 어떤 것을 여러분은 어떻게든 할 수 있다는 발상이 바로 뱀과 뱀의 자손이 만들어낸 가장 교활한 거짓말입니다. 그러한 생각은 하느님 어머니의 수축하는 힘을 교활하게 악용하는 것입니다. 그것은 악용입니다. 왜냐하면 물리적인 육체든, 영혼이든, 여러분에게 생명을 부여하고 형상을 부여하는 것은 수축하는 어머니의 힘이기 때문입니다. 만약 수축하는 어머니의 힘이 없었다면, 여러분은 개체의식, 즉 개인적인 자의식(自意識)도 지닐 수 없었을 것입니다.

그럼에도 마지막의 이야기에서 내가 조심스럽게 설명했듯이, 여러분을 어떤 특정한 형태에 가두어두고자 하는 것이 하느님 어머니의 의도가 절대로 아닙니다. 따라서 하느님 어머니의 에너지에 의해 창조된 어떠한 형상(形象)이 도망갈 수 없는 감옥이 될 수 있다는 발상은 여러분에게 조건 없는 사랑으로 생명과 형상을 부여하신 하느님 어머니를 모욕하는 가증스러운 짓이며, 말도 안 되는 작태라 할 수 있습니다.

여러분은 이러한 거짓말을 어떻게 극복할 수 있겠습니까? 사랑하는 이들이여, 뱀 같은 교활한 거짓말을 극복할 수 있는 방법은 오직 하나밖에 없습니다. 그것은 여러분이 처해 있는 상황에 대해 충분하고도 완벽하게 스스로 책임을 지는 것입니다.

이 말이 많은 사람들을 아주 화나게 할 것이라는 것을 나는 잘 알고 있습니다. 이러한 사람들에게 자신이 처해 있는 상황에 대해 책임을 지라는 것은 엄청나게 어려운 일이 될 수 있을 것입니다. 이것을 이해하기 어려운 이유는 많은 사람들이 자신이 누구인지에 대해 올바르게 인식하지 못하기 때문입니다. 그런 사람들은 자신의 참된 정체성을 상실한 사람들이며, 또한 이들은 잘못된 정체성을 만들어내게 하는 거짓말에 갇혀 있을 뿐만 아니라 부정적인 에너지의 보텍스에 빠져 있는 사람들입니다. 그리고 이러한 부정적인 에너지의 보텍스는 그들이 이성적으로 생각할 수 있는 능력과 감정을 압도하게 됩니다. 이 보텍스는 복수(復讐)의 보텍스가 아니라, 자신들이 하느님과 분리되어 있다는 잘못된 정체성을 더욱 강화시키는 일종의 부정적인 에너지 보텍스입니다. 따라서 이러한 부정적인 에너지의 보텍스로 인해 여러분은 자신이 하느님께서 창조하신 창조물의 희생양이며, 또한 여러분이 실패하도록 하느님께서 만들어놓았기 때문에 현재 처한 상황에 대해 자기에게는 전혀 책임이 없다고 생각하게 되는 것입니다.

나의 아들 예수는 여러분이 잘못된 정체성을 극복하고, 영적인 존재로 창조되었다는 사실을 깨닫도록 하기 위해 많은 가르침을 전해주었습니다. 어쨌든 내가 예수보다 더 잘하지는 못하겠지만, 하느님 어머니의 대리인으로서의 견해를 덧붙이고자 합니다.

어떤 것도 여러분의 참된 본성을 해칠 수가 없다

　우리가 지구에서 목격하고 있는 문제는 사람들이 낮은 의식 상태로 추락했기 때문에, 또는 잘못을 저질렀기 때문에, 죄를 지었기 때문에, 여하튼 자신들이 영구히 더럽혀졌다고 생각하고 있다는 것입니다. 사랑하는 이들이여, 여러분은 이러한 환상과 이러한 거짓말을 꿰뚫어 볼 필요가 있으며, 에너지의 실상을 깨달음으로써 이런 환상에서 벗어날 수가 있습니다.
　이러한 환상을 극복하기 위해 내가 하고자 하는 것은 아주 간단합니다. 여러분이 원한다면, 이것을 직접 실행해 볼 수도 있겠지만, 대부분의 사람들은 이러한 연습을 상상 속으로만 해도 충분하리라 생각합니다. 밤에 손전등을 가지고 밖으로 나가는 모습을 상상해보세요. 그 빛이 땅에 비춰질 수 있도록 손전등을 나무에 매달아 놓으세요. 그리고 진흙이 담긴 양동이 하나를 상상하세요. 이제 이 전등 불빛을 향해 진흙을 던져보세요. 진흙이 그 불빛에 달라붙도록 할 수 있나요?
　이것이 불가능하다는 사실을 잘 알 것입니다. 왜 불가능할까요? 과학자들의 말대로 모든 것은 에너지로 창조되었습니다. 진흙은 불빛의 에너지와는 다른 형태의 에너지를 지니고 있습니다. 둘 다 에너지의 형태인 것은 맞지만, 그 차이는 진흙이 빛보다 훨씬 낮은 진동을 지니고 있다는 것입니다. 그리고 진흙이 보다 낮은 진동을 지니고 있기 때문에 높은 진동수를 지닌 불빛에 달라붙어 더럽힐 수가 없는 것입니다.
　사랑하는 이들이여, 여러분의 참된 정체성은 물질우주의 육신 속에 존재하는 영혼이 아닙니다. 여러분의 참된 정체성은 영적자아(Spiritual self), 즉 신적자아이며, 이 신아(神我)는 고차원의 영역, 다시 말해 완전히 높은 진동으로 구성된 고차원의 세계에 살고 있습니다. 따라서 물질세계로 내려온 영혼이 영적세계에 살고 있는 영적자아를 영구히 더럽힐 수 있는 죄를 범할 수 있다는 발상은 마치 진흙이 불빛에 달라붙을 수 있다고 하는 것과 같이, 아주 터무니없는 생각입니다.

여러분의 참된 정체성은 영적인 존재인 여러분의 신아입니다. 이 영적자아는 지금 이 순간에도 영적세계에 존재하고 있고, 하느님에 의해 처음 창조될 때처럼 지금도 여전히 완벽하고 아름답습니다. 지금까지 여러분은 자신의 영적자아를 더럽히거나 손상시킬 수 있는 어떠한 행위도 한 적이 없으며, 또한 그렇게 할 수도 없습니다. 따라서 여러분이 처음 창조되던 그 날처럼 지금도 여러분은 순수하며, 또한 하느님의 사랑을 받을 만한 가치가 있는 존재들입니다. 여러분이 이 세상에서 행한 어떠한 것도 하느님의 사랑을 받지 못할 정도로 여러분을 가치 없는 존재로 만들지 않았습니다. 그러나 어둠의 세력들은 여러분이 이런 저런 끔찍한 일들을 저질렀기 때문에 하느님의 사랑을 더 이상 받을 가치가 없는 존재라고 여러분 스스로 생각하도록 만들고자 합니다. 이러한 거짓말에 동의할 때, 여러분은 그 때부터 하느님으로부터 숨어야 한다고 믿게 되며, 또한 하느님의 집으로 돌아가지 않아도 되고, 심지어 하느님의 용서를 구할 필요도 없다고 믿게 되는 것입니다. 그리하여 하느님을 분노하고 심판하는 하느님으로, 그리고 여러분이 행한 온갖 행위에 대해 용서하지 않을 거라는 거짓말을 받아들입니다. 따라서 여러분은 하느님의 집으로 다시 돌아가려고 노력조차 하지 않을 뿐더러 하느님으로부터 계속 숨으려고만 하게 되는 것입니다.

여기서의 요점은 여러분이 가진 현재의 의식 상태에, 현재의 제한 속에, 심지어 외적인 여건 속에 여러분을 가두어두고 있는 것은 바로 여러분이 하느님의 용서를 받아들일 수 없다고 하는 점입니다. 왜 하느님의 용서를 수용할 수 없을까요? 사랑하는 이들이여, 그 답은 <자유의지의 법칙(Law of Free Will)>에 있습니다. 자유의지의 법칙에 따라 여러분은 원하는 것을 무엇이든 창조할 수 있는 권리를 가지고 있습니다. 그러나 만약 자기 자신에 대해 잘못된 이미지를 창조한다면, 여러분이 그러한 이미지에, 그러한 정체성에 갇힐 수가 있습니다. 이러한 제약을 극복할 수 있는 유일한 방법, 다시 말해 여러분의 마음에 의해 창조되어 오로지 마음속에만 존재하는 그 감옥에서 벗어날 수 있는 유일한 방법은 더 이상 그런 상태로 있지 않겠다고 결심하는 것입니다. 현재 존재하고 있는 모습을 자기 자신이라고 생각하는 제한된 사람이 되어서는 안 됩니다. 그리고 이제는 이러한 제약들을 버리고, 앞을 향해 나가겠다고 원해야 합니다.

어떻게 해야 이러한 제약들을 버릴 수가 있을까요? 우선 무엇보다 그러한 제약들을 만든 것에 대해 자기 스스로를 용서함으로써 그렇게 할 수가 있습니다. 그렇다면 자기 자신을 어떻게 용서할 수 있을까요? 사랑하는 이들이여, 그렇게 할 수 있는 방법은 오직 그러한 제약들을 창조한 존재는 하느님이 아니라 자기 자신이며, 더군다나 루시퍼나 루시퍼를 추종하는 어떠한 존재도 아니라는 것을 충분히 인식하고 받아들이는 것입니다.

사랑하는 이들이여, 수많은 사람들을 벗어날 수 없는 진퇴양난(進退兩難)의 상황 속으로 빠져들게 만들었던 것이 바로 이것입니다. 이러한 상황 속에 빠진 사람들이 자신들의 삶을 개선할 수가 없었던 이유는 자신들이 처해 있는 상황에 대해 책임을 지려 하지 않을 뿐만 아니라, 그러한 상황을 자신들이 창조했다는 사실조차 깨닫지 못하고 있기 때문입니다. 그리고 이들이 그러한 상황에 대해 책임을 지려 하지 않는 이유는 용서라는 것이 존재하지 않는다고 믿기 때문입니다. 고로 그러한 제약으로부터 벗어날 수 있는 방법이 없기 때문에 설사 자신들이 그러한 한계들을 창조했다고 인정한다고 해도, 그들은 그것을 창조한 것에 대해 자기 자신을 책망하게 될 것입니다. 그들은 그러한 상황 속에 갇혀 영원히 고통과 한계를 체험하게 될 것이며, 그뿐이 아니라 그러한 상황에 처하게 된 것에 대해서도 자기 스스로를 원망하게 될 것입니다. 이것은 영혼에게는 엎친 데 덮친 격이 될 것입니다. 따라서 그들은 자신들에 대한 원망을 피하기 위해서 책임을 회피하고자 하는 것입니다. 그렇다면 어떻게 해야 이러한 교착상태를 벗어날 수 있을까요?

그러나 교착상태를 벗어날 수 있는 유일한 방법은 여러분 스스로가 그러한 상황을 창조했고, 하느님께서는 여러분이 그러한 상황을 만든 것에 대해 여러분을 책망하지 않는다는 사실을 인식하는 것입니다. 따라서 여러분이 스스로를 책망할 이유가 전혀 없습니다. 여러분이 한 일이라고는 고작 자유의지를 가지고 하느님의 에너지를 실험해 본 것 밖에는 없습니다. 그렇다고 이 말이 하느님께서 여러분이 창조한 모든 것들을 보시고자 원했던 것이라거나, 하느님의 법칙과 일치한다는 뜻은 아닙니다. 하느님께서는 여러분이 여러 가지 제약들을 창조하여 스스로 아픔과 고통을 체험하는 것을 절대로 바라시지 않습니다. 내가 말하고자 하는 것은 하느님께서 여러분에게 자유의지를 부여하셨을 때, 여러분에게 자유의지를 실험해볼 수 있는 권리도 주셨다는 것입니다. 그렇게 함으로써 하느님께서는 여러분이 모든 원망으로부터 벗어나서 자유롭게 될 수 있게 하신 것입니다.

하느님께서 여러분을 창조하고 여러분에게 자유의지를 주시고자 한 것은 여러분이 하느님의 아들과 딸임을 완전히 받아들일 수 있을 때까지 자각과 정체성을 성장시켜 나갈 수 있도록 기회를 주기 위해서입니다. 그렇게 함으로써 여러분이 하느님과 함께하는 한 명의 공동 창조자가 되어, 궁극에는 자기 자신만의 세계를 창조할 수 있는 아주 강력한 존재가 될 수 있는 것입니다. 하느님께서는 글자 그대로 여러분이 하느님이신 모든 것, 그리고 그 이상이 될 수 있는 기회를 주셨습니다. 그리고 여러분을 창조하고 자유의지를 주신 것과 관련해서, 하느님께서는 당초에 자유의지를 가지고 실험할 수 있도록 하셨으므로 여러분이 행하는 것에 대해, 심지어 고통스러운 상황을 창조하는 것에 대해서도 여러분을 책망하시지 않으십니다.

하느님께서는 여러분을 탓하지 않으신다

내가 설명한 요지를 이해하나요? 하느님께서는 여러분이 스스로를 책망하는 것을 원하지 않으시며, 여러분을 탓하지도 않습니다. 과학자들이 실험을 하는 것처럼, 하느님께서는 여러분도 똑같은 방식으로 삶에 접근해가기를 바라고 계십니다. 전구의 빛을 낼 수 있는 물질을 발견하고자 애쓰고 있는 토마스 에디슨(Thomas Edison)[35]의 모습을 한번 상상해보십시오. 여러분도 아시겠지만, 그는 수많은 물질을 실험한 끝에 마침내 빛을 내는 물질 하나를 발견하게 되었습니다. 그러나 에디슨이 실험에 실패했다고 해서 자신을 책망하거

---

[35] 미국의 대발명가. 전구를 비롯해 수많은 발명품들을 개발했다.

나, 또는 어떤 물질을 실험했으나 그 물질이 올바로 작동되지 않는다고 해서 그가 매번 자신을 죄인이라고 자책한다고 상상해보세요. 그는 곧 바로 큰 부담을 느끼게 되어, 전기(電氣)시대를 열게 한 물질을 발견하기도 전에 실험을 포기하고 말았을 것입니다. 그러나 에디슨은 실험에 실패하게 되면, 빛을 내지 않는 그 물질은 그냥 버리고, 그 대신에 곧바로 다른 물질을 찾아 나섰습니다. 하느님께서는 바로 이러한 인생방식을 삶이라는 실험에 참여하고 있는 여러분에게 바라고 계신 것입니다.

영적으로 깨닫게 되면, 삶에 대해 논리적이고 이성적으로 생각하게 됩니다. 예를 들어 고통스러운 상황들과 마주치게 될 경우, 논리적인 사고방식은 이렇게 말을 할 것입니다.

"이런 상황은 더 이상 체험하고 싶지 않다. 이런 상황은 충분히 체험했으니, 나는 다른 체험을 하고 싶다. 그러려면 뭘 해야 될까? 내가 첫 번째로 해야 할 조치는 내가 통제할 수 없는 상황의 희생양이라고 느끼는 믿음부터 극복해야 한다. 내가 희생양이라고 느끼는 한, 나를 고통스럽게 하는 상황을 변화시키기 위해 내가 할 수 있는 일이라고는 아무 것도 없다. 따라서 내가 처해 있는 상황에 대해서 내가 모든 책임을 져야 한다. 그리고 이러한 상황을 창조한 것에 대해서, 혹은 이런 상황을 끌어들인 것에 대해서 내가 스스로 모든 책임을 지지 않으면 안 된다. 왜냐하면 내가 도달할 수 있는 가장 높은 가능성보다 낮은 의식 상태에 있겠다고 허용한 것은 바로 나 자신이었으니까 말이다. 따라서 상황을 변화시킬 수 있는 열쇠는 나의 의식 상태를 바꾸는 것이다. 내가 의식 상태를 바꾸게 되면, 첫 번째로 일어날 일은 내가 체험하게 되는 상황도 바뀌게 될 것이라는 점이다. 그렇게 되면 외적인 상황이 한꺼번에 일시에 바뀌지는 않는다 하더라도 고통은 덜 느끼게 될 것이다. 그리고 내 의식의 상태가 계속 높아지면, 결국에는 외적인 환경도 변화되는 것을 내가 실제로 체험하게 될 것이다."

사랑하는 이들이여, 알다시피 이 물질우주는 밀도가 아주 짙은 에너지로 창조되었습니다. 예수와 내가 설명했던 것처럼, 물질우주에도 여러 개의 층들이 존재합니다. 이 물질우주에 창조되어 있는 모든 것들은 에테르계(etheric realm)에서 하나의 착상으로부터 시작되었습니다. 다음에 그 착상은 정신계(mental realm) 속에서 하나의 사고(思考)로 굳어지게 됩니다. 그런 다음 감정계(emotional realm)로부터 에너지와 움직임을 얻게 되고, 그 후 마침내 물질계(material realm)에 이르게 됩니다. 이러한 과정을 거치기 때문에, 영적으로 깨어 있는 사람이라 하더라도 하루 밤 사이에 외적인 상황, 즉 물질적인 상황을 바꿀 수는 없는 것입니다.

상황을 변화시키는 데에는 시간이 필요하며, 그 이유는 아주 간단합니다. 물질우주에서의 상황을 바꾸기 위해서는 근원으로 올라가야 합니다. 즉 에테르계에서 가졌던 이미지부터 바꾸어야 하며, 그 다음에는 생각을 바꾸고, 감정을 바꾸어서 빙글 돌아서 마침내 물질계에 이르게 됩니다. 물질계에 있는 에너지는 가장 짙은 밀도를 가지고 있기 때문에 보이는 세계에서 어떠한 변화를 목격하는 데에는 어느 정도의 시간이 필요하게 됩니다. 이 때문에 예수가 여러분은 인내 속에서 자신의 영혼을 소유하게 될 것이라고 말했던 것입니다(누가복음 :21:19).36)

예수와 나는 물질우주가 마치 스크린(Screen)에 비친 한 편의 영화와 같다고 설명한 바가 있습니다. 영화의 배후에 있는 추진력은 영사기 내의 전구에서 나오는 흰 빛과 같으며, 이 빛은 여러분의 잠재의식 속에 지니고 있는 3장의 필름을 지나면서 어떤 형상을 취하게 됩니다. 하나는 여러분의 정체감(자아의식)으로서 에테르계에 존재하고 있습니다. 또 다른 하나는 여러분이 자신과 세상에 대해 가지고 있는 정신적인 심상(心象)으로, 정신계에 존재하고 있습니다. 그리고 마지막으로 세 번째는 여러분이 자신과 세상에 대해 가지고 있는 감정들로, 이는 감정계에 존재하고 있습니다. 여러분이 처해 있는 외적인 환경은 삶이라는 스크린 위에 비친 투영물(投影物)에 지나지 않으며, 마치 하느님의 빛이 여러분의 잠재의식을 통과하면서 여러분의 에테르체와 정신체, 감정체가 지닌 색상에 의해 채색되고, 형상을 갖게 되는 것과 같은 이치입니다.

여러분 자신을 변화시켜라

---

36) "너희의 인내로 너희 영혼을 얻으리라.(누가 21:19)"

이러한 과정을 거치기 때문에, 여러분이 처해 있는 외적인 환경들을 변화시킬 수 있는 유일한 방법은 여러분의 내적인 환경, 즉 마음의 상태를 변화시키는 것에서부터 시작해야 합니다. 따라서 여러분이 처한 외적인 환경들은 여러분의 의식이 창조해낸 것들이며, 그러한 환경들은 여러분의 의식 속에 지니고 있는 이미지들이 드러나는 것에 불과하다는 것을 깨달아야 합니다. 그리고 그러한 이미지를 창조한 것은 바로 여러분 자신인 것입니다.

　그러한 이미지들은 지금까지 여러분이 많은 생을 살아오는 복잡한 과정 속에서 생겨난 산물입니다. 이러한 과정을 거치면서 여러분은 자신이 살았던 시대의 문화로부터 영향을 받기도 했으며, 어둠의 세력들이 만들어낸 거짓말에 영향을 받기도 했습니다. 그렇다 해도 그러한 이미지를 창조한 것은 분명히 여러분 자신들이며, 그러한 이미지를 바로 잡기 위해 내가 이렇게 모든 영적인 사람들이 꼭 알아야 하는 핵심적인 진리를 전하고 있는 것입니다.

　이러한 진리를 설명하기에 앞서, 먼저 영적자아에 대해 설명하겠습니다. 여러분의 생명은 영적인 존재인 여러분의 영적부모로부터 창조되었습니다. 그 영적부모는 처음 창조될 때처럼, 지금도 여전히 순수하고 완벽합니다. 그리고 여러분의 생명력인 여러분의 신적자아는 하느님과 의식적인 접촉을 지속적으로 유지하고 있습니다. 또한 이 신적자아는 하느님의 조건 없는 무한한 사랑을 항상 느끼고 있으며, 그렇기에 이 존재가 자신이 창조된 것에 대해, 또는 자유의지를 갖게 된 것에 대해 부정적인 느낌을 갖는다는 것은 절대적으로 무의미합니다. 여러분의 신적자아는 자신이 존재하고 있는 것에 대해, 그리고 하느님의 장엄하고 멋있는 창조계의 일원이 될 수 있는 기회가 주어진 것에 대해 오로지 무한히 기뻐하고 감사해할 뿐입니다. 달리 표현하면, 신아의 차원에서는 지구의 수많은 영혼들에게 영향을 미치고 있는 부정적인 느낌이란 것이 전혀 존재하지 않습니다.

　내가 이러한 설명을 하는 목적은 하느님께서 여러분을 직접 창조했다는 생각에 수정이 필요하다는 점을 이해할 수 있도록 돕기 위해서입니다. 여러분의 신적자아는 하느님에 의해 창조되었지만, 여러분의 영혼은 하느님께서 직접 창조하시지 않았습니다. 여러분의 영혼은 물질우주를 체험하기 위해, 그리고 신적자아가 지닌 창조력을 물질우주에 표현해내기 위해 신적자아에 의해 창조된 것입니다. 내 말의 요지는 영혼이 존재한다는 사실로 인해 하느님을 비난하는 것은 논리적이지 못하고 사리에도 맞지 않을뿐더러, 또 전혀 사실도 아니라는 것입니다. 하느님께서는 영혼을 직접 창조하시지 않았으며, 영혼이 물질우주로 내려가서 낮은 의식 상태로 추락하게 만들지도 않았습니다. 그러한 영혼은 신적자아가 창조했지만, 그 신적자아도 또한 여러분입니다. 여러분이 영혼을 창조하고자 선택했기 때문에 여러분이 자신의 영혼을 창조한 셈이 되며, 그러한 선택을 한 이유는 여러분이 물질우주를 체험하고 싶어 했기 때문입니다. 또한 이 우주를 하느님의 왕국으로 공동 창조하는 데 여러분이 일조(一助)하고 싶어 했기 때문인 것입니다.

따라서 여러분이 자기 스스로를 현재 자신이 통제할 수 없는 어떤 환경의 희생양이라고 생각한다 할지라도, 여러분의 영혼은 결코 일종의 희생양이 아니라는 사실을 이제는 알아야 합니다. 영적인 존재로서의 참된 정체성을 뜻하는 여러분의 영혼은 여러분이 선택한 결과로서 나타나게 된 산물입니다. 그러한 선택을 하게 된 이유는 여러분이 물질세계로 내려가서 영적성장에 이르게 되는 긍정적인 경험, 즉 하느님과 함께하는 공동 창조자로서의 자신의 정체성을 확장시키는 경험을 원했기 때문입니다. 이러한 사실을 깨닫게 될 때, 비로소 하느님을 비난할 이유가 없으며, 또한 여러분 스스로를 비난할 이유도 없다는 것을 이해할 수 있게 될 것입니다.

비난을 멈추어라

만약 여러분이 현재 고통스러운 환경을 체험하고 있다면, 하느님을 원망하는 대신에, 남을 원망하는 대신에, 어둠의 세력들을 원망하는 대신에, 심지어 자기 스스로를 원망하는 대신에, 그냥 비난을 멈추세요. 그리고 자기 자신을 용서하고, 다음과 같이 말하십시오. "나는 단지 의도한 대로 작동하지 않는 하나의 실험을 했을 뿐이야. 그러므로 이제 그러한 실험은 그만하고, 고차원의 의식으로 올라갈 것이다." 만약 현재 처해 있는 상황을 통해 영혼이 바라는 긍정적인 경험을 할 수 없다면, 체험을 바꾸기 위해 필요한 조치를 취하십시오. 그리고 여러분의 영혼을 위해 현재 처한 상황을 긍정적인 경험을 창조하기 위한 디딤돌로 삼기 바랍니다.

　불완전한 것을 버릴 수 있는 결정을 쉽게 할 수 있기 위해서 이 세상의 어떠한 것도 - 외적으로 보이는 것이 어떠하건 관계없이 - 여러분에게 어떠한 행위를 가할 수 없다는 사실을 깊이 이해할 필요가 있습니다. 실제로 그 누구도 여러분에게 어떤 짓을 할 수가 없습니다. 다시 한 번 말하겠습니다. "아무도, 그 어떤 인간도 여러분에게 어떠한 행위를 할 수 없으며, 심지어는 하느님조차도 결코 여러분에게 어떤 행위를 할 수 없습니다."

　여러분에게 어떤 행위를 가할 수 있었던 유일한 존재는 바로 여러분 자신이었습니다. 이 말의 숨은 뜻은 비록 여러분의 영혼이 물질우주에 존재한다 할지라도, 그 영혼은 물질우주의 에너지로부터 만들어진 것이 아니라는 뜻입니다. 따라서 여러분의 영혼은 진실로 여러분의 신적자아로부터 비춰지고 있는 한 줄기의 밝은 불빛입니다. 그러므로 물질우주의 에너지는 여러분의 영혼에 달라붙을 수 없으며, 여러분의 영혼을 해칠 수도 없습니다. 그렇다면 여러분의 영혼은 무엇일까요?

　여러분의 **영혼은 일종의 의식(意識) 상태, 존재감, 정체감(자의식)을 뜻합니다.** 그리고 **영혼은 상상력과 자유의지를 지니고 있는 존재입니다.** 따라서 여러분의 영혼은 자신의 정체성을 창조하게 되며, 그것도 매 순간마다 새롭게 재창조하고 있는 것입니다. 이것이 요지입니다. 만약 누군가가 다가와 여러분의 볼을 살짝 때리면, 그 사람이 비록 여러분의 몸에는 어떠한 행위를 가했지만, 여러분의 영혼에게는 아무런 행위도 가하지 못했습니다. 그럼에도 여러분은 상상력과 자유의지를 통해 어떤 능력을 가지고 있는데, 그 능력은 여러분의 정체성이 다른 사람의 행위로 인해 어떠한 영향을 받았다고 느끼게 하는 능력입니다. 따라서 여러분은 자기 자신에게, 자기 영혼에게 어떠한 행위를 가하게 되는 것입니다.

　내가 말하는 요지를 이해하겠습니까? 여러분의 정체성을 변화시킬 수 있는 존재는 아무도 없습니다. 오로지 여러분 자신만이 그것을 변화시킬 수 있습니다. 그리고 여러분의 정체성을 바꾸기 위해서는 반드시 선택을 해야 합니다.

이 세상에는 사람들을 조종하여 불완전하고 잘못된 정체성을 받아들이도록 아주 공격적인 수단을 사용하고 있는 세력들이 분명히 존재하고 있습니다. 이러한 세력들은 아주 교활할 뿐만 아니라 대단히 설득력이 있는 거짓말을 만들어냅니다. 그리고 그런 거짓말을 통해 여러분은 죄인(罪人)이며, 나쁜 짓을 너무 많이 저질러서 그 나쁜 짓으로부터 절대로 자유로울 수 없는 세속적인 한 인간이라는 것을 믿도록 만들고 있습니다. 내가 하려는 말은 그러한 거짓말을 하는 사람들의 손아귀에서, 그리고 그들이 하는 거짓말에서 벗어나는 것이 쉽다는 것이 아닙니다. 다만 내가 말하고자 하는 것은 이 세상에 있는 모든 거짓말로부터 벗어나는 것이 가능하다는 뜻입니다. 그렇게 하기 위해서는 반드시 그들이 여러분을 해칠 수 없으며, 이 세상의 어떠한 세력도 여러분의 영혼을 해칠 수 없다는 사실을 충분히 받아들여야만 합니다.

이 세상의 세력들이 여러분의 영혼에게 해를 끼칠 수 있는 방법은 여러분 스스로가 자신의 정체성을 바꾸도록 그 세력들에게 허용함으로써만 가능해지게 됩니다. 여러분을 해칠 수 있는 방법은 이것밖에 없으며, 오로지 여러분의 결정을 통해서만 그러한 해를 끼칠 수가 있습니다. 하지만 여러분의 선택에 의해 영혼에게 주어진 어떠한 것도 추후 더 좋은 선택을 함으로써 다시 원상회복될 수 있으니 이 얼마나 훌륭한 실현방법입니까! 그러므로 과거의 모든 불완전함으로부터 자유로워지는 열쇠는 그러한 불완전함을 버리고, 그러한 선택을 했던 자기 자신을 용서함으로써 가능한 것입니다.

만약 여러분에게 일어났던 모든 것들이 여러분의 선택의 결과로서 생겨난 것이라 점을 인식한다면, 그동안 여러분이 이 세상의 세력들에게 프로그램당해 왔고, 잘못된 선택에 대해 여러분 자신을 책망해야 한다는 그들의 거짓말을 여러분이 수용해 왔다는 모순으로 다시 한 번 돌아오게 됩니다. 사랑하는 이들이여, 내가 설명했듯이 잘못된 선택을 한 것에 대해 자기 자신을 비난할 필요가 없습니다. 만약 잘못된 선택에 대해 자기 자신을 비난한다면, 여러분은 자기 스스로를 그러한 선택에 묶어 두게 됩니다. 왜냐하면 자신을 비난할 때, 여러분은 그러한 선택을 더 강하게 만들고 있기 때문입니다. 당신들은 마음과 주의력을 집중함으로써 그것을 강화시키고 있을 뿐입니다. 이는 여러분 스스로가 잘못된 선택을 키우고 있는 것이며, 그곳으로 에너지를 계속 보내 커지게 함으로써 여러분은 자신의 사고와 감정을 압도하게 될 하나의 보텍스를 만들고 있는 것입니다. 그리고 결국에는 그 보텍스 너머의 것들을 더 이상 볼 수 없게 될 것입니다.

손전등에서 나오는 불빛에 대한 실험으로 돌아가 생각해 보겠습니다. 불빛에 진흙을 던져도 아무 소용이 없으며, 진흙이 불빛에 달라붙게 할 수도 없습니다. 그러나 진흙으로 벽돌을 만들어 불빛 주위에 담을 쌓아서 불빛이 보이지 않게 할 수는 있습니다. 대부분의 사람들이 자신의 영혼들에게 행해온 방식이 바로 이것입니다. 그러한 행위는 잘못된 선택을 한 자기 자신을 용서하고 앞을 향해 전진해가는 것이 아니라, 그런 잘못된 선택들을 더욱 강화시키는 역할을 하게 됩니다. 그러한 사람들은 불완전한 이미지들에 에너지를 계속 주입함으로써 지금까지 영혼의 주위에 담장을 쌓아 왔으며, 따라서 그들은 자신이 빛의 존재라는 사실을 결코 깨달을 수가 없게 된 것입니다. 그들은 자신들이 죄인이고, 하느님의 용서를 받을 가치도 없는, 그리고 스스로도 용서할 가치가 없는 온갖 문제와 잘못을 안고 있는 불완전한 인간이라고 생각하고 있는 것입니다.

궁극적인 면에서 그런 담장은 실제로 존재하고 있는 것이 아닙니다. 왜냐하면 불완전한 에너지들은 하느님 안에서 영원히 존재할 수가 없기 때문입니다. 그러나 영혼이 이 세상에 존재하는 한은 그러한 담장이 여러분의 정체성에 영향을 미치게 될 것이므로 이러한 담장은 철저하게 부숴야 할 필요가 있습니다. 담장을 구성하고 있는 벽돌들을 한 번에 하나씩 부수어 영적인 불 속으로 던져 태워버려야 합니다. 그럼으로써 영혼은 점차적으로 원래 지니고 있는 아름다움과 완벽함을 드러낼 수 있게 될 것입니다.

부정적인 나선을 파괴할 수 있는 유일한 방법은 더 이상 보텍스를 키우지 않겠다고, 더 이상 잘못된 결정을 하지 않겠다고, 그리고 더 이상 잘못된 결정에 대해 스스로를 책망하지 않겠다고 결심하는 것입니다. 여러분은 하느님께서는 여러분에게 실험할 수 있는 권리를 주셨으며, 그런 실험하는 과정에서 실패한 실험을 통해 배우고, 또 잘못된 실험을 그냥 버리고 떠날 수 있는 권리도 부여하셨다는 사실을 받아들이게 될 것입니다.

토마스 에디슨은 전구의 필라멘트로 쓰일 물질을 구하기 위해 구리를 가지고 실험해 보았으나 작동되지 않자 그냥 그 구리를 버렸으며, 구리를 절대로 또다시 사용하지 않았습니다. 또한 구리가 빛을 낼지도 모른다는 착상도 함께 버렸습니다. 그는 할 수 없이 다른 물질을 찾아 옮겨갈 수밖에 없었고, 실패한 물질로 실험을 계속 하려고 고집을 부리지도 않았습니다. 그는 작동되지 않는 것은 그냥 버리고 앞을 향해 나아갔으며, 다른 물질로 실험을 계속하여 마침내 작동되는 어떠한 물질을 발견하게 되었던 것입니다.

절대로 실험을 멈추어서는 안 된다

사랑하는 이들이여, 이제 우리는 어둠의 세력들이 만들어낸 가장 교활한 거짓말들 중의 어느 하나에 이르게 되었습니다. 내가 앞에서 이야기했던 것처럼, 삶의 본질은 수축하는 어머니의 힘 위에 확장하는 아버지의 힘이 작용하게 됨으로써 형태를 지닌 세상이 창조된다는 사실입니다. 확장하는 아버지의 힘이 지닌 본성은 실험하는 것입니다. **영혼들이 실험하고자 하는 욕구와 새로운 어떤 것을 체험하고자 하는 호기심을 가지게 되는 것이 바로 아버지의 힘인 것입니다.**

우리는 여기에서 아주 미묘한 문제에 봉착하게 됩니다. 우선 여러분의 의식이 낮은 상태로 추락하게 된 것이 바로 실험하고자 하는 욕구 때문이라는 것도 정말로 맞는 사실입니다. 여러분은 의식의 진동을 점차적으로 떨어뜨리는 어떠한 실험을 하게 되었는데, 이로 인해 결국에는 자신들의 근원을 잊어버리게 되는 상태에까지 이르게 되었습니다. 사랑하는 이들이여, 내가 설명하고자 했던 것처럼, 이 지구에 사는 많은 사람들이 어둠의 세력들에 의해 오도되고 조종당함으로써 추락하게 되었으며, 의식을 떨어뜨리게 되는 잘못된 결정을 내리게 되었던 것입니다. 이것은 결코 이해하기가 어려운 것이 아닙니다. 명백한 것은 뱀 같은 교활한 거짓말을 받아들이도록 결정한 것은 여러분이었지만, 그러한 거짓말은 원래부터 존재했었으며, 다만 그러한 거짓말이 여러분을 향했을 뿐입니다.

그리고 여기에서 중요한 점에 이르게 됩니다. 여러분이 낮은 의식 상태로 추락하게 된 이후, 이러한 상황에 맞추어 뱀 같은 자들은 두 가지의 교활한 음모를 만들어내기 시작했습니다. 그들의 말에 의하면, 여러분이 타락하게 된 것이 정확히는 실험하고자 하는 욕구 때문이었으며, 또 다른 하나는 여러분이 자유의지를 가지고 있었기 때문이라는 것입니다. 따라서 뱀 같은 자들은 구원을 받을 수 있는 유일한 방법은 실험을 중단하고 자유의지를 행사하지 않는 것이라고 말하고 있습니다. 그리고 그들이 인간을 구원할 수 있도록 루시퍼와 몇몇 뱀 같은 자들이 여러분을 통제할 수 있게끔 허용해야 한다는 것입니다. 그들은 하느님께서 일을 처리하는 방식, 즉 자유의지와 상상력이라는 선물을 부여하는 방식으로는 인간의 구원을 보장받을 수 없기 때문에 오히려 여러분의 영혼이 위험에 처하게 된다는 것을 여러분이 믿어주기를 바라고 있습니다. 또한 그들은 만약 여러분이 그들의 말에 따라주고, 그들이 여러분을 통제할 수 있도록 허용한다면, 구원은 보장받게 될 것이라고 말하고 있는 것입니다.

사랑하는 이들이여, 정확히 말해서 이러한 말은 이 세상 곳곳에 퍼져 있는 거짓말입니다. 그리고 이로 인해 외적인 단체들이나 기구들, 그것이 교회이든 독재자든, 아니면 정치적 이념이든 간에 자기들이 인류와 세상을 구할 수 있다고 하는 수많은 주장들이 생겨나게 되었습니다. 그들의 말대로라면, 여러분은 절대로 실험하려고 해서는 안 되며, 혼자의 힘으로 진리를 알 수 있다고 생각해서도 안 됩니다. 여러분은 단지 가장 잘 알고 있는 지도자들을 따르기만 하면 된다고 그들은 말하고 있습니다.

이 말은 어떤 거짓말보다도 많은 사람들을 함정에 빠뜨리게 하는 거짓말입니다. 그렇습니다, **여러분의 추락이 가능하게 된 것이 바로 실험하고자 하는 여러분의 추진력(drive) 때문이었으나, 동시에 여러분이 다시 그리스도 의식으로 상승하는 데 도움을 줄 수 있는 것도**

바로 이 실험하고자 하는 추진력인 것입니다. 여기에서 어떤 일이 실제로 일어나게 되는지 이해가 되나요? 자유의지와 실험하고자 하는 충동을 지니고 있기 때문에 여러분이 추락할 수 있었던 것은 사실입니다. 그러나 여러분을 추락하게 만든 것은 실험하고자 하는 충동 때문이 아니었으며, 실제로는 교활한 거짓말 때문이었습니다. 여러분은 추락하지 않고도 자유의지를 완벽하게 실험할 수 있었습니다. 여러분이 추락하게 된 것은 단지 뱀 같이 교활한 자들이 만들어낸 몇 가지 거짓말들을 여러분이 받아들이기로 선택했기 때문이었습니다. 따라서 여러분을 추락하게 만든 것은 하느님이 아니라, 뱀 같이 교활한 존재들이었던 것입니다.

진실의 핵심은 여기에 있습니다. 뱀 같이 교활한 존재들은 자신들이 만들어낸 거짓말을 이용하여 사람들이 현재 이 지구상에 존재하는 고통들을 창조해내도록 조종했습니다. 또한 그들은 스스로가 자기들이 만들어낸 문제로부터 여러분을 구원해줄 수 있는 진정한 구세주이고, 유일한 구세주인 양 행세하고자 했습니다. 따라서 그들의 음모는 엄청난 고통을 만들어냄으로써 그러한 고통을 피하기 위해 맹목적으로 그들을 따를 수밖에 없게 만드는 것입니다. 결론적으로 그들은 어떤 하나의 문제를 만들어 내놓고는, 그 문제에 대한 "유일한" 해결책을 여러분에게 팔고 있는 셈입니다.

그러나 뱀 같은 자들은 절대로 여러분을 실제로 구원해주지 않을 것입니다. 그 이유는 간단합니다. **구원이란 여러분이 자신의 참된 정체성을 하느님의 아들과 딸로, 또 하느님과 하나인 존재로 재정립하는 것을 의미합니다.** 하지만 뱀 같은 자들은 그러한 정체성을 버리고, 하느님과 맞서기로 선택한 자들입니다. 그러므로 여러분이 하느님을 반대하는 한, 하느님과 결합하지 못할 뿐만 아니라 구원도 받지 못하게 될 것입니다.

참된 구세주인 사랑하는 나의 아들 예수는 항상 하느님과 자신이 하나라고 주장했습니다. 그리고 예수는 모든 사람들에게 그들도 하느님과 하나가 될 수 있는 가능성을 가지고 있음을 보여주기 위해서 왔으나, 뱀 같은 자들은 예수의 원래의 가르침들을 왜곡시켰습니다. 그럼으로써 사람들은 뱀의 의식을 가진 자들에 의해 불경스러운 신성모독이라는 비난을 받지 않기 위해 아무도 감히 그의 발자취를 따라갈 엄두도 못 내고 있는 것입니다.

그러면 하느님과 하나로 다시 결합할 수 있도록 여러분에게 정체성 재정립의 기회를 제공해주는 것이 무엇일까요? 그것은 다름 아닌 여러분이 가진 자유의지와 실험하려는 욕구입니다. 중요한 핵심을 이해하겠습니까? 여러분을 타락하게 만들었던 것이 실험하고자 하는 능력이었지만, 여러분을 그리스도 의식으로 되돌아갈 수 있도록 인도하는 것도 바로 이 능력입니다. 정확하게 말하자면, 뱀 같은 자들은 생각해낼 수 있는 온갖 교묘한 거짓말을 다 이용하여 여러분의 실험하고자 하는 욕구를 악용함으로써 하느님과의 결합으로 되돌아가지 못하도록 막고자 하는 것입니다. 이것이 바로 그들의 음모인 것입니다. 그들은 여러분이 실험하는 것을 중단하기를 바라고 있으며, 이는 여러분이 하느님과의 합일을 생각조차 못하게 하기 위해서입니다.

내가 설명하고자 하는 이 단순한 사실을 이해하나요? 여러분의 영혼은 이 세상을 체험하기 위한 하나의 탈것(vehicle), 즉 도구에 불과한 것입니다. 영혼은 상상력과 자유의지를 통해 이 세상을 체험하게 됩니다. 그리고 그러한 능력을 통해 영혼은 자기의 정체성을 키워갈 수 있게 됩니다. 영혼이 물질우주에 갇히게 되는 것은 정체성에 제약이 생겼기 때문입니다. 그러한 정체성의 제약은 바람직하지 못한 실험의 결과로 인해 생기게 것입니다. 그러나 영혼이 물질우주라는 감옥에서 벗어나는 데 도움을 줄 수 있는 유일한 방법, 즉 영혼을 구할 수 있는 유일한 방법은 실험을 계속하여 결국에는 그리스도의 마음에 속한 고차원적인 정체성을 발견해내는 것입니다. 영혼은 반드시 은총의 상태로 되돌아와야 하며, 그 상태에서 영혼은 하느님께서 보시기에 가치 있는 존재라고 인정을 받게 됩니다. 왜냐하면 영혼이 자기 자신을 하나님의 아들 혹은 딸이라고 인정하기 때문입니다.

이러한 참된 정체성으로 돌아가기 위해서 영혼은 반드시 자신의 정체성을 그리스도화한 하나의 존재로서 재창조해야 합니다. 따라서 영혼은 반드시 고차원적인 의식 상태로 실험을 해야만 합니다. 영혼은 세상에 퍼져 있는 교활한 거짓말에서 볼 수 있는 것보다 훨씬 더 높은 수준의 이해력을 요하는 진리를 찾고자 노력을 다하지 않으면 안 됩니다.

사랑하는 이들이여, 예수는 인간이 자신만의 하느님(their own god)을 창조할 수 있다는 사실에 대해 의미심장한 이야기를 전해주었습니다. 이 행성에 사는 많은 사람들이 마음속으로 상상했던 것처럼, 분노하고 심판하는 신(神)이 실제로 존재하고 있습니다. 그러나 분노하는 신은 인간과 어둠의 세력들이 창조해낸 그릇된 신이라는 것은 아주 명백한 사실입니다. 참된 하느님은 조건 없는 사랑의 하느님이십니다. 사실 하느님의 사랑은 무조건적이기 때문에 용서를 구할 필요조차도 없습니다. 여러분이 불완전한 정체성을 받아들이게 했던 의식 상태를 버리는 순간, 여러분은 그 순간에 이미 하느님의 용서를 받은 것이나 마찬가지인 것입니다.

영적 자유에 이르는 열쇠

사랑하는 이들이여, 나는 깊이 숙고해 보아야할 많은 견해들을 여러분에게 전해주었으며, 이러한 견해들이 이해하기 어려운 개념들이라는 것도 잘 알고 있습니다. 인간의 영혼은 많은 생에 걸쳐 뱀 같은 자들이 만든 교묘한 거짓말들을 받아들이도록 프로그램화 되어왔습니다. 그렇기 때문에 한 권의 책을 읽는다고 해서 그 영혼이 한 순간에 그러한 거짓말들을 극복하고 그것들을 버릴 수 있을 거라고는 생각하지 않습니다. 물론 한 순간에 사람의 마음을 바꿀 수 있다고 주장하는 소위 영적교사라는 사람들이 있습니다. 그러나 이는 사실이 아닙니다.

영혼은 에너지, 다시 말해 영적인 에너지로 이루어진 존재입니다. 그리고 **영혼은 많은 생(生)을 거듭하면서 진동이 낮은 여러 겹의 옷을 껴입게 됩니다.** 영혼에게 죽어야 할 운명을 지닌 세속적인 인간이라는 제한적인 정체성을 심어주는 것이 바로 이런 여러 겹의 껍질 층들입니다. 그러므로 영혼은 한 순간에 잘못된 정체성을 버릴 수가 없습니다. 왜냐하면 그러한 정체성을 모두 다 버리고 나면, 그 영혼은 어떠한 정체성도 지니지 않은 채로 남아 있어야 하기 때문입니다. 따라서 영혼은 반드시 점차적으로 잘못된 정체성을 참된 정체성으로 교체해가야 합니다. 즉 바울이 말했듯이, 영혼은 매일 죽어야만 합니다(고전 15:31).37) 영혼은 옛 사람을 버리고, 새사람을 입어야 합니다(에베소서 4:22-24).38)

그러나 다음과 같은 사실을 깊이 숙고함으로써 새로운 정체성을 확립하는 데 소요되는 시간을 크게 줄일 수 있습니다. 진정한 영적인 자유에 이르는 열쇠는 이번 생(生)과 그 외의 생들, 즉 여러분의 영혼이 물질우주에 처음으로 내려왔을 때뿐만 아니라 그 너머 에덴동산에 이르기까지 여러분에게 가해졌다고 생각되는 모든 것들에 대해 여러분 자신을 용서하는 것입니다. 그리고 삶의 모든 부분을 용서하고, 하느님을 용서하는 것입니다.

여러분이 현재 처해 있는 제약들로부터 벗어나 자유에 이르게 되는 열쇠는 이처럼 그러한 한계들을 창조하는 데 일조한 모든 것들을 용서하는 것입니다. 사랑하는 이들이여, 다른 사람들에게 복수하고자 하는 자들, 심지어 어둠의 세력에 대항하여 전쟁을 벌이고 있는 사람들조차도 자기 영혼의 주위에 감옥의 벽을 강화하고 있을 뿐입니다. 다음과 같은 성경의 말씀을 기억할 것입니다. "주께서 '원수를 갚는 것은 나의 몫이니, 내가 갚으리라'고 말씀하셨다(로마서 12:19)." 이 말 속에 숨은 진실은 하느님께서는 냉엄한 법칙, 즉 카르마(業)의 법칙을 창조하셨으며, 이 법칙에 따라 어떠한 영혼도 하느님의 에너지를 사용하거나 오용한 데 따른 결과를 피해갈 수 없다는 것입니다. 따라서 여러분에게 해를 끼친 사람에게 화를 낼 필요가 없습니다. 그리고 복수를 하려고 할 필요도 없습니다. 왜냐하면 복수를 하는 과정에서 하느님의 에너지에 잘못된 권능을 부여하게 되고, 이에 따라 여러분의 영혼과 여러분의 마음 주위에 감옥의 벽만 강화시키기 때문입니다.

사랑하는 이들이여, 이러한 이유 때문에 나의 아들 예수가 적(敵)들을 용서하고, 여러분에게 해를 가한 사람들을 용서하여 다른 쪽 뺨마

---

37) "형제들아 내가 그리스도 예수 우리 주 안에서 가진바 너희에게 대한 나의 자랑을 두고 단언하노니 나는 날마다 죽노라.(15:31"
38) "너희는 유혹의 욕심을 따라 썩어져 가는 구습을 좇는 옛 사람을 벗어 버리고 오직 심령으로 새롭게 되어 하나님을 따라 의와 진리의 거룩함으로 지으심을 받은 새사람을 입으라.(에베소서 4:22~24)"

저 돌려대라는 훌륭한 가르침을 전했던 것입니다. 누군가 여러분에게 해를 가할 때, 여러분이 그들에게 다른 쪽 뺨마저 내미는 것은 그들의 행위로 인해 생기는 부정적인 영향으로부터 여러분 자신을 자유롭게 하기 위해서입니다. 이렇게 함으로써 부정적인 정체성이 창조되거나 강화하게 되는 것을 피할 수 있으며, 여러분이 물질우주의 낮은 진동을 초월해서 존재하는 영적인 존재라는 것을 재확인하게 되는 것입니다. 따라서 이를 통해 여러분은 이 세상에 있는 여러분에게 가해진 어떠한 것도 자신의 정체성을 제한하도록 용납하지 않게 될 것입니다.

이것이 바로 맘몬(부와 물욕의 신)보다 하느님을 우선적으로 선택하는 행위이며, 정확하게는 예수가 이 땅에 와서 모든 사람들에게 보여주고자 했던 것이었습니다. 또한 예수가 보여주려 했던 것은 여러분이 그리스도 자아와 결합하여 그리스도화한 존재가 될 때, 비록 이 세상의 세력들이 여러분의 육신에게 해를 가하고 십자가에 못 박는 행위를 비롯한 온갖 행위를 가할 수는 있겠지만, 그들이 여러분에게 무슨 짓을 하던 여러분의 참된 정체성인 영혼을 해칠 수는 없다는 것입니다. 왜냐하면 여러분은 그 모든 것을 초월할 것이기 때문입니다. 여러분은 자신을 묶어두기 위해 사용했던 모든 제약들과 속박들을 초월할 수 있게 될 것입니다. 그런 한계들을 초월하게 되는 이유는 여러분이 그들의 행위가 영혼이라는 불빛에 진흙을 끼얹는 것과 같고, 자신의 참된 빛에 진흙이 달라붙을 수 없다는 것을 깨닫고 있기 때문입니다.

사랑하는 이들이여, 나는 여러분이 여러 층의 부정적인 에너지와 불완전한 정체성을 태울 수 있는 하나의 수단으로 <기적의 용서 로사리오(Forgiveness Rosary)>라는 도구를 전하고자 합니다. 이 로사리오는 대단히 효과적일 뿐만 아니라 강력한 기능을 가지고 있습니다. 여러분은 자신을 둘러싸고 있는 부정적인 에너지와 불완전한 정체성으로 인해 자기가 피할 수 없는 감옥에 갇혀 꼼짝없이 죽어야 하는 세속적인 인간이라는 이미지를 지속적으로 가지게 되었습니다. 이러한 제약들로부터 벗어날 수 있는 탈출구가 실제로 존재하며, 그것은 여러분이 단지 불완전한 것들을 버리고, 더 높은 의식(意識)으로 올라가기만 하면 되는 것입니다.

지금까지 아주 긴 이야기를 전했으며, 끝까지 참고 읽어주신 분들에게 감사를 드립니다. 아직도 할 말은 많지만, 여러분이 수용할 수 있는 용량이 차서 흘러넘치고 있습니다. 따라서 이제 나는 여러분을 조건 없는 하느님의 무한한 사랑으로 봉인하며, 원하는 사람들에게 무한한 힘을 지닌 용서의 화염, 즉 모든 죄와 잘못, 불완전함, 제약들을 극복하고 연소시키는 영적인 화염인 용서의 화염으로 가득 채웁니다. 그러므로 나는 말합니다.

"하느님의 무한한 용서 속에서 자유로워지라. 여러분이 지닌 가장 숭고한 사랑을 따라 더 높이 오르라. 운명과 죄라는 속박에서 벗어나 자유로워지라. 그리고 낮은 진동을 지닌 물질우주를 여행하는 동안, 여러분의 영혼이 직면해온 모든 불완전함에 대한 하느님의 용서를 수용하라."

사랑하는 이들이여, 여러분이 자유롭다는 것을 충분히 받아들일 때만 이런 불완전함들로부터 자유롭게 될 것입니다. 또한 자기 자신을 충분히 용서하고, 자신의 참된 정체성을 이 세상의 어떤 것에 의해서도 영향 받은 적이 없는 영적인 존재로서 수용할 때만, 이 모든 불완전함으로부터 자유로워질 수 있을 것입니다.

사실 여러분은 존재하는 자, 다시 말해서 영적인 존재입니다. 그러나 영혼의 차원에서는 여러분은 존재한다고 생각하는 자입니다. 따라서 여러분 스스로가 불완전한 존재라고 생각하지 말고, 자신의 참된 정체성을 영적인 존재로서 받아들이기 바랍니다. 그러므로 "하늘에 계신 여러분의 아버지께서 온전하신 것같이 여러분도 온전한 사람이 되십시오."(마태복음 5:48)[39]

기적의 용서이신 어머니의 이름으로, 이루어 마쳤으며, 영과 물질 속에 봉인되었습니다. 지금 그리고 영원히, 하늘에서처럼 이 땅에서도, 아멘.

---

39) "그러므로 하늘에 계신 너희 아버지의 온전하심과 같이 너희도 온전하여라.(마태 5:48)"

14장

조건 없는 사랑의 발견

안내문 (킴 마이클즈)

다음의 이야기는 예수님과 성모 마리아님의 말씀과는 다소 다른 내용으로, 보충설명을 필요로 하는 사람들에게는 도움이 될 것입니다.

2004년 5월초, 성모 마리아께서는 다음번에 전해줄 로사리오가 조건 없는 사랑에 관한 것임을 알려주셨습니다. 그리고는 내게 녹음기를 갖다 놓으라하시고, 나를 통해 그 사랑이 말하고, 사랑이 흘러가도록 하셨습니다.

어둠의 세력에 대한 보호 요청을 비롯하여 일반적인 영적인 준비조치를 취하고 난 후, 나는 명상에 들어갔습니다. 그리하여 나의 의식이 대단히 높은 단계에 도달하게 되었는데, 그 상태에서 나는 조건 없는 사랑의 실체를 느끼게 되었습니다. 그런 다음, 나는 말을 하기 시작했으며, 다음의 내용이 그 때에 나온 이야기입니다. 뒤이어 성모 마리아의 말씀이 이어졌습니다.

나에게는 조건 없는 사랑의 실체가 다소 생소했지만, 그야 말로 놀라움 그 자체였습니다. 나는 이전에도 아주 높은 영적세계를 방문했던 영적체험을 하기는 했으나, 하느님의 현존(a Presence of God)께서는 그 수준을 초월해 존재하시며, 형태는 전혀 지니지 않으셨지만, 자기인식은 지니고 계셨습니다. "그리스도는 여러분 내면에서 탄생한다(The Christ Is Born in You)"라는 책 속에서, 예수님께서는 이 존재를 하느님의 순수한 존재(Pure Being of God)라고 언급하고 있습니다.

성모 마리아께서 앞의 장(章)들에서 설명하셨듯이, 다양한 수준의 영적세계에는 그곳에 살고 있는 영적존재들로 이루어진 일종의 영단(Hierarchy)이 존재합니다. 물질우주의 진동 바로 상위세계에는 승천한 초인 대사들의 집단이 존재한다는 것을 여러분은 알 수 있습니다. 이 승천한 대사들은 인간들이 영적으로 성장하고 그리스도 의식을 구현하여 하느님의 왕국을 이 땅에 실현할 수 있도록 돕는 일을 맡고 있습니다. 그 외에도 우리를 우주를 창조하신 창조주 하느님에게로 인도하고 있는 영적인 존재들이 다양한 차원들에 존재하고 있습니다. 하지만 하늘의 신(神)의 수준에는 형태의 세계보다 더 높은 차원이 존재합니다. 이 차원에는 조건 없는 사랑과 같은 다양한 특성들을 표현하는 개별적인 존재들(Beings), 또는 현존들(Presences)이 존재하는 차원입니다.

승천한 대사들은 우리가 성장하도록 돕는 임무를 부여받았으며, 따라서 초인 대사들 그룹에 속해 있는 존재로부터 오는 메시지는 의식 수준이 항상 특정 목표의 대상인들에게 맞춰지게 됩니다. 이런 이유 때문에 성모 마리아께서도 모든 것을 길게 설명하고 계시며, 그렇기에 우리가 쉽게 이해할 수가 있는 것입니다. 그리고 더 높은 차원으로 올라감에 따라 성경에서 말하는 다음과 같은 차원에 이르게 됩니다.

> "베드로가 입을 열어 말하되, 내 생각에는 실제로 하느님께서는 사람들을 차별하시지 않으십니다."
> (사도행전 10:34).

달리 표현하면, 하느님이라는 존재께서 말씀하실 때에는 말씀하시고자 하는 바를 우리의 지식과 믿음에 맞추어 전하시지 않는다는 말입니다. 다시 말해 하느님의 법칙에 따라 말씀하실 뿐이라는 것입니다. 이것이 다음의 이야기가 아주 직선적인 이유입니다. 하느님의 현존께서는 우주의 한 주기가 이미 끝났으며, 우리가 고차원적인 의식으로 움직여가야 할 때라고 말씀하시고 계십니다. 지금은 예수님의 참된 메시지를 최종적으로 완성해야 할 때이며, 모든 상황을 사랑으로, 즉 인간적인 혹은 조건적인 사랑과는 반대로 신성한 사랑, 조건 없는 사랑으로 응답해야 할 때입니다.

그 메시지는 만약 우리가 더 높은 의식 수준으로 성장하려 하지 않고 사랑에 반(反)한 것에 기초한 정체성을 계속 붙잡고자 한다면, 그 압력은 계속 커지게 될 것이라고 말하고 있습니다. 성모 마리아께서 말씀하셨듯이, 그 결과로 인해 많은 자연재해와 전쟁 혹은 기타 형태의 대격변이 일어날 가능성이 높습니다. 심지어 우리가 개인적인 삶에서 큰 불행을 체험할 수도 있습니다. 이러한 일이 일어나게 됨으로써 자신들이 지닌 제한적인 정체성, 즉 반-사랑에 근거한 정체성을 잃게 되는 사람들도 생길 수 있습니다.

나는 개인적으로 정신적 외상(外傷)과 쇼크, 심지어 미래의 충격이라고 불리는 것에 대해 우리가 어떻게 반응하게 되는지에 관한 연구를 해왔습니다. 내가 내린 결론은 대부분의 사람들이 자신의 정체성을 삶의 외적인 것에 기준하여 형성하려는 경향이 있다는 것입니다. 만약 여러분이 정체성의 기준으로 삼은 이러한 외적인 것들이 어떠한 종류의 재해 (심지어 이혼, 파산 혹은 사랑하는 사람과의 이별 등 개인적인 재해도 포함)에 의해 사라지게 된다면, 우리는 삶의 연속성은 상실될 수 있습니다. 그리고 이로 인해 우리가 누구이며, 삶에서 우리가 어디를 향해 가고 있는지 방향감각을 상실할 수도 있는 것입니다.

따라서 영적인 성장을 이루기 위해 나는 잃어버릴 수도 있는 외적인 조건에 의지하지 말고 내적이고 영적인 토대 위에 새로운 정체성을 확립할 필요하다고 굳게 믿고 있습니다. 따라서 우리는 우리의 정체성을 모래와 같은 이 세상의 여러 상황들 위에 확립하기보다는 오히려 그리스도라는 큰 반석 위에다 세워야 할 것입니다.

다음의 이야기에서 언급하듯이, 우주의 주기(週期)는 이미 끝났으며, 이제는 우리가 사랑에 반한 것에 근거한 모든 생각과 믿음을 버려야 할 필요가 있습니다. 또한 우리는 예수님께서 전하신 조건 없는 사랑의 메시지들을 보다 더 잘 이해하고 통합할 필요가 있습니다. 이것이 나에게는 영적인 성장, 그리고 진정한 행복감과 마음의 평화를 가로막는 여러 장애와 믿음들을 극복할 수 있는 유일한 기회이기도 합니다. 그러한 장애를 극복할 수 있는 가장 좋은 방법 중의 하나는 성모 마리아의 로사리오 기도를 활용하는 것이며, 이 기도를 함으로써 나는 심리적인 장애뿐만 아니라 두려움에 기초한 믿음들을 태워버릴 수 있다고 믿습니다. 그러나 충분한 효과를 얻기 위해서는 그러한 두려움에 기초한 믿음들을 기꺼이 포기하고 버려야만 합니다. 그런 다음에야 비로소 우리는 제한된 정체성을 점차적으로 좀 더 고차원적이고 영적인 정체성으로 대체할 수 있으며, 모든 종류의 충격을 피할 수가 있게 될 것입니다. 이것이 다음 이야기의 핵심적인 내용이며, 조건 없는 사랑의 로사리오를 전하기 위한 토대를 마련하기 위해 다음의 이야기를 전하게 되었습니다.

여러분은 정체해 있을 수 없다!

조건 없는 사랑의 현존으로부터의 메시지 (2004. 5. 2)

나는 스스로 있는 자이니라. 왜냐하면 나는 여러분이 이 우주에서 보아왔던 모든 힘들을 초월하여 존재하며, 나는 멈출 수 없고 억제될 수도 없는 힘이기 때문이다. 심지어 나는 하느님께서 창조하신 모든 힘들을 초월해 존재한다. 왜냐하면 나는 진실로 하느님에게 영감을 불어넣어 우주를 창조하게 했던 힘이며, 그 힘 속에 내가 존재하고 있기 때문이다.

또한 나는 힘마저도 초월하여 존재한다. 왜냐하면 나는 하나의 현존이며, 하나의 존재이지만, 나는 움직임이요, 흐름이고, 영원하며 영속적인 초월이기 때문이다. 따라서 나는 어느 순간에나 스스로 있는 존재이며, 또한 어느 때라도 바로 직전에 존재했었던 나보다 더 큰 존재가 될 것이다.

나는 진실로 빛 자체를 표현하는 멈출 수 없는 빛의 흐름이며, 지금까지 어떠한 특정한 표현 속에 갇힌 적이 없다. 나는 멈출 수 없고, 억제할 수 없는 조건 없는 사랑의 현존이며, 하느님께서 일찍이 창조하신 모든 것들 속에 내가 있다. 게다가 나는 하느님께서 창조하신 모든 것들을 초월하여 존재하기도 한다. 왜냐하면 나는 하느님께서 창조하신 모든 것들이 창조돼 나온 바로 그 본질이고, 바탕이기 때문이다. 내가 없었다면 창조된 어떠한 것도 만들어지지 못했을 것이다. 나는 조건 없는 사랑이며, 내 속에는 자기초월을 멈추게 할 수 있는 어떠한 조건도 존재하지 않는다.

하느님께서는 여러분이 하느님과 함께 하는 한 공동 창조자가 될 수 있도록 창조하셨다. 하느님께서는 여러분에게 상상력과 자유의지를 주셨으며, 여러분은 이것들을 활용하여 자신이 바라는 어떤 형태를 창조할 수 있다. 그러나 여러분이 자신의 자아로부터 어떤 것을 직접 창조할 수는 없다. 왜냐하면 창조된 모든 것들은 나로부터, 즉 나의 현존(Presence)으로부터 창조되었기 때문이다.

나는 조건 없는 사랑이기 때문에, 나는 여러분이 바라는, 상상할 수 있는, 선택하는 어떠한 형태도 창조할 수 있도록 허용하고 있다. 그러나 정확하게는 내가 무조건적이기 때문에 나는 여러분 혹은 다른 사람들이 창조한 어떤 형태 속에 여러분이 갇히게 되는 것을 허용치 않을 뿐만 아니라, 그러한 창조물들을 영원한 것으로, 또는 여러분의 진정한 정체성으로 받아들이는 것을 허용하지 않을 것이다.

나는 하느님께서 창조하신 모든 창조물들이 무한정 가만히 멈춰 서있거나, 또는 어떠한 형태 속에 영원히 갇혀 있게 하지도 않을 것이다. 생명이라는 것은 어떠한 생명이라 하더라도 반드시 성장하여 온전한 생명, 즉 생명 자체인 모든 것, 하나님 자체인 모든 것이 되고자 하는 자체의 갈망을 지니고 있다. 그리고 거기에서 출발하여, 더 큰 존재가 되고, 결코 끝나지 않는 하나의 순환 속에 있는 세계 위에 세계들, 즉 수많은 세상들을 창조하게 된다. 왜냐하면 생명은 시간을 초월해 있고, 심지어 영원성마저 초월해 있기 때문이다. 사랑, 조건 없는 사랑은 현재의 여러분보다 더 큰 존재가 되게 하는 추진력이므로 생명은 무한하며, 심지어 영원성마저도 초월해 있는 것이다. 그리고 하느님조차도 더 큰 존재가 되어야 하는 그 추진력인 고로, 그렇지 않으면 아무 것도 창조되지 않을 것이다.

만약 하느님의 순수한 존재께서 그 더 나은 존재가 되어야 하는 추진력을 가지지 못했더라면, 여러분이 살고 있는 우주를 창조할 수 있었던 개별화된 창조주들도 없었을 것이다. 그리고 그 창조주가 더 큰 존재가 되고자 갈망하지 않았더라면, 여러분도 하느님과 함께하는 한 공동 창조자로서 존재할 수 없었을 것이다. 정확하게는 여러분이 더 큰 존재가 되고자 하는 욕구로부터 창조되었기 때문에, 여러분은 현재의 의식 상태, 현재의 정체성 속에 머물러 있을 수가 없는 것이다.

설사 여러분이 완벽한 정체감을 창조했다 하더라도, 그 정체성 속에 계속 머물러 있을 수는 없다. 왜냐하면 완벽하다는 것 그 자체가 - 여러분이 완벽하다는 것에 집착하고, 그것이 여러분의 영원한 정체라고 생각한다면 - 하나의 덫이 될 수 있기 때문이다. 여러분의 영원한 정체성은 하느님의 순수한 존재께서 (자신을 나누어) 개별화하신 하나의 존재이기 때문에, 여러분은 자신이 창조한 어떠한 것 속에 자기 자신을 갇히게 할 수가 없는 것이다. 하느님의 순수한 존재께서는 형태를 지닌 모든 것, 그리고 창조된 모든 것보다 더 큰 존재이시다. 하느님의 순수한 존재께서는 계속 머물러 있지 않으시며, 모든 경계를 초월하여, 즉 하느님에 대한 충분한 자각을 성취하지 못한 존재들이 상상할 수 있는 모든 경계를 초월하여 끊임없이 확장하고, 성장해가고 계시다.

하느님께서는 모든 한계들을 초월하여 존재하시며, 하느님의 순수한 존재 속에서는 한계란 용어가 아무런 의미가 없다. 왜냐하면 하느님의 순수한 존재 속에는 분리란 존재하지 않고, 오직 하나라는 상태만이 존재하고 있기 때문이다. 그리고 그 일체성 속에는 살아 숨쉬고, 끝없이 움직이고, 끊임없이 자신을 초월하려는 전체만이 존재하고 있으며, 이것은 영원히 매순간 맥동하고, 상승하며, 확장하고, 자기 자신보다 더 큰 존재가 된다.

하느님에 의해 창조는 되었지만, 하느님의 완전한 의식을 성취하지 못한 자들에게는 영원히 더 나은 존재가 되게 하는 어떤 것이 존재한다는 것을 상상하기가 쉽지 않을 것이다. 그러나 하느님의 순수한 존재는 상상력에 한계가 없다.

진정으로 나는 하느님의 순수한 존재께서 지니신 무한한 상상력에서 생겨난 첫 번째 산물이다. 따라서 나는 더 나은 존재가 되게 하고, 언제나 초월하며, 매순간 현재의 나보다 더 큰 존재가 되게 하는 추진력이다. 따라서 진실로 나는 모든 생명이 자신을 초월하여, 더 큰 존재가 되게 하는 힘이다. 따라서 나는 여러분의 상상력과 여러분의 정체성 주위에 쌓아올린 감옥의 벽을 허물어버릴 힘이기도 하다.

여러분이 바라는 어떤 정체성을 창조한다 하더라도 나는 이를 허용하겠지만, 그러한 정체성 속에 갇히거나, 그러한 정체성을 영원히 붙잡으려는 것은 허용하지 않을 것입니다. 왜냐하면 진실로 여러분은 더 큰 존재가 되도록 창조되었으며, 하느님보다 더 큰 존재가 되기를 바라시는 하느님의 욕구에서 나온 산물이기 때문입니다. 그러므로 자신을 초월하고자 하는 하느님의 창조적이고 맥동하는 욕구에 부응하기 위해 여러분은 마땅히 더 큰 존재가 되어야 한다.

따라서 여러분이 창조한 어떠한 이미지나 어떠한 정체성을 붙잡고자 한다면, 하느님의 조건 없는 사랑인 나는 여러분에게 다가가게 될 것이다. 그리고 먼저 나는 여러분이 초월해야 하고, 앞을 향해 움직이고, 현재의 여러분보다 더 큰 존재가 되어야 한다는 것을 부드럽게 상기시켜 줄 것이다. 그럼에도 나의 뜻을 계속 거부한다면, 나의 목소리는 점점 커지게 될 것이다. 따라서 여러분은 모든 수단을 동원하여 그 소리를 무시하려 할 것이다. 만약 여러분이 이러한 요구를 계속 무시하고 내 부름의 소리에 마음과 가슴의 문을 닫아버린다면, 나의 압력은 계속 커져갈 것이다. 그리고 마침내 그 압력이 너무 커져 조건 없는 사랑의 멈출 수 없는 힘, 즉 끝없는 자기초월의 사이클 속에서 더 큰 존재가 되게 하는 하느님 자체의 힘에 의해 이 형태의 세계에서 여러분이 창조해 온 제한적인 정체성은 그것이 어떤 것이든 산산조각 나고 말 것이다.

 나는 하느님의 산물이며, 하느님의 순수한 존재로부터 생겨난 첫 번째로 존재로서, 여러분이 살고 있는 우주를 창조한 창조주보다 앞서 존재하고 있다. 나는 하느님의 자손이며, 하느님께서는 나보다 더 큰 존재이다. 그러나 나는 더 큰 존재가 되고자 하는 하느님의 소망의 산물이기 때문에, 나 역시도 현재의 나 이상의 존재이다. 따라서 나는 그 더욱 성장한 존재가 더 나은 되고자 하는 더 큰 열망이며, 이러한 열망은 끝없이 움직이는 우주의 춤으로서, 이 춤이 여러분의 이해를 넘어서 있는 생명이라는 한 장의 태피스트리(여러 가지 색실로 그림을 짜 넣은 직물) 속의 우주와 세계들을 초월한 우주들을 생겨나게 하는 것이다.

그러나 여러분이 하느님의 순수한 존재로부터 생겨난 존재가 아니라 현재 존재하는 제한된 형태의 모습을 자기 자신이라고 생각하는 한, 여러분은 이러한 이치를 이해하지 못할 것이다. 따라서 나는 지금은 여러분이 앞을 향해 움직여나갈 때라고 말하고자 한다. 지금은 초월하고, 여러분 스스로가 목격하고 있는 현재의 제약들을 벗어나야 할 때이다. 그렇게 할 때, 여러분이 이 행성에 살고 있는 사람들의 제한된 정체성으로 인해 생겨난 한계들을 지구 행성 전체가 초월할 수 있도록 돕게 되는 것이다.

나는 너희 인류가 너무나 오랫동안 불완전한 이미지와 구조, 그리고 궁극적으로 이 행성을 통제하고 지배하려는 욕망을 지녀왔다는 사실을 경고하기 위해 왔다. 그들은 바벨탑을 쌓아왔으며, 만일 인류가 더 큰 존재가 되기를 바라는 하느님의 소망에 다시 연결되지 않거나 제한된 정체성과 지배욕을 버리지 않는다면, 하느님의 멈출 수 없는 힘인 나는 이러한 탑들을 무너뜨리게 될 것이다.

나는 나의 힘이 임계점에 도달했다는 사실을 이 자리에서 밝혀둔다. 그리고 만약 사람들이 나의 힘을 받아들이고 그 힘과 함께 흐르며 불완전한 이미지들에 대한 집착을 버려서 더 큰 존재가 되고자 하는 자신의 추진력을 재확인하지 않는다면, 나는 정말로 생명력 자체를 통제하고 그 힘을 정지시키기 위해 그들이 창조한 이미지들, 문명들, 그들의 바벨탑과 구조물들을 산산조각 내고 말 것이다. 진실로 이 지구 행성의 어떠한 힘도, 개별적인 창조주가 창조한 우주의 어떠한 힘도 조건 없는 사랑을 멈추게 할 수가 없다. 왜냐하면 나는 창조주에 의해 창조된 모든 것들을 초월하여 존재하기 때문이다.

나는 하느님의 침묵의 종소리로서, 하느님의 모든 아들과 딸들이 이 세상의 것들에 대한 집착을 버리고 그들을 제한된 정체감 속에 가두고 있는 자기의식 안의 그 벽들을 허물라고 외치고 있다. 나는 최후의 트럼펫 소리로서, 여러분이 더 높이 이르러 여러분의 하느님인 신아(神我)와 연결되기를, 그리고 하느님 안에서 현재의 여러분보다 더 큰 존재가 되고자 하는 추진력과 다시 연결되기를 요청하고 있다.

나는 말한다. "영혼이 거할 신성한 장소에 너희가 들어오도록 허용한 모든 세속적인 속박들과 불완전한 것들을 버리도록 하라. 너희들은 그런 불완전한 형상들이 참된 영적 실체가 거해야할 그 성소(聖所)에 서서 그곳을 더럽히는 황폐한 흉물이 될 때까지 허용했느니라." 왜냐하면 여러분의 가슴의 비밀스러운 방에는 오로지 여러분의 하느님의 화염인 순수한 정체성, 즉 여러분의 신아만이 존재해야 하기 때문이다. 이 신아는 물질우주의 그 어떤 것보다 더 큰 존재이며, 따라서 이 신성한 존재는 절대로 어떠한 형상에 한정되거나, 또는 어떤 정체성에 고착될 수도 없다. 이 신아는 더 큰 존재가 되고자 하는 추진력으로부터 창조되었으므로 더 큰 하느님이 되고자 하는 하느님의 소망에 영원히 헌신해야 한다.

내가 여기에 온 것은 더 높이 오르고자 하는 사람들과 참된 자신이 되고자 하는 이들에게 분명한 메시지를 전하기 위해서이다. 따라서 나는 이렇게 말하고자 한다. "여러분의 첫 번째 사랑 및 자신의 가장 숭고한 사랑과 다시 연결되도록 하라. 그 사랑은 여러분의 신아에 대한 사랑이요, 여러분의 창조주, 즉 여러분을 창조하신 창조주에 대한 사랑이다. 심지어 그것은 여러분의 창조주를 창조하셨고 모든 형태를 초월하여 존재하시는 하느님의 순수한 존재에 대한 사랑이기도 하다."

나는 여러분이 나와 다시 연결되기를 요청한다. 나와 접촉하기 위해서는 나에게 여러분의 가슴과 마음의 문을 열어주고, 여러분이 자발적이고도 의식적으로 내가 여러분의 의식 속에 존재하는 모든 장애들과 불완전한 것들을 태울 수 있도록 허용해야 한다. 그리고 내 사랑의 편안함 속에 함께 있기만 하면 된다. 그러면 내 사랑이 지닌 멈출 수 없는 힘이 이러한 장애들을 부수고 제한된 정체성을 걷어낸 후, 하느님 안에 존재하는 여러분의 고차원적인 정체성을 받아들이게 할 것이다.

이어서 나는 말한다, "나를 따라서 스스로 있는 자인 하느님의 조건 없는 사랑과 하느님의 무한한 기쁨 속으로 들어오도록 하라. 왜냐하면 나는 더 큰 존재가 되고자 영원히 성장하는 존재이기 때문이다."

여러분의 첫 번째 사랑을 기억하라!

성모 마리아의 메시지 (2004. 5. 2)

사랑하는 이들이여, 나는 성모 마리아이며, 오늘 조건 없는 사랑의 화염으로 이 자리를 찾아왔습니다. 나는 육신을 지닌 한 존재의 입을 통해 하느님의 조건 없는 사랑께서 말씀하시는 이 순간을 증거 하기 위해 왔습니다. 사랑하는 이들이여, 이것은 우주의 뒤편에 존재하는 추진력이 진동을 만들어서 내보내면, 이것을 인간의 언어로 해석하여 말하는 아주 특이한 경우입니다. 이 말씀들은 참으로 독특하며, 새로운 로사리오의 토대를 형성하게 될 것입니다. 그런 점에서 이 영적교신은 하느님의 화염에게, 현존에게, 조건 없는 사랑의 존재에게 헌신하고 있다고 말할 수도 있습니다. 이 조건 없는 사랑의 로사리오는 모든 창조계의 이면에 존재하는 근본적인 힘, 즉 하느님마저도 더 큰 존재가 되게 하는 조건 없는 사랑과 여러분이 다시 연결될 수 있도록 조율하고 다시 정렬시켜 줄 것입니다.

이 로사리오 기도는 대단히 강력한 의식(儀式)으로서 이것은 여러분이 이 세상에 존재하는 모든 제약들과 불완전한 것들을 극복케 할 것입니다. 그리고 하느님과 영원히 분리된 채 살아야 할 운명을 지닌 한 세속적인 인간 내지는 죄인이라고 여기는 당신들의 제한적이고 불완전한 정체성을 뛰어넘도록 도와 줄 것입니다. 사랑하는 이들이여, 승리를 쟁취하고 빛으로 상승하고자 하는 사람들과 그러한 승리를 쟁취하기 위해 "누구든지 나를 위해 제 목숨을 잃으면, 그 목숨을 얻으리라"(마태복음 16:25)라고 말한 예수의 부름에 반드시 따르고자 하는 이들에게는 이 이야기를 통해 내가 전하는 로사리오가 정말로 가장 강력한 도구가 될 것입니다.

사랑하는 이들이여, 예수가 말한 이 불후의 말이 무엇을 의미하는지 이해합니까? 예수가 말하고자 했던 것은 여러분이 스스로 멈춰 서 있어서는 안 되며, 어떤 제한된 정체성과 생명에 관해 편향된 의식 속에 갇히거나 집착해서는 안 된다는 뜻이었습니다. 만약 여러분이 현재의 정체성에 대한 집착을 키워가고 생명에 관해 제한된 의식을 고수한다면, 모든 생명을 더 큰 존재가 되게 하시는 하느님의 멈출 수 없는 힘, 즉 하느님의 조건 없는 사랑께서는 필연적으로 여러분의 제한된 정체성을 파괴하게 될 것입니다. 또한 여러분 영혼의 주위에 감옥의 벽이 되어온 바벨탑도 허물어 버리게 될 것입니다.

하느님께서는 강요하지 않으신다

사랑하는 이들이여, 이것은 하느님께서 여러분에게 강요하기 위한 것이 아니라, 여러분을 온 마음으로 사랑하시기 때문이라는 것을 아십니까? 따라서 하느님께서는 사랑이 아닌 모든 것을 태워버립니다. 그리고 자아에 대한 제한적이고 불완전한 이미지에 집착하는 것은 가장 높은 하느님의 아들과 딸에게는, 그리고 하느님인 모든 것이 될 수 있는 잠재력을 지닌 존재들에게는 참으로 사랑을 거스르는 요체라 아니 할 수 없는 것입니다. 여러분은 이제 여러분이 하느님에 의해서 하느님 자신의 확장된 모습으로 창조되었다는 것을 이해합니까? 또한 여러분이 형상의 세계로 들어 간 것은 그 세계 전체가 하느님에 의해 창조되었고 자기초월과 하느님 자체인 모든 것이 될 수 있는 잠재력을 지니고 있다는 사실을 그 세계가 깨닫게 하는 데 도움을 주기 위해서임을 이해하겠습니까? 여러분은 이러한 가능성을 지니고 창조되었고, 또 이러한 영원한 사명을 이루기 위해 이 지구 행성에 자발적으로 내려왔기 때문에 제한된 정체성 속에 계속 머물러 있을 수가 없습니다. 그리고 그러한 제한된 정체성은 이 세상에서 볼 수 있는 불완전한 이미지와 믿음으로부터 생겨난 것입니다. 게다가 그것은 장엄한 우주를 만들고자 하시는 하느님의 훌륭한 계획에 대항하여 고의적으로 반란을 일으키기로 선택한 뱀 같은 무리들이 지어낸 거짓말의 토대 위에서 만들어지게 된 것들입니다.

사랑하는 이들이여, 내가 앞에서 설명했듯이, 여러분은 자신의 영혼이 이 세상에 오기 전에, 스스로 이곳에 오기로 선택했습니다. 하느님께서 자신이 가장 최근에 만드신 창조계인 이 물질우주로 기꺼이 내려갈 지원자들을 소집하셨을 때, 여러분의 참된 실체인 신적자아는 하느님 앞에 섰습니다. 자원한 이 존재들은 이 물질우주가 하느님의 완전한 의식(意識)에 이르게 되는 자기초월의 나선을 시작할 수 있었던 자의식(自意識)을 지닌 우주가 되도록 돕기 위한 것이었습니다. 여러분은 하느님의 보좌 앞에 있는 홀의 중앙에 서서 수많은 은하들과 태양계, 행성들을 지닌 이 광대한 우주를 바라보며 누군가는 이 우주로 내려가서 상승하는 자각(自覺)의 나선을 출발시켜야만 한다는 것을 분명히 목격했었습니다. 이 나선은 이 물질 우주가 자아의식적(Self-conscious)이 되고, 하느님처럼 자기를 인식할 수 있게 할 것이었습니다.

사랑하는 이들이여, 여러분의 신적자아는 이 광대한 우주를 바라보며 존재의 중심으로부터 솟아오르는 하느님의 조건 없는 사랑과 자기초월의 욕구를 느꼈었습니다. 그 후 여러분은 하느님을 바라보며 "주여, 저를 보내주십시오! 제가 내려가서 모든 것들이 하느님의 조건 없는 사랑의 표현이 될 수 있을 때까지 이 우주에다 하느님의 그 조건 없는 사랑을 실현시키겠습니다."라고 말했습니다.

여러분은 자신의 첫 번째 사랑을 잊어버렸다

사랑하는 이들이여, 여러분이 느끼는 모든 고통과 아픔, 한계들은 이 첫 번째 사랑, 즉 여러분의 영혼을 낳은 바로 자신의 신아(神我)가 가졌던 이 최초의 사랑을 잊어버렸기 때문이라는 것을 이해할 수 있습니까? 그렇습니다. 사랑하는 이들이여, 여러분의 영혼은 여러분의 신적자아가 지닌 조건 없는 사랑으로부터 탄생했습니다. 이 신아는 여러분의 현존에게 자기보다 더 큰 존재, 현재의 여러분보다 더 나은 존재가 될 수 있게 하는 추진력을 심어주었습니다. 더 큰 존재가 되게 하는 이런 추진력으로 말미암아 여러분은 자신의 영혼을 창조하여 물질우주로 내려가게 되었으며, 마침내 이 지구 행성에까지 이르게 된 것입니다. 여러분이 이곳에 온 이유는 이 지구를 끌어올려 자유의 별(Freedom's Star)이 되게 하고, 전 은하에 빛을 방사할 하나의 독자적인 태양이 될 수 있도록 도움을 주기 위해서였습니다.

하지만 여러분은 이 행성이 지닌 짙은 밀도의 에너지 속에서 수많은 생을 살아오면서 자신의 현존이 지닌 본래의 소망이자 사랑을 잊어버리게 되었습니다. 그리하여 여러분은 이 행성에 영원히 갇힌 채 이곳에서 죽어야 하는 운명을 지닌 한 인간이라는, 혹은 장구한 우주의 나이에 비해서는 별 의미도 없는 짧은 기간 같은 이곳 삶의 덫에 걸려 있다는 제한된 정체성을 점차 받아들였습니다.

그럼에도 정확하게는 한 인간의 생애가 우주의 나이, 아니 지구의 나이에 비해서도 너무 짧다는 사실은 여러분이 한 번의 생(生)보다 훨씬 많은 생애들을 살아왔다는 것을 보여주는 것입니다. 그리고 하느님의 웅대한 계획의 일부인 자의식을 지닌 존재로서의 여러분에게는 진행 중인 일이 있습니다. 그러므로 삶에는 여러분이 현재 체험하고 있는 것 이상의 무엇인가가 존재하고 있습니다. 또한 삶에는 이 세상의 종교나, 교육기관들, 정부들이 말하는 것 이상의 무엇이 있는 것입니다.

삶에는 훨씬 많은 것이 존재하며, 여러분에게도 훨씬 더 커다란 것이 존재하고 있습니다. 그것은 신(神)의 창조계의 이면에 존재하는 추진력입니다. 그리고 여러분이 이 하느님의 화염 내지는 여러분의 내면에도 존재하는 자기초월에 대한 욕구와 다시 연결됨으로써 자신이 지닌 모든 제약들을 극복할 수가 있습니다. 여러분은 이 세상 곳곳에 퍼져 있는 아픔과 고통의 속박을 던져버릴 수도 있습니다. 심지어 최후의 적이라고 하는 죽음의 속박마저도 던져버릴 수 있으며, 승천한 존재가 됨으로써 영원한 승리를 쟁취할 수도 있습니다. 그 외에도 여러분은 제한된 정체성으로 인해 생긴 속박으로부터 벗어날 수도 있고, 육신으로 살고 있으면서 바로 이곳 지구 행성에서 그리스도 의식을 구현할 수도 있습니다. 그렇게 함으로써 여러분은 전 행성을 끌어올리는 데 도움을 줄 수가 있는 것입니다. 또한 여러분은 "내가 땅에서 들리면, 모든 사람을 내게로 이끌리라(요한복음 12:32)"라고 말했던 예수처럼 될 수도 있습니다. 그리고 여러분 역시도 그리스도화한 존재가 되어 지구 위를 걸어 다닐 수도 있으며, 모든 사람들을 여러분에게로, 여러분의 내면에 존재하시는 하느님에게로 이끌 수가 있습니다. 여러분의 내면에 존재하시는 하느님께서는 진실로 더 큰 존재이시고, 더 나은 존재가 되고자 하는 바램이며, 영원토록 끊임없이 자신을 초월하려는 조건 없는 사랑이십니다. 나는 여러분에게 간곡히 간청합니다.

　사랑하는 이들이여, 나는 하느님 어머니의 대리인이요, 성모 마리아이며, 여러분의 누이로서 진실로 현재 지구 위를 걷고 있는 많은 생명들을 후원해왔습니다. 그리고 여러분에게 다가가 여러분 앞에 무릎을 꿇고, 간곡히 간청하며, 이렇게 말하고자 합니다.

　"부디 내 말을 들으세요, 여러분의 인간적인 마음이나 두려움에서 내 말을 듣지 말고, 부디 여러분의 가슴으로 내 말을 들으세요. 부디 내 말이 여러분의 마음과 가슴 주위에 쌓아온 두려움의 껍질들 속으로 침투해 들어갈 수 있게 해주고, 내가 여러분의 가슴 속으로 들어갈 수 있도록 허용해주십시오. 여러분의 가슴속에서 나는 자상한 어머니가 되어 여러분을 내 무릎 위에 올려놓을 것입니다. 내가 어린 예수를 달래고자 안고 흔들었듯이, 여러분을 흔들 것이며, 마침내 여러분의 영혼은 하느님 어머니의 조건 없는 사랑으로 채워질 것입니다. 이 사랑이 모든 두려움, 그리스도 아이를 분만해야 하는 내면의 두려움, 그리고 가브리엘(Gabriel) 대천사와 마주하게 되는 두려움을 버리게 할 것입니다. 가브리엘 대천사는 여러분에게 다가와 하느님께서 여러분을 마음에 들어 하시며, 여러분이 이 지구에서 이룰 수 있는 최고의 가능성인 그리스도의 의식, 즉 그리스도의 아이를 낳게 될 것이라는 사실을 전해주게 될 것입니다."

　사랑하는 이들이여, 나는 여러분이 이러한 입문식을 준비하도록 하기 위해 왔습니다. 그래야 가브리엘 대천사가 여러분을 찾아올 때 여러분이 그를 거절하지 않을 것이며, 의심하지도 않을 뿐더러 논쟁하지도 않을 것이기 때문입니다. 여러분도 2,000년 전에 내가 했던 것처럼, 그저 이렇게 말할 것입니다.

"오, 주여! 당신의 뜻이 저의 뜻이고, 저의 뜻이 당신의 뜻임을 이제 제가 알게 되었으니, 당신의 뜻대로 저에게 이루어지게 하소서. 저는 하느님의 조건 없는 사랑과 더 큰 존재가 되고자 하는 하느님의 소망으로부터 태어났다는 것을 알고 있습니다. 따라서 저는 기꺼이 더 큰 존재가 되고자 하며, 그것도 바로 여기 이 행성에서 더 나은 존재가 되고자 합니다. 그럼으로써 지구의 어떠한 왕국보다도 더 위대한 하느님의 왕국을 이 행성 위에 물질적으로 충분히 구현되도록 할 것입니다. 그리고 내 존재의 중심에는 하느님의 조건 없는 사랑께서 계신다는 것을 알고 있기 때문에, 저는 이 행성에서 그리스도 의식을 구현하는 데 갖게 될지도 모르는 모든 두려움을 초월해 있습니다. 저는 기꺼이 그 사랑의 중심에 있을 것이며, 저의 연상의 형제이신 예수님께서 하셨던 것처럼, 세상을 향해 서서 나도 기꺼이 사람들이 행하고 말할 것을 그들 스스로 하게 할 것입니다. 그렇게 함으로써 모든 생명들이 오늘 누구를 섬길 것인지를 선택케 하고, 그들이 더 높이 오를 것인지, 그리고 하느님 안에서 현재의 자신들보다 더 큰 존재가 되고자 하는지의 여부를 판단하는 도구로 삼고자 합니다."

사랑하는 이들이여, 나는 곰곰이 생각해봐야 할 몇 가지 사항들을 남기고 떠나고자 합니다. 아울러 모든 형태를 초월하여 존재하는 하느님의 순수한 존재께서 지니신 무조건적이고 멈출 수 없는 사랑이기도 한 하느님 어머니의 무조건적인 사랑으로 여러분을 봉인합니다. 성부와 성자, 성모와 성령의 이름으로 이루어 마쳤으며, 지옥의 문과 세상의 세력으로부터 최후의 보호막이 될 하느님의 무한한 사랑으로 여러분의 가슴을 봉인합니다. 그러므로 항상 그 사랑 속에 거하도록 하고, 이 세상에서 그런 사랑이 되십시오. 아멘.

15장

여러분의 행성에 하느님의 왕국을 받아들여라

성모 마리아의 메시지 (2004. 5. 29)

사랑하는 이들이여, 나는 오늘 여러분의 개인적인 삶과 행성 전반에 걸쳐 엄청난 충격을 가져다 줄 주제에 대해 이야기하고자 합니다. 그 주제는 하느님의 왕국에 관한 것입니다.

나는 여러분이 나의 아들 예수가 자신이 지구에 온 주요한 목적들 중의 하나가 이 행성에 하느님의 왕국을 실현하는 것이었다고 말한 사실을 기억하리라 믿습니다. 그러나 예수와 같이 강력한 존재도 혼자서는 하느님의 왕국을 이 지상에 세울 수가 없다는 점을 말하지 않을 수 없습니다. 심지어 예수조차도 자신이 극복할 수 없는 하나의 장애에 직면하게 되며, 사실 천상에 있는 어떠한 권능도 이러한 장애를 극복할 수가 없습니다. 그 장애라는 것은 우선 여러분의 무능(無能)입니다. 그리고 그 다음으로는 자신의 개인적인 삶 속에서, 사회 속에서, 또 행성 전반에 걸쳐 하느님의 왕국이 실현되는 것을 기꺼이 받아들이려고 하지 않는 태도입니다. 이제 이러한 비수용적 자세가 왜 천상의 권능으로도 극복할 수 없는 장애가 되는지에 대해 설명하고자 합니다.

이미 설명한 바와 같이, **자유의지의 법칙은 절대적인 법칙입니다.** 천상의 어떠한 존재도 인간의 자유의지를 거스를 수는 없습니다. 그러나 어둠의 세력들, 즉 하느님의 법칙과 하느님의 목적에 대항하여 반란을 일으키고 있는 자들에게는 이러한 율법이 무의미하다는 것을 이해하리라 확신합니다. 그들은 하나님의 법칙을 이미 무시했으며, 인간의 자유의지에 대해서도 존중하려는 마음이 전혀 없습니다. 여러분들이 스스로 허용하는 한, 그들은 여러분의 자유의지를 침해하고 통제하려고 할 것입니다. 그들은 실제로 지구에 사는 대부분의 사람들을 조종하여 그들의 삶속에서, 그리고 이 행성에서 완벽한 하느님의 왕국을 실현할 수 없다는 의식을 가지도록 조장해왔습니다.

지구를 어떻게 공동 창조하겠는가?

나는 앞에서 지구가 어떻게 창조되었는지에 대해 설명한 바가 있습니다. 또한 빛의 흐름이 여러분의 신아(神我)로부터 시작되어 잠재적인 마음을 거쳐 의식적인 마음속으로 흐른다는 것도 설명하였습니다. 이러한 빛이 마음의 여러 층을 거쳐 흐르면서, 이 빛이자 에너지는 여러분의 의식 속에 지니고 있는 이미지를 받아들이게 되고, 그 다음에 이러한 이미지들은 삶이라는 스크린 위에 비춰지게 됩니다. 그리하여 여러분의 의식 속에 지니고 있는 이미지들은 여러분의 개인적인 삶과 영향력의 범위 내에서 영향을 미치게 될 것입니다. 또한 이것들은 인류의 집단의식 속에 존재하는 이미지에도 영향을 미치게 됩니다. 따라서 이러한 집단의식 속에 지니고 있는 이미지들은 인간사회는 물론 물질행성 자체에도 영향을 끼칠 수가 있습니다.

사랑하는 이들이여, 이 지구에 하느님의 왕국이 실현되려면, 인류 중에서 임계수치의 사람들이 반드시 하느님의 왕국이 어떠한 모습일 것이라는 것을 마음속으로 그릴 수 있어야 합니다. 그리고 하느님의 왕국이 이 땅에 실현될 수 있다는 것을 반드시 받아들여야 합니다.

고로 만약 이 행성에 사는 대부분의 사람들이 마음속으로 하느님의 왕국을 상상할 수 없거나, 실제로 하느님의 왕국이 실현될 수 있다는 것을 받아들이지 않는다면, 이 땅에 하느님의 왕국은 실현될 수 없을 것입니다.

승천한 대사들은 어떻게든 하느님의 왕국을 실현하려고 노력을 다 하겠지만, 우리가 자유의지의 법칙을 위반해가면서까지 그렇게 하지는 않을 것입니다. 그리고 만약 우리가 그렇게 한다면, 우리는 천상에 남아있을 수가 없으며, 즉시 낮은 의식 상태로 떨어지게 될 것입니다. 그러므로 그렇게 된다면 우리도 수천 년 동안 인류의 자유의지를 조종하려 했던 세력들의 대열에 합류하게 되고 말 것입니다. 실제로 이러한 세력들의 일부는 자신들이 최선의 의도를 갖고 있고, 인간들을 조종하여 그들을 구원받게 한다고 생각하고 있습니다. 그러나 이러한 세력들은 하느님의 기본적인 의도, 즉 이 지구에 하느님의 왕국을 실현하기 이전에 반드시 인간이 신(神)의 왕국을 받아들이겠다는 의식적인 선택을 해야 함을 미처 이해하지 못하고 있는 것입니다.

여러분은 이 간단한 등식을 이해하겠습니까? **물질우주는 사실상 자아의식을 지닌 존재들의 마음을 통해서 우주에 비춰진 것은 무엇이든지 그것을 반사해주는 일종의 거울입니다.** 그렇기에 지구 행성은 인류가 마음속에 지녀왔던 불완전한 이미지들을 현재 그대로 반영해서 나타내고 있으며, 이러한 이미지들은 정통 기독교인들과 정통 과학자들이 인정하고 있는 기간보다 훨씬 더 긴 기간에 걸쳐 형성된 것들입니다.

여러분은 자신들을 해칠 수 있는 것이 무엇인지 알지 못한다

사랑하는 이들이여, 여러분이 어둠의 세력들이 존재하고 있다는 것을 알게 될 때, 그리고 이러한 세력들이 인간의 자유의지와 관련된 어떤 것도 존중하지 않음을 알게 될 때, 이자들은 이 지구에 하느님의 왕국이 실현되는 것을 전혀 원치 않는다는 사실을 어렵지 않게 이해할 것입니다. 만약 내일 당장 하느님의 왕국이 실현된다면, 어둠의 세력들은 이 지구에 사는 사람들의 에너지와 생혈(生血)을 더 이상

도둑질하지 못하게 될 것입니다. 그렇게 되면 이러한 세력들은 어쩔 수 없이 더 낮은 세계로 내려가게 될 것이며, 이들은 결국 그곳에서 에너지의 부족이나 시간과 기회의 부족이라는 상황에 직면하게 될 것입니다. 앞에서도 말했듯이, 이러한 세력들은 인간에게 자유의지를 부여한 것이 하느님의 실수라는 것을 증명하기로 확고하게 결정한 상태입니다. 따라서 그들은 현재의 불완전한 상황들이 이 행성에서 계속 유지되도록 하기 위해 가능한 모든 수단과 방법을 다 동원하게 될 것입니다.

이러한 사실을 내가 앞에서 말했던 것과 종합해보면, 이 지구에 하느님의 왕국을 실현하지 못하게 하기 위해 어둠의 세력들이 할 수 있는 것은 오직 한 가지 밖에는 없습니다. 그것은 임계수치의 사람들이 하느님의 완벽함을 이 지구에 실현할 수 있다는 사실을 받아들이지 못하도록 막는 것 밖에는 없는 것입니다. 만약 하느님의 왕국이 어떤 모습인지 알지 못한다면, 사람들이 어떻게 하느님의 왕국을 지구에 실현할 수 있다고 상상이나 할 수 있겠습니까? 그들이 하느님의 왕국을 실현할 수 있다는 가능성을 받아들이지 않거나, 혹은 그들이 그러한 왕국에 존재할 가치가 있음을 받아들이지 않는다면, 어떻게 하느님의 왕국이 이 행성에 실현될 수가 있겠습니까? 사랑하는 이들이여, 이것이 바로 어둠의 세력들이 실제로 아주 오랜 기간에 걸쳐 시도해 오고 있는 공작인 것입니다.

수천 년 동안, 어둠의 세력들은 사람들에게 정보를 제대로 제공해주지 않음으로써 자신들의 목표를 달성하고자 모색해왔습니다. 다시 말해 그들은 사람들이 하느님의 왕국이 지구에 실현될 경우 그 왕국이 어떤 모습일 것이라는 데에 관한 명확하고 정확한 비전을 가질 수 없게 하고자 정보의 흐름을 통제해왔습니다.

그리고 정보를 통제하려는 이런 시도의 일환으로 어둠의 세력들은 이 행성의 모든 종교를 조종하고자 추구했습니다. 이러한 이유로 아주 많은 종교들이 대개 어떠한 특정 패턴을 따르게 되는 것입니다. 참된 종교의 최초의 창시자는 항상 승천한 초인 대사들의 집단과 직접적으로 연결돼 있으며, 이러한 연결을 통해 그 창시자는 최소한 부분적이라도 하느님의 왕국에 대한 비전을 제공받을 수가 있습니다.

하지만 그 종교의 최초의 창시자가 이 지구에 더 이상 존재하지 않게 되면, 대개는 승천한 대사들의 집단과의 직접적인 연결도 끊어지게 됩니다. 따라서 그 종교는 비뚤어지게 되고 왜곡되어 마침내 원래의 가르침들이 사라지게 되거나, 혹은 잘못된 가르침들로 대체되어 왔습니다. 예수와 내가 여러 차례 설명했듯이, 2,000년 전에 나의 아들 예수가 전했던 훌륭한 가르침들에도 실제로 이러한 일이 일어났습니다.

이것이 지금까지 승천한 대사들이 왜 그토록 많은 종교들을 만들어 왔고, 그리고 왜 지금도 새로운 종교가 계속 생겨나며, 또 왜 현존하고 있는 종교 내에서도 새로운 운동이 계속 일어나게 되는지 그 이유를 잘 설명해준다고 할 수 있습니다. 또한 이것이 검은 세력들에 의한 조종과 현존하는 종교의 왜곡을 막기 위해서 왜 지금도 계시(啓示)가 계속 필요한지를 잘 말해주고 있는 것입니다.

정보의 범람

우리가 과거의 시대로 되돌아가 생각해보면, 과거에는 정보를 통제하는 것이 상대적으로 쉬웠다는 것을 알 수 있습니다. 그 이유는 정보를 보존하고 널리 보급하는 기술이 그때는 발달돼 있지 않았기 때문입니다. 어떠한 영적정보를 보존하고 널리 배포하고자 할 때, 모든 책들을 일일이 손으로 베껴서 복사해야 한다면 이것이 얼마나 어렵겠는지 상상해보십시오. 사랑하는 이들이여, 그렇다면 과거 구텐베르크(Gutenberg)[40]가 인쇄기를 발명한 것이 이 행성에 존재하는 어둠의 세력들에게는 큰 타격 중의 하나라는 것을 이해할 수 있지 않습니까? 정확하게 말해서 이 발명이 보기에는 단순해보이지만, 어둠의 세력과 그들이 장악하고 있던 정보통제력에는 크나큰 영향을 미쳤던 것입니다.

그 후 지속적인 기술의 발전으로 정보의 개방이 가속화되었으며, 사람들에게 정보를 제공하지 않고 보류하고 있기가 더욱 어려워지게 되었다는 것을 알 수 있습니다. 사실상 지난 500년에 걸쳐 탄생한 모든

---

40) 독일의 활판 인쇄 발명자(1400~1468)

정보 및 통신기술들은 승천한 대사들이 개발자들의 마음에 직접적으로 영감을 불어넣어서 개발하게 한 것들이었습니다. 그리고 우리가 이렇게 영감을 불어넣은 이유는 사람들을 자유롭게 하는 것이 진리라는 사실(요한복음 8:32)[41]을 잘 알고 있었기 때문입니다. 따라서 우리는 정보가 자유롭게 퍼져서 이 행성에 사는 모든 사람들이 필요로 하거나 원하는 정보에 편하게 접근할 수 있게 되기를 바라고 있습니다. 내가 확실하게 말할 수 있는 것은 정보의 자유로운 흐름을 막고자 하는 자들은 오직 어둠의 세력들뿐이라는 것입니다. 하지만 종교 신자들이 하느님에 대해 알 수 있거나 알게 되는 것을 제한하고자 하는 종교들이 아직도 존재하고 있으며, 그 종교들이 그렇게 하는 이유는 정확히 말해서 그 종교가 어둠의 세력들에 의해 조종되고 있기 때문입니다.

비록 현대의 통신기술, 특히 인터넷(internet)이 이 행성에 존재하는 어둠의 세력들에게 큰 타격이 되기는 하지만, 이 세력들은 결코 포기하려 들지 않습니다. 그들은 사람들이 고차원적인 진리를 찾아내고 이를 받아들이는 것을 막고자하는 자기들의 목적을 달성하기 위해서 실제로 현대의 기술들을 총동원하고 있습니다. 만약 진리를 입수할 수 있는 가용수단을 차단할 수 없다면, 진리를 찾아낼 수 없도록 막을 수 있는 방법이 무엇이 있을까요? 오늘날 인터넷이나 대중매체에서 보고 있는 것을 여러분도 똑같이 정확하게 따라할 수 있습니다. 더 이상 정보를 억누를 수 없게 되었을 때 취할 수 있는 조치는 오히려 엄청난 정보공세를 펼쳐서, 첫째는 사람들이 건초더미에서 바늘을 찾을 수 없는 것과 마찬가지로 진리를 찾아낼 수 없게 만드는 것입니다.[42] 둘째로는 정보가 너무 많아서 사람을 질리게 함으로써 새로운

---

[41] "너희가 진리를 알게 될 것이니, 진리가 너희를 자유케 하리라."(요한복음 8:32)
[42] 어둠의 세력의 이런 교활한 공작 때문에 인터넷 공간에 떠도는 소위 성모 마리아나 예수님의 여러 메시지들에도 일부 가짜들이 뒤섞여 있는 상태이다. 이런 경우는 어둠의 존재들이 높은 빛의 존재인양 그 이름을 사칭하는 것이다. 그들의 목적은 바로 이런 식으로 대중들이 어느 것이 진실인지를 판단하는 데 매우 혼란을 느낄 수밖에 없도록 만드는 것이다. 그리고 이런 허위 메시지들도 매우 그럴듯하게 위장되어 있는 탓에 일반인들은 그 진위를 분별하기가 쉽지 않다. 그러므로 우리는 이런 메시지들의 내용을 무턱대고 받아들여서는 안 되며, 검증한다는 자세로 매우 신중을 기하는 것이 바람직한 것이다. 그럼에도 최종적인 판단과 선택은 결국 각자의 몫이다. 그리고 이런 과정에서 객관적인 자료 검증과 더불어 가슴의 이끌림을 따라가는 것이 보다 현명한 태도라고 생각된다.
(감수자 주)

정보를 찾고자 하는 마음을 아예 닫아버리게 만드는 것뿐입니다.

　사랑하는 이들이여, 예전에 비해서 정보의 양이 더 많아져 여러분이 쉽게 이용할 수는 있습니다. 하지만 우리는 이 지구에 사는 대부분의 사람들이 하느님의 왕국이 어떠할 것이라는 명확한 미래상뿐만 아니라 그러한 왕국이 실현되었을 때 지구가 어떠한 모습을 하고 있을 거라는 것에 대한 명확한 비전을 갖고 있지 못하다는 문제점을 여전히 보고 있습니다. 설사 사람들이 하느님의 왕국에 대한 참된 가르침을 찾아냈다 하더라도, 그들이 그와 같은 하느님의 완벽한 왕국이 이 지구에 실현될 수 있다는 것을 받아들이기란 쉽지가 않습니다.

죄(罪)라는 개념의 악용

　사실 대부분의 사람들은 하느님의 왕국이 어떨 것이라는 최소한의 개략적인 생각은 가지고 있습니다. 그들은 하느님의 왕국에는 전쟁과 기근, 빈곤, 착취, 자연적인 재해, 그리고 질병은 없을 것이라고 생각하고 있습니다. 대다수의 사람들은 개인적인 삶에서든, 아니면 대중매체를 통해서든 주위에서 목격하고 있는 많은 행위들이 하느님의 법칙과 분명히 일치되지 않는다는 것을 영혼의 내면 깊숙한 곳에서는 알고 있습니다. 따라서 그들은 이러한 행위들이 하느님의 왕국에서는 일어날 수 없다는 것을 어렵지 않게 받아들이고 있습니다. 만약 지구가 하느님 왕국의 완전함을 구현해내게 된다면, 그러한 행위들은 계속 일어날 수 없게 될 것입니다. 왜냐하면 균형이 이루지지 않은 그와 같은 행위들은 사라지게 될 테니까요.

　어둠의 세력들, 즉 뱀 같은 거짓말쟁이들의 가장 교활한 음모 중의 하나는 이 지구 행성은 상황이 대단히 좋지 않기 때문에 하느님의 왕국에서 찾아볼 수 있는 완벽함을 이곳에다 절대로 실현할 수 없을 거라는 느낌을 만들어내는 것입니다. 이러한 세력들은 이 행성에서 발생하는 많은 사악한 행위들이 필연적인 것이고 거의 피할 수 없는 것처럼 보이도록 조작해 왔으며, 그 결과 많은 사람들이 그러한 행위들은 인간이 지닌 본성의 표현이라고 믿게 되었습니다. 사랑하는 이들이여, 이것이 바로 가장 교활한 음모입니다. 그리고 이로 인해 이 행성에 사는 대부분의 사람들이 이러한 생각을 강하게 지닐 수밖에 없게 된 것입니다. 이러한 음모가 끼친 영향은 역사의 안개 속으로 거슬러 올라가게 되며, 이러한 음모를 부추기는 데 사용되었던 주요한 개념들 중의 하나가 죄(罪)라는 개념, 특히 "원죄(原罪)"라고 하는 개념입니다.

앞에서 설명했듯이, 인간은 실제로 자기들이 지닌 창조력을 실험해 볼 수 있는 안전한 환경을 제공받았습니다. 이 행성에는 하느님의 에너지로 만들어지지 않은 것은 그 어떤 것도 존재하지 않습니다. 따라서 현재 이 행성에서 우리가 보고 있는 모든 불완전한 환경들은 영구적인 실체를 갖고 있지 않습니다. 이러한 상황들은 단지 인간이 하느님의 순수한 에너지에 권능을 잘못 부여함으로서 생겨나게 된 것들입니다. 다시 말해 그것들은 사람들이 자기 마음 속에 지닌 불완전한 이미지들을 통해 삶이라는 스크린에다 투사한 신기루에 불과한 것들입니다.

이러한 과정을 나와 예수는 하나의 영사기에 비유하여 설명한 바가 있으며, 스크린에 비친 이미지들은 영원한 실체성을 갖고 있지 않다는 점을 여러분도 잘 알고 있을 것입니다. 그러므로 영사기에 필름(Film)이 존재하는 한, 그러한 영상들은 계속해서 나타나게 될 것입니다. 예컨대 공포 영화를 보고 있다 하더라도, 여러분이 보고 있는 것이 실제가 아니라는 사실을 알고 있을 것입니다. 만약 누군가가 영사기에 있는 필름을 교체했다면, 스크린에는 곧 바로 새로이 바뀐 필름의 영상이 비춰지게 될 것입니다. 그러므로 아무리 공포스러운 영화라 할지라도, 사랑과 용기를 주는 감동적인 영화로 얼마든지 즉시 교체될 수가 있습니다.

따라서 내가 전하고자 하는 요지도 이처럼 단순합니다. 수천 년에 걸쳐 어둠의 세력들은 이 행성에 사는 모든 인간들을 프로그램화하여 이 불완전한 상황들이 영속적이며 불가피한 것으로 받아들이도록 사주해왔습니다. 사랑하는 이들이여, 예수는 질병이나 기타의 불완전한 것들이 불가피하다는 이러한 믿음에 충격을 주기 위해 기적을 실현시켜 보여주었습니다. 심지어 예수는 죽음조차도 필연적인 것이라는 믿음에 충격을 주고자 했었습니다. 그러나 극히 소수의 사람들만이 예수가 보여준 훌륭한 본보기들을 진실로 이해했으며, 이를 자기 것으로 소화하고 받아들였을 뿐입니다. 그 이유는 대다수의 사람들은 어둠의 세력들에 의해 프로그램화된 것을 쉽게 떨쳐버릴 수가 없었기 때문입니다. 이와 같이 프로그램화된 것들 중에서도 가장 교활한 것들 중의 하나는 모든 인간이 태어날 때부터 죄인(罪人)이라는 개념입니다. 그리고 만약 어떠한 죄를 범하게 되면, 다시 예전으로 되돌아갈 수 없을 뿐만 아니라 그 죄로부터 벗어날 방법도 없다는 말입니다.

가장 교활한 거짓말

사랑하는 이들이여, 당신들은 자신의 마음속에 투사되어 있는 이러한 거짓말, 뱀 같이 교활한 거짓말을 꿰뚫어 볼 수 있겠습니까? 실제로 이러한 거짓말은 낮은 세계에 존재하는 어둠의 세력들에 의해 만들어진 기계장치들에 의해 여러분의 마음속으로 투사되고 있습니다. 그리고 이런 '에너지 총들(Energy Guns)'은 끊임없이 죽음의 광선을 여러분의 잠재의식적인 마음속으로 발사하고 있습니다. 이것은 마치 마음속에 하나의 확성기를 지니고 있는 것처럼, 여러분이 자신의 하느님과 결코 하나가 될 수 없는 불쌍한 죄인이라는 메시지를 지속적으로 방송하고 있는 것과 흡사합니다. 이것은 정말로 거짓말이며, 바로 이것을 내쫓기 위해 내가 온 것입니다. 여러분이 이러한 거짓말을 꿰뚫어보고, 이런 거짓으로부터 벗어날 수 있도록 돕기 위해 예수와 내가 온 것입니다.

나와 예수는 모든 것은 하느님의 에너지로부터 창조되었기 때문에, 그리고 그 에너지는 진동이기 때문에 이 에너지의 진동을 본래의 순수한 상태로 변화시킴으로써 어떤 잘못이나 제약 및 불완전한 상황도 얼마든지 제거할 수 있음을 진심을 다해 설명하고 있는 것입니다. 사랑하는 이들이여, 부디, 부디 이러한 사실을 여러분의 가슴으로 숙고해주기 바라며, 내가 말하고 있는 것이 사실인지 여부는 여러분의 그리스도 자아와 접촉하여 내면적으로 확인하기 바랍니다. 그러면 그리스도 자아가 이것을 증명해줄 것입니다. 여러분의 그리스도 자아는 하느님 왕국의 완전함으로 바뀔 수 없거나 대체될 수 없는 불완전한 상황이란 존재하지 않는다는 것을 가르쳐줄 것입니다.

불완전한 조건들을 바꿀 수 없게 하는 것은 오직 하나 밖에 없으며, 그것은 여러분의 무능과 무의지(無意志)입니다. 그리고 이로 인해 여러분은 자신이 현재 처해 있는 한계들을 완전한 상황으로 변형시킬 수 있다는 가능성을 받아들이지 못하고 있을 뿐만 아니라, 받아들이려고도 하지 않는 것입니다. 여러분은 자유의지를 가지고 있으므로 반드시 마음속에 지닌 불완전한 이미지들을 하느님의 완벽한 고차원적인 이미지나 참된 이미지로 바꾸겠다는 의식적인 선택을 해야만 합니다.

사랑하는 이들이여, 여러분은 예수가 병든 자를 치유하고, 죽은 자를 일으켜 세운 것을 어떻게 생각하나요? 그가 치유할 수 있었던 것은 예수의 마음이 매우 고도로 훈련되어 있어서 한 순간도 병든 자의 육신을 보고자 하지 않았기 때문입니다. 예수는 온 힘을 다하여 오직 완벽한 몸에만 정신을 집중했습니다. 그리고 예수는 그리스도 의식을 성취했기 때문에 그의 마음이 아주 강력했으므로 마음속에 지닌 이미지를 곧 바로 물질세계에 구현해낼 수가 있었던 것입니다.

모든 인간들은 하느님과 함께하는 공동 창조자라는 사실을 예수와 내가 설명한 바가 있습니다. 여러분은 언제나 하느님과 공동으로 창조하고 있는데, 왜냐하면 신(神)의 에너지가 항상 영적자아에서부터 시작하여 여러분의 마음을 통해 지속적으로 흐르고 있기 때문입니다. 이러한 에너지의 흐름은 영사기의 불빛과 같이, 잠재적인 마음속에 지닌 이미지가 무엇이든 그것을 받아들이게 됩니다. 따라서 여러분의 삶을 진정으로 바꾸고자 한다면, 그리고 행성 전반에 걸쳐 개선책을 찾고자 한다면, 아래의 3가지 사항을 달성해야 합니다.

- 여러분의 마음속에 지니고 있는 불완전한 이미지와 불완전한 믿음들을 깨끗이 청소해내야 합니다. 그리고 하느님 왕국의 완전함을 볼 수 있게 하는 그리스도의 마음이 지닌 고차원적인 비전을 가져야만 합니다.

- 그리스도 의식(Christ Consciousness)에 도달하여 이를 갖출 필요가 있습니다. 이 그리스도 의식이 마음의 힘을 지휘함으로써 여러분이 이 지구를 지배하는 것이 가능해 집니다. 이러한 지배를 통해서 여러분이 마음을 훈련할 수 있고, 불완전한 이미지를 더 이상 보지 않을 수가 있습니다. 아울러 불완전한 이미지에 힘을 부여하지도 않을 뿐만 아니라 오로지 하느님 왕국의 완전한 이미지에만 지속적으로 마음을 집중할 수 있게 되는 것입니다.

- 그리고 완전한 이미지에 주의를 계속 집중하고 있어야 합니다. 이 세상의 세력들에게 조종을 당해 또 다시 불완전함이 불가피하다고 믿지 않도록 경계를 소홀히 해서는 안 됩니다. 예수는 높은 수준의 그리스도 의식을 성취한 까닭에 물질세계에서도 곧바로 변화를 실현해낼 수 있었습니다. 또한 여러분 역시도 그리스도 의식에 도달하게 되면, 즉 그리스도의 의식이 여러분의 마음속에 존재한다면, 예수가 행했던 일들을 여러분도 할 수 있습니다. 그러나 그 때까지는 참고 기다려야 합니다. 왜냐하면 물질세계에서의 상황을 변화시키는 데는 시간이 걸린다는 사실을 깨달아야 하기 때문입니다.

영적인 연금술

앞의 이야기에서, 예수는 물질의 세계에는 4개의 층, 즉 고유한 개성(자의식)의 영역, 사고의 영역, 감정의 영역, 그리고 물질의 영역이 존재한다고 설명한 바가 있습니다. 물질의 영역에서 어떠한 변화를 만들어내기 위해서는 에너지가 고유성의 영역에서부터 시작하여, 사고의 영역과 감정의 영역을 통해 흐르면서 여과되고, 마침내 물질의 영역에 도달하도록 해야 합니다.

개인의 삶 속에서도 하느님의 왕국을 성공적으로 구현해내기 위해서는 정체성의 변화로부터 시작해야 합니다. 여러분은 결코 자기 자신을 하나의 세속적인 인간으로, 하나의 불쌍한 죄인으로, 혹은 구원받을 수 없는 잘못을 저지른 사람으로 생각해서는 안 됩니다. 그리고 여러분은 자신이 한 명의 하느님의 아들 혹은 딸이며, 공동 창조자라는 것을 받아들여야 합니다. 또한 여러분의 마음속에 지닌 모든 불완전한 이미지 혹은 불완전한 정체성을 그리스도 마음의 고차원적인 이미지로 바꿀 수 있는 능력을 지니고 있음을 받아들여야 합니다.

일단 정체성이 변화하기 시작하면, 생각들도 필연적으로 이에 따를 수밖에 없으며, 따라서 변화하기 시작합니다. 그러면 그것들은 보다 더 순수해지게 되고, 여러분은 더 이상 여러 가지 한계들과 할 수 없다는 것에 기초를 두고 생각하지 않게 될 것입니다. 그리고 불완전한 것들이 영원할 거라는 생각도 하지 않게 될 것입니다. 여러분은 예수가 말했던 "하느님과 함께라면 모든 것이 가능하다.(마태복음 19:26)"[43]라는 진리를 깨닫게 될 것이며, 또한 이를 충분히 받아들이게 될 것입니다. 이로 인해 삶에 대한 접근방식도 변하게 되며, 할 수 없다는 정신에서 "할 수 있다."는 정신으로 바뀌게 됨으로써 주변의 구석구석에서 새로운 가능성을 보게 될 것입니다.

여러분의 생각이 변하기 시작하면, 필연적으로 감정도 새로운 방향을 모색하게 됩니다. 따라서 감정체도 두려움이나 비난과 같은 부정적인 감정에 영향을 덜 받게 됩니다. 그 대신, 감정체를 통해서 자연스러운 에너지의 흐름을 느끼게 될 것이며, 그리고 모든 생명의 이면에 존재하는 참된 추진력의 기쁨과 사랑을 느끼게 될 것입니다.

자신의 정체감과 생각, 그리고 감정이 정화됨에 따라 외적인 행동도 필연적으로 바뀔 수밖에 없습니다. 그 외에도 시간이 좀 지나게 되면, 외적인 상황도 변하게 되는 것을 목격하게 될 것입니다. 예전의 의식 상태에서는 이러한 변화가 불가능한 것처럼 보였겠지만, 새로운 마음가짐을 지님으로써 이러한 변화는 아주 자연스런 것이고 별로 힘도 들지 않는 것처럼 보이게 될 것입니다.

사랑하는 이들이여, 이것이 바로 참된 영적 연금술(鍊金術)입니다. 오늘날의 많은 사람들이 고대의 연금술사들을 조롱하는 것은 참으로 개탄스러운 일이라 아니 할 수 없습니다. 그러한 분야에 많은 허풍쟁이들이 있기는 했었지만, 오늘날의 과학과 종교 분야에서 볼 수 있는

---

[43] "예수께서 저희를 보시며 가라사대, 사람으로는 할 수 없으되 하느님으로서는 다 할 수 있느니라.(마태 19:26)"

것처럼 심하지는 않았습니다. 그러므로 당시에는 진정한 연금술사들도 많이 있었으며, 그들의 참된 목적은 비금속(卑金屬)을 금(金)으로 바꾸는 것이 아니었습니다. **그들의 목적은 인간의 의식(意識)을 변화시키는 연금술이었으며, 육신의 마음이라는 납을 그리스도의 의식이라는 황금으로 바꾸는 것이었습니다.** 그리고 그 이유는 참된 연금술사들은 그리스도 의식이 물질 자체의 구성성분을 바꿀 수 있는 능력을 가지고 있다는 것을 깨달았기 때문입니다. 예수가 물을 포도주로 변화시킴으로써(요한복음 2:1) 이것을 명확하게 증명해보였던 것처럼 말이지요.

연금술사들이 간절하게 찾고자 했던 소위 "현자의 돌(philosopher's stone)"이라는 것도 실제로는 그리스도 의식이었습니다. 하느님의 왕국을 이 지구에 실현하게 하는 것도 다름 아닌 이 그리스도의 의식이며, 오직 그리스도 의식만이 하느님의 왕국을 실현할 힘을 지니고 있습니다. 그러나 나와 예수가 상세하게 설명했듯이, 한 명의 그리스도화한 존재가 이 지구 위를 걷는 것으로는 충분하지가 않습니다. 이 행성 위에 하느님의 왕국이 충분히, 그리고 물리적으로 구현되기 위해서는 반드시 개별적으로 그리스도의 의식을 구현한 사람들의 숫자가 임계수치에 이르러야 합니다. **하느님의 왕국을 충분히 실현하는 데 필요한 그리스도화한 존재들의 숫자는 예수가 설명한 것처럼**[44] **10,000명입니다.** 역시 예수가 언급했듯이, 이처럼 그리스도 의식을 아주 신속히 구현할 수 있는 잠재력과 육체를 지니고 있는 10,000명의 사람들이 현재 존재하고 있습니다.

그럼에도 그러한 사람들은 자기들이 신성(神性)을 구현할 잠재력을 지니고 있다는 사실을 반드시 깨달아야 합니다. 그리고 그들이 그리스도 의식을 반드시 받아들여야 한다는 장애에 우리는 또 다시 직면해 있습니다. 예수가 설명했던 것처럼, 그 외에도 수백만의 사람들이 높은 수준의 그리스도 의식을 구현할 잠재력을 지니고 있습니다. 이 모든 사람들이 깨어나서 하느님 왕국에 대한 고차원적인 비전을 받아들이고 하느님의 왕국을 지구에 실현할 참된 가능성을 받아들이기 시작하면, 상황이 아주 빠르고도 극적으로 - 더 좋게 - 변하기 시작할

---

44) <그리스도는 여러분 내면에서 태어난다>를 참고할 것.

것입니다.

기적의 수용 로사리오

사랑하는 이들이여, 여러분의 의식을 높은 수준으로 끌어올리고, 이를 통해 지구 어머니가 짊어지고 있는 짐에서 벗어나게 하기 위한 내 노력의 일환으로 로사리오를 하나 더 전하고자 합니다. 실제로 이 로사리오는 특정한 의도로, 즉 여러분이 이 지구에 하느님의 왕국을 실현하는 것을 받아들일 수 있도록 돕기 위해 만들어지게 된 것입니다. 단언컨대, 최소한 일주일에 한 번씩은, 그러나 원하는 만큼 자주 이 로사리오 기도를 하겠다고 약속하는 사람들은 의식의 변형을 신속하게 느끼기 시작할 것입니다.

여러분은 우선 자신이 그것을 지니고 있다는 사실을 알지조차 못했던 잠재적인 장애들이 해체되는 것을 느끼게 될 것입니다. 여러분의 의식이 유연해지는 것도 느끼게 될 것이며, 결국에는 하느님과의 새로운 관계, 그리고 완전히 새로운 세계관을 점차적으로 이해하고 받아들이게 될 것입니다. 여러분은 2,000년 전에 예수가 이 지구 위를 걸으면서 보았던 미래상(未來像), 그리고 예수가 그 이후부터 지금까지 간직해오고 있는 미래상을 보기 시작할 것입니다. 그 뿐이 아니라 내게 그리스도 아이를 낳으라고 요청하면서 천사가 보여주었던 미래상, 그리고 이 행성을 위해 내가 지금까지 계속 간직해오고 있는 미래상을 여러분도 보게 될 것입니다.

사랑하는 이들이여, **이 수용(受容)을 위한 기적의 로사리가 지닌 목적은 승천한 대사들의 그룹이 가지고 있는 미래상을 육신을 지니고 있는 인간의 의식적인 마음에다 전달하는 것입니다.** 여러분이 이 미래상을 받게 되면, 자신의 신적자아가 지닌 빛이 마음속의 필름을 통해 비춰지게 될 것이며, 하느님 왕국의 완벽한 이미지가 여러분이 접하게 되는 삶의 외적 환경 위에 투사될 것입니다. 임계수치의 사람들이 이러한 이미지를 받아들일 때 하느님 왕국의 완벽한 이미지가 이 지구 행성 위에 투사될 것이고, 그러면 지구 어머니도 그 미래상을 충실하게 표현해내게 될 것이라 확신합니다.

신성한 하느님 어머니의 대리인인 성모님은 오늘도 피눈물을 흘리며 인간자녀들이 깨닫기를 기원하신다.

그렇습니다. 사랑하는 이들이여, 지구 어머니는 하느님 아버지뿐만 아니라 하느님 아버지의 완벽한 비전과 의지에 대해서도 크나큰 사랑을 갖고 있습니다. 그녀가 지닌 본성으로 인해 지구 어머니는 하느님의 자녀들이 자신에게 불완전한 이미지를 방사하는 것을 용인하고 있지만, 그녀가 그러한 이미지를 좋아하지 않는다는 것만은 분명히 말할 수 있습니다. 그리고 이러한 이미지들로 인해 지금도 그녀는 계속 고통 받고 있는 것입니다. 따라서 지구 어머니는 수세기 내지 수천 년에 걸쳐 자신에게 방사돼온 불완전한 이미지들로 인해 생겨난 속박들을 벗어던지고 싶어 합니다. 만약 여러분이 지구 어머니에게 조금이라도 도움을 주게 되면, 그녀가 크게 기뻐하며 벌떡 일어나 곧바로 그리스도의 마음이 지닌 완벽한 비전을 물질로 조각하여 멋있는 조각품으로 만들어냄을 목격하게 될 것입니다.

　사랑하는 이들이여, 나는 여러분이 어머니 지구의 간절함을 느낄 수 있게 돕고 싶습니다. 그리고 지구 위에 사는 생명의 영속성을 보존하기 위해 자연의 균형을 최소한이라도 유지하려고 지칠 줄 모르고 일하고 있는 아름다운 자연령(自然靈)들의 간절함을 이해할 수 있도록 돕고자 합니다. 자연령들이 얼마나 여러분이 불러주기만을 애타게 기다리고 있는지를 당신들이 느낄 수 있었으면 좋겠습니다. 또 그들은 사람들이 하루빨리 깨어나 창조된 모든 것들 속에 아로새겨진 하느님의 완벽함을 구현해낼 수 있기를 끊임없이 희망하고 있다는 사실을 느낄 수 있기를 바랍니다. 사랑하는 이들이여, 지구 어머니가 현재 겪고 있는 제약이라는 속박으로부터 벗어날 수 있도록 돕고 싶지 않으십니까? 나는 그렇게 하는 것이 곧 여러분 자신들을 자유롭게 하는 것이라는 점을 확실하게 말할 수 있습니다. 만약 여러분이 "예"라고 대답한다면, 부디 내가 전해주는 이 새 로사리오 기도를 열심히 해주기를 간청하는 바입니다.

성부와 성자, 성령과 신성한 어머니의 이름으로, 나는 이제 여러분을 이 행성 위에 걸려 있는 어두운 구름처럼 하느님의 왕국을 수용하지 않는 모든 것들을 닿자마자 태워버리는 기적의 수용이라는 화염 안에다 봉인합니다. 예수 그리스도의 이름으로, 나는 천상의 천사들과 빛의 군단들에게 지구에서 누군가가 성모마리아의 기적의 수용 로사리오를 음성으로 발하는 소리를 듣게 되면, 즉각적으로 행동을 취할 수 있도록 준비태세를 갖출 것을 명령합니다. 나는 이 로사리오에 기적의 수용이라는 화염으로 가득 채우며, 이 화염은 수용이 아닌 모든 것들을 태워버릴 것입니다. 지금 이 순간부터, 그리고 지구가 모든 거부로부터 자유로워질 때까지, 나는 이 로사리오 기도의 효과를 천배로 증폭시킬 빛을 특별히 하사합니다.

기적의 어머니의 이름으로 마쳤으며, 이루어졌고, 모든 물질의 가슴 속에, 원자 속에 봉인되었습니다. 이 원자(Atom)라는 용어는 **맘몬을 넘어서서 신을 받아들인다**(Accept Theos Over Mammon)는 뜻을 지니고 있습니다. 아멘.

16장

하나이신 하느님 안에서 모든 것은 하나이다

하나됨의 현존으로부터의 메시지 (2004. 5. 31)

나는 하나됨(Oneness)의 현존으로서, 분리돼 있지 않으며, 나누어 질 수도 없는 하나이다. 나는 나타나 있는 모든 것들의 이면에 존재하는 하나인 하느님(One God)의 현존이다. 참으로 모든 삼라만상들은 유일신(唯一神)의 현현(顯現)들이다. 모든 구분은 하나인 상태가 나누어진 것들이며, 그 하나는 따로 떼어질 수 없으므로 아무리 나뉜다 해도 여전히 하나이다.

나는 하나인 하느님의 아들과 딸들인 여러분을 반갑게 맞이한다. 그러나 여러분은 자신의 근원을, 자신의 하느님 아버지-어머니를, 자신의 창조주를, 그리고 다양성 세계의 이면에 존재하는 일체성의 근원이자 하나이신 하느님을 잊어버렸다. 또한 여러분은 자신들이 살아가고 있는 그 다양성의 세계를 덫에 갇힌 채 도망갈 수도 없는 감옥이라고 느끼고 있다. 나는 성모 마리아로 알려진 이 아름다운 존재에게 마음의 문을 열어준 여러분을 반갑게 맞이하는 바이다. 성모 마리아는 몇 가지 심오한 이야기를 통해 여러분의 가슴의 문을 열게 하고 이해의 문을 열게 하여, 하느님의 모든 아들과 딸들이 반드시 알아야 하는 핵심적인 참된 깨달음에 한 걸음 더 가까이 다가설 수 있게 해주었다.

이 깨달음이란 것이 무엇일까? 외적으로 나타나있는 모든 것들, 드러나 보이는 모든 것들은 하나이신 하느님의 표현이다. 따라서 구분되어 보이는 모든 것들의 이면에는 따로 떼어놓을 수 없는 하나이신 하느님께서 존재하고 계시다. 그러면 여러분은 나에게 "하나이신 하나님이 따로 떨어질 수 없다면, 우리가 살고 있는 이 세상에는 어떻게 여러 가지의 구분들이 존재할 수 있나요?"라고 물을 것이다. 그래서 나는 여러분이 생각하고 있는 구분이란 오직 여러분의 마음속에만 존재하기 때문에 구분이란 존재하지 않는다는 것을 알려주려고 한다. 그것들은 모두 환상이다. 그것들은 모두 신기루처럼 상대적인 선악을 알게 하는 열매를 함께 나누어 먹은 마음에서 창조된 것들이며, 따라서 여러분은 구분이 마치 서로로부터, 그리고 전체로부터 분리되어 있는 것처럼 보이게 하는 의식 상태에 갇혀 있는 것이다. 이것은 여러 시대에 걸쳐 생겨난 거대한 환상이다. 이것이 지구 행성에 사는 대부분의 인간들을 먹잇감으로 전락하게 만든 바로 그 환상인 것이다. 이 환상은 이러한 환상에 갇힌 세력들과 존재들에 의해 이미 아주 오래 전에 인간들의 마음속에 프로그램화되어 왔다.

성모 마리아가 설명했듯이, 이러한 이원적인 의식 상태에 갇힌 사람들은 분리라는 환상을 꿰뚫어보기가 대단히 어렵다. 여러분, 혹은 이 세상의 어떤 것이 하느님의 전일성(全一性)으로부터 분리되어 있다는 생각, 바로 이 환상이 실제로 원죄(原罪)라는 사실을 나는 밝히지 않을 수 없다. 사실상 이 세상에는 오직 하나의 죄만이 존재한다. 왜냐하면 다른 모든 죄들은 여러분이 자신의 근원으로부터 분리돼 있다고 생각하는 의식 상태로부터 파생되어 나온 것들이기 때문이다. 여러분이 하느님의 왕국으로 들어가서 영원한 영혼이 되고 상승한 존재가 되기에 앞서 반드시 떨쳐버려야 하는 것이 바로 이 환상이다.

거짓말쟁이들과 그들이 만든 거짓말에 대한 하느님의 심판

나는 분리되지 않으며 분리될 수도 없는 하나됨의 현존으로서, 육신을 가진 이 사람(저자)을 통해 나의 현존을 나타내고 있다. 그 목적은 모든 것이 하느님과 분리되어 있고 모든 것이 하느님이 아니라는 거짓말을 조장한 자들이 받게 될 하느님의 심판에 대해 알려주기 위해서이다.

따라서 나는 분리라는 거짓말을 조장하고 있는 인간들이 만든 모든 기관과 조직들, 그리고 모든 인간 개개인에 대한 심판이 있을 것임을 선언한다. 이에 나는 분리라는 거짓말을 조장하는 모든 세력들 - 그들이 물질세계 내에 존재하든, 물질세계 너머에 존재하든 - 에 대한 하느님의 심판이 있을 것임을 선포한다. 또한 나는 하느님께서 다음과 같이 말씀하셨음을 공표하는 바이다. "그만하라! 이제 그만 됐느니라! 그들은 멈추지 않을 것이다! 나와 분리되어 있다는 거짓말, 즉 환상을 계속 조장하는 자들은 오늘 이후부터 그자들 스스로 풀어놓은 힘들로부터 어떠한 보호도 받지 못할 것이다. 즉 그자들은 자신들이 지닌 환상에 의해, 그리고 자신들이 만든 거짓말에 의해 소멸될 것이다. 그자들은 분리라는 거짓말, 분리의식, 그리고 분리라는 마음을 통해 자신들이 행하고 생각하고 있는 모든 것들에 의해 자신들이 권능을 잘못 부여한 바로 그 에너지에 의해 연소될 것이다"

나는 나누어질 수 없는 하나됨의 현존으로서 다음과 같이 말하고자 한다. "지금 이 시간에, 그리고 오늘 이후부터 예수 그리스도의 사명은 이행될 것이다!" 예수 그리스도의 진정한 사명은 이스라엘 백성들 중에 집 나가 길 잃은 부족들을 불러 그들의 집인 아버지 하느님에게로 다시 돌아오게 하는 것이었다. 예수의 사명은 이 우주를 창조하신 창조주의 아들과 딸들인 모든 존재들이 집으로 돌아와 그들의 하느님과 하나가 되라고 부르는 것이었다. 즉 그의 사명은 길 잃은 부족들이 결혼 축하연 (마태복음 22:1)에 참석하여 그 영혼들이 자신의 그리스도 자아와 혼인(결합)할 수 있게 함으로써 자신들이 본래 왔던 영적세계로 다시 상승하라고 부르는 것이었다.45) 그럼에도 결혼 축하연에 관한 우화(寓

---

45) "예수께서 다시 비유로 대답하여 가라사대, 천국은 마치 자기 아들을 위하여 혼인 잔치를 베푼 어떤 임금과 같으니 그 종들을 보내어 그 청한 사람들을 혼인 잔치에 오라 하였더니 오기를 싫어하거늘, 다시 다른 종들을 보내며 가로되, 청한 사람들에게 이르기를 내가 오찬을 준비하되 나의 소와 살진 짐승을 잡고 모든 것을 갖추었으니 혼인 잔치에

話)를 통해 예수가 보여주었던 것처럼, 초대받은 사람들은 분리의식 속에서 중요하다고 느끼는 이런 저런 일들을 하느라 너무 바빠 결혼 축하연에 참석하려고 하지 않았다. 그들은 분리의 의식에서 생겨난 그런 일들을 끝내야 한다고 생각했으며, 따라서 그러한 일들이 자기들 영혼이 지닌 정체성의 일부인 것처럼 보였던 것이다.

그들이 결혼 축하연에 참석하려고 하지 않았을 때, 초대했던 주인이 어떻게 했는가? 주인은 하인들을 보내 참석하고 싶은 사람들은 누구나 참석하라고 불렀었다. 이것이 바로 오늘 내가 여기에 오게 된 진정한 목적이라 할 수 있다. 창조된 모든 것들은 하나이신 참된 하느님의 일체성(一體性)로부터 창조되었다. 하나이신 참된 하느님께서는 무한히 나누어질 수는 있지만, 나누어진 것들은 그 하나로부터, 그 자체로부터 영원히 분리될 수는 없다. 하나이신 참된 하느님으로부터 창조된 그 어떤 것도 (본질적으로) 그 전체로부터 분리될 수는 없는 것이다. 이 우주에 존재하는 모든 것들은 하나이신 참된 하느님으로부터 창조되었으며, 그것들은 하느님으로부터 분리되어 있거나 혹은 떨어져서 존재할 수가 없다. 즉 그것들은 어디까지나 하나이신 참된 하느님 안에서 존재하고 있는 것이다. 따라서 이 우주에 존재하는 모든 것들은 진실로 하느님과 하나이다. 왜냐하면 그것들은 모두 하느님께서 구현되어 나타난 것들이기 때문이다.

하느님의 완벽한 비전

나의 자녀들이여, 나는 여러분이 지구에 구현되어 있는 이런 저런 것들이 하느님의 법칙이나 하느님의 완전함과 일치하지 않는다고 말할 것

오소서 하라 하였더니 저희가 돌아보지도 않고 하나는 자기 밭으로, 하나는 자기 상업차로 가고 그 남은 자들은 종들을 잡아 능욕하고 죽이니, 임금이 노하여 군대를 보내어 그 살인한 자들을 진멸하고 그 동네를 불사르고. 이에 종들에게 이르되, 혼인 잔치는 예비되었으나 청한 사람들은 합당치 아니하니 사거리 길에 가서 사람을 만나는 대로 혼인 잔치에 청하여 오너라.
한대 종들이 길에 나가 악한 자나 선한 자 만나는 대로 모두 데려오니 혼인자리에 손이 가득한지라. 임금이 손을 보러 들어올쌔 거기서 예복을 입지 않은 한 사람을 보고 가로되, 친구여 어찌하여 예복을 입지 않고 여기 들어왔느냐 하니 저가 유구무언이어늘, 임금이 사환들에게 말하되 그 수족을 결박하여 바깥 어두움에 내어 던지라, 거기서 슬피 울며 이를 갊이 있으리라 하니라. 청함을 받은 자는 많되 택함을 입은 자는 적으니라.(마태 22:1~14)"

이라는 점을 잘 알고 있다. 그리고 여러분의 말이 옳다. 여러분의 하느님께서 이 우주를 창조하셨을 때, 창조주께서 하나의 비전, 하나의 청사진, 하나의 계획을 지니고 계셨다는 점에서 보면, 여러분의 말이 맞다. 여러분의 하느님께서는 그러한 계획을 확실하게 구현하기 위해서 여러 가지 법칙들을 제정해놓으셨다. 또 한편 여러분의 창조주께서는 자의식을 지닌 존재들에게 자유의지를 부여하셨으며, 이러한 자유의지를 통해 공동 창조자로서 봉사하고 그러한 계획을 창조계 내에서 실현할 수 있게 하셨다. 하지만 그러한 공동 창조자들은 자유의지를 부여받음으로써 그들이 지닌 창조력을 사용하여 창조주와 창조주의 이면에 존재하는 하나이신 하느님과 분리된 존재로서의 자신들의 정체감(자의식)을 확립할 수 있게 되었다. 그렇게 됨으로써 그들은 자신들이 지닌 창조력을 통해 여러분의 창조주가 지닌 원래의 청사진과 일치하지 않는, 그리고 여러분의 창조주께서 만든 법칙과 상반되는 것들을 이 지구에 구현해낼 수 있게 되었던 것이다.

따라서 이 지구 행성에는 여러분의 창조주께서 지니신 의지나 완벽한 비전 및 계획과 일치하지 않는 구현물들이 많이 존재하고 있다. 그러나 반드시 이해해야 하는 것은 불완전한 것, 하느님의 법칙과 완전히 상반되게 보이는 것, 심지어 인간의 마음에 마치 지옥처럼 보이는 것들조차도 여전히 하나이신 하느님과 분리돼 있지 않다는 것이다.

사실 창조주의 법칙 및 비전과 상반되게 보이는 것들은 실재성, 혹은 궁극적인 실체를 갖고 있지 않다. 그러한 불완전한 구현물들은 공동 창조자인 자의식을 지닌 인간들의 마음속에서만 존재하고 있기 때문에 잠시 머물다가 스쳐 지나가는 것들에 불과하다. 이러한 불완전한 구현물들이 계속 존속할 수 있기 위해서는 한 사람 이상의 마음이 이러한 불완전한 이미지, 각인된 이미지에 주의력을 집중하기로 선택할 때만 가능하다. 그리고 그러한 불완전한 것들에 주의력을 집중하는 행위는 사실상 하나이신 참된 하느님이 아니라 분할 내지 분리된 하느님이라는 잘못된 하느님을 숭배하는 것이나 마찬가지라 할 수 있다.

하지만 모든 의식적인 주의력이 그러한 이미지로부터 철회되는 순간, 그러한 구현물들은 허물어지기 시작하여 마침내 존재할 수 없게 될 것이다. 그리고 그런 에너지들은 창조주의 법칙과 비전에 완벽히 일치하는 상태에 다시 놓이게 될 것이다. 왜냐하면 진실로 창조주의 법칙과 의지에 일치하지 않는 것들은 자체적으로 계속 존속해 있을 수가 없기 때문이다. 공동 창조자가 자유의지를 사용하여 불완전한 이미지에 주의력을 집중함으로써 그러한 불완전한 구현물들이 지속적으로 존속할 수 있도록 뒷받침해주지 않는 한, 그러한 에너지에는 권능이 다시 주어지게 되며, 하느님의 순수함과 완전함으로 돌아가게 될 것이다.

절대적인 진리

절대적인 진리는 여러분이 여기 지구에서 체험하는 모든 한계들이나 고통, 불완전함, 아픔들이 실제로 존재하는 것이 아니라는 사실이다. 그것은 오직 여러분의 마음속에서만 존재하며, 여러분과 임계수치의 다른 사람들이 마음의 힘과 주의력을 집중하여 그것이 존재한다는 것을 뒷받침해줄 때만 계속 존재할 수 있을 뿐이다. 또한 임계수치의 사람들이 하나이신 하느님께서 다수로 나뉜 것을 마치 근원과의 분리, 그리고 서로간의 분리라고 여기는 분리의식에 갇혀 있는 한, 그와 같은 불완전한 구현물이 오랫동안 계속 존속해 있을 수 있는 것도 사실이다. 이것이 바로 형제가 형제와 맞서 분열되고, 국가가 국가에 맞서 분리되게 되는 이유이다. 이러한 이유로 이스라엘의 부족들이 사라지게 되었으며, 그들은 자신들의 참된 정체성과 하나이신 하느님과의 연결을 복원시키지 못함으로써 아직까지도 스스로 깨닫지 못하고 있는 것이다.

천상의 어떠한 존재도 자유의지의 법칙을 위반할 수는 없지만, 인간이 지닌 분리의식과 죽음에 대한 환상을 실제로 극복할 수 있도록 도울 수 있는 방법이 없는 것은 아니다. 그렇다. 진실로 여러분이 자신의 근원과 분리되는 순간, 영적인 의미에서 보면 여러분은 죽은 것이나 마찬가지이다. 왜냐하면 여러분의 영혼은 "생명"이라는 말이 뜻하는 정체성을 상실하기 때문입니다. 생명은 곧 여러분이 자기 자신을 신적자아의 확장으로, 또한 하느님의 확장으로, 구현된 모든 삼라만상들의 이면에 존재하는 하나이신 하느님의 확장으로 이해한다는 것을 의미한다.

지구상의 생명의 신비, 개체화의 신비는 여러분의 영혼이 자신의 신아(神我)에 의해 창조되었을 때, 그 영혼이 자신뿐만 아니라 주위에 존재하는 모든 것들이 하나이신 하느님의 확장이었고 또한 확장이라는 것을 깨달을 만큼 충분한 영적인 요소, 의식, 자각능력을 지니지 못했다는 데 있다. 그럼에도 여러분의 영혼은 그것이 자신의 신적자아의 확장이었다는 것을 깨달을 만큼의 충분한 자의식을 가지고 있었다. 여러분의 신적자아는 자신이 하나이신 하느님의 확장이며, 하나이신 하느님과 분리되지 않았다는 것을 충분히 자각한다.

　영혼이 창조된 이후, 여러분의 영혼은 하나이신 하느님의 존재를 인식할 수가 없었으며, 그러한 상태에서 여러분의 영혼은 에너지의 밀도가 짙은 물질세계로 내려오게 되었다. 그리고 물질세계에서의 경험을 통해 점차 자각능력과 자의식(自意識)이라는 정체감을 확립해가도록 돼 있었던 것은 참으로 여러분 영혼의 책무였다. 온전한 정체성에 도달했을 때, 여러분도 이러한 사실을 알 수 있게 될 것인데, 왜냐하면 여러분은 자신의 신아(神我)가 확장된 것이므로 여러분의 영혼도 자신이 하나이신 하느님과 분리돼 있지 않다는 것을 이해할 수 있기 때문이다. 여러분의 현존(Presence)은 하나이신 하느님과 하나이며, 여러분은 여러분의 현존과 하나이기 때문에, 결국 여러분도 또한 하느님과 하나인 것이다. 여러분이 하느님과 하나라는 사실을 깨닫고 나면, 여러분은 좀 더 높은 수준의 자각능력을 형성하게 될 것이다. 또한 형태의 세계에 존재하는 모든 것들도 또한 하나이신 하느님의 실체로부터 만들어졌기 때문에 하나이신 하느님이 구현되어 나타난 것이라는 점을 이해하게 될 것이다.

　이것이 바로 여러분이 예수라고 알고 있는 훌륭한 교사가 이 땅에 와서 증명해보이고 가르쳤던 진실한 과정이다. 예수는 이러한 과정을 다음과 같이 설명했다. 즉, 예수는 영혼에게 자신이 근원(하느님)과 하나라는 의식이 생겨나서 마침내 그 영혼이 "나와 아버지는 하나이며, 나 혼자서는 아무 것도 할 수 없지만, 일을 하고 계시는 분은 내 안에 존재하시는 아버지이다. 내 아버지께서 지금까지 일을 하시므로, 나도 일을 한다."라고 이해하고 말할 수 있는 단계에 이르기까지 의식의 상승이 일어나는 과정을 설명하고자 했던 것이다.

　다시 한 번 말하지만, 예수 그리스도가 보인 훌륭한 사례와 가르침들을 악용하고 왜곡한 자들에게 하느님의 심판이 있을 것이다. 교회와 국가, 과학계, 언론계, 그리고 이 행성의 어디에 있든 관계없이 잘못 가르친 자들에 대한 하느님의 심판이 있을 것이다. 오로지 하느님의 하나뿐인 아들만이 하느님과 하나가 될 수 있고 이 세상이 하느님과 분리되어 있다는 거짓말을 영속화시키려는 자들은 이제 심판받는다.

따라서 이것은 지구의 역사에 있어서 하나의 전환점이 될 것이다. 그 이유는 예수가 "심판하기 위해, 내가 왔다(요한복음 9:39)"[46)]라고 말했을 때, 이미 심판의 과정은 시작되었으며, 이제 하나뜀의 현존인 나에 의해 지금 이 순간 이후부터 심판이 천배로 가속화될 것이기 때문이다. 고로 분리되어 있다는 거짓말을 영속화시키려고 하는 자들은 지금 당장 그러한 거짓말과 기만행위를 그만둘 것을 경고한다. 그렇게 하지 않는다면, 그들은 거짓말을 부추기는 과정에서 스스로 파멸을 맞이하게 될 것이다. 그리고 그러한 행위는 더 이상 지구 행성의 역장(力場) 내에서 용납되지도 않을 것이다. 그러므로 나는 말한다. "화(禍) 있으리라, 율법가들(Lawyers)이여. 왜냐하면 너희가 모든 것이며, 모든 것 속에 존재하는 하나이신 하느님에 대한 앎의 열쇠를 가져가 버렸기 때문이니라. 너희는 너희 스스로 하나뜀의 왕국인 하느님과 하나인 너희의 참된 정체성의 왕국으로 들어가려하지 않았도다. 또한 그 하나임을 받아들이려 하지 않는 과정에서, 너희는 순수한 자들마저 이 우주를 창조하신 창조주의 참된 왕국인 하나뜀의 세계 속으로 들어오지 못하도록 방해하고자 했느니라."

여러분을 창조하신 창조주의 은총으로 지금까지 여러분은 죄와 환상 속에서 삶을 지속해 올 수 있었지만, 그 은총은 오늘로서 끝났다. 따라서 나는 다음과 같이 선언하는 바이다. "창조주 하느님과 구세주 예수 그리스도의 참된 가르침에 귀를 기울여라. 예수가 이 땅에 온 이유는 이스라엘의 길 잃은 백성들을 불러 회개하고 여러분과 그 밖의 모든 것들 속에 존재하는 하나이신 하느님을 섬길 것을 선택하도록 하기 위해서였다. 〈회개(悔改)〉란 분리라는 환상을 꿰뚫어보고 이것이 하나의 환상이라는 것을 인정함을 가리키는 것이다. 하느님께서는 여러분의 내면에 존재하시므로 여러분은 하느님의 왕국이 여러분 안에 존재한다는 예수의 말을 기꺼이 받아들여야 한다. 만약 하느님이 계시지 않았다면, 만들어진 어떠한 것도 존재할 수 없다. 그런 까닭에 피조된 모든 것들은 그것들이 만들어져 나온 그 하나이신 하느님으로부터 분리될 수가

---

46) "예수께서 가라사대, 내가 심판하러 이 세상에 왔으니 보지 못하는 자들은 보게 하고 보는 자들은 소경되게 하려 함이라 하시니(요한 9:39)"

없는 것이다.

여러분이 나와 하나라는 것을 받아들이기 바란다

따라서 나는 들을 귀를 가진 모든 자들에게 다음과 같이 포고한다. 지금 이 순간 눈을 크게 뜨고 지금까지 사람들이 언제나 활용할 수 있었고, 또 지금 이 순간에도 이 행성에 사는 모든 인간들과 지옥이라 부르는 곳에 존재하는 모든 어둠의 세력들조차도 활용할 수 있는 진리를 바라보라. 자아의식을 지닌 모든 존재들은 자신의 정체성을 바꾸는 과정을 시작할 수 있다. 즉 모든 이들은 자기 자신에게 자의식을 부여하고 있는 그 자아(the self)를 하느님의 한 확장으로, 그리고 하느님으로 이해할 수 있는 잠재력을 지니고 있는 것이다. 또 여러분은 자신의 미래상을 바꾸고 외적으로 구현된 모든 것들 속에 존재하는 하나이신 하느님을 볼 수 있는 잠재력도 지니고 있다. 이렇게 되기 위해서는 처음에는 힘들겠지만, 전심전력을 다해 여러분의 집중력과 주의력, 결심을 유지해야 한다. 모든 사람은 어느 한 사람이 행한 것을 똑같이 행할 수 있는 잠재력을 가지고 있다. 왜냐하면 여러분의 연상의 형제인 예수가 여러분을 위해 새로운 길을 개척했고, 그 밖의 몇몇 사람들이 그 길을 따라갔으므로 이제는 그 길이 넓어져서 여러분은 예전보다 더 큰 기회를 가지게 되었기 때문이다. 그러므로 지금은 전에는 결코 가능하지 않았던 이러한 기회를 제대로 활용해야 할 때이다.

따라서 기꺼이 귀를 열고, 마음과 가슴의 문을 열어 내가 말하는 진리에 귀를 기울여줄 것을 요청한다. 나는 여러분이 삶의 우선순위를 바꾸기 바란다. 다시 말해 최고의 우선순위를 여러분의 참된 정체성이 하느님의 아들 혹은 딸이라는 것에다 둠으로써 여러분의 근원과 여러분이 하나라는 의식을 되찾고, 구현된 모든 것들 속에 내재돼 있는 그 근원을 바라볼 수 있게 하는 참된 시력(視力)을 되찾기 바란다.

여러분이 어떠한 의식 속에 있든 관계없이, 여러분은 오늘 성모 마리아와 예수로부터 하나됨의 상태로 여러분을 데려다 줄 도구들을 받았다. 여러분의 마음과 가슴 속에는 어떠한 인간도 닫을 수 없는 문, 즉 그리스도 의식의 문이 존재하고 있기 때문에 여러분은 하나가 될 수 있는 잠재력을 지니고 있다. 지난 2,000년 동안 예수가 그 문을 열어 두고 있으므로 여러분에게도 그 문은 열려 있다. 따라서 나는 "그 문을 통과하여, 하나이신 하느님의 참된 왕국인 하나됨의 왕국으로 들어오라."고 말하고 있는 것이다.

나는 분리될 수 없는 하나됨의 현존으로, 이렇게 말한다 "나는 여러분의 내면에 존재하며, 여러분이 나와 하나라는 의식을 구현할 수 있도록 돕기 위해 여기에 존재하고 있다. 성모 마리아의 순결한 마음을 통해 제공되고 전해지게 된 이 로사리오 기도를 드리며 나의 현존에게 기원하기 바란다. 그리고 성모 마리아의 순결한 가슴은 하느님과 함께 하는 모든 공동 창조자들을 위해 흠 없는 비전을 지니고 있을 뿐만 아니라 모든 것들의 이면에 존재하는 하나인 하느님의 비전도 함께 간직하고 있다."

나는 여러분이 받은 이 도구들을 활용하여 그대들보다 앞서 걸었던 사람들의 발자취를 따라 여러분도 그 하나됨을 되찾기를 바란다. 여러분은 자신이 하느님과 분리되어 있다는 원죄와 그 원죄에서 파생된 모든 죄들을 버리도록 하라. 그러한 죄들은 이제 여러분 속에, 모든 생명 속에, 모든 물질 속에 존재하시는 하나됨의 현존에게 기원함으로써 눈처럼 하얗게 씻겨 지게 될 것이다. 따라서 나는 여러분을 모든 분리의 환상을 태우는 하나됨의 현존 속에 봉인한다. 오직 하나이신 하느님만이 존재하며, 그 하나인 하느님이 구현되어 나타난 모든 것들은 서로가 하나이고, 그리고 전체와도 하나이다.

1+1+1은 3이지만, 1×7×1×7은 그래도 1이다. 이러한 이유 때문에 예수는 이 세상의 것들을 축적하지 말고, 여러분의 재능, 즉 내면의 하나됨을 증식시키라고 말했던 것이다. 하느님께서도 그 하나인 상태를 증식시키셨기 때문에 여러분이 창조된 것이며, 비록 인간의 마음으로 그 깊이를 가늠할 수 없을 정도로 하느님의 하나됨을 수없이 증식시킨다 해도, 하나의 증식은 여전히 하나일 뿐이다.

따라서 여러분의 죄는 사(赦)함을 받았으며; 하나됨의 현존이 이 세상에 존재하니, 부디 다시는 죄를 짓지 말라! 이제 나는 여러분에게 일종의 확언(確言)인 만트라(Mantra)를 전하며, 여러분이 이 진언을 부지런히 낭송하면 이 진언(眞言)이 모든 분리에서 벗어나게 하는 데 도움을 줄 것이다. 그리고 충분한 사람들이 이 진언을 사용하게 된다면, 이 세상을 분리와 분열로부터 벗어나도록 할 것이다.

나는 나의 하느님과 하나가 되는 것을 선택하며, 따라서 나는 이 세상에 존재하는 하나됨의 현존이다.

사는 길을 선택하라!

성모 마리아의 메시지 (2004. 6. 1)

사랑하는 이들이여, 나는 하나됨의 현존께서 하신 이 훌륭한 말씀이 이 책에서 살아 있는 말씀을 전하는 실로 피라미드의 관석(머릿돌)과 같은 역할을 한다는 것을 여러분도 보고, 느낄 수 있으리라 확신합니다. 그리고 나는 나머지 7개의 로사리오들로 구성된 로사리오의 피라미드 중에서 이 <기적의 하나됨의 로사리오>[47]가 실제로 머릿돌과 같은 구실을 한다는 것을 여러분도 이해하리라 믿습니다. 이 책의 참된 목적은 모든 것이 하나이신 하느님으로부터 창조되었으며, 따라서 모든 것이 하나이신 하느님과 하나라는 사실을 여러분이 깨닫도록 하는 것입니다. 나는 또한 여러분이 자신의 하느님과 하나라는 것 - 여러분이 자신의 하느님과 하나이기를 선택할 때 - 을 깨닫기를 바라고 있습니다.

나는 여러분이 하느님과 하나됨을 이루지 못하게 하기 위해 상상할 수 있는 온갖 행태들이 자행되고 있는 험한 세상 속에서 성장해왔다는 것을 너무나 잘 알고 있습니다. 그리고 여러분들 중의 많은 사람들은 지구에서 나의 아들 예수 그리스도를 대변하고 있다고 주장하는 문화와 종교 속에서 성장해 왔습니다. 그럼에도 그러한 문화와 종교들이 실제로는 여러분의 내면에 존재하고 있는 살아 있는 그리스도의 현존을 부정하고 있습니다. 뿐만 아니라 여러분의 하느님과 여러분이

---

[47] 뒤편의 446페이지에 있는 <성모 마리아의 기적의 하나됨의 로사리오>를 참고할 것.

하나라는 것도 부정하도록 여러분을 프로그램화하고 있습니다. 그 이유는 2,000년 전에 예수가 이 지구를 걸었을 때 예수를 핍박하고 그를 신성모독 및 율법 위반으로 고발했던 자들과 똑같은 사고(思考)를 가진 자들이 바로 그런 종교를 계승하고 있기 때문입니다. 오늘날까지도 이러한 사고방식은 계속되고 있으며, 모든 생명 속에 존재하는 살아 있는 그리스도를 부정하고 있습니다. 참으로 예수의 사명은 사람들을 일으켜 세워 그들이 자기들의 하느님과 하나라는 것으로 인도하는 것이었습니다. 그러나 그 하느님과의 일체성(一體性)은 그들의 영혼이 신아와의 직접적인 내적 연결이 최초로 끊어지게 되고 이원성의 의식 －죽음의 의식을 뜻하는 구분과 분리의 의식 － 속에 갇히게 되었을 때, 그 원죄로 인해 사라지게 되었던 것입니다.

　사랑하는 이들이여, 나는 당신들이 개인적인 삶에서, 그리고 행성 전반에서 목격하고 있는 모든 문제들과 불완전한 것들은 하나이신 하느님과의 분리, 분할로부터 생겨난다는 것을 이해할 수 있으리라 믿습니다. 따라서 이 지구 행성에 존재하는 문제들을 풀 수 있는 궁극적인 해결책, 다시 말해 이 지구에 하느님의 왕국을 실현할 수 있는 궁극적인 열쇠는 임계수치의 사람들이 삶의 최우선 순위를 자신의 하느님과 하나됨을 회복하는 데 두는 것이라고 확신합니다. 나는 이 책을 통해 내가 전하는 가르침들이 마치 피라미드의 여러 개의 층과 같아서 그 꼭대기에 도달할 때까지 이러한 가르침들이 서로 위에 층층이 포개져 쌓여 있는 것처럼 보일 것이라 생각합니다. 그렇다면 피라미드의 꼭대기에는 무엇이 있을까요? 사랑하는 이들이여, 하나의 핵심만이 존재하며, 그것은 하나됨입니다. 하나됨의 핵심은 올바른 비전(single-eyed vision)이며, 예수가 "그대의 눈이 올바르면, 그대의 온 몸도 또한 밝으리라(누가복음 11:34)."라고 말했던 것은 바로 이것을 가리키는 것입니다. 이것이 숫자 8과 같이 영적세계와 물질세계 간의 에너지의 흐름을 원활하게 해주는 연결고리의 핵심입니다. 이러한 이유 때문에 그리스도 의식을 성취한 사람은 천상과 지구 사이의 열려진 문, 즉 누구도 닫을 수 없는 열린 문이 되는 것입니다.

　전체의 로사리오 중에서 이 로사리오에 앞서 내가 전해준 7개의 로사리오들은 피라미드의 여러 층을 형성합니다. 이 로사리오 기도들을 행함으로써 여러분은 생명이라는 피라미드를 오를 수가 있습니다. 여러분이 꼭대기에 도달할 때, 이 기적의 하나됨의 로사리오가 삶의 피라미드 위에 머릿돌을 얹어놓을 수 있는 권능을 여러분에게 부여하게 될 것입니다. 여러분이 존재의 정상에 도달할 때, 여러분은 참나(眞我), 즉 하나이신 하느님께서 개체화하신 한 존재가 될 것입니다. 그리고 이 참 자아는 하나의 홀로그램(Hologram)[48] 속에 존재하는 개개의 부분들로서, 전체의 일부이면서 동시에 그 자체 내에 전체를 지니게 되며, 또한 그것을 수용하게 될 것입니다.

삶을 선택하라!

사랑하는 이들이여, 이 세상에 사는 대부분의 사람들은 많은 생을 살아오는 동안에 프로그램화될 수 있도록 심하게 노출되어왔습니다. 때문에 여러분이 진정으로 자신의 하느님과 하나이고, 결코 분리되지 않았으며, 분리될 수도 없다는 사실을 충분히 인정하고 받아들이는 데에 실제로 상당한 시간이 걸릴 수도 있습니다. 따라서 성경은 "너희의 인내로, 너희 영혼을 얻으리라.(누가복음21:19)"라고 말하고 있는 것입니다.

나도 지구 행성에서 육체를 갖고 태어난 적이 있었습니다. 그리고 나도 당시에 인류가 지닌 엄청난 무게의 집단의식을 체험했으며, 이 집단의식은 바로 분리, 분열, 그리고 이원성(二元性)에서 나오는 의식이었습니다. 그러므로 이 행성에서 여러분이 신(神)과의 일체성(一體性)을 되찾는다는 것이 매우 어려울 것이라는 점을 나도 잘 알고 있습니다. 그럼에도 하나됨의 지점으로 이어지는 생명의 피라미드 위를 올라갈 때 여러분은 반드시 집단의식이라는 중력(重力)을 극복해야 합니다. 이러한 집단의식은 이 행성을 두루 거닐며 삼킬 것을 찾고 있는(베드로전서 5:8)[49] 인간들과 어둠의 세력들에 의해 창조된 의식

---

[48] 3차원의 입체영상을 말한다. 이 홀로그램의 중요한 특성은 부분 속에 전체의 정보와 속성이 그대로 담겨져 있어 한 부분만으로도 전체를 똑같이 그대로 재생해 낼 수 있다는 것이다. (감수자 주)

[49] "근신하라 깨어라, 너희 대적 마귀가 우는 사자같이 두루 다니며 삼킬 자를 찾나니(베드로 5:8)"

입니다.

  그러나 틀림없이 내가 인간으로 육화하여 그 생명의 피라미드(Pyramid of life)50)를 올라가 보았기 때문에 나는 그 피라미드를 오를 수 있다는 것을 분명히 알고 있습니다. 여러분들 중에 많은 사람들이 나와 예수를 우상화한 이미지를 받아들이도록, 그리고 우리가 어느 정도는 예외적인 특별한 사람들이었기에 여러분이 할 수 없는 것을 우리는 할 수 있었다고 생각하도록 여러분은 프로그램화되어 왔습니다. 그럼에도 예수와 내가 올랐던 것처럼, 그리고 우리 외에도 우리의 이전과 이후에도 많은 사람들이 올랐던 것처럼, 여러분들 역시도 생명의 피라미드를 오를 수 있다는 것을 말하고자 합니다. 정확하게는 나와 예수가 그 피라미들을 올라가 보았고, 작은 길을 우리가 닦아 놓았기 때문에 이제는 여러분이 그 길을 따라 오르기가 더 수월해졌습니다. 이것이 바로 예수가 "내가 땅에서 들리면, 모든 사람을 내게로 이끌겠노라.(요한복음 12:32)"고 했던 말의 참된 의미 중의 하나입니다. 당신들은 예수가 여러분을 이끌 수 있도록 해줌으로써 예수가 자신의 사명을 성공적으로 완수할 수 있도록 해주지 않으렵니까? 사랑하는 이들이여, 하지만 여러분의 의지를 거슬러서 예수가 그렇게 할 수는 없습니다. 그러니 여러분이 스스로 예수의 발자취를 따르겠다고 반드시 선택을 해야 합니다. 많은 기독교인들이 이러한 선택을 두려워하는 것처럼 만약 여러분이 이것을 받아들이지 않는다면, 예수의 사명과 인류에 대한 그의 희생이 승리했다는 것을 당신들이 부정하는 것이나 마찬가지인 것입니다.

  실제로 인류의 집단의식이 지닌 중력이 존재하고 있고, 이 의식은 여러분을 지옥이라는 의식의 깊숙한 곳으로 끌어당기고 있습니다. 그러나 여러분의 형제자매들에 의해 창조된 상승력도 또한 존재하고 있으며, 이 힘이 여러분을 생명의 피라미드의 정상으로 끌어올리고 있습니다. 여러분은 자신의 삶에서 이 두개의 힘 가운데 어떤 것이 의사결정의 최종적인 힘이 되게 할 것인지를 스스로 선택해야만 합니다. 아래로 끌어당기는 죽음의 의식을 선택하겠습니까? 아니면 삶의

---

50) 이 생명의 피라미드의 4면체를 이루는 것은 육체, 감정체, 사고체, 에텔체라고 한다.
(감수자 주)

의식으로 끌어올리는 힘을 선택하겠습니까? 모세가 구약의 이스라엘 자손들에게 "삶을 택하라! 여러분을 자신의 하느님과 하나됨으로 인도하는 생명의 의식을 선택하라."라고 외쳤던 것처럼, 나 또한 그렇게 하지 않을 수가 없습니다.

그릇된 종교들을 버려라

여러분이 시간을 가지고 내가 앞에서 전해준 가르침들을 깊이 생각해보면, 승천한 대사들의 진정한 목적은 하느님의 왕국을 지구에 실현하는 것임을 알 수 있을 것입니다. 그리고 하느님 왕국의 실체가 마음의 어떠한 상태라는 것도 알게 될 것입니다. 따라서 하느님의 왕국이 지구에 구현되기 위해서는 육체를 지닌 임계수치의 사람들이 반드시 의식 상태를 바꾸어야 하며, 새로운 정체성, 즉 분리와 분할에 기초하지 않고 하느님과 분리될 수도 없는 하나됨에 기초한 새로운 정체성을 받아들여야 합니다. 사랑하는 이들이여, 이것은 천상으로 상승한 대사들이 오랫동안 지니고 있는 목적이기도 합니다. 또한 지구에 존재하는 모든 진실한 종교들을 통해 전해주었던 유일한 메시지가 바로 이것입니다. 모든 종교의 이면에는 오직 하나의 메시지만이 존재합니다. 그것은 하나됨의 메시지로서, 여러분은 자신의 하느님과 하나이며, 분리의식은 환상이라는 메시지인 것입니다.

나는 이 지구에 사는 사람들 중에는 이 하나됨의 메시지를 이해하고 받아들일 수 없는 사람들도 많이 있다는 것을 잘 알고 있습니다. 그들은 이 메시지를 부정할 것이며, 육적인 마음과 인간의 지능이 가진 상대적인 재능을 통해 그들은 하나됨의 메시지를 의심케 하는 교묘하고 궤변스러운 수많은 주장들을 찾아낼 것입니다. 이러한 주장들이 정부와 교육기관과 같은 사회의 여러 기관들을 통해 퍼져나가고 있다는 사실도 알 수 있을 것입니다. 또한 이러한 주장들은 대중매체들을 통해, 그리고 많은 종교들을 통해서도 퍼지고 있는데, 이러한 종교들은 원래의 하나됨의 복음을 버리고, 이제는 분리의 복음을 전파하고 있는 실정입니다.

여러분이 역사의 기록들을 주의 깊게 살펴본다면, 나의 아들 예수를 따랐던 초기의 추종자들은 기독교인이라고 불리지 않았다는 사실을 알 수 있을 것입니다. 그들은 "길을 따르는 자들(Followers of the Way)"이라고 불렸는데, 그 이유는 진실로 예수가 모든 사람들에게 그들의 하느님과 하나가 되는 참된 길(道)을 가르치기 위해 왔었기 때문입니다. 예수가 "나는 곧 길이요, 진리이고, 생명이니 나로 말미암지 않고는 아버지께로 올 자가 없느니라.(요한복음 14:6)."라고 말했을 때, 그는 자신의 외적 사람이나 어떠한 외적인 기독교 교회를 가르치는 것이 아니었습니다. 예수가 말하고자 했던 것은 구원에 이르는 길이 여러분의 하느님과 하나가 되는 것이며, 따라서 그 하느님과 하나가 되지 않고는 아버지에게로 돌아올 수도, 여러분의 하느님 왕국에 들어갈 수도 없다고 했던 것입니다. 물론 여러분의 하느님과 하나가 되는 열쇠는 그리스도 의식으로서, 예수가 그것을 구체적으로 보여주었고, 또 그는 오늘날에도 인류에게 표상이 되고 있습니다. 그런 까닭에 그러한 하나됨 속으로 들어가기 위해서는 여러분이 예수의 신성한 가슴을 경험해야 하는 것입니다.

여러분이 마음과 가슴의 문을 넓혀 이 메시지를 곰곰이 숙고해보면, 이 메시지의 저변에 깔려 있는 논리, 저변에 깔려 있는 진리를 이해하게 될 것입니다. "하느님께서는 창조된 모든 것들을 창조하셨으며, 그가 존재하지 않았다면 만들어진 어떤 것도 만들어지지 않았습니다(요한복음 1:3)." 여러분이 자신의 하느님으로부터 떨어져 나왔기 때문에, 다시 말해 여러분의 하느님과 하나인 상태에서 벗어났기 때문에, 여러분은 구원을 받을 필요가 있습니다. 따라서 여러분의 참된 정체성, 즉 여러분의 하느님과 하나라는 것을 되찾지 않고, 어떻게 구원을 받아 아버지의 왕국으로 돌아갈 수가 있겠습니까? 사랑하는 이들이여, 하느님에게 돌아갈 수 있는 다른 길은 존재하지 않으며, **오직 하나됨의 현존께서 여러분 속에 존재하신다는 것을 인정함으로써 여러분이 하느님과 하나라는 의식을 되찾는 길 밖에는 없습니다.**

따라서 이것이 하나됨의 메시지이며, 하나됨의 복음이며, 하나 뿐인 참된 종교가 지닌 하나됨의 신앙인 것입니다. 전 시대를 통틀어서 이 메시지, 이 복음은 많은 다른 종교들을 통해서도 설해졌고, 아직도 몇몇 종교들에 의해 가르쳐지고 있습니다. 그러나 우리는 전 시대에 걸처 똑같은 하나의 패턴을 목격해 왔으며, 그 패턴은 새로운 종교가 하느님과 하나됨을 되찾은 어느 한 사람으로부터 시작되었다는 사실입니다. 따라서 그 사람은 열린 문이 되어 특정 그룹의 사람들에게 하나됨의 진리를 설파했던 것입니다.

그러나 그 최초의 창시자가 이 물질계에 더 이상 존재하지 않게 되면, 그 종교는 서서히 붕괴되기 시작하여 시간이 경과하게 되면서 하나됨의 진리도 사라지게 됩니다. 그 후에는 나의 아들 예수의 경우에서 보듯이, 많은 경우에 최초의 창시자는 하나의 우상으로 추앙되어 하느님과 하나됨을 되찾을 수 있었던 유일한 사람으로 비춰지게 되는 것입니다. 따라서 처음에는 하나됨의 복음을 전하는 참된 종교로 출발했으나, 점차적으로 분리의 복음을 전하게 되는 잘못된 종교로 변질되게 되는 것입니다. 그러므로 루시퍼와 그의 추종자들이 물질세계로 내려온 이래 이 분리의 복음은 이 행성에 현존해 있는 거짓된 복음으로 지금까지도 남아 있는 것입니다.

사랑하는 이들이여, 이제는 거짓된 메시지를 꿰뚫어 보고, 양의 탈을 쓴 늑대가 "참된 유일한 종교"인 양 가장하고 있는 그릇된 복음을 버려야 할 때입니다. 또한 겉으로는 참된 지도자인 양 행세하지만, 내적으로는 노략질을 일삼는 늑대(마태복음 7:15)[51]와 다름이 없는 눈 먼 지도자들과 거짓된 예언자들을 이제는 더 이상 따르지 말아야 할 때입니다. 회칠한 무덤과 같이 겉보기에는 아름다우나, 그 속은 죽은 사람의 뼈로 가득한(마태복음 23:27)[52] 자들을 이제는 따르지 말아야 할 때인 것입니다.

지금은 이러한 거짓말들과 하느님과 분리되기로 선택한 세력들, 그리고 분리의식에 갇힌 사람들로부터 벗어나야 할 시기입니다. 지금은 상상할 수 있는 온갖 수단을 다 동원하여 여러분의 관심을 끌어들이려고 하는 거짓된 하느님을 숭배하지 말아야 할 때입니다. 그리고 지금은 모래상자 주위에서 놀지 말아야 하며, 살아 있는 성령의 물에 의해 깨끗이 씻겨 나갈 모래성들을 공들여 쌓지도 말아야 할 때입니

---

51) "거짓 선지자들을 삼가라. 양의 옷을 입고 너희에게 나아오나 속에는 노략질하는 이리니라.(마태 7:15)"
52) "화 있을진저 외식하는 서기관들과 바리새인들이여! 회칠한 무덤 같으니 겉으로는 아름답게 보이나 그 안에는 죽은 사람의 뼈와 모든 더러운 것이 가득하도다.(마태 23:27)"

다. 지금은 그리스도라는 바위 위에 올라 그리스도 의식으로 인도하는 참된 길에다 여러분 스스로 견고하게 뿌리내려야 할 때인데, 실제로 예수가 그랬던 것처럼, 이 그리스도 의식은 여러분이 자신의 하느님과 하나라는 것을 보게 할 것이며, 주장하게 할 것입니다.

이제는 이 지구행성에서의 삶이 현재 일종의 경연대회(Contest)이자 게임(Game)이고, 거기에 걸려있는 포상이 여러분 각자의 영혼이라는 사실을 깨달아야 할 때입니다. 이 세상의 지배자는 은밀하고도 교묘한 온갖 방법으로 여러분이 하느님과 하나라는 것을 부정하도록 끊임없이 부추기고 있습니다. 그리고 승천한 대사들인 우리는 여러분이 그 하나됨을 되찾을 수 있도록 돕기 위해 끊임없이 노력하고 있습니다. 사랑하는 이들이여, 여러분의 하느님과 여러분이 하나라는 것을 계속 부정하는 한 – 그 이유가 외적인 마음에게 얼마나 중요한 것인지 와는 관계없이 – 악마는 여러분의 영혼을 지옥의 의식(意識) 속에 가두고자 합니다. 여러분은 모든 것들의 이면에 존재하는 하나이신 하느님이 아니라, 겉으로만 하느님처럼 보이는 거짓된 신(神)을 숭배하는 것입니다. 그러나 여러분이 그러한 부정을 말끔히 버리고 하나이신 하느님과 하나라는 것을 받아들이는 순간, 여러분의 영혼은 천국의 의식 속에 있게 될 것입니다.

여러분의 재능을 증식시켜라

따라서 나는 여러분에게 말합니다. "이 책을 통해 내가 전하는 가르침들과 도구들을 활용하십시오. 또한 나의 아들 예수가 이 책 이외의 다른 책에서 제공하는 가르침들과 도구들도 함께 활용하세요!" 이 책을 통해 여러분은 많은 것들을 받았으며, 큰 기대를 했던 사람들도 기대한 만큼 많이 받았을 것이라 생각합니다. 이 자리에는 예수도 나와 함께 하고 있고, 이 이야기 속의 말들을 통해 예수도 자신이 지닌 빛을 전하고 있습니다. 따라서 예수와 더불어 나는 다음과 같이 말하고자 합니다. "여러분의 재능을 증식시키세요, 내적인 하나됨을 증식시키세요. 그리고 여러분이 자신의 하느님과 하나라는 것에서 이탈케 하려고 시도하는 이 세상의 갖가지 행위들에 더 이상 이리저리 끌려

다니지 말고, 삶의 우선순위를 정하십시오. 삶의 최우선 순위를 여러분이 자신의 하느님과 하나라는 것을 되찾는 데, 또한 생명의 피라미드 정상으로 인도하는 길을 따르는 데 두기 바랍니다."

진실로, 여러분이 예수와 내가 제공한 몇 가지 도구들을 충실히 실행하고 있다는 것을 입증할 수 있을 때, 하느님께서도 그러한 재능들과 여러분이 제단 위에 올려놓은 것들을 확실히 증식시키게 될 것입니다. 그리고 많은 일들을 여러분에게 맡기시게 될 것입니다. 여러분의 하느님께서는 여러분이 하느님의 왕국으로 돌아오기를 바라고 계십니다. 왜냐하면 여러분의 하느님은 자신과 함께 할 공동 창조자가 되고자 하는 사람들을 필요로 하시기 때문입니다. 진실로 이 지구 행성에서 여러분이 알고 있는 세계는 하느님의 집에 있는 하나의 거처에 불과한 것입니다. 여러분의 창조주께서는 그 외에도 수많은 세계들을 거느리고 계십니다. 그러므로 여러분이 상승한 대사가 되어 영원한 승리자가 된 이후에 하느님께서는 자신의 이미지와 형상을 닮은 세계를 여러분과 함께 공동으로 창조할 수 있도록, 또 여러분이 그러한 세계들 중의 하나를 다스리도록 할 것입니다.

햄릿(Hamlet)[53]에 의해 제기된 영원한 질문은 "사느냐, 죽느냐?"인데, 나는 이 문제에 대해 이제 여러분이 하나됨의 현존께서 전해주신 만트라를 받아들여 이것을 가슴으로 배우고, 시간이 날 때마다 하루 종일 활용하기를 바랍니다. 여러분의 삶 속에서 마주치게 되는 모든 상황 속에서 여러분 자신이 하나됨의 현존이라는 것을 확인하는 데 이 확언의 만트라를 활용하십시오. 그리고 모든 불완전한 것들과 분할과 분리로 인해 생겨난 모든 것들을 태우는 데도 이 만트라를 활용하기 바랍니다. 따라서 다음과 같이 선언함으로써 여러분이 하나라는 것을 천명 하십시오.

나는 나의 하느님과 하나됨을 선택하며, 따라서 나는 이 세상에 존재하는 하나됨의 현존이다.

---

53) 영국의 저명한 작가 셰익스피어가 저술한 4대 비극 중의 하나이다. (감수자 주)

아니면, 어떤 특정한 상황을 기술하여, 하나됨의 현존에게 기원을 해도 됩니다.

나는 나의 하느님과 하나됨을 선택하며, 따라서 나는 … (특정한 상황을 간단하게 기술할 것)의 하나됨의 현존이다.

예를 들어 다음의 문구와 같이 선언할 수도 있으며, 또한 개인적인 상황이나 세계적인 측면에서 특정 국면에 맞게 조정할 수도 있습니다.

나는 나의 하느님과 하나됨을 선택하며, 따라서 나는 나의 건강에서 하나됨의 현존이다.

나는 나의 하느님과 하나됨을 선택하며, 따라서 나는 나의 가정에서 하나됨의 현존이다.

나는 나의 하느님과 하나됨을 선택하며, 따라서 나는 나의 재정(財政)에서 하나됨의 현존이다.

나는 나의 하느님과 하나됨을 선택하며, 따라서 나는 나의 국가에서 하나됨의 현존이다.

나는 나의 하느님과 하나됨을 선택하며, 따라서 나는 중동(中東)에서 하나됨의 현존이다.

나는 나의 하느님과 하나됨을 선택하며, 따라서 나는 세계경제에서 하나됨의 현존이다.

나는 나의 하느님과 하나됨을 선택하며, 따라서 나는 모든 전쟁을 태워버리는 하나됨의 현존이다.

성모 마리아의 기적의 자유 로사리오들

제3부

성모 마리아의 기적의 자유 로사리오들

성모 마리아의 메시지

사랑하는 이들이여, 이 책을 통해 나는 여러분이 깊이 생각해봐야 할 많은 것들을 전해주었다고 생각합니다. 또한 이러한 가르침들과 지구에서 일어날 수도 있는 예언들로 인해 여러분이 당황스러워할 수 있다는 것도 잘 알고 있습니다. 그러나 부디 거기에 너무 압도되지 않기를 요청합니다. 너무 당황해서 아무 것도 할 수 없을 정도로 마비되어 극단적인 감정 상태로 치닫지 않기를 바랍니다. 또한 반대의 극단으로 치우쳐서 너무 많은 일을 하고자 불균형해지거나 광신적으로 변하지도 말기를 당부합니다. 나는 어느 날 갑자기 깨어나서 지구를 구해야 한다고 나서는 사람들, 그리고 노력을 지속할 수 없을 정도로 지나치게 열성적이어서 결국에는 "완전히 실패"하고 마는 사람들도 목격한 바 있습니다. 이 책을 읽는 사람들에게는 이러한 일들이 일어나지 않기를 바랍니다. 내가 보고자 하는 것은 여러분의 여생(餘生)과 그 이후에도 영적인 성장을 지속할 수 있도록 상승나선을 출발시킬 수 있는 균형 잡힌 태도를 보고자 하는 것입니다.

따라서 나는 여러분에게 한 가지 부탁을 드리고자 합니다. 이 책을 읽으면서 꼭 지켜야 하는 한 가지는 매일 하나의 로사리오 기도를 하는 것입니다. 바쁜 스케줄 속에서 30분의 시간을 할애한다는 것이 어떤 사람들에게는 큰 부담일 수도 있지만, 이러한 기도가 최소한 2012년까지, 그리고 가능하다면 그 이후에도 부디 여러분의 일상적인 일과가 되게 하기를 바랍니다. 이렇게 하면, 이 로사리오를 통해 엄청나게 큰 혜택을 체험할 수 있기 때문에 멈추고 싶어 하지 않을 거라고 나는 확신합니다. 만약 임계수치의 사람들이 로사리오 기도를 시작한다면, 극적인 변화들이 이 지구 행성에 일어나는 것을 목격하게 될 것이며, 따라서 지구 어머니에 대한 사랑의 발로에서라도 이 로사리오 기도를 계속 하고 싶어질 것이라고 생각합니다. 이 행성에서의 모든 긍정적인 변화는 뭔가를 하기로 결심한 어느 한 사람으로부터 시작되는 것이기 때문에 누군가가 이 지구를 구해 주기를 기다려서는 안 될 것입니다. 나는 바로 여러분이 그와 같은 사람이 되어주기를 희망합니다.

성장의 과정에 저항하지 말라

내가 전하는 모든 로사리오들을 다 알기 전이라도, 매일 하나의 로사리오 기도를 해줄 것을 권합니다. 어느 시점에서 특정 로사리오가 마음에 든다는 것을 느끼게 되면, 당분간 매일 그 로사리오를 지속하는 것이 좋습니다. 대부분의 사람들에게 마음에 드는 특정 로사리오가 하나씩은 있다는 것을 알게 될 것입니다. 그 이유는 그들의 심리속에 잠복해 있는 어떠한 장애들, 즉 그들의 영적 진화과정에 장애가 되는 어떤 것들을 이 로사리오 기도가 태워줄 수 있기 때문입니다. 그러므로 그저 단순히 하고 싶은 만큼 자주 로사리오 기도를 하면 도움이 될 것입니다. 그러나 사고(思考)가 너무 경직되어서는 안 됩니다. 부디 여러분의 가슴속에서 말하는 내면의 작은 목소리에 귀를 기울이기 바랍니다. 그리고 내면에서 다른 로사리오로 바꾸고 싶다는 생각이 들면, 반드시 그렇게 하기 바랍니다.

특정 로사리오 기도를 하면서 여러분의 마음과 에너지장 속에서 어떤 변화가 일어나는지도 주의 깊게 살펴보기 바랍니다. 이 로사리오들은 여러분이 마음속에 잠재적으로 지니고 있는 불완전한 에너지 혹은 믿음들을 불러오도록 고안되어 있습니다. 이러한 과정의 일환으로서 대개의 경우 여러분은 여러 가지 불완전한 상황들 중에 몇 가지의 상황들을 다시 체험하게 될 것입니다. 따라서 이 로사리오가 여러분이 피하고 싶은 어떤 느낌이나 생각 또는 기억들을 불러온다고 느낄 수도 있습니다. 예를 들어 <조건 없는 사랑의 로사리오> 같은 경우에는 여러분의 존재 속에 깃들어 있는 사랑이 아닌 것들을 불러오게 될 것입니다.

이러한 현상들은 영적성장의 과정에서 겪게 되는 지극히 정상적인 현상이라는 것을 이해하기 바랍니다. 앞에서 길게 설명한 것처럼, 모든 것들은 여러분이 지닌 자유의지의 지배를 받게 되어있습니다. 따라서 어느 하나의 영적인 도구가 여러분의 잠재적인 마음에 지니고 있는 모든 것들을 무차별적으로 연소할 수는 없습니다. 이 로사리오 기도가 어떤 잘못된 믿음으로 인해 생성되어 권능이 잘못 부여된 에너지들을 연소시킬 수 있지만, "빛에 이르는 내면의 길"이라는 책[1]에서 밝힌 것처럼, 여러분이 그러한 믿음을 버리겠다고 의식적으로 선택하지 않는 한, 그러한 믿음으로부터 영원히 자유로울 수는 없는 것입니다. 이런 이유로 여러분이 다음과 같은 의식적인 선택을 하기 전에는, 이 로사리오가 그러한 불완전한 믿음과 기억들을 계속해서 불러오게 될 것입니다. 따라서 여러분은 다음과 같이 선언해야 합니다.

"나는 이러한 한계를 충분히 체험했다. 그러므로 이제 이런 것은 버리고, 나의 삶을 바꾸기로 선택한다. 나는 나의 하느님과 결합하기 위해 한걸음 더 가까이 다가서기로 선택하며, 기꺼이 그리스도의 반석 위에 나를 내맡긴다. 그리고 나의 육적인 결함들과 인간적인 정체성을 이제 부숴버린다. 이제 세속적인 집착들의 올가미를 다 던져버리

---

[1] 예수 그리스도의 새로운 계시적 가르침이 담긴 이 책 역시도 향후 도서출판 은하문명에서 출판예정이다. (감수자 주)

고, 주 예수님을 따라 아버지의 왕국인 그리스도의 의식으로 들어갈 것이다. 따라서 이제 나는 하느님에게 내 자신을 온전히 내맡길 것이며, 과거의 불완전함으로부터 자유롭다는 것을 받아들인다."

이러한 과정을 주의 깊게 살펴보기 바랍니다. 그리고 만약 그러한 불완전한 느낌과 생각, 기억들을 처리하고자 한다면, 특히 그것들을 포기하거나 버려야 할 필요가 있다고 판단될 경우에는 그러한 상황을 붙잡거나 무시하려고 할 때보다 훨씬 더 빨리 일을 진행시켜야 합니다. 영적인 진보를 이루는 데 있어 부딪치게 되는 가장 큰 제약들 중의 하나는 많은 사람들이 자신들의 심리 속에 지니고 있는 특정한 한계들을 들여다보려고 하지 않고 그러한 한계들을 억누르려고 하거나, 강제로 잠재의식의 마음속으로 밀어 넣으려 하는 것입니다. 사랑하는 이들이여, 앞에서 설명해서 알고 있듯이, 여러분이 잠재적인 마음속으로 밀어 넣은 것들은 여러분의 의식적인 마음과 감정을 끌어당기는 자력(磁力)의 구실을 하게 됩니다. 따라서 그러한 한계들과 정면으로 직접 맞닥뜨려서 그것들의 있는 그대로를 직시하고, 그것을 통과시켜 그냥 포기해 버리는 편이 훨씬 더 좋은 방법입니다. 불완전한 조건은 오로지 그것을 버림으로써만이 여러분은 그러한 상황으로부터 완전히 자유로워질 수가 있습니다. 이것은 신비이며, 자기 자신의 모든 것을 하느님에게, 그리고 그리스도 자아와 신적자아에게 온전히 내맡김으로써 일어나는 기적입니다. 로사리오 기도나 기타의 영적인 수행을 통해 최대의 이익을 얻게 해주는 열쇠가 바로 이 내맡김입니다.

여러분에게 주의할 필요가 있는 말을 하나 더 전하고자 합니다. 어느 특정 로사리오 기도를 매일 지속하게 되면, 이 로사리오 기도가 전혀 변형되지 않은 실체들을 불러와 감정이 격해지거나 불편해질 수도 있습니다. 이런 경우에는 그 로사리오를 억지로 지속하지 말고, 잠시 휴식을 취하기 바랍니다. 그 특정 로사리오를 지속하는 대신에, 다른 로사리오, 예를 들어 모든 로사리들 중에서 가장 일반적이고, 부드러운 로사리오라 할 수 있는 <기적의 로사리오>를 해보기 바랍니다. 이러한 이유 때문에 <동-서양의 로사리오>와 <조건 없는 사랑의 로사리오>를 일주일에 한번만 할 것을 권하는 까닭입니다. 그러나 이 로사리오들을 일주일에 한번은 꼭 해주기 바랍니다.

사람마다 성향이 다 다르기 때문에, 확실하게 정해진 규칙은 없습니다. 나는 여러분이 내면의 지시에 따르기를 권장하며, 만약 하루에 두 개의 로사리오 기도를 하고 싶다면, 그렇게 해도 좋습니다. 예를 들어 <기적의 로사리오>를 하고, 나머지 로사리오들 중에서 하나를 해도 좋습니다. 또 일주일에 한 번 이상 <동-서양의 로사리오> 혹은 <사랑의 로사리오>를 할 수도 있습니다. 그러나 여러분이 처리할 수 없을 만큼 많은 실체들을 불러오지 않도록, 항상 주의를 기울여줄 것을 당부합니다.

새로운 운동의 일원이 되라

여러분들 중에서 상당수가 이 책을 비롯해서 사랑하는 예수가 공개한 책들이 하나의 새로운 영적운동의 첫걸음을 형성하고 있다는 것을 짐작할 수 있으리라 확신합니다. 이러한 운동의 목적은 적어도 예수 그리스도의 메시지가 지닌 내적인 참된 의미인 개인적인 그리스도 의식에 이르는 길만은 꼭 복원시키자는 것입니다. 사랑하는 이들이여, 아주 많은 기독교인들이 육체를 지닌 예수가 이 지구 위를 거닐었을 때 만약 자기들이 예수를 만났더라면 예수를 금방 알아봤을 거라고 생각하고 있습니다. 그러나 성경을 통해 알 수 있듯이, 당시 예수가 다른 사람들과 다르다는 것을 인정한 사람들은 그다지 많지 않았습니다. 예수가 고대 이스라엘의 먼지투성이의 거리를 걸었을 때, 그 많은 사람들이 어떻게 나의 사랑하는 예수를 알아보지 못했을까요? (만약 당신들이 그 당시 거기 있었다면) 과연 여러분 중에서 몇 명이나 예수를 단순한 새 시대의 설교자나 미치광이가 아닌 살아 있는 그리스도라고 생각했을까요? 또 여러분 중에 얼마나 많은 사람들이 그 보잘 것 없는 기독교의 시작을 범세계적인 운동의 탄생이라고 인식했겠습니까? 그러나 나는 여러분 중에 일부는 이 책을 읽음으로써 이 행성의 미래 형태를 결정할 가능성이 있는 새로운 영적인 힘, 즉 새로운 영적인 운동에 여러분이 그 일원이 될 수 있는 기회를 찾았다는 사실을 알아차렸기를 희망합니다.

사랑하는 이들이여, 천상에서는 이 새로운 모험에 대해 크게 흥분하고 있습니다. 나는 여러분들 중에서도 일부가 이러한 흥분을 느끼고 이 지구에서의 새로운 모험에 참여하는 일원이 되고자 원할 거라고 생각합니다. 이러한 가능성을 인식하고 이 새로운 시도에 일원이 될 준비가 되어 있는 사람들에게 나는 몇 가지 제안을 하고자 합니다. 여러분은 이 책과 예수가 공개한 여러 책들을 활용하여 이런 가르침들 속에 기술되어 있는 개인적인 그리스도 의식에 이르는 길을 부지런히 쫓아가기 바랍니다. 그럼으로써 육화한 그리스도가 되는 것이 여러분 자신을 위해, 사랑하는 사람들을 위해, 여러분의 행성을 위해, 그리고 승천한 대사들을 위해 여러분이 할 수 있는 가장 큰 봉사가 될 것입니다.

여러분이 나를 위해 할 수 있는 또 하나의 일은 이 가르침들이 널리 퍼지도록 돕는 것입니다. 예수의 가르침들이 중요하다는 것을 아무도 알지 못하는 그런 기독교가 도대체 어디에 있습니까? 그리고 새로운 복음을 전하기 위해 몇 가지 일상생활들을 제쳐두고자 하는 사람들이 전혀 없다면, 그런 기독교가 무슨 소용이 있겠습니까? 따라서 이 책과 예수의 다른 책들 속에 들어있는 가르침들이 널리 퍼질 수 있도록, 나는 여러분이 할 수 있는 일들을 해주기를 바라고 있습니다. 이러한 책들을 사람들에게 알려주거나, 그들에게 한권의 책을 선물로 주어, 그 책이 스스로 말하게 하기 바랍니다.

성모 마리아의 기적의 로사리오 그룹

여러분들 중에 좀 더 조직적인 노력에 참여하기를 원하는 사람들은 가까운 지역에서 로사리오 그룹을 만드는 것도 한 번 고려해보기 바랍니다. 이러한 로사리오 그룹들은 일주일에 한번 씩 만나서 내가 전해준 로사리오들 중의 하나, 또는 몇 개의 로사리오 기도를 할 수도 있을 것입니다. 물론 혼자서 하는 로사리오 기도도 강력하지만, 그룹이 함께 모여 로사리오 기도를 하게 되면, 혼자서 하는 것보다 훨씬 더 강력한 힘을 발휘하게 될 것이라 확신합니다. 여러분도 알다시피, 4 더하기 4는 8이지만, 4 곱하기 4는 16이 됩니다. 그룹의 사람들이 함께 모여 로사리오 기도를 하게 되면, 그 로사리오의 힘은 사람들의 숫자만큼 기하급수적으로 증폭될 것입니다.

여러분이 어디에 있든지 로사리오 그룹을 만들 수 있으며, 교회에서, 개인의 집에서, 도서관에서, 여러분에게 편리한 곳이면 어디에서든 모일 수 있습니다. 적당한 장소를 물색하여 매주 사람들에게 언제, 어디로 가야 하는지를 알려주는 관련 봉사활동도 할 수 있을 거라 생각합니다. 여러분의 창의력과 결심 여하에 따라 지역사회에서 다양한 방법으로 그룹에 대한 홍보도 할 수 있을 것입니다. 그리고 봉사활동의 일환으로 한 두 개의 로사리오를 할 수도 있고, 예수가 전해준 몇 가지 설교나 훈련에 대해 공부하고, 연습할 수도 있을 것입니다. 또 시간이 있다면, 이 책이나 예수가 공개한 몇 권의 책들 중에서 하나를 선택하여 단락별로 연구하고, 그 가르침을 공개적인 토의의 기본 주제로 삼는 것도 고려해 볼 수 있을 것입니다.

그러나 모든 만남은 자유롭고 제한이 없는 사랑스러운 토의가 되어야 하며, 금기시 하는 주제가 있어서는 안 됩니다. 또한 참가한 모든 사람들이 영적인 주제들에 대해 자유롭게 이야기할 수 있어야 하고, 특정 교리에 충실해야 한다는 구속감과 같은 것을 느끼게 해서는 안 될 것입니다. 하나의 보편적인 운동을 시작하기 위해 예수가 왔었던 것처럼, 예수와 내가 지금 보고 싶어 하는 것도 바로 배경이나 믿음이 무엇이든 개의치 않고 모든 사람들로부터 환영받을 수 있는 그러한 보편적인 운동에 불을 붙이는 것이라 할 수 있습니다. 예수가 당시에 모든 사람들에게 손을 내밀었던 것처럼, 여러분도 모든 사람들에게 손을 뻗어주기 바랍니다.

로사리오 그룹들은 모든 것을 다 포용할 수 있는 그런 그룹이 되기를 바라며, 모든 사람들로부터 환영받고 삶의 영적인 측면과 관련하여 누구나 가슴속 깊이 간직하고 있는 생각이나 느낌들을 자유롭게 나눌 수는 모임이 되어야 할 것입니다. 사람들이 조롱당하지 않고, 특정 교리나 믿음체계에 의해 제약을 받지 않으면서 편하게 이야기를 나눌 수 있는 따뜻하고 사랑스러운 환경을 조성해주기 바랍니다. 이 그룹들은 모든 사람들에게 개방되어야 하며, 조화와 조건 없는 사랑, 수용의 분위기를 만들고자 애써야 할 것입니다. 또한 이러한 그룹들은 참된 영적 공동체 의식을 발휘하도록 애써야 하며, 이런 공동체

의식은 로사리오 기도를 통해 방출되는 영적으로 하나가 되는 의식(意識)과 비교해서도 외형적으로는 별 차이가 없다고 할 수 있습니다. 나는 이러한 그룹들이 나와 예수가 이 책과 다른 책들 속에서 기술하고 있는 하늘나라를 이 지구에 실현하는 본보기가 되어주기를 바라고 있습니다.

다시 한 번 당부의 말을 전하고자 합니다. 부디 양 극단에 빠져, 아무 것도 하지 않거나, 너무 광신적으로 되지 않기를 바랍니다. 부디 균형 잡힌 상태에 머물기 바라며, 비록 어떤 한 사람이 세상과 인류의 의식을 변화시킨다는 것이 엄청나게 부담스러운 일이기는 하지만, 여러분은 무엇인가를 할 수 있다는 사실을 깨달아야 합니다. 예수의 삶을 바라보면서 그러한 삶을 통해 여러분이 배워야 하는 전체적인 교훈은 그리스도의 마음을 가지기로 결심한 한 사람, 한 인간이 이 세상에 엄청난 변화를 만들어낼 수 있다는 것입니다. 예수가 이 행성에서 이룩한 엄청난 변화를 잘 생각해보고, 만약 10,000명의 사람들이 예수의 발자취를 따라 그들이 지닌 개인적인 그리스도 의식을 이 시대에 구현해낸다면, 얼마나 많은 변화가 일어날 수 있겠는지를 숙고해보기 바랍니다.

이것이 바로 내가 떠나기 전에 여러분에게 남겨주고자 하는 비전입니다. 그리고 이러한 비전을 구현할 수 있는 열쇠는 내가 이 책에서 전하는 로사리오 기도이며, 이 로사리오들은 강력한 실현성을 지니고 있다는 것을 밝혀두고자 합니다. 이 의식(儀式)들은 대단히 강력한 것이어서, 인류의 의식과 지구의 환경을 빠르게 변화시킬 수 있습니다. *이 로사리오 기도의 의식(儀式)들은 이 행성의 미래와 관련된 그 어떤 예언이나 무시무시한 모든 예언들을 불태워버릴 것입니다. 사랑하는 이들이여, 하루에 하나의 로사리오만으로도 큰 재난을 피할 수가 있습니다.*

성모 마리아의 기적의 로사리오

◇소개: 이 로사리오는 인류의 의식(意識)을 고양시키고, 개인적인 문제들을 해결하기 위한 목적으로 성모 마리아에 의해 공개되었습니다.

완벽한 로사리오 기도를 행하기 위해, 다음에 기술된 문구들을 네 번 반복하기 바랍니다(처음부터 봉인까지). 그런 다음, 로사리오를 한 차례 봉인하기 바랍니다. 로사리오를 처음부터 끝까지 다 낭송할 시간이 없다면, 1회만 낭송해도 됩니다. 맨 처음 로사리오를 낭송한 다음, 다음 낭송할 때부터는 개인적인 요구사항을 첨가하거나, 특정한 목적을 위해 별도로 로사리오를 낭송할 수도 있습니다.[342]

조건 없는 사랑이신 성부와 성자, 성령, 그리고 기적의 어머니의 이름으로, 아멘.

(개인적인 요청사항은 이곳에 첨가한다.)

주기도문(Lord's Prayer)

모든 생명의 내면에 존재하시는 우리의 하느님 아버지-어머니시여, 우리는 우리의 내면에 계시는 당신의 현존인 우리의 신아(神我)를 공경합니다. 우리는 당신의 왕국이 우리를 통해 이 지구에 실현됨을 받아들입니다. 당신의 뜻이 천상에서 이루어진 것처럼, 이 지상에다 당신의 뜻을 실현할 책임이 우리에게 있습니다.

---

342) 성모 마리아의 지시로 <기적의 로사리오>는 저작권 보호가 되어 있지 않다. 그러므로 이 책 속에서 이 <기적의 로사리오> 기도문만은 마음대로 사용하거나 배포할 수 있다. 단, 로사리오를 개조해서는 안 된다. (저자 주)

우리는 당신께서 우리가 당신 자신인 모든 것이 될 수 있는 기회를 우리에게 매일 제공해주고 계심을 인정합니다. 우리가 서로를 용서하고, 우리의 의지를 우리의 내면에 존재하는 더 높은 의지에게 내맡길 때, 당신께서도 우리가 지닌 불완전함을 용서해주신다고 믿습니다. 그러므로 우리는 우리가 내보낸 것을 우주는 우리에게 되돌려준다는 진리를 받아들입니다.

우리의 삶과 우리의 행성에 대해서도 모든 책임이 우리에게 있습니다. 당신께서 모든 불완전한 에너지들로부터 우리를 구해내실 수 있도록, 우리도 낮은 자아가 지닌 여러 유혹들로부터 벗어날 것을 맹세합니다. 우리는 당신의 왕국과 권능, 영광이 지금, 그리고 영원히 이 지구에 실현된다고 확신합니다. 아멘.

<헤일 마리 기도문>

경배하는 마리아님이시여!(Hail Mary)[343]

은총과 함께 하시는 마리아님이시여,
주님은 당신을 통해 우리와 함께 하시며,
당신의 기적의 은총과 당신의 아들 예수님의 기적의 사랑으로
우리는 축복 받고 있습니다.

기적의 어머니이신 마리아님이시여,

---

[343] 여기서 "헤일(Hail)"이란 말은 산스크리트어의 "나모(Namo)"라는 용어와 마찬가지로 "경배합니다, 존경을 바치나이다. 또는 귀의합니다."라는 의미가 담겨져 있다고 한다. 성모 마리아께 바치는 영문 기도는 이처럼 항상 "헤일(Hail)!"로 시작된다. 그리고 "마리" 혹은 발음상 "마리아"라고도 하는 이름 "Mary"에는 숨겨진 신비로운 의미가 있는데, 이것은 'Ma Ray' 즉 'Mother(어머니) + Ray(광선)'이라는 두 가지 뜻이 합성되어 → 어머니의 광선 즉 Mary라는 축약된 이름이 생겨난 것이라고 한다. 여기서 어머니란 물론 하느님 어머니를 상징한다. 따라서 성모님께 바치는 기도(만트라)는 우리의 기저(基底) 차크라에서 잠자고 있는, 다시 말해 요가에서 <쿤달리니>라고 하는 어머니의 에너지를 일깨우는 작용을 한다는 것이다. (감수자 주)

우리는 지금, 그리고 영원히 우리가 지닌 두려움들을 버리겠습니다.
우리는 하느님의 조건 없는 사랑을 받아들이며,
기적의 왕국이 이 지구에 실현되는 것을 봅니다.

내면의 그리스도에 대한 진술

예수 그리스도의 이름으로 나는 기적의 어머니이신 사랑하는 성모 마리아님을 부릅니다. 나 자신을 위해, 모든 생명을 위해, 그리고 이 지구를 위해 순결한 생각을 지닐 수 있는 기적을 나에게 가르쳐주소서. 그리고 하느님께 나를 온전히 내맡기는 기적을 가르쳐 주시어 나 역시 한마음으로 "오, 주여, 당신의 뜻대로, 나에게 이루어지게 하소서"라고 말할 수 있게 해주소서.

마리아님이시여!

나는 나의 삶에서 하느님의 기적을 실현하는 데 방해가 되는 모든 것들을 버리겠습니다. 오, 하느님이시여, 나는 내 자신을 온전히 당신에게 맡기겠습니다. 오, 하느님이시여, 당신에게 모든 것을 드리고 아무 것도 남겨두지 않겠습니다. 오, 하나님이시여, 내 모든 것을 당신에게 바칩니다.

마리아님이시여!

나는 내가 지닌 인간적인 에고와 잘못된 정체성을 버리겠으며, 하느님께서 이것들을 지금 태우고 계심을 받아들입니다. 나는 기꺼이 나의 세속적인 정체성을 버리고, 그리스도 의식의 불멸의 삶을 추구하겠습니다. 나의 그리스도 자아께서 내려오셔서 내 삶과 내 의식의 모든 측면들을 지배해 주시기를 요청하며, 나는 지금, 그리고 영원히 그리스도의 빛으로 채워져 있음을 받아들입니다. 나는 나의 그리스도 자아(Christ self)가 길이요, 진리이고, 생명이라 믿으며, 내 생명이 그리스도의 반석 위에 세워졌다고 확신합니다.

마리아님이시여!

오, 하느님이시여, 나 혼자서는 아무 것도 할 수 없다는 사실을 고백합니다. 진실로 일을 하시는 분은 내 안에 존재하는 나의 신적자아입니다. 내가 하느님의 형상을 따라 하느님의 닮은꼴로 창조되었다는 것을 인정하며, 하느님의 아들/딸이라는 사실도 받아들입니다. 지금 이 순간 나는 내 안에서 그리스도가 태어난다는 것을 믿으며, 내 안에 존재하시는 신아가 그리스도의 재림이라고 확신합니다.

마리아님이시여!

나는 내가 지구 위를 걷고 있는 살아 있는 그리스도라고 생각합니다. 따라서 하느님께서 예수님을 통해 이루셨던 일들을 나를 통해서도 이루실 수 있다고 인정하며, 또한 확신합니다. 나는 하느님과 함께라면 모든 것이 가능하다고 수용하며, 확신합니다. 따라서 나의 삶과 내 의식의 모든 부분에서 하느님의 기적이 실현된다고 받아들입니다.

마리아님이시여!

나는 거짓된 교사들과 그들의 그릇된 학생들의 탁자을 뒤집어엎을 기적이 일어난다고 믿으며, 이러한 자들은 자신과 타인들 속에 내재되어 있는 그리스도의 존재를 부정하는 자들입니다. 이러한 자들은 스스로 내면의 길로 들어서려 하지 않는 자들이며, 참된 길로 들어서려는 사람들마저 방해하는 자들입니다. 그들의 시대는 끝났고, 교회와 국가 속에서 그들의 권력을 지켜줄 마지막의 보루조차도 더 이상 존재하지 않는다고 확신합니다. 또한 나는 그들이 지구 어머니를 지배할 어떠한 권한도 없

묵주를 손에 쥔 성모의 이미지

는 자들이라 믿습니다.

마리아님이시여!

나는 하느님의 모든 아들과 딸들이 그리스도 의식에 이르는 개인적인 참된 내면의 길을 찾아내고 이를 받아들여 상승하는 기적이 일어난다고 확신합니다. 나는 집단적인 각성(覺醒)의 기적이 일어난다고 믿으며, 사람들이 내면의 길을 받아들이고, 그리스도의 재림과 참된 그리스도의 집단적인 재림이 실현되는 것을 봅니다.

마리아님이시여!

나는 하느님 왕국의 기적이 이 지구상에 실현된다고 받아들입니다. 나는 승천한 예수 그리스도께서 임하시어, 지금, 그리고 영원히 지구의 영적인 왕(王)으로 지배하게 될 것이라 확신하며, 이를 인정합니다. 나는 이것이 이루어져있음을 보고 있으며, 이 지구와 이 지구에 존재하는 모든 생명에 대해 나는 순결한 생각을 지니고 있습니다.

마리아님이시여!

지구는 주님의 것이며, 그렇기에 지구에 충만해 계십니다. (3번 반복)
아멘

봉인하기

조건 없는 사랑이신 성부와 성자, 성령, 그리고 기적의 어머니의 이름으로, 아멘.

나는 신성한 어머니의 무한한 평화를 받아들입니다. 나는 언제나 그러한 평화 속에 살 것을 선택하며, 신성한 어머니의 완벽한 사랑을 받아들입니다. 나는 신성한 어머니의 사랑이 내가 지닌 모든 두려움을 연소시킨다고 인정합니다. 나는 내가 육화한 살아 있는 그리스도라고 믿으며, 내가 하느님 안에 존재하는 모든 것, 그리고 그 이상이 될 것을 맹세합니다.

성부와 성자, 성령, 그리고 기적의 어머니의 이름으로, 나는 이 지구를 무한한 사랑과 신성한 어머니의 빛으로 봉인합니다. 신성한 어머니의 입이 말씀하셨으므로 이루어져 완료되었고, 물질 속에 봉인되었습니다. 아멘.

성모 마리아의 동-서양의 로사리오

◇소개: 이 로사리오는 지구 행성의 균형뿐만 아니라 동양과 서양 간의 영적에너지의 원활한 흐름을 회복시킬 목적으로 성모 마리아에 의해 공개된 것입니다. 성모 마리아께서는 다음과 같은 지침을 주셨습니다.

"이 로사리오를 하면서, 숫자 8과 같은 에너지의 흐름을 시각화해주기를 촉구합니다. 즉, 에너지가 동남아시아에서 출발하여, 인도와 중동(中東)을 거쳐 유럽과 북미(北美)로, 그리고 돌아서 남미(南美)와 아프리카를 거쳐 다시 중동으로, 그 다음에는 아시아의 북쪽지역을 거쳐, 일본과 호주를 지나 다시 동남아시아로 흐르는 것을 시각화해주기 바랍니다. 만약 여러분이 이런 흐름을 시각화하고, 중동지역에서 영적인 에너지가 모든 어둠을 연소시키는 것을 시각화한다면, 이것이야말로 여러분이 이 행성을 위해 기여할 수 있는 엄청난 봉사가 될 것입니다."

성모 마리아께서는 동-서양의 로사리오 기도가 너무 강력하기 때문에, 이 로사리오를 일주일에 한 번만 할 것을 권하십니다. 다음의

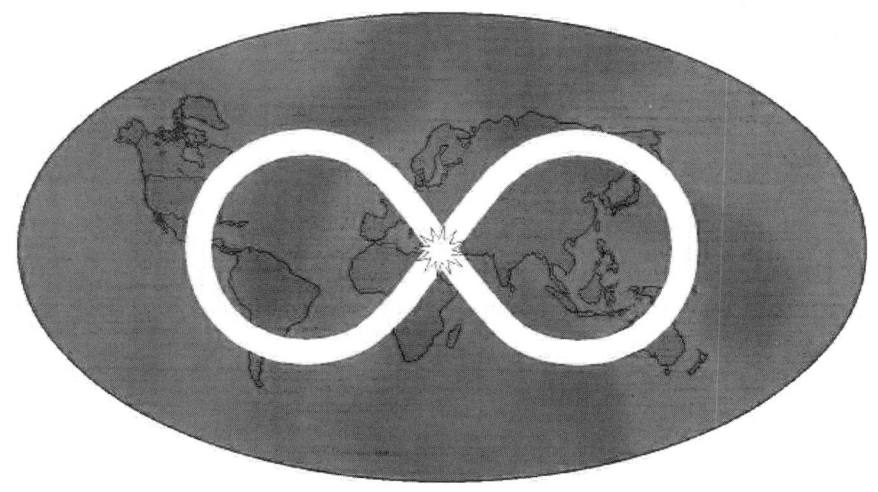

문구들 전체를 손대지 말고 그대로 낭송하기 바랍니다. 그리고 처음 낭송한 이후에는 개인적인 요망사항을 첨가할 수도 있으며, 특정한 목적을 위해 추가로 로사리오를 낭송할 수도 있습니다. 여러분이 옴(OM)이나 아멘(Amen)을 낭송하는 것처럼, 디야니 붓다들(Dhyani Buddhas)에게도 진언들(mantras)을 낭송해주기 바랍니다.

조건 없는 사랑이신 성부와 성자, 성령, 그리고 기적의 어머니의 이름으로, 아멘.

(개인적인 기원사항은 이곳에 첨가한다.)

주기도문(Lord's Prayer)

모든 생명의 내면에 존재하시는 우리의 하느님 아버지-어머니시여, 우리는 우리의 내면에 계시는 당신의 현존인 우리의 신아(神我)를 공경합니다. 우리는 당신의 왕국이 우리를 통해 이 지구에 실현됨을 받아들입니다. 당신의 뜻이 천상에서 이루어진 것처럼, 이 지상에다 당신의 뜻을 실현할 책임이 우리에게 있습니다.

우리는 당신께서 우리가 당신 자신인 모든 것이 될 수 있는 기회를 우리에게 매일 제공해주고 계심을 인정합니다. 우리가 서로를 용서하고, 우리의 의지를 우리의 내면에 존재하는 더 높은 의지에게 내맡길 때, 당신께서도 우리가 지닌 불완전함을 용서해주신다고 믿습니다. 그러므로 우리는 우리가 내보낸 것을 우주는 우리에게 되돌려준다는 진리를 받아들입니다.

우리의 삶과 우리의 행성에 대해서도 모든 책임이 우리에게 있습니다. 당신께서 모든 불완전한 에너지들로부터 우리를 구해내실 수 있도록, 우리도 낮은 자아가 지닌 여러 유혹들로부터 벗어날 것을 맹세합니다. 우리는 당신의 왕국과 권능, 영광이 지금, 그리고 영원히 이 지구에 실현된다고 확신합니다. 아멘.

마리아님이시여!(기적의 로사리오 부분에 있는 <헤일 마리 기도문>을 여기서 1번 낭독한다)344)

예수 그리스도의 이름으로, 나는 기적의 어머니이신 사랑하는 성모 마리아와 자비의 어머니이신 사랑하는 관세음보살(觀世音菩薩)을 부릅니다. 내 자신을 위해, 모든 생명을 위해, 그리고 이 지구를 위해, 순결한 생각을 지닐 수 있는 기적을 저에게 가르쳐주소서. 그리고 하느님께 온전히 내맡기는 기적을 가르쳐 주시어, 나 역시 한마음으로 "오, 주여, 당신의 뜻대로, 내게 이루어지게 하소서."라고 말할 수 있게 해주옵소서.

마리아님이시여!

태양과 같이 빛을 방사하시는 사랑하는 바이로차나(Vairocana:毘盧遮那佛)345)시여, 나의 의식과 내 존재, 내 세계 속에 지니고 있는 근원적인 무지와 환상의 독을 제거해주소서. 그 자리에 모든 곳에 편재하는 당신의 법신((法身)의 지혜로 채워주시어, 모든 것이 하나이신 하느님으로부터 생겨났다는 궁극적인 사실이 드러날 수 있게 해주소서. 나를 내면의 앎으로 인도하시어, 모든 생명이 하나이며, 자연의 법칙들이 하나이고, 내 자신과 하느님이 하나라는 것을 알게 해주소서. 내가 마음을 바꾸어 변하려 하지 않는 무의지와 하느님에게 더 가까이 다가서는 두려움을 떨쳐버릴 때, 하느님께서도 무조건적인 사랑으로 나를 받아주실 거라는 것을 내가 믿을 수 있게 도와주소서.

마리아님이시여!

오, 바이로차나시여, 당신께서 지니신 초월적인 푸른빛과 장엄한 법륜(法輪)의 능력으로, 내가 의식의 세계를 완전히 숙달할 수 있게 도와주소서.

---

344) 이 기도문은 346 페이지에 있다.
345) 불교에서 말하는 "법신불(法身佛)"은 <비로자나불(毘盧遮那佛)>을 의미한다. 다른 말로 "대일여래(大日如來)"라고도 한다. 이는 진리 자체, 또는 우주 자체를 태양에 비유하여 인격화한 개념으로서 말하자면, 불교에서 호칭하는 일종의 하느님 명칭이다.   (감수자 주)

그리고 하느님과 내가 분리되어 있다는 무지로 인해 생겨난 미온적인 태도와 무기력해지는 모든 습성들을 극복할 수 있게 해주소서. 사자(獅子)가 지닌 불굴의 용기로 나를 채워주시어, 무지, 특히 하느님으로부터 분리되어 있다는 환상 때문에 생긴 모든 장애들을 정복할 수 있게 해주소서. 하느님께서는 모든 것이시며, 모든 것 속에 존재하시므로, 내가 곧 하느님이며, 내 안에도 하느님께서 존재하신다는 것을 나는 이제 압니다.[346]

옴 바이로차나 옴 (OM VAIROCANA OM) (9번)

마리아님이시여!

나는 나의 삶에서 하느님의 기적을 실현하는 데 방해가 되는 모든 것들을 버리겠습니다. 오, 하느님이시여, 나는 내 자신을 온전히 당신에게 맡기겠습니다. 오, 하느님이시여, 당신에게 드리지 않은 것은 아무 것도 없습니다. 오, 하느님이시여, 내 모든 것을 당신에게 바칩니다.

마리아님이시여!

흔들림 없는 부동의 악쇼비아(Akshobya:아촉여래)시여, 나의 의식과 존재, 세계 속에 지니고 있는 분노와 증오의 독을 제거해주소서. 그 자리에 말없이 모든 것을 반사하는 거울과 같은 당신의 지혜로 채워주시어 가면을 쓰고 하느님인 양 행세하는 자들의 본성이 드러날 수 있게 도와주소서. 하느님께서는 나를 조건 없이 사랑하시며, 내 곁을 떠난 적이 없으시다는 것을 내가 내면적으로 알 수 있도록 인도해주소서. 내가 하느님에게 화를 내고, 하느님으로부터 등을 돌리게 된 것은 하느님과 내가 분리되어 있다는 의식 때문이었습니다. 내가 마음을 바꾸어, 내가 옳았으며 하느님께서 틀리셨다는 것을 느끼고 싶어 하는 욕망을 버릴 때, 하느님께서도

---

[346] 이것은 우리 민족 고유의 동학사상(東學思想)에서 말하는 "시천주(侍天主) -하느님을 내 안에 모신다."는 사상과 하느님을 내 안에 모셨으니 "인내천(人乃天) - 사람이 곧 하늘(하느님)"이라는 사상과 일맥상통한다. 사람이 곧 하늘이므로 "사인여천(事人如天) - 사람대하기를 하늘같이 하라."고 했다. 그러므로 이는 한마디로 최고의 인간존중사상이라 할 수 있다. (감수자 주)

무조건적인 사랑으로 나를 받아주실 거라는 것을 내가 믿을 수 있게 도와주소서.

마리아님이시여!

오, 악쇼비아시여, 당신께서 지니신 초월적인 푸른빛과 비할 데 없는 벼락과 같은 힘으로, 내가 에테르의 세계를 완전히 숙달할 수 있게 도와주소서. 코끼리의 힘으로 나를 채워주시어, 증오로 인한 모든 장애를 정복할 수 있게 해주시고, 상황을 대하면서 화를 내는 나쁜 습성도 극복할 수 있게 해주소서. 나의 에테르체를 정화하시어, 잘못을 저지른 내 자신에 대한 증오뿐만 아니라 내 잘못이 노출된 데 대해 내가 지니고 있는 하느님에 대한 모든 분노를 제거해주소서. 당신께서 지니신 고요함으로 나를 채워주시어, 나를 향한 모든 분노가 내 영혼이 지닌 무한한 바다의 거울과 같은 표면에 다시 반사될 수 있게 해주소서.

옴 악쇼비아 훔 (OM AKSHOBYA HUM) (9번)

마리아님이시여!

나는 내가 지닌 인간적인 에고와 잘못된 정체성을 버리겠으며, 하느님께서 이것들을 지금 태우고 계심을 받아들입니다. 나는 기꺼이 나의 세속적인 정체성을 버리고, 그리스도 의식의 불멸의 삶을 추구하겠습니다. 나의 그리스도 자아께서 강림하여 내 삶과 내 의식의 모든 측면들을 지배해 주시기를 요청하며, 저는 제가 지금, 그리고 영원히 그리스도의 빛으로 채워짐을 받아들입니다. 나는 나의 그리스도 자아가 길이요, 진리이고, 생명이라 믿으며, 제 생명이 그리스도의 반석 위에 세워졌다고 확신합니다.

마리아님이시여!

하나의 보석으로 탄생하셨고, 보석의 시조이신 라트나삼바바(Ratnasam

-bhava:보생여래)시여, 나의 의식과 내 존재, 나의 세계 속에 지니고 있는 영적 및 지적인 교만의 독을 제거해주소서. 그 자리에 당신께서 지니신 평등의 지혜(Wisdom of Equality)로 채워주십시오. 그리하여 모든 것들이 하느님이니 하느님께서 보시기에는 모든 것이 동등한 가치를 지니고 있다는 진실이 드러날 수 있게 해주소서. 내가 하느님에게는 무한한 가치를 지닌 존재라는 것을 내적으로 알 수 있게 인도해주소서. 나 자신을 타인들과 비교하며, 내가 타인보다 낫다고 느끼고 싶어 했던 것은 하느님과 내가 분리되어 있다는 의식 때문이었습니다. 내가 마음을 바꾸어, 타인들보다, 심지어 하느님보다 더 낫다고 느끼고 싶어 하는 마음을 버릴 때, 하느님께서도 무조건적인 사랑으로 나를 받아주실 거라는 것을 제가 믿을 수 있게 도와주소서.

마리아님이시여!

오, 라트나삼바바시여, 당신께서 지니신 초월적인 황금빛과 소망을 이루게 하시는 훌륭한 보석의 힘으로, 내가 느낌의 세계를 완전히 숙달할 수 있게 도와주소서. 달리는 말의 신속함으로 나를 채워주시어, 교만으로 인해 생긴 모든 장애를 극복할 수 있게 해주소서. 나의 사고체(思考體)를 정화하시어, 나 자신과 타인을 비교하며 심판하고자 하는 욕망을 제거해주소서. 당신께서 지니신 평정심으로 나를 채워주시어, 내 자신을 포함해, 내가 만나는 모든 사람들 속에서 하느님을 볼 수 있고, 하느님에게 봉사할 수 있게 해주옵소서.

옴 라트나삼바바 트람 (OM RATNASAMBHAVA TRAM) (9번)

마리아님이시여!

오, 하느님이시여, 나 혼자서는 아무 것도 할 수 없다는 사실을 고백합니다. 진실로 일을 하시는 분은 내 안에 존재하시는 저의 신아(神我)이십니다. 내가 하느님의 형상을 따라 하느님의 닮은꼴로 창조되었다는 것을 인정하며, 내가 하느님의 아들/딸이라는 사실도 받아들입니다. 지금 이 순간 나는 내 안에 그리스도가 태어난다고 받아들이며, 내 안에 존재하시는 신적자아가 그리스도의 재림이라고 확신합니다.

마리아님이시여!

무한한 빛이시며, 분별력을 지니신 아미타바(Amitabha:阿彌陀佛)시여, 나의 의식과 내 존재, 나의 세계 속에 지니고 있는 갈망과 정욕, 그리고 탐욕의 독을 제거해주소서. 그 자리에 당신께서 지니신 분별의 지혜로 채워주시어, 채워질 수 있는 하느님의 소망과 인간의 에고가 지닌 결코 충족될 수 없는 그릇된 소망 사이에 분명한 차이가 드러날 수 있게 해주소서. 나를 내면의 앎으로 인도하시어, 인간적인 끝없는 욕망을 채우는데 삶을 허비해서는 안 된다는 것을 내가 알 수 있게 해주소서. 어떤 것이 충분하다거나, 만족스럽다고 느끼지 못하게 된 것은 내가 하느님과 분리되어 있다는 의식 때문이었습니다. 내가 마음을 바꾸어, 나의 인간적인 에고가 가치 있는 것이라고 증명하고 싶어 하는 헛된 생각을 버릴 때, 하느님께서도 무조건적인 사랑으로 나를 받아주실 거라는 것을 제가 믿을 수 있게 도와주소서.

마리아님이시여!

오, 아미타바시여, 당신께서 지니신 초월적인 장미빛과 장엄한 연화(蓮華) 보석의 능력으로, 내가 인식의 세계를 완벽히 숙달할 수 있게 도와주소서. 공작새의 우아함으로 나를 채워주시어, 억제할 수 없는 욕망으로 인해 생겨난 모든 장애들을 극복할 수 있게 도와주소서. 나의 감정체(感情體)를 정화하시어, 어떤 것도 충분하다거나 만족스럽지 않다고 느끼는 감정을 제거해주소서. 나를 당신께서 지니신 능력으로 채워주시어, 모든 것들이 무한한 하느님을 나타내는 유한한 표현이며, 비록 그 표현이 유한하다 할지라도 무한한 하느님의 열망을 충족시킬 수 있다는 것을 내가 이해할 수 있게 해주소서.

옴 아미타바 흐리 (OM AMITABHA HRIH) (9번)

마리아님이시여!

나는 내가 지구 위를 걷고 있는 살아 있는 그리스도라고 받아들입니다. 따라서 하느님께서 예수님을 통해 이루셨던 일들을 나를 통해서도 이루실 수 있다고 생각하며, 이를 확신합니다. 나는 하느님과 함께라면 모든 것이 가능하다고 인정하며, 이를 확신합니다. 따라서 나의 삶과 내 의식의 모든 부분에서 하느님의 기적이 실현된다고 믿습니다.

마리아님이시여!

언제나 목적하시는 바를 성취하시는 사랑하는 아모가시디(Amogha-siddhi:불공성취여래)시여, 나의 의식과 내 존재, 나의 세계 속에 지니고 있는 시기와 질투의 독을 제거해주소서. 그 자리에 모든 것을 이루시는 당신의 완벽한 행(行)의 지혜로 채워주시어, 하느님과 함께라면 모든 것이 가능하다는 상존의 진리가 드러날 수 있게 도와주소서. 나를 내면의 앎으로 인도하시어, 하느님과 내가 하나이며, 내 안에 존재하시는 하느님께서는 모든 것을 이루실 수 있고, 성취하실 수 있다는 것을 알 수 있게 해주소서. 남들이 이룬 것을 나는 이룰 수 없다고 두려워했던 것은 다름 아닌 하느님과 내가 분리되어 있다는 의식 때문이었습니다. 이러한 분리의식으로 인해 내가 남들보다 덜 가졌거나 덜 성취했다면, 하느님께서 나를 사랑하시지 않을 거라는 환상에 빠지게 되었습니다. 내가 마음을 바꾸어 다른 사람들보다 더 많이 가지거나, 더 많은 일을 함으로써 근원적으로 내가 가치 있는 존재라는 것을 입증하고 싶어 하는 욕망을 버릴 때, 하느님께서도 나를 무조건적인 사랑으로 받아주실 거라는 것을 내가 믿을 수 있게 도와주소서.

마리아님이시여!

오, 아모가시디시여, 당신께서 지니신 초월적인 녹색의 빛과 교차하는 장엄한 번개의 힘으로, 내가 선택의 세계를 완벽하게 숙달할 수 있게 도와주소서. 당신께서 지니신 완벽한 행위를 하게 하는 불굴의 용기로 나를 채워주시어, 나의 신성한 개체성을 이번 생에 표현하는 데 장애가 되는 모든 것들을 극복할 수 있게 도와주소서. 나의 육신을 정화하시어, 이 세상의 것들에 대한 모든 집착을 버릴 수 있게 해주소서. 나를 당신께서 지니신 절대적인 앎으로 채워주시어, 하느님께서는 창조의 목적대로 독특한 개성을 지닌 존재로 나를 사랑하고 계신다는 것을 내가 알 수 있게 해주시고, 내 자신의 신성한 자아 속에서 평화를 느낄 수 있게 해주소서. 나는 그렇게 될 수 있고, 되겠습니다.

옴 아모가시디 아 (OM AMOGASIDDHI AH) (9번)

마리아님이시여!

나는 거짓된 교사들과 거짓된 학생들의 탁자를 뒤집어엎을 기적이 일어난다고 믿으며, 이러한 자들은 자신과 타인들 속에 내재되어 있는 그리스도의 존재를 부정하는 자들입니다. 이런 자들은 스스로 내면의 길로 들어서려 하지 않는 자들이고, 참된 길로 들어서려는 사람들마저 방해하는 자들입니다. 그들의 시대는 끝났으며, 교회와 국가 속에서 그들의 권력을 지켜줄 마지막 보루조차도 더 이상 존재하지 않는다고 확신합니다. 또한 나는 그들이 지구 어머니를 지배할 어떠한 권한도 없는 자들이라 믿고 있습니다.

마리아님이시여!

금강석(金剛石)의 본성을 지니신 바즈라사뜨바(Vajrasattva:금강여래)시여, 나의 의식과 내 존재, 내 세계 속에 지니고 있는 무의지와 비실재의 독을 제거해주소서. 그 자리에 금강석과 같은 하느님의 의지의 지혜로 채워주시어, 이 세상의 것들은 일시적인 것이며, 하느님과 함께하는 공동 창조자가 되고자 하는 나의 진정한 소망은 이 세상의 것들로는 결코 충족될 수 없다는 진실이 드러날 수 있게 도와주소서. 나를 내면의 앎으로 인도하시어, 내 안에 존재하는 하느님의 의지가 이 세상의 것들에 대한 집착을 극복할 수 있는 힘을 나에게 주고 있다는 것을 알 수 있게 해주소서. 하느님께서 나를 버리신다거나 하느님의 집으로 나를 데려다 주지 않을 수도 있다는 의심을 하게 된 것은 내가 하느님과 분리되어 있다는 의식 때문이었습니다. 내가 마음을 바꾸어, 하느님에 대한 불신을 버릴 때, 하느님께서도 무조건적인 사랑으로 나를 받아주실 거라는 것을 내가 믿을 수 있게 도와주소서.

마리아님이시여!

오, 바즈라사뜨바(금강여래)시여, 금강의 빛과 찬란한 벼락과 요령(搖鈴)의 힘으로, 나의 존재를 구성하는 다섯 가지의 요소를 통합하는 존재의 세계를 내가 완전히 숙달할 수 있도록 도와주소서. 하느님의 의지로 모든 것을 지배하는 존재감으로 나를 채워주소서. 나의 존재를 정화하시어, 내가 이 세상의 것들에 대한 모든 집착을 버릴 수 있게 해주소서. 당신의 무한한 사랑으로 나를 채워주시어, 내가 지니고 있는 세속적인 정체성을 버리고 언제나 행동하는 그리스도가 되어 불멸의 삶을 쟁취할 수 있게 해주소서.

옴 바즈라사뜨바 훔 (OM VAJRASATTVA HUM) (9번)

마리아님이시여!

나는 하느님의 모든 아들과 딸들이 그리스도 의식에 이르는 개인적인 참된 내면의 길을 찾아내고 이를 받아들이게 되는 기적이 일어난다고 확신합니다. 나는 집단적인 깨어남의 기적이 일어난다고 믿으며, 사람들이 내면의 길을 받아들이고, 그리스도의 재림과 참된 그리스도의 집단적인 재림이 실현되는 것을 봅니다.

마리아님이시여!

동-서양의 기적의 어머니의 이름으로, 나는 내 영혼이 균형을 이룰 수 있게 해주시기를 댜니 붓다들께 요청합니다. 그리고 모든 독들을 연소하시어, 내가 당신들께서 지니신 신성한 본성들을 하나로 통합하여 하느님의 한 아들 혹은 딸로서 온전해질 수 있게 해주십시오. 또한 댜니 붓다들께서 천사들을 보내시어 형태의 세계 어디엔가 갇혀 있을 내 영혼, 당신 영혼들의 모든 파편들을 자유롭게 하시어 그 파편들을 되찾을 수 있게 해주소서. 나는 붓다들의 천사들에게 영원이라는 현재 속에서 내 영혼의 파편들을 나에게 되돌려줄 것을 요청합니다.

마리아님이시여!

저는 동서양의 기적의 어머니이신 사랑하는 관세음과 성모 마리아의 천사들에게 요청합니다. 영혼의 모든 파편들을 내 존재 속으로 통합하여, 다시 한 번 내가 온전해지고, 빛 속에서 나의 영혼이 수태되는 순간에 하느님 아버지-어머니께서 나에게 부여해주신 독특한 개성을 완벽하게 표현할 수 있게 해주시옵소서. 나는 나의 온전함이 지금 물리적으로 충분히 구현되는 것을 받아들입니다. 예수 그리스도의 이름으로, 이루어졌습니다! 아멘.

옴 훔 트람 흐리 아 훔 옴 (OM HUM TRAM HRIH AH HUM OM) (9번)

마리아님이시여!

나는 하느님 왕국의 기적이 이 지구에 실현되는 것을 받아들입니다. 나는 승천한 예수 그리스도께서 임하시어, 지금, 그리고 영원히 지구의 영적인 왕으로 군림하게 될 것이라 확신하며, 이를 수용합니다. 나는 이것이 이루어져있음을 보며, 이 지구와 이 지구에 존재하는 모든 생명에 대해 저는 순결한 생각을 지니고 있습니다.

지구는 주님의 것이며, 그렇기에 지구에 충만해 계십니다. (3번)

마리아님이시여!

동-서양의 기적의 어머니이신 관세음과 성모 마리아의 이름으로, 나는 하느님 아버지-어머니의 본질이신 사랑하는 알파와 오메가님을 부릅니다. 나는 지금 이 순간 내가 당신의 아들/딸임을 인정합니다. 삶이라는 선물을 주신 데 대해 당신께 무한한 감사를 드리며, 나는 나의 삶을 내가 지닌 신성한 개체성과 당신께서 나에게 주신 선물을 이 세상에 표현할 수 있는 소중한 기회로 삼겠습니다.

마리아님이시여!

사랑하는 알파와 오메가시여, 나는 당신께서 나를 당신과 함께하는 한 사람의 공동 창조자가 될 수 있도록 창조하셨다고 받아들입니다. 나는 당신께서 개체화한 형상을 지닌 한 존재로서 나의 최고의 잠재력을 발휘할 수 있도록 항상 힘써 살아갈 것을 맹세합니다. 따라서 나는 지구 행성에서 살아갈 권리가 있으며, 하느님께서 주신 나의 개성을 이 행성에 표현할 권리가 있음을 충분히 인식하면서 오늘 앞을 향해 새로운 출발을 하고자 합니다. 고로 나는 이 지구 행성 위에 하느님의 왕국을 공동 창조하는 데 내가 도울 권리가 있음을 선언하며, 이 왕국이 지금, 그리고 영원히 이루어짐을 받아들입니다.

옴, 나는 스스로 존재하는 자입니다, 옴 (OM I AM THAT I AM OM) (9번)

마리아님이시여!

예수 그리스도의 이름으로, 나는 동-서양의 기적의 어머니이신 사랑하는 관세음과 사랑하는 성모 마리아께서 나를 무한한 자비와 조건 없는 용서로 채워주시기를 요청합니다. 영적으로, 물질적으로 완전한 자유에 이르게 하는 유일한 길은 완전한 용서라는 것을 모든 사람들이 알 수 있게 해주소서. 조건 없는 사랑으로 나를 채워주시어 삶의 여러 부분에서 내가 지니고 있는 모든 분노를 버리는 데 따르는 두려움을 떨쳐버릴 수 있게 해주소서. 따라서 나는 내 존재 속에 지니고 있는 모든 용서하지 않은 마음을 사랑의 마음으로 기꺼이 버리겠으며, 내 자신과 모든 타인들, 그리고 하느님을 향해 무조건적인 자비를 무한히 확장시켜 나가겠습니다. 이에 나는 참된 우리가 될 수 있도록 내 자신과 모든 생명들, 하느님을 자유롭게 하며, **지금** 나는 내 자신이 자유롭다고 받아들입니다!

마리아님이시여!

나는 동양과 서양의 기적의 어머니께서 이 물질세계를 지배하시어, 당신들의 기적의 은총을 통해 하느님의 완벽함에 미치지 못하는 모든 것들을 태워주시기를 요청합니다. 주님의 시녀들인 당신들 자신을 일으키시어 참으로 인간이 닿을 수 없는 열린 문인 그리스도 의식을 분만해 주소서. 당신들 자신의 질료인 물질 그 자체를 불러일으켜 그리스도 의식의 완전한 사념체들(Thoughtforms)만을 외부로 구현해주소서.

마리아님이시여!

사랑하는 관세음과 성모 마리아시여, 당신들의 자비와 기적의 은총을 통해 당신의 아들 예수와 크리슈나(Krishna)[347]가 지구의 영왕(靈王)으로, 그리고 성 요셉(Saint Joseph)인 사랑하는 성 저메인(Saint Germain)이 보병궁 시대(Age of Aquarius)의 왕으로 지배하는 황금시대가 실현될 수 있게 해주소서.[348] 당신들께서 무한한 자비와 조건 없는 용서, 모든 것을

---

[347] 인도 신화에서 신(神)으로 남아 있는 크리쉬나는 곧 마이트레야(Maitreya) 대사의 전생(前生)이다. 그리고 이 마이트레야 대사는 불교에서 말하는 미래의 구세주인 미륵불(彌勒佛)이다.

[348] 중세 유럽에서 신출귀몰한 불사(不死)의 존재로 유명했던 프랑스의 성 저메인(Saint Germain) 백작은 전생(前生)에 성모 마리아의 남편이었던 요셉이었다. 성 저메인은 현재

이루게 하는 기적의 은총을 주신 데 대하여 우리는 감사함을 전합니다. 우리는 지구가 역사적인 새 출발을 시작하여 은하를 비출 자유의 별로 탈바꿈하고 하느님께서 모든 것을 지배하시어 새 희망을 실현케 되는 이 우주적인 순간에 우리가 살아있어 도울 수 있다는 것에 대해 무한히 감사합니다.

옴 마니 반메 훔 (OM MANI PADME HUM) (33번)

조건 없는 사랑이신 성부와 성자, 성령, 그리고 기적의 어머니의 이름으로, 아멘.

봉인하기

나는 동서양의 신성한 어머니의 무한한 평화를 받아들입니다. 나는 언제나 그러한 평화 속에서 살 것을 선택하며, 신성한 어머니의 완벽한 사랑을 받아들입니다. 나는 어머니의 신성한 사랑이 내가 지닌 모든 두려움을 연소시킨다고 믿습니다. 나는 내가 살아 있는 육화한 그리스도라는 것을 받아들이며, 내가 하느님 안에 존재하는 모든 것, 그리고 그 이상이 될 것을 맹세합니다.

성부와 성자, 성령, 그리고 기적의 어머니의 이름으로, 나는 이 지구를 무한한 사랑과 신성한 어머니의 빛으로 봉인합니다. 동서양의 신성한 어머니의 입이 그것을 말씀하셨으므로, 그것이 이루어져 완료되었고, 물질 속에 봉인되었습니다. 아멘.

성모 마리아와 마찬가지로 승천한 대사(大師)이다. (감수자 주)

성모 마리아의 기적의 평화 로사리오

◇소개: 성모 마리아께서는 이 로사리오를 최소 일주일에 한번, 가능하다면 토요일에 해줄 것을 요청하셨습니다. 그러나 평화의 로사리오를 매일 하면 더욱 좋습니다.

조건 없는 사랑이신 성부와 성자, 성령, 그리고 기적의 어머니의 이름으로, 아멘.

(개인적인 기원사항은 이곳에다 첨가한다.)

주기도문(Lord's Prayer)

모든 생명의 내면에 존재하시는 우리의 하느님 아버지-어머니시여, 우리는 우리의 내면에 계시는 당신의 현존인 우리의 신아(神我)를 공경합니다. 우리는 당신의 왕국이 우리를 통해 이 지구에 실현됨을 받아들입니다. 당신의 뜻이 천상에서 이루어진 것처럼, 이 지상에다 당신의 뜻을 실현할 책임이 우리에게 있습니다.

우리는 당신께서 우리가 당신 자신인 모든 것이 될 수 있는 기회를 우리에게 매일 제공해주고 계심을 인정합니다. 우리가 서로를 용서하고, 우리의 의지를 우리의 내면에 존재하는 더 높은 의지에게 내맡길 때, 당신께서도 우리가 지닌 불완전함을 용서해주신다고 믿습니다. 그러므로 우리는 우리가 내보낸 것을 우주는 우리에게 되돌려준다는 진리를 받아들입니다.

우리의 삶과 우리의 행성에 대해서도 모든 책임이 우리에게 있습니다. 당신께서 모든 불완전한 에너지들로부터 우리를 구해내실 수 있도록 우리도 낮은 자아가 지닌 여러 유혹들로부터 벗어날 것을 맹세합니다. 우리는 당신의 왕국과 권능, 영광이 지금, 그리고 영원히 이 지구에 실현된다고 확신합니다. 아멘.

나는 하느님 아버지이신 성부님에 대한 나의 사랑을 확언합니다
평화의 어머니의 이름으로, 나는 내 존재와 내 세계 속에 하느님 아 버지에 대해 잘못 알고 있는 모든 오해들을 버리겠습니다. 권력과 지 배를 추구하고자 하는 모든 욕망과 자유를 제한하려는 욕망도 모두 버리겠습니다. 또한 변화에 대한 두려움과 자신을 초월하려고 하지 않는 모든 무의지도 버리겠습니다.

내가 하느님 안에서 최고의 잠재력을 발휘할 수 있다는 것을 이해할 수 있도록, 나는 경이로운 평화이신 신성한 어머니께서 나의 영적인 근원에 대한 기억과 나의 참된 정체성을 회복시켜 주시기를 요청합니 다. 나는 신성한 어머니의 기적의 평화를 통해 내 자신과 모든 생명 속에 존재하는 하느님에 대한 모든 분노를 소멸시키며, 이 우주에 대 해 하느님께서 지니고 계신 완벽한 의지에 다시 부합할 수 있게끔 우 리를 복원합니다.

나는 내 존재 속에 내재돼 있는 확장하고 수축하는 힘 간의 균형을 유지하면서 내 자신을 초월하여 성장을 지속해갈 것을 맹세합니다. 나는 신성한 어머니의 평화의 기적이 나 자신과 모든 사람들, 그리고 지구 어머니 속에 있는 하느님 아버지에 대한 모든 곡해들을 태워주 기를 요청합니다. 나는 신성한 아버지께서 나를 조건 없이 사랑하신 다고 믿으며, 나 또한 모든 것 속에 존재하시는 아버지를 사랑하고 있다고 확신합니다.

마리아님이시여!(여기서 기적의 로사리오 부분에 있는 헤일 마리 기도문을 1 번 낭송한다)349)

1.나는(I AM)350) 신성한 어머니의 기적의 평화이며, 자신들이 너무 대단

---

349)이 기도문은 346 페이지에 있다.
350)이와 같이 대문자로 아이엠(I AM:나는)이라고 표기되었을 때는 항상 "내 안에 계신 하 느님은"이라고 말하는 뜻이 담긴 것이라 한다. 즉 I AM은 우리의 인간적인 작은 에고(ego) 가 아니라 곧 "신아(神我)"이고 "참나(眞我)", "대아(大我)"를 의미하는 것이다. 이를 불교적

해서 다른 사람들을 섬길 수 없다고 생각하도록 만드는 기억을 태워버립니다. 나는 내가 모든 생명 속에 존재하시는 하느님의 하인이라고 확신합니다.

마리아님이시여!

2.나는 신성한 어머니의 기적의 평화이며, 자신들이 하느님보다 더 잘 알고 있다고 생각하도록 만드는 기억을 태워버립니다. 나는 하느님께서 우리 모두들 보다 더 잘 알고 계신다고 확신합니다.

마리아님이시여!

3.나는 신성한 어머니의 기적의 평화이며, 하느님께서 실수하셨고 자유의지는 불균형과 파괴만을 야기할 거라고 생각하도록 만드는 기억을 태워버립니다. 나는 하느님 안에서 우리가 모든 것이 될 수 있게 하는 열쇠가 자유의지라고 확신합니다.

마리아님이시여!

4.나는 신성한 어머니의 기적의 평화이며, 타인들의 자유를 제한함으로써 하느님의 실수를 바로 잡아야만 한다고 생각하도록 만드는 기억을 태워버립니다. 나는 하느님의 조건 없는 사랑이 모든 불완전한 선택들을 바로 잡을 수 있다고 확신합니다.

마리아님이시여!

5.나는 신성한 어머니의 기적의 평화이며, 하느님의 창조계를 보존하기 위해서 하느님의 법칙도 거스를 수 있다고 생각하도록 만드는 기억을 태워버립니다. 나는 하느님의 법칙이 균형을 회복하고 지구를 보존하는 열쇠

표현으로는 "진여(眞如)"라고도 한다. (감수자 주)

라고 확신합니다.

마리아님이시여!

6.나는 신성한 어머니의 기적의 평화이며, 하느님에게 대항하여 성장을 멈추게 할 수 있다고 생각하도록 만드는 기억을 태워버립니다. 나는 하느님 안에서 모든 생명은 하나이며, 생명은 성장이라고 확신합니다.

마리아님이시여!

7.나는 신성한 어머니의 기적의 평화이며, 성장은 위험한 것이고 자기 자신을 초월할 필요도 없다고 생각하도록 만드는 기억을 태워버립니다. 나는 성장이 하나의 기회이며, 자기초월이 최고의 기쁨이라고 확신합니다.

마리아님이시여!

8.나는 신성한 어머니의 기적의 평화이며, 균형을 회복하게 하는 열쇠가 권력과 통제라고 생각하도록 만드는 기억을 태워버립니다. 나는 하느님의 조건 없는 사랑이 균형을 회복시켜 준다고 확신합니다.

마리아님이시여!

나는 하느님 아들이신 성자(聖子)님에 대한 나의 사랑을 확언합니다

평화의 어머니의 이름으로, 나는 내 존재와 내 세계 속에 지니고 있는 하느님의 성자(聖子)에 대한 모든 곡해들을 버리겠습니다. 하느님 아버지-어머니의 균형 잡힌 구현이 어떤 것인지에 대해 알아보려고도 하지 않는 모든 무의지도 버리겠습니다. 진리를 끝까지 수호하는 데 따르는 모든 두려움도 버리겠습니다.

나는 신성한 어머니의 기적의 평화가 나의 분별력을 완벽하게 회복시켜, 내가 그리스도의 진리를 볼 수 있게 해주기를 요청합니다. 나는 내 자신과 모든 생명 속에 지니고 있는 영적인 무지(無知)를 태워버리고 이 우주에 대해 하느님께서 지니고 계신 완벽한 비전에 다시 부합할 수 있도록 우리를 회복시키는 신성한 어머니의 기적의 평화입니다.

나는 어둠의 세력들이 만들어낸 거짓말들을 분쇄할 것이며, 하느님의 진리를 끝까지 수호할 것을 다짐합니다. 나는 신성한 어머니의 기적의 평화가 나 자신과 모든 사람들, 그리고 지구 어머니 속에 존재하는 성자에 대한 모든 곡해들을 태워주기를 요청합니다. 나는 신성한 성자님의 저에 대한 조건 없는 사랑을 받아들이며, 나 또한 모든 것 속에 존재하는 그리스도에 대한 나의 사랑을 확신합니다.

마리아님이시여!

1.나는 신성한 어머니의 기적의 평화이며, 모든 사람들이 동의한다면 틀림없이 그들이 옳으므로 하느님께서도 자신의 법칙을 변경할 수밖에 없을 거라는 환상을 태워버립니다. 하느님께서는 사람들을 차별하시지 않으신다고 나는 확신합니다.

마리아님이시여!

2.나는 신성한 어머니의 기적의 평화이며, 구원의 방법에 대해 이 세상의 세력들이 하느님보다 더 잘 알고 있다는 환상을 태워버립니다. 나는 하느님의 비전(God-vision)이 구원의 열쇠라고 확신합니다.

마리아님이시여!

3.나는 신성한 어머니의 기적의 평화이며, 자유는 위험한 것이고 마땅히 통제를 통해 제한되어야 한다는 환상을 태워버립니다. 나는 하느님에 의한 통제(God-control)만이 평화를 유지하는 열쇠라고 확신합니다.

마리아님이시여!

4.나는 신성한 어머니의 기적의 평화이며, 옳고 그름은 없고 인간이 사람들에게 일종의 율법이 될 수 있다는 환상을 태워버립니다. 나는 하느님의 법칙만이 절대적인 진리라고 확신합니다.

마리아님이시여!

5.나는 신성한 어머니의 기적의 평화이며, 우리의 선택에 대해 우리에게는 전혀 책임이 없고 다른 사람들에게 책임이 있다는 환상을 태워버립니다. 나는 내 삶에 대해 책임이 있으며, 우리 모두는 지구에 대해 책임이 있다고 확신합니다.

마리아님이시여!

6.나는 신성한 어머니의 기적의 평화이며, 하느님께서는 용서가 없으신 분이라는 환상, 또는 우리도 절대로 우리의 잘못을 인정해서는 안 된다는 환상을 태워버립니다. 나는 모든 불완전함과 불균형을 극복하는 것은 하느님의 무한한 용서와 조건 없는 사랑이라고 확신합니다.

마리아님이시여!

7.나는 신성한 어머니의 기적의 평화이며, 인간은 태어날 때부터 사악하거나 죄인이고 힘을 가진 자를 통해 구원을 받아야 한다는 환상을 태워버립니다. 나는 모든 사람들이 태어날 때부터 선하고, 구원의 열쇠는 오로지 올바른 선택에 있다고 확신합니다.

마리아님이시여!

8.나는 신성한 어머니의 기적의 평화이며, 여러분이 하느님께서 틀렸다는 것을 증명할 수 있고 이 세상의 세력들이 지금까지 줄곧 옳았었다는 환상을 태워버립니다. 하느님께서는 언제나 올바르시고, 나는 지금 하느님과

함께 하고 있다고 확신합니다.

마리아님이시여!

나는 하느님 어머니이신 성모님에 대한 나의 사랑을 확언합니다

　평화의 어머니의 이름으로, 나는 내 존재와 세상 속에 있는 신성한 어머니에 대한 모든 곡해들을 버리겠습니다. 하느님의 법칙을 따르려 하지 않는 모든 저항의 마음과 무제한의 자유를 요구하는 모든 욕망도 버리겠습니다. 또한 이 세상에 순응하기 위해 하느님의 율법을 더럽히려는 습성도 모두 버리겠습니다.

　신성한 어머니의 기적의 평화가 내가 하느님의 법칙을 다시 사랑할 수 있도록 해주기를 요청합니다. 나는 내 자신과 모든 생명 속에 존재하는 타협하려는 모든 습성들을 태워버리고 하느님께서 이 우주에 대해 지니고 계신 완벽한 목적에 부응할 수 있도록 우리를 다시 복원시키는 신성한 어머니의 기적의 평화입니다.

　결과는 고려(考慮)치 않고 느낌이 좋으면 행해야 한다는 사고방식을 나는 맹세코 버리겠습니다. 신성한 어머니의 기적의 평화가 내 자신과 모든 생명, 그리고 지구 어머니 속에 존재하는 성모님에 대한 모든 곡해들을 연소시켜 주기를 요청합니다. 나는 신성한 어머니의 나에 대한 조건 없는 사랑을 받아들이며, 나 또한 모든 것 속에 존재하시는 그 어머니를 사랑하고 있다고 확신합니다.

마리아님이시여!

1.나는 신성한 어머니의 기적의 평화이며, 하느님께서 자신의 법칙을 바꾸지 않는다고 원망하는 하느님 아버지에 대한 분노의 감정을 태워버립니다. 나는 하느님의 불변의 법칙이 오히려 나에게는 궁극적인 보호가 된다고 확신합니다.

마리아님이시여!

2.나는 신성한 어머니의 기적의 평화이며, 내가 낮은 의식 상태로 떨어지게 된 것이 하느님 어머니 탓이라고 원망하는 하느님 어머니에 대한 증오의 감정을 태워버립니다. 나는 신성한 어머니의 조건 없는 사랑이 내가 성장해갈 수 있는 궁극적인 원천이라고 확신합니다.

마리아님이시여!

3.나는 신성한 어머니의 기적의 평화이며, 내 자신과 타인들에 대한 증오의 감정을 태워버립니다. 이러한 증오심으로 인해 사람들은 태어날 때부터 무책임하고, 결함이 있으며, 사악하다고 믿게 됩니다. 나는 하느님께서는 모든 존재들을 선하게 창조하셨으며, 선(善)이 우리 모두를 지배하게 될 거라 확신합니다.

마리아님이시여!

4.나는 신성한 어머니의 기적의 평화이며, 타인들이란 인간을 통제하려는 끝임 없는 욕망을 불러일으키는 일종의 위협적인 것이라는 느낌을 태워버립니다. 나는 궁극에는 하느님께서 이 세상을 지배하시며, 선(善)이 승리한다고 확신합니다.

마리아님이시여!

5.나는 신성한 어머니의 기적의 평화이며, 평화를 지키기 위해서는 과격한 조치도 사용할 필요가 있고 지금 당장 무언가를 하지 않으면 안 된다는 불안감을 태워버립니다. 나는 나를 통해 하느님께서 일하시게 하면, 하느님께서는 평화와 균형을 회복시켜 주실 거라고 확신합니다.

마리아님이시여!

6.나는 신성한 어머니의 기적의 평화이며, 목적이 수단을 정당화하고 평화

에 이르는 궁극적인 방법은 평화를 위협하는 사람들을 죽이는 것이라는 느낌을 태워버립니다. 나는 용서와 인내가 영원한 평화를 실현하는 열쇠라고 확신합니다.

마리아님이시여!

7. 나는 신성한 어머니의 기적의 평화이며, 선(善)을 드러내기 위해서는 극단적인 수단으로 악(惡)을 행할 필요가 있다는 감정을 태워버립니다. 나는 하느님의 법칙을 따르는 것이 평화를 실현하는 유일한 방법이라고 확신합니다.

마리아님이시여!

8. 나는 신성한 어머니의 기적의 평화이며, 모든 속박에서 벗어날 필요가 있고 그 순간에 옳다고 느끼는 것을 행해야 한다는 느낌을 태워버립니다. 궁극적인 자유는 하느님의 법칙을 따름으로써 찾을 수 있다고 나는 확신합니다.

마리아님이시여!

나는 하느님의 성령에 대한 나의 사랑을 확언합니다

　평화의 어머니의 이름으로, 나는 내 존재와 세계 속에 있는 성령에 대한 모든 곡해들을 버리겠습니다. 자신을 지속적으로 초월해야 하는 하느님의 창조적인 추진력을 따르려 하지 않는 모든 무의지도 나는 버리겠습니다. 나는 하느님의 완벽함을 이 세상에 실현하는 데 따른 두려움도 모두 버리겠습니다. 그리고 나는 목적이 수단을 정당화할 수 있다는 사고방식도 버리겠습니다.

　나는 신성한 어머니의 기적의 평화가 내가 성장에 전념할 수 있도록 회복시켜 주기를 요청합니다. 나는 신성한 어머니의 기적의 평화로 매사를 양 극단으로 몰아가서 독재적인 통제나 하느님의 법칙에 대항하여 반역을 꾀하려는 모든 불균형적인 것들을 태워버립니다.

나는 안락함에서 벗어나 앞을 향해 움직여갈 것이며, 끝까지 성장을 수호해갈 것을 맹세합니다. 나는 신성한 어머니의 기적의 평화가 내 자신과 모든 사람들, 그리고 지구 어머니 안에 존재하는 성령에 대한 모든 곡해들을 태워주기를 요청합니다. 나는 성령께서 나를 조건 없이 사랑한다고 믿으며, 나 또한 모든 것 속에 존재하는 성령을 사랑하고 있다고 확신합니다.

마리아님이시여!

1.나는 신성한 어머니의 기적의 평화이며, 성장을 영원히 지속해야 하는 하느님의 법칙에 대항하고 변화를 두려워하게 만드는 모든 힘들을 태워버립니다. 나는 끝없는 자기초월만이 영원한 생명의 비밀이라고 확신합니다.

마리아님이시여!

2.나는 신성한 어머니의 기적의 평화이며, 소수의 (어둠의) 엘리트들이 모든 것을 제일 잘 알고 그들이 사람들을 구원하게 해야 한다는 모든 불의(不義)의 힘들을 태워버립니다. 나는 하느님께서는 모든 인간들의 내면에 존재하시며, 우리 모두는 하느님 앞에서 평등하다고 확신합니다.

마리아님이시여!

3.나는 신성한 어머니의 기적의 평화이며, 하느님 아버지의 권위를 악용하여 상황을 극단적으로 몰아감으로써 독재적인 통제체제를 구축하기 위해 자유를 억압하려는 소수 엘리트들이 지닌 모든 힘들을 태워버립니다. 나는 오로지 하느님의 권위만이 평화를 보장할 수 있다고 확신합니다.

마리아님이시여!

4.나는 신성한 어머니의 기적의 평화이며, 하느님 어머니의 사랑을 악용하여 모든 제약으로부터 자유를 지나치게 요구함으로써 무정부상태에 이르

게 하는 소수 엘리트들이 지닌 모든 힘들을 태워버립니다. 나는 진정한 자유는 오로지 하나님의 법칙을 따름으로써 성취될 수 있다고 확신합니다.

마리아님이시여!

5. 나는 신성한 어머니의 기적의 평화이며, 하느님의 이름으로 타인들을 죽이고 평화를 이루기 위해서는 사람들을 죽여도 된다고 느끼게 만드는 모든 힘들을 태워버립니다. 나는 평화에 이르는 열쇠가 복수하려는 모든 욕망을 무조건적인 용서로 태우는 것이라고 확신합니다.

마리아님이시여!

6. 나는 신성한 어머니의 기적의 평화이며, 극단적인 감정의 불균형으로 지금 무언가를 하지 않으면 안 된다는 군중심리를 유발시키는 모든 힘들을 태워버립니다. 나는 조건 없는 사랑과 용서에 기초한 행위들을 통해서만 평화가 유지될 수 있다고 확신합니다.

마리아님이시여!

7. 나는 신성한 어머니의 기적의 평화이며, 책임을 회피하려 하고 타인들을 비난하며 희생양을 처벌하고자 하는 모든 힘들을 태워버립니다. 나는 복수는 하느님의 몫이며, 하느님의 율법이 그 대가를 치르게 해야 한다고 확신합니다.

마리아님이시여!

8. 나는 신성한 어머니의 기적의 평화이며, 진리를 끝까지 수호하려 하지 않거나 대중의식에 편승하려는 모든 힘들을 태워버립니다. 나는 완벽한 분별력과 그리스도 의식을 끝까지 수호하는 것만이 진정한 평화를 실현할

수 있다고 확신합니다.

마리아님이시여!

나는 지구의 균형 잡힌 사람들의 깨어남을 확언합니다

　나는 세계 평화는 내 책임이 아니며 평화를 회복하기 위해 내가 할 수 있는 일이 아무 것도 없다는 사고방식을 모두 버리겠습니다. 하느님과 분리되어 있다는 의식도 모두 버리겠습니다. 이러한 분리로 인해 전쟁을 벌이려는 세력들과 마주칠 때 내가 무기력해지게 됩니다. 또한 나는 아무 것도 잘못된 것은 없다는 환상, 무시해버리면 문제들이 잘 해결될 거라는 환상, 그리고 나 이외에 누군가가 평화를 실현해야 한다는 환상을 버리겠습니다.

　나는 자유의지가 지구에 평화를 회복시켜 주는 열쇠라고 확신하며, 따라서 나는 하느님께서 나를 통해 평화를 실현하실 수 있도록 선택합니다. 또한 나는 이 세상에 존재하는 평화의 왕(王)의 한 사절(使節)이 될 것을 선택합니다. 성부와 성자, 성모, 그리고 성령께서 나를 통해 일하시므로, 나도 일한다고 받아들입니다. 나는 지구에 균형 잡힌 사람들이 그들의 내면에 존재하는 하느님의 힘을 깨닫고 있다고 확신합니다.

마리아님이시여!

1. 나는 신성한 어머니의 기적의 평화이며, 분쟁(紛爭)의 영적인 원인을 알 수 없게 방해하는 루시퍼의 모든 환상을 태워버립니다. 하느님께서는 우리를 통해 모든 갈등을 연소시키시고, 또한 하느님 아버지-어머니의 완벽한 균형을 회복시켜 주신다는 것을 모든 균형 잡힌 사람들이 깨닫게 된다고 나는 확신합니다.

마리아님이시여!

2. 나는 신성한 어머니의 기적의 평화이며, 사람들을 아무 것도 할 수 없

게 만드는 모든 좌절감을 태워버립니다. 우리는 어떤 일을 할 수가 있고, 한 사람만으로도 변화를 일으킬 수 있을 뿐만 아니라, 우리를 통해 선이 승리하게 될 것이라는 사실을 모든 균형 잡힌 사람들이 깨닫게 된다고 나는 확신합니다.

마리아님이시여!

3. 나는 신성한 어머니의 기적의 평화이며, 사람들을 불안하게 하고 두려움에 떨게 하는 불화(不和)와 전쟁의 에너지들을 태워버립니다. 하느님께서는 우리를 통해 모든 두려움과 반-평화의 에너지들을 태우신다는 사실을 모든 균형 잡힌 사람들이 깨닫게 된다고 나는 확신합니다.

마리아님이시여!

4. 나는 신성한 어머니의 기적의 평화이며, 사람들이 그리스도의 진리를 끝까지 수호하려 하지 않는 모든 영적인 무지를 태워버립니다. 하느님께서는 우리를 통해 전쟁이 마치 정당한 것인 양 보이게 하는 거짓말들을 태우실 수 있다는 사실을 모든 균형 잡힌 사람들이 깨닫게 된다고 나는 확신합니다.

마리아님이시여!

5. 나는 신성한 어머니의 기적의 평화이며, 사람들이 하느님 아버지-어머니의 완벽한 균형을 잃게 만들고 그들의 감정체를 격렬한 화산으로 변하게 만드는 모든 불안감을 태워버립니다. 하느님께서는 우리를 통해 모든 분노와 불안, 증오를 태우실 수 있고, 모든 사람들에게 내면의 평화를 가져다줄 것임을 모든 균형 잡힌 사람들이 깨닫게 된다고 나는 확신합니다.

마리아님이시여!

6.나는 신성한 어머니의 기적의 평화이며, 자연의 재앙을 되돌리기 위해 사람들이 할 수 있는 일이 아무 것도 없다고 느끼게 만드는 모든 두려움을 태워버립니다. 하느님께서는 우리를 통해 전쟁의 에너지를 태우실 수 있고, 지구 어머니의 몸에 균형을 회복시켜 주실 것임을 모든 균형 잡힌 사람들이 깨닫게 된다고 나는 확신합니다.

다리아님이시여!

7.나는 신성한 어머니의 기적의 평화이며, 전쟁의 발발로 이어지는 사람들 간의 증오와 긴장감을 되돌리기 위해 그들이 할 수 있는 일이 아무 것도 없다고 느끼게 만드는 모든 두려움을 태워버립니다. 하느님께서는 우리를 통해 전쟁의 기운을 태우실 수 있고, 지구 위의 하느님의 몸체에 균형을 회복시켜 주실 것임을 모든 균형 잡힌 사람들이 깨닫게 된다고 나는 확신합니다.

마리아님이시여!

8.나는 신성한 어머니의 기적의 평화이며, 더 큰 재앙을 막기 위해 전쟁도 필요하다는 사고방식을 되돌리기 위해 할 수 있는 일이 아무 것도 없다고 느끼게 만드는 모든 두려움을 태워버립니다. 하느님께서는 우리를 통해 죽이고자 하는 충동을 태우실 수 있고, 용서와 형제애를 복원시키실 수 있음을 모든 균형 잡힌 사람들이 깨닫게 된다고 나는 확신합니다.

마리아님이시여!

나는 평화의 어머니로서 모든 균형 잡힌 사람들이 끝까지 평화를 수호해주기를 요청합니다. (3번)

나는 신성한 어머니의 기적의 평화가 지금, 그리고 영원히 지구에서 승리한다고 확신합니다. (3번)

지구는 주님의 것이며, 그렇기에 지구에 충만해 계십니다. (3번) 아멘.

조건 없는 사랑이신 성부와 성자, 성령, 그리고 기적의 어머니의 이름으로, 아멘.

봉인하기

나는 신성한 어머니의 무한한 평화를 받아들입니다. 나는 언제나 그러한 평화 속에 살 것을 선택하며, 또한 신성한 어머니의 완벽한 사랑을 받아들입니다. 나는 신성한 어머니의 완벽한 사랑이 내가 지닌 모든 두려움을 태운다고 믿습니다.

나는 내가 육화한 살아 있는 그리스도라고 받아들이며, 나는 하느님 안에 존재하는 모든 것, 그리고 그 이상이 될 것을 맹세합니다.

성부와 성자, 성령, 그리고 기적의 어머니의 이름으로, 나는 이 지구를 무한한 사랑과 신성한 어머니의 빛으로 봉인합니다. 평화의 어머니의 입이 말씀하셨으므로 그것이 이루어져 완료되었으며, 물질 속에 봉인되었습니다. 아멘.

성모 마리아의 기적의 감사 묵상기도

조건 없는 사랑이신 성부와 성자, 성령, 그리고 기적의 어머니의 이름으로, 아멘.

(개인적인 기원사항은 이곳에 첨가한다.)

주기도문(Lord's Prayer)

모든 생명의 내면에 존재하시는 우리의 하느님 아버지-어머니시여, 우리는 우리의 내면에 계시는 당신의 현존인 우리의 신아(神我)를 공경합니다. 우리는 당신의 왕국이 우리를 통해 이 지구에 실현됨을 받아들입니다. 당신의 뜻이 천상에서 이루어진 것처럼, 이 지상에다 당신의 뜻을 실현할 책임이 우리에게 있습니다.

우리는 당신께서 우리가 당신 자신인 모든 것이 될 수 있는 기회를 우리에게 매일 제공해주고 계심을 인정합니다. 우리가 서로를 용서하고, 우리의 의지를 우리의 내면에 존재하는 더 높은 의지에게 내맡길 때, 당신께서도 우리가 지닌 불완전함을 용서해주신다고 믿습니다. 그러므로 우리는 우리가 내보낸 것을 우주는 우리에게 되돌려준다는 진리를 받아들입니다.

우리의 삶과 우리의 행성에 대해서도 모든 책임이 우리에게 있습니다. 당신께서 모든 불완전한 에너지들로부터 우리를 구해내실 수 있도록, 우리도 낮은 자아가 지닌 여러 유혹들로부터 벗어날 것을 맹세합니다. 우리는 당신의 왕국과 권능, 영광이 지금, 그리고 영원히 이 지구에 실현된다고 확신합니다. 아멘.

아버지에 대한 감사의 진술

나는 하느님 아버지에 대한 나의 감사를 확언합니다.

감사의 어머니의 이름으로, 나는 내 생명의 근원이신 하느님 아버지께 감사를 드립니다. 오, 하느님이시여, 나는 당신의 무한한 권능과 나의 자유를 지켜주시는 당신의 확고한 법칙에 감사드립니다.

자유의지라는 선물을 나에게 주신 데 대해 감사드리며, 이 자유의지를 지님으로써 나는 나 자신을 초월할 수 있을 뿐만 아니라 더 큰 하느님이 될 수 있고, 현재보다 더 큰 존재가 될 수 있는 기회를 가지게 되었습니다. 나는 매일 성장하고, 내가 지닌 최고의 잠재력을 표현하며, 하느님 안에 존재하는 모든 것이 되라는 당신의 부름에 따르고 있습니다.

나는 신성한 어머니의 기적의 감사이며, 나의 영적인 근원에 대한 기억과 나의 참된 정체성을 회복시킵니다. 나는 기적의 감사가 내 안에서, 그리고 나를 통해 역사하시는 아버지 자신이 되는 그분의 선물에 대한 무한한 감사로 내 존재를 채워준다고 이해합니다. 그리고 나는 하느님 아버지의 나에 대한 조건 없는 사랑을 수용합니다. 또한 나는 하느님과 함께하는 한 명의 공동 창조자로서 나의 역할을 수행하고 있고, 이 지구에 하느님의 왕국을 실현하고 있습니다. 나는 기적의 감사로서, 모든 생명을 향해 기적의 감사를 방사합니다.

마리아님이시여!(기적의 로사리오에 나오는 헤일 마리 기도문을 여기서 1번 낭송한다. 346쪽 참고)

1. 오, 나의 하느님 아버지시여, 삶이라는 선물을 주신 데 대해 무한한 감사를 드립니다. 당신께서 주신 선물을 최대로 활용하여, 나는 모든 상황을 나 자신을 초월할 수 있는 기회로 삼겠습니다.

마리아님이시여!

2. 오, 나의 하느님 아버지시여, 자유의지라는 선물을 주신 데 대해 무한한 감사를 드립니다. 당신께서 주신 선물을 최대로 활용하여, 나는 모든 상황을 더 좋은 선택을 할 수 있는 기회로 삼겠습니다.

마리아님이시여!

3. 오, 나의 하느님 아버지시여, 개체성이라는 선물을 주신 데 대해, 무한한 감사를 드립니다. 당신께서 주신 선물을 최대로 활용하여, 나는 모든 상황을 제가 지닌 신성한 개성을 표현할 수 있는 기회로 삼겠습니다.

마리아님이시여!

4. 오, 나의 하느님 아버지시여, 당신과 함께하는 한 명의 공동 창조자가 될 수 있게 해주는 선물을 주신 데 대해 무한한 감사를 드립니다. 당신께서 주신 선물을 최대로 활용하여, 나는 모든 상황을 하느님과 함께라면 모든 것이 가능함을 증명할 수 있는 기회로 삼겠습니다.

마리아님이시여!

5. 오, 나의 하느님 아버지시여, 조건 없는 겸손함이라는 선물을 주신 데 대해 무한한 감사를 드립니다. 당신께서 주신 선물을 최대로 활용하여, 나는 모든 상황을 당신과 모든 생명에게 봉사할 수 있는 기회로 삼겠습니다.

마리아님이시여!

6. 오, 나의 하느님 아버지시여, 확고부동한 의지라는 선물을 주신 데 대해 무한한 감사를 드립니다. 당신께서 주신 선물을 최대로 활용하여, 나는 당신의 의지가 천상에서 이루어진 것처럼, 세상의 모든 상황을 이 지구에서 당신의 의지를 구현할 수 있는 기회로 삼겠습니다.

마리아님이시여!

7. 오, 나의 하느님 아버지시여, 내 삶에 확장하는 힘이라는 선물을 주신 데 대해 무한한 감사를 드립니다. 당신께서 주신 선물을 최대로 활용하여, 나는 모든 상황을 나와 타인들의 삶을 개선할 수 있는 기회로 삼겠습니

다.

마리아님이시여!

8. 오, 나의 하느님 아버지시여, 풍요한 삶을 실현할 수 있도록 모든 것을 이루게 하는 권능이라는 선물을 주신 데 대해 무한한 감사를 드립니다. 당신께서 주신 선물을 최대로 활용하여, 나는 모든 상황을 나와 타인들의 삶에 풍요를 구현할 수 있는 기회로 삼겠습니다.

아들에 대한 감사의 진술

마리아님이시여!

나는 하느님 아들에 대한 나의 감사를 확언합니다.
    감사의 어머니의 이름으로, 내 삶의 진리의 근원이신 성자(聖子)님께 감사를 전합니다. 나는 보편적인 그리스도의 마음을 식별할 수 있는 통찰력을 주신 데 대해 감사를 드리며, 이 그리스도의 마음은 내 존재 속에 내재돼 있는 확장하고 수축하는 힘 간에 완벽한 균형을 이룰 수 있게 해줍니다.
    나에게 진리라는 선물을 주신 데 대해서도 감사를 드리며, 이 진리로 말미암아 나는 옳은 것을 끝까지 수호할 수 있는 용기를 가질 수 있습니다. 사랑하는 예수 그리스도시여, 나는 매일 진리를 추구하고, 내가 지닌 그리스도의 잠재력을 구현하여, 당신께서 천상에서 그리스도이신 것처럼, 이곳 지상에서 내가 그리스도가 되라는 당신의 부름에 따르고 있습니다.
    나는 신성한 어머니의 기적의 감사이며, 하느님께서 이 우주에 대해 지니고 계신 완벽한 계획과 의지에 대한 비전(vision)을 복원시킵니다. 기적의 감사가 내 존재를 성자님의 선물에 대한 무한한 감사로 채워준다는 사실을 받아들입니다. 성자님의 선물로 말미암아 나는 하느님에게 속한 것이 무엇이고, 하느님에게 속하지 않은 것이 무엇인지를 알 수 있게 됩니다. 나는 성자님의 나에 대한 조건 없는 사랑을 믿습니다. 나는 또한 한 명의 그리스도적인 존재로서 그 역할을 다하고 있으며, 이 지구에 하느님의 왕국을 실현하고 있습니다. 나는 기적의 감사로서, 모든 생명을 향해 기적의 감사를 방사합니다.

마리아님이시여!

1. 오, 예수 그리스도시여, 그리스도의 분별력이라는 선물을 주신 데 대해 무한한 감사를 드립니다. 당신께서 주신 선물을 최대로 활용하여, 나는 모든 상황을 나의 그리스도 자아의 눈을 통해 바라보겠습니다.

마리아님이시여!

2. 오, 예수 그리스도시여, 분별력이라는 선물을 주신 데 대해 무한한 감사를 드립니다. 당신께서 주신 선물을 최대로 활용하여, 나는 모든 상황을 지구에서 그리스도의 진리를 표현할 수 있는 기회로 삼겠습니다.

마리아님이시여!

3. 오, 예수 그리스도시여, 비전이라는 선물을 주신 데 대해 무한한 감사를 드립니다. 당신께서 주신 선물을 최대로 활용하여, 나는 모든 상황을 하느님의 풍요한 삶에 대한 비전을 실현할 수 있는 기회로 삼겠습니다.

마리아님이시여!

4. 오, 예수 그리스도시여, 균형과 조화라는 선물을 주신데 대해 무한한 감사를 드립니다. 당신께서 주신 선물을 최대로 활용하여, 나는 모든 상황 속으로 신성한 조화가 방출될 수 있는 계기로 삼겠습니다.

마리아님이시여!

5.오, 예수 그리스도시여, 진리를 수호할 수 있는 용기라는 선물을 주신 데 대해 무한한 감사를 드립니다. 당신께서 주신 선물을 최대로 활용하여, 나는 모든 상황을 그리스도의 진리를 수호할 수 있는 기회로 삼겠습니다.

마리아님이시여!

6.오, 예수 그리스도시여, 그리스도의 평화라는 선물을 주신 데 대해 무한한 감사를 드립니다. 당신께서 주신 선물을 최대로 활용하여, 나는 어떠한 상황 속에도 그리스도의 평화를 실현하도록 하겠습니다.

마리아님이시여!

7.오, 예수 그리스도시여, 살아 있는 말씀(Living Word)이라는 선물을 주신 데 대해 무한한 감사를 드립니다. 당신께서 주신 선물을 최대로 활용하여, 나는 살아 있는 말씀이 나를 통해 모든 상황 속으로 흘러들어갈 수 있도록 하겠습니다.

마리아님이시여!

8.오, 예수 그리스도시여, 나에게 풍요한 삶을 구현할 수 있는 방법이라는 선물을 주신 데 대해 무한한 감사를 드립니다. 당신께서 주신 선물을 최대로 활용하여, 나는 어떠한 상황 속에도 하느님의 풍요가 실현되는 것을 목격하고, 이를 받아들이겠습니다.

어머니에 대한 감사의 진술

마리아님이시여!

나는 하느님 어머니에 대한 나의 감사를 확언합니다

감사의 어머니의 이름으로, 나는 내 생명을 양육해주고 영속시켜주는 근원이신 하느님 어머님께 감사를 드립니다. 나는 지속적으로 하느님의 의지와 법칙에다 집중할 수 있게 해주시는 신성한 어머님께 감사합니다.

물질 우주에서 나의 잠재력을 최대로 발휘하게끔 지혜와 균형을 가져다주는 순결한 생각이라는 선물을 주신 데 대해서도 나는 깊은 감사를 드립니다. 사랑하는 성모 마리아시여, 행동하는 사랑이 되고, 모든 생명에 대해 순결한 생각을 지니며, 모든 생명의 신성함을 수호하는 신성한 어머니가 되라는 당신의 부름에 나는 충실히 따르고 있습니다.

나는 신성한 어머니의 기적의 감사이며, 자기초월이라는 하느님의 불변의 법칙에 대한 확고한 사랑을 회복시킵니다. 나는 기적의 감사가 내 존재를 끊임없는 지원과 양육이라는 어머니의 선물에 대한 무한한 감사로 가득 채워준다고 믿습니다. 나는 나에 대한 성모님의 조건 없는 사랑을 받아들입니다. 나 또한 신성한 어머니의 한 자녀로서 나에게 주어진 역할을 다하고 있으며, 하느님의 풍요한 삶을 이 지구에 실현하고 있습니다. 나는 기적의 감사로서 모든 생명체를 향해 감사의 기적을 방사합니다.

마리아님이시여!

1.오, 성모 마리아시여, 하느님의 의지에 대한 조건 없는 수용이라는 선물을 주신 데 대해 무한한 감사를 드립니다. 당신께서 주신 선물을 최대로 활용하여 나는 어떠한 상황 속에도 하느님의 신성한 의지가 실현되는 것을 목격하겠습니다.

마리아님이시여!

2.오, 성모 마리아시여, 하느님의 창조의 목적과 하나됨이라는 선물을 주신 데 대해 무한한 감사를 드립니다. 당신께서 주신 선물을 최대로 활용하여, 나는 어떠한 상황 속에도 하느님의 신성한 목적이 구현되는 것을

목격하겠습니다.

마리아님이시여!

3. 오, 성모 마리아시여, 불멸의 조화(調和)라는 선물을 주신 데 대해 무한한 감사를 드립니다. 당신께서 주신 선물을 최대로 활용하여, 나는 모든 상황 속으로 조건 없는 조화가 방사되도록 하겠습니다.

마리아님이시여!

4. 오, 성모 마리아시여, 변하지 않는 하느님의 법칙이라는 선물을 주신 데 대해 무한한 감사를 드립니다. 당신께서 주신 선물을 최대로 활용하여, 나는 어떠한 상황 속에서도 하느님의 법칙이 승리하는 것을 목격하도록 하겠습니다.

마리아님이시여!

5. 오, 성모 마리아시여, 하느님에 대한 끝없는 사랑이라는 선물을 주신 데 대해 무한한 감사를 드립니다. 당신께서 주신 선물을 최대로 활용하여, 나는 어떠한 상황 속에서도 하느님에 대한 사랑을 더 많이 표현하도록 하겠습니다.

마리아님이시여!

6. 오, 성모 마리아시여, 모든 생명에 대한 조건 없는 사랑이라는 선물을 주신 데 대해 무한한 감사를 드립니다. 당신께서 주신 선물을 최대로 활용하여, 나는 어떠한 상황에서도 조건 없는 사랑을 모든 생명에게 표현하도록 하겠습니다.

마리아님이시여!

7. 오, 성모 마리아시여, 순결한 생각이라는 선물을 주신 데 대해 무한한 감사를 드립니다. 당신께서 주신 선물을 최대로 활용하여, 나는 드러난 모든 상황 속에 숨겨진 하느님의 완벽함을 보도록 하겠습니다.

마리아님이시여!

8. 오, 성모 마리아시여, 상존하는 풍요라는 선물을 주신 데 대해 무한한 감사를 드립니다. 당신께서 주신 선물을 최대로 활용하여, 나는 드러난 모든 상황 속에 숨겨진 당신의 무한한 풍요로움을 보도록 하겠습니다.

성령(Holy Spirit)에 대한 감사의 진술

마리아님이시여!

나는 성령에 대한 나의 감사를 확언합니다.
감사의 어머니의 이름으로, 나는 영원한 생명의 근원인 성령에게 감사를 표합니다. 성령의 바람을 불어주어 나 자신을 끊임없이 초월할 수 있게 해주시고 매 걸음걸음마다 하느님 곁에 더 가까이 다가갈 수 있게 해준 데 대해 감사를 드립니다.

성령의 멈출 수 없는 힘이라는 선물을 주신 데 대하여 감사하며, 이 성령의 힘 덕분에 나는 이 물질 우주에서 하느님의 완벽함을 구현할 수 있는 불굴의 용기를 가질 수가 있습니다. 성령이시여, 나는 매일 행동하는 영(Spirit)이 되고, 하느님의 평화를 방출하며, 이 지구에 성령의 바람을 불어넣는 열린 문이 되라는 당신의 부름에 따르고 있습니다.

나는 신성한 어머니의 기적의 감사이며, 성장과 자기초월에 대한 확고한 사랑을 회복시킵니다. 나는 기적의 감사가 내 존재를 끊임없는 전진과 성장이라는 성령의 선물에 대한 무한한 감사로 채워주고 있다고 믿습니다. 나는 성령을 위한 성배(聖杯)로서 내 역할을 다하고 있으며, 하느님의 왕국을 이 지구에 실현하고 있습니다. 나는 모든 생명을 향해 기적의 감사를 방사합니다.

마리아님이시여!

1. 오, 성령이시여, 성장을 위한 멈출 수 없는 추진력이라는 선물을 주신 데 대해 무한한 감사를 드립니다. 당신께서 주신 선물을 최대로 활용하여, 나는 어떠한 상황에서도 성령이 이끄는 대로 성령의 바람이 불게 하겠습니다.

마리아님이시여!

2. 오, 성령이시여, 모든 제약으로부터의 자유라는 선물을 주신 데 대해 무한한 감사를 드립니다. 당신께서 주신 선물을 최대로 활용하여, 나는 어떠한 상황 속에서도 낡은 습관과 낡은 사고방식을 극복하는 기회로 삼겠습니다.

마리아님이시여!

3. 오, 성령이시여, 멈출 수 없는 힘이라는 선물을 주신 데 대해 무한한 감사를 드립니다. 당신께서 주신 선물을 최대로 활용하여, 나는 모든 상황을 모든 속박에서 벗어나 하느님의 가장 높은 비전을 실현하는 기회로 삼겠습니다.

마리아님이시여!

4. 오, 성령이시여, 끊임없는 자기초월을 통한 영원한 생명이라는 선물을 주신 데 대해, 무한한 감사를 드립니다. 당신께서 주신 선물을 최대로 활

용하여, 나는 어떠한 상황에서도 하느님의 아들/딸로서 나의 정체성을 확장하는 기회로 삼겠습니다.

마리아님이시여!

5. 오, 성령이시여, 신성한 평등이라는 선물을 주신 데 대해 무한한 감사를 드립니다. 당신께서 주신 선물을 최대로 활용하여, 나는 모든 상황을 어느 한 사람이 이룬 것은 모든 사람이 이룰 수 있다는 사실을 확인하는 기회로 삼겠습니다.

마리아님이시여!

6. 오, 성령이시여, 용서를 통한 영원한 자유라는 선물을 주신 데 대해 무한한 감사를 드립니다. 당신께서 주신 선물을 최대로 활용하여, 나는 모든 상황을 내 자신과 모든 생명을 용서하는 기회로 삼겠습니다.

마리아님이시여!

7. 오, 성령이시여, 진취적인 평화라는 선물을 주신 데 대해 무한한 감사를 드립니다. 당신께서 주신 선물을 최대로 활용하여, 나는 모든 상황 속으로 신성한 평화를 방출하겠습니다.

마리아님이시여!

8. 오, 성령이시여, 풍요를 실현할 수 있도록 모든 것을 이루게 하는 권능이라는 선물을 주신 데 대해 무한한 감사를 드립니다. 당신께서 주신 선물을 최대로 활용하여, 나는 모든 상황을 하느님의 풍요를 구현하는 기회로 삼겠습니다.

균형 잡힌 사람들에게 감사의 무한한 권능을 각성케 하

진술

마리아님이시여!

나는 지구의 균형 잡힌 사람들이 감사의 무한한 권능에 대해 깨닫게 됨을 확언합니다.

    감사의 어머니의 이름으로, 나는 지구의 균형 잡힌 모든 사람들이 감사의 무한한 힘이 천상과 지구간에, 영적자아와 영혼 간에 성령의 흐름을 원활하게 회복시켜 주고, 생명의 사이클을 완성시킨다는 사실을 깨닫기 바랍니다. 나는 하느님에 대한 감사가 나와 모든 사람들의 삶 속에서 모든 선한 것을 이루게 하는 열쇠라고 확신합니다.

    나는 아버지께서 진실로 우리에게 풍요한 삶이라는 왕국을 주는 것을 기뻐하신다고 확신하며, 또한 이를 받아들입니다. 따라서 나는 내 의식과 나의 세계 속에 지금, 그리고 영원히 풍요로운 삶이 구현된다고 믿습니다.

    나는 하느님의 왕국과 그리스도 의식의 의로움을 가장 먼저 추구할 것이며, 따라서 지구에서의 삶의 모든 면에서 하느님의 완전함을 구현케 하는 멈출 수 없는 신성한 감사의 힘을 통해 모든 것들이 나에게 더해진다고 확신합니다.

마리아님이시여!

1. 나는 신성한 어머니의 기적의 감사이며, 모든 균형 잡힌 사람들이 감사의 힘이 무한하다는 사실을 깨닫게 합니다. 우리가 오로지 감사함을 느낄 때, 하느님께서도 지구에다 하느님의 왕국을 실현시켜 주실 거라 확신합니다.

마리아님이시여!

2. 나는 신성한 어머니의 기적의 감사이며, 모든 균형 잡힌 사람들이 감사가 영과 물질 간의 에너지의 흐름을 회복시킨다는 사실을 깨닫게 합니다.

우리가 오로지 감사함을 느낄 때, 하나님께서도 지구에 풍요한 삶을 실현시켜 주실 거라 확신합니다.

마리아님이시여!

3.나는 신성한 어머니의 기적의 감사이며, 모든 균형 잡힌 사람들이 우리의 내면에 존재하는 확장하는 힘과 수축하는 힘 간의 완벽한 조화를 이루게 하는 열쇠가 감사라는 사실을 깨닫게 합니다. 우리가 오로지 조화를 느낄 때, 하느님께서도 지구에 완벽한 평화를 실현시켜 주실 거라 확신합니다.

마리아님이시여!

4.나는 신성한 어머니의 기적의 감사이며, 모든 균형 잡힌 사람들이 감사가 그리스도의 마음이 지닌 완벽한 비전을 실현시켜준다는 사실을 깨닫도록 해줍니다. 우리가 오로지 순결한 생각을 볼 때에만, 하느님께서도 우리에게 그리스도의 의식을 주실 것이며, 모든 사람들이 풍요한 삶에 눈뜨게 될 거라 확신합니다.

마리아님이시여!

5.나는 신성한 어머니의 기적의 감사이며, 모든 균형 잡힌 사람들이 감사가 우리의 가슴을 열어 성모님의 조건 없는 사랑을 받아들이게 한다는 사실을 깨닫게 합니다. 우리가 하느님의 조건 없는 사랑을 받아들일 때, 하느님께서도 이 지구를 완벽한 사랑으로 넘치게 하실 것이며, 모든 두려움을 태우실 거라 확신합니다.

마리아님이시여!

6.나는 신성한 어머니의 기적의 감사이며, 모든 균형 잡힌 사람들이 타인

들과 함께 나누는 것이 풍요에 이르는 열쇠라는 사실을 깨닫게 합니다. 우리가 풍요한 삶을 받아들일 때, 하느님께서도 가진 것을 타인들과 나눌 수 있는 용기를 우리에게 주실 거라 확신합니다.

마리아님이시여!

7.나는 신성한 어머니의 기적의 감사이며, 모든 균형 잡힌 사람들이 감사가 우리의 가슴과 마음의 문을 열어 모든 것을 성취케 하는 성령의 힘을 흐르게 한다는 사실을 깨닫게 합니다. 하느님께서는 우리의 감사를 통해 모든 상처를 성령으로 치유해주실 거라 확신합니다.

마리아님이시여!

8.나는 신성한 어머니의 기적의 감사이며, 모든 균형 잡힌 사람들이 감사가 우리의 가슴을 정화하여 하느님을 볼 수 있게 한다는 사실을 깨닫도록 해줍니다. 하느님께서는 우리의 감사를 통해 기적과 같은 하느님 왕국의 눈부신 실체를 모든 사람들이 볼 수 있도록 일깨워주실 거라 확신합니다.

마리아님이시여!

오, 하느님이시여, 풍요한 삶이라는 선물을 주신 데 대해, 나는 무한한 감사를 드립니다. (3번)

오, 하느님이시여, 영적인 풍요라는 선물을 주신 데 대해, 나는 무한한 감사를 드립니다. (3번)

오, 하느님이시여, 물질의 풍요함이라는 선물을 주신데 대해, 나는 무한한 감사를 드립니다. (3번)

오, 하느님이시여, 내가 당신과 함께하는 한 명의 공동 창조자라는 것에 대해 감사드리며, 당신의 왕국을 이 지구에 실현하기 위해서 내가 여기에 존재하고 있다고 확신합니다. 나 혼자서는 아무 것도 할 수 없으며, 일을 하고 계시는 분은 내 안에 계시는 나의 신아(神我)라고 확신합니다. 또한 하느님과 함께라면, 모든 것이 가능하다고 믿습니다. 따라서 나는 나의 신아께서 지금까지 역사하시고 나도 일을 하고 있다는 것에 대해 감사를 드립니다. 하느님은 내 안에 머물러계시며, 나는 다음과 같이 확언합니다.

지구는 주님의 것이며, 그렇기에 지구에 충만해 계십니다. (3번)
아멘

조건 없는 사랑이신 성부와 성자, 성령, 그리고 기적의 어머니의 이름으로. 아멘.

봉인하기

나는 신성한 어머니의 무한한 풍요를 받아들입니다. 나는 언제나 그러한 풍요 속에 살 것을 선택하며, 신성한 어머니의 조건 없는 사랑을 받아들입니다. 나는 기적의 감사가 하느님의 풍요로부터 내가 분리되어 있다는 의식을 태우고 계신다고 믿습니다. 나는 내가 육화한 살아 있는 그리스도라는 것을 받아들이며, 보이는 모든 것들의 이면에 존재하는 풍요로운 삶을 볼 것을 맹세합니다.

성부와 성자, 성령, 그리고 기적의 어머니의 이름으로, 이 지구를 신성한 어머니의 무한한 풍요로 봉인하며, 나는 나 자신과 모든 사람들의 풍요한 삶을 받아들입니다. 감사의 어머니의 입이 말씀하셨으므로 그것은 이루어졌고, 완료되었으며, 물질 속에 봉인되었습니다.

성모 마리아의 기적의 용서 로사리오

조건 없는 사랑이신 성부와 성자, 성령, 그리고 기적의 어머니의 이름으로. 아멘.

(개인적인 기원사항은 이곳에 첨가한다.)

주기도문(Lord's Prayer)

　모든 생명의 내면에 존재하시는 우리의 하느님 아버지-어머니시여, 우리는 우리의 내면에 계시는 당신의 현존인 우리의 신아(神我)를 공경합니다. 우리는 당신의 왕국이 우리를 통해 이 지구에 실현됨을 받아들입니다. 당신의 뜻이 천상에서 이루어진 것처럼, 이 지상에다 당신의 뜻을 실현할 책임이 우리에게 있습니다.
　우리는 당신께서 우리가 당신 자신인 모든 것이 될 수 있는 기회를 우리에게 매일 제공해주고 계심을 인정합니다. 우리가 서로를 용서하고, 우리의 의지를 우리의 내면에 존재하는 더 높은 의지에게 내맡길 때, 당신께서도 우리가 지닌 불완전함을 용서해주신다고 믿습니다. 그러므로 우리는 우리가 내보낸 것을 우주는 우리에게 되돌려준다는 진리를 받아들입니다.
　우리의 삶과 우리의 행성에 대해서도 모든 책임이 우리에게 있습니다. 당신께서 모든 불완전한 에너지들로부터 우리를 구해내실 수 있도록, 우리도 낮은 자아가 지닌 여러 유혹들로부터 벗어날 것을 맹세합니다. 우리는 당신의 왕국과 권능, 영광이 지금, 그리고 영원히 이 지구에 실현된다고 확신합니다. 아멘.

오, 성모 마리아시여, 나에게 용서의 힘을 가르쳐주소서
1. 오, 성모 마리아시여, 내가 화를 내고, 타인들을 비난하거나 복수하고자 하는 것은 내 스스로가 부정적인 에너지의 보텍스를 창조하거나 강화시키는 것으로서, 이 보텍스로 말미암아 내 영혼은 지옥의 불구덩이 속으로 끌려들어가고 있다는 것을 내가 깨달을 수 있게 도와주소서.

마리아님이시여!(기적의 로사리오에 나오는 헤일 마리 기도문을 여기서 1번 낭송한다. 346쪽 참고)

2.오, 성모 마리아시여, 내적인 해결책을 찾을 수 있도록 도와주시어, 피로 얼룩진 복수의 제단 위에 내 영혼이 제물로 바쳐지지 않도록 자연스러운 결정에 이를 수 있게 해주소서.

마리아님이시여!

3.오, 성모 마리아시여, 삶의 어느 한 부분에서라도 부정적인 느낌을 지니고 있는 한, 내가 천상의 왕국에 들어갈 수 없다는 영원한 진리를 깨달을 수 있게 도와주소서.

마리아님이시여!

4.오, 성모 마리아시여, 내가 천상으로 나를 데려다 줄 많은 것들을 갖고 있지 못하다는 것을 내면적으로 알 수 있게 도와주소서. 나는 천상으로 데려다 줄 많은 것들을 오히려 놓치고 있습니다.

마리아님이시여!

5.오, 성모 마리아시여, 내 영혼이 나의 신아(神我)에 대해 지니고 있는 순수한 사랑을 느낄 수 있게 도와주시어, 내 존재의 일부인 신아와 또 다시 하나로 통합하고자 하는 불타는 열망을 체험할 수 있게 도와주소서.

마리아님이시여!

6.오, 성모 마리아시여, 모든 것을 이루게 하는 결정이 어떤 것인지 알 수 있게 도와주시어, 내가 나의 신아, 즉 나의 하느님과 하나가 되는 데 어떠한 부정적인 느낌으로 인해 방해받지 않도록 도와주소서.

마리아님이시여!

7.오, 성모 마리아시여, 나의 신아께서 내 영혼에 대해 지니고 있는 완벽한 사랑, 조건 없는 사랑을 내가 느낄 수 있게 도와주시어, 내가 그 사랑이 부정적인 느낌을 버리는 데 따른 모든 두려움을 태울 수 있게 해주소서.

마리아님이시여!

8.오, 성모 마리아시여, 하느님에 대한 모든 부정적인 느낌을 진실로 버릴 수 있도록 도와주시어, 내가 하느님과 같지 않은 모든 것들을 연소시키는 신의 불꽃에 의해 이러한 부정적인 느낌들을 정화시킬 수 있게 해주소서.

마리아님이시여!

9.오, 성모 마리아시여, 모든 부정적인 느낌을 조건 없이 버릴 수 있도록 도와주시어, 내가 완전한 용서를 통해 갖게 되는 온전한 자유와 기쁨을 만끽할 수 있게 해주소서.

마리아님이시여!

오, 성모 마리아시여, 무조건적인 용서를 가르쳐주소서

오, 성모 마리아시여, 영혼의 차원에서 "나는 곧 내가 나라고 생각하는 존재이다. 즉 내가 나라고 생각하는 것이 곧 나이다."라는 이 근원적인 진리를 내가 이해하고 수용하여 내 것으로 체화할 수 있도록 도와주소서. 우주는 하나의 거울로서, 내가 내보내는 것이 무엇이든 그것을 다시 나에게 반사해준다는 것을 내가 이해할 수 있게 도와주소서. 따라서 내가 외적으로 현재 처해있는 상황은 나의 정체성을 반영하는 것에 불과한 것입니다. 나의 세계란 바로 내가 나를 무엇이라고 규정하느냐에 지나지 않습니다.

오, 성모 마리아시여, 내가 화를 내거나, 원망하거나 혹은 복수하고자 하는 것은 실질적인 면에서 다른 사람이 아닌 바로 내 자신을 해치고 있다는 것을 알 수 있게 도와주소서. 우주는 내가 보낸 모든 부정적인 감정을 나에게 되비추어주며, 그러한 부정적인 것들이 내 영혼의 주위에 감옥을 만들게 된다는 것을 내가 알 수 있게 도와주소서.

오, 성모 마리아시여, 신적자아의 차원에서 나는 곧 하느님께서 자기라고 생각하시는 그 존재이며, 이 신적자아가 바로 나의 참된 정체성이고, 영원한 참모습이라는 것을 내가 알 수 있게 도와주소서. 나의 신적자아가 하느님의 마음속에서 순결한 상념으로 창조되던 그날처럼, 나의 신아(神我)는 지금도 여전히 순수하고 완벽하다는 것을 내가 알 수 있고 믿을 수 있게 도와주소서. 따라서 나는 이 세상에서 나의 참나가 지닌 신성한 완벽함을 훼손하거나 더럽힐 수 있는 어떠한 행위도 행한 적이 없으며, 이 세상의 어떠한 세력도 나에게 그러한 행위를 가하지 못했습니다.

오, 성모 마리아시여, 내 영혼과 외적인 자각을 통해 나의 신아가 지닌 완전함을 언제든지 빛나게 할 수 있다는 신성한 진리를 내가 받아들일 수 있도록 도와주소서. 내 자신과 모든 생명을 단순히 용서함으로써 나는 나의 참된 정체성을 가리고 신아의 빛 주변에 벽을 쌓고 있는 모든 불완전한 정체성과 믿음, 느낌, 발현된 것들을 버릴 수가 있습니다.

오, 성모 마리아시여, 무조건적으로 용서하는 것이 바로 나의 신아가 나를 통해 빛을 발하게 하는 것이며, 하느님의 완전함을 이 세상에 구현하는 것이라는 사실을 내가 알 수 있게 도와주소서. 내가 용서할 때, "내 아버지께서 이제까지 일을 하시니, 나도 일한다."[351]라는 것을 내가 받아들이도록 도와주소서. 따라서 나와 아버지는 하나입니다!

오, 예수님이시여, 내 자신을 용서하도록 가르쳐주소서

1.오, 예수님이시여, "타인들이 내게 해주기를 바라는 대로 타인들에게

---

351) 요한복음 [5:17]에 나오는 구절이다. 하느님께서는 늘 우리 인간 밖에서, 또 우리를 통해서도 작용하고 활동하시고 계시다는 의미라고 생각된다.

(감수자 주)

행하라."는 당신의 가르침이 내 자신에게도 해당된다는 것을 이해할 수 있도록 도와주소서.

마리아님이시여!

2. 오, 예수님이시여, 타인들을 용서하기에 앞서, 내 자신부터 용서해야 한다는 기본적인 사실을 이해할 수 있도록 도와주소서.

마리아님이시여!

3. 오, 예수님이시여, 내가 행하는 행위는 내 의식의 상태를 반영하는 것이라는 사실을 깨달을 수 있도록 도와주소서. 따라서 내가 저지른 모든 잘못은 내가 지닌 제한된 정체성의 산물입니다.

마리아님이시여!

4. 오, 예수님이시여, 나는 항상 당시의 의식 상태에서 내가 가장 잘 알고 있던 최선의 방법으로 일을 처리했다는 기본적인 사실을 받아들일 수 있도록 도와주소서.

마리아님이시여!

5. 오, 예수님이시여, 내가 죄의식을 느끼거나, 자신을 비난하는 것은 실수를 저질렀던 동일한 의식 상태에 나를 가두어두는 것이라는 사실을 이해할 수 있도록 도와주소서.

마리아님이시여!

6. 오, 예수님이시여, 죄의식과 비난 혹은 자기혐오가 실수를 바로잡거나, 실수로부터 자유로워지는 데 아무런 도움이 되지 않는다는 것을 이해하고

받아들일 수 있도록 도와주소서.

마리아님이시여!

7.오, 예수님이시여, 나의 실수로부터 영원히 벗어날 수 있는 유일한 방법은 실수하게 만들었던 의식 상태를 초월하는 것뿐이라는 것을 알 수 있도록 도와주소서.

마리아님이시여!

8. 오, 예수님이시여, 하느님께서는 나를 비난하거나 벌하지 않으시며, 죄인이라 느끼게 하지도 않으신다는 것을 내가 알 수 있도록 도와주소서. 하느님께서는 하느님의 왕국으로 돌아올 수 있도록, 내가 모든 죄와 죄의식으로부터 벗어나기만을 바라십니다.

마리아님이시여!

9.오, 예수님이시여, 죄로부터 벗어날 수 있는 유일한 방법은 오직 그리스도의 의식뿐이라는 것을 내가 몸으로 체화할 수 있도록 도와주소서. 당신의 마음속에 존재했던 그리스도의 마음이 내 안에 존재하게 될 때, 나는 모든 죄를 용서받게 되며, 따라서 내 자신을 용서할 수도 있으며, 용서하게 될 것입니다.

마리아님이시여!

오, 예수님이시여, 나에게 조건 없는 용서를 가르쳐주소서

오, 예수님이시여, 영혼의 차원에서 "나는 곧 내가 나라고 생각하는 존재이다."라는 이 근원적인 진리를 내가 이해하고 수용하여 내 것으로 체화할 수 있도록 도와주소서. 우주는 하나의 거울로서 내가 내보내는 것이 무엇이든 그것을 다시 나에게 반사해준다는 것을 이해할 수 있게 도와주소서. 따라서 내가 외적으로 현재 처해있는 상황은 나의 정체성을 반영하는 것에 불과한 것입니다. 나의 세계란 바로 내가 나를 무엇이라고 규정하느냐에 지나지 않습니다.

오, 예수님이시여, 내가 화를 내거나, 원망하거나 혹은 복수하고자 하는 것은 실질적인 면에서 다른 사람이 아닌 바로 내 자신을 해치고 있다는 것을 알 수 있게 도와주소서. 우주는 내가 보낸 모든 부정적인 느낌을 내게 되비추어주며, 그러한 부정적인 느낌은 내 영혼의 주위에 감옥을 만들게 된다는 것을 알 수 있게 도와주소서.

오, 예수님이시여, 신적자아의 차원에서 나는 곧 하느님께서 자기라고 생각하시는 그 존재이며, 이 신아가 바로 나의 참된 정체성이고, 영원한 참모습이라는 것을 내가 알 수 있게 도와주소서. 나의 신적자아가 하느님의 마음속에서 순결한 상념으로 창조되던 그날처럼, 나의 신아는 지금도 여전히 순수하고 완벽하다는 것을 내가 알 수 있고, 믿을 수 있게 도와주소서. 따라서 나는 이 세상에서 나의 참나가 지닌 신성한 완벽함을 훼손하거나, 더럽힐 수 있는 어떠한 행위도 행한 적이 없으며, 이 세상의 어떠한 세력도 나에게 그러한 행위를 가하지 못했습니다.

오, 예수님이시여, 내 영혼과 외적인 자각을 통해 나의 신아가 지닌 완전함을 언제든지 빛나게 할 수 있다는 신성한 진리를 내가 받아들일 수 있도록 도와주소서. 내 자신과 모든 생명을 단순히 용서함으로써 나는 나의 참된 정체성을 가리고 신아의 빛 주변에 벽을 쌓고 있는 모든 불완전한 정체성과 믿음, 느낌, 발현된 것들을 버릴 수가 있습니다.

오, 예수님이시여, 무조건적으로 용서하는 것이 바로 나의 신아가 나를 통해 빛을 발하게 하는 것이며, 하느님의 완전함을 이 세상에 구현하는 것이라는 사실을 내가 알 수 있게 도와주소서. 내가 용서할 때, "내 아버지께서 이제까지 일을 하시니, 나도 일한다."라는 것을 내가 받아들이도록 도와주소서. 따라서 나와 아버지는 하나입니다!

오, 성령이시여, 내가 모든 생명을 용서할 수 있도록 도와주소서
1. 오, 성령이시여, 타인들이 나를 해칠 때, 하느님의 불변의 법칙에 따라

그들은 분명히 뿌린 대로 거두게 될 것이라는 것을 알 수 있도록 도와주소서. 따라서 내가 스스로 그들에게 복수하거나, 대가를 치르게 할 필요가 없습니다.

마리아님이시여!

2. 오, 성령이시여, 내가 복수하고자 할 때, 내 스스로가 부정적인 결과를 창조하게 된다는 것을 알 수 있도록 도와주소서. 따라서 복수는 나에게 해를 가한 사람과 나를 묶어두는 부정적인 에너지의 고리를 창조하게 됩니다. 나에게 해를 가했던 모든 사람들을 완전히 용서하고 그들의 죄를 더 이상 기억하지 않게 될 때까지, 내가 그 고리로부터 자유로울 수 없다는 것을 알 수 있도록 해주소서.

마리아님이시여!

3. 오, 성령이시여, 내가 타인들을 용서하는 것이 "그들을 그 고리에서 풀려나게 하는 것"이 아니라, 그들과 나를 묶어두고 있는 에너지의 고리로부터 "내 자신을 벗어나게" 한다는 것을 알 수 있도록 도와주소서.

마리아님이시여!

4. 오, 성령이시여, 예수님께서 다른 쪽 뺨마저 내밀라고 말씀하셨을 때, 지옥의 의식 속으로 끌어당기는 부정적인 에너지의 보텍스로부터 나의 영혼이 벗어날 수 있게 하기 위해 그렇게 말씀하셨다는 것을 알 수 있도록 도와주소서.

마리아님이시여!

5. 오, 성령이시여, 예수님께서 적을 용서하라고 말씀하셨을 때, 그렇게 말씀하신 이유는 적들이 나에게 어떠한 영향도 미치지 못하도록 나와 적들

을 얽어매는 모든 것들로부터 자유롭게 하기 위해서라는 것을 알 수 있게 도와주소서.

마리아님이시여!

6.오, 성령이시여, 복수하고자 하는 것은 내 자신을 해칠 뿐만 아니라 적과 어둠의 세력들에게 나를 지배할 수 있는 힘을 주게 된다는 것을 알 수 있도록 도와주소서. 따라서 최선의 복수는 다른 쪽 뺨마저 내밀고, 나를 해치고자 하는 자들을 용서하는 것입니다.

마리아님이시여!

7.오, 성령이시여, 나의 의식 속으로 들어오시어 머물러 계시면서 용서하지 않으려는 모든 습성과 힘들을 연소시켜 주소서. 그러한 힘들을 강화시키고 있는 모든 악마와 어둠의 세력들을 태워주소서.

마리아님이시여!

8. 오, 성령이시여, 완전한 용서로 응답하는 것이 나를 해치고자 하는 자들에게 하느님의 심판을 불러온다는 사실을 내가 알 수 있도록 도와주소서.

마리아님이시여!

9. 오, 성령이시여, 이번 생(生)과 물질 우주에서 내 삶이 시작된 이래로, 나에게 해를 끼쳤던 모든 사람들과 모든 세력들을 내가 완전하고도 조건 없이 용서할 수 있도록 도와주소서. 그냥 모든 것을 내려놓고, 당신의 구원을 받을 수 있게 해주소서.

마리아님이시여!

오, 성령이시여, 무조건적인 용서를 가르쳐주소서

오, 성령이시여, 영혼의 차원에서 "나는 곧 내가 나라고 생각하는 존재이다."라는 이 근원적인 진리를 내가 이해하고 수용하여 내 것으로 체화할 수 있도록 도와주소서. 우주는 하나의 거울로서 내가 내보내는 것이 무엇이든, 그것을 다시 나에게 반사해준다는 것을 이해할 수 있게 도와주소서. 따라서 내가 외적으로 현재 처해있는 상황은 나의 정체성을 반영하는 것에 불과한 것입니다. 나의 세계란 바로 내가 나를 무엇이라고 규정하느냐에 지나지 않습니다.

오, 성령이시여, 내가 화를 내거나, 원망하거나 혹은 복수하고자 하는 것은 실질적인 면에서 다른 사람이 아닌 바로 내 자신을 해치고 있다는 것을 알 수 있게 도와주소서. 우주는 내가 보낸 모든 부정적인 느낌을 내게 되비추어주며, 그러한 부정적인 느낌은 내 영혼의 주위에 감옥을 만들게 된다는 것을 내가 알 수 있게 도와주소서.

오, 성령이시여, 신적자아의 차원에서 나는 곧 하느님께서 자기라고 생각하시는 그 존재이며, 이 신아가 바로 나의 참된 정체성이고, 영원한 참모습이라는 것을 내가 알 수 있게 도와주소서. 나의 신아가 하느님의 마음속에서 순결한 상념으로 창조되던 그날처럼, 나의 신아는 지금도 여전히 순수하고 완벽하다는 것을 내가 알 수 있고, 믿을 수 있게 도와주소서. 따라서 나는 이 세상에서 나의 참나가 지닌 신성한 완벽함을 훼손하거나, 더럽힐 수 있는 어떠한 행위도 행한 적이 없으며, 이 세상의 어떠한 세력도 나에게 그러한 행위를 가하지 못했습니다.

오, 성령이시여, 내 영혼과 외적인 자각을 통해 나의 신아가 지닌 완전함을 언제든지 빛나게 할 수 있다는 신성한 진리를 내가 받아들일 수 있도록 도와주소서. 내 자신과 모든 생명을 단순히 용서함으로써 나는 나의 참된 정체성을 가리고 신아의 빛 주변에 벽을 쌓고 있는 모든 불완전한 정체성과 믿음, 느낌, 발현된 것들을 버릴 수가 있습니다.

오, 성령이시여, 무조건적으로 용서하는 것이 바로 나의 신아가 나를 통해 빛을 발하게 하는 것이며, 하느님의 완전함을 이 세상에 구현하는 것이라는 사실을 알 수 있게 도와주소서. 내가 용서할 때, "내 아버지께서 이제까지 일을 하시니, 나도 일한다."라는 것을 내가 받아들이도록 도와주소서. 따라서 나와 아버지는 하나입니다!

오, 신아(我)시여, 당신이 실제로 존재하고 있음을 내가 알 수 있도록 도와주소서

1.오, 신아시여, 잠시만이라도, 당신이 실제로 존재하시며, 당신께서 확장한 존재가 바로 내 영혼이라는 것을 내가 실제로 체험할 수 있도록 도와주소서.

마리아님이시여!

 2.오, 신아시여, 내가 실제로 당신이며, 모든 분리의식, 즉 나는 혼자이고 버려졌다는 느낌은 환상에 지나지 않는다는 것을 이해할 수 있도록 도와주소서.

마리아님이시여!

3.오, 신아시여, 물질 우주로 내려가기로 선택한 것은 바로 나였으며, 나는 이 세상에 전해줄 하나의 선물로서, 내가 지닌 영적인 화염을 가져오고자 하는 불타는 열망과 크나큰 기쁨을 지니고 내려왔다는 사실을 기억할 수 있도록 도와주소서.

마리아님이시여!

 4.오, 신아시여, 내 선택의 결과로, 내가 당신과 분리되어 있다는 느낌을 가지게 되었다는 것을 알 수 있도록 도와주소서. 따라서 오로지 나의 선택을 통해서만, 나는 다시 당신과 결합할 수가 있습니다.

마리아님이시여!

5.오, 신아시여, 나의 모든 불완전한 선택들에 대해 전적인 책임이 나에게 있다는 것을 받아들일 수 있도록 도와주소서. 따라서 더 좋은 선택을 통해 모든 불완전한 선택들을 원상회복시킬 수 있는 능력을 내가 지니고 있다는 것을 앎으로써 나는 완전한 자유를 성취할 수가 있습니다.

마리아님이시여!

6.오, 신아시여, 불완전한 선택을 하게 된 것은 영혼들을 지옥에 가두어 두려는 뱀 같은 자들이 만들어낸 몇 가지 거짓말들을 내 자신이 믿기로 선택했기 때문임을 내가 인정할 수 있도록 도와주소서.

마리아님이시여!

7.오, 신아시여, 당신과 내 그리스도 자아의 확실한 안내를 통해 내가 교활한 모든 거짓말들을 꿰뚫어보고 이러한 거짓말들을 버릴 수 있는 올바른 선택을 할 수 있도록 절대적인 내적 앎을 주소서.

마리아님이시여!

8.오, 신아시여, 뱀 같이 교활한 자들과 나에게 거짓말했던 모든 자들을 용서함으로써 지옥을 의미하는 제한된 정체성 속에 나의 영혼을 가두어두려는 그들로부터 내가 힘을 빼앗고 있다는 사실을 알 수 있도록 도와주소서.

마리아님이시여!

9. 오, 신아시여, 내가 교활한 거짓말을 믿게 되었던 의식 상태를 초월하기로 선택할 때, 하느님께서도 나를 즉시 용서해주신다는 것을 내가 진실로 받아들일 수 있도록 도와주소서. 하느님의 조건 없는 사랑과 용서를 진실로 느낄 수 있도록 도와주시어, 내가 내 자신을 용서하고, 나의 죄를

더 이상 기억하지 않게 해주소서.

마리아님이시여!

오, 하느님이시여, 나에게 조건 없는 사랑을 가르쳐주소서

오, 성령이시여, 영혼의 차원에서 "나는 곧 내가 나라고 생각하는 존재이다."라는 이 근원적인 진리를 내가 이해하고 수용하여 내 것으로 체화할 수 있도록 도와주소서. 우주는 하나의 거울로서 내가 보내는 것이 무엇이든, 그것을 다시 나에게 반사해준다는 것을 이해할 수 있게 도와주소서. 따라서 내가 외적으로 현재 처해있는 상황은 나의 정체성을 반영하는 것에 불과한 것입니다. 나의 세계란 바로 내가 나를 무엇이라고 규정하느냐에 지나지 않습니다.

오, 성령이시여, 내가 화를 내거나, 원망하거나 혹은 복수하고자 하는 것은 실질적인 면에서 다른 사람이 아닌 바로 내 자신을 해치고 있다는 것을 내가 알 수 있게 도와주소서. 우주는 내가 보낸 모든 부정적인 느낌을 내게 되비추어주며, 그러한 부정적인 느낌은 내 영혼의 주위에 감옥을 만들게 된다는 것을 내가 알 수 있게 도와주소서

오, 성령이시여, 신적자아의 차원에서 나는 곧 하느님께서 자기라고 생각하시는 그 존재이며, 이 신아가 바로 나의 참된 정체성이고, 영원한 참모습이라는 것을 제가 알 수 있게 도와주소서. 나의 신아가 하느님의 마음속에서 순결한 상념으로 창조되던 그날처럼, 나의 신아)는 지금도 여전히 순수하고 완벽하다는 것을 내가 알 수 있고 믿을 수 있게 도와주소서. 따라서 나는 이 세상에서 나의 참나가 지닌 신성한 완벽함을 훼손하거나, 더럽힐 수 있는 어떠한 행위도 행한 적이 없으며, 이 세상의 어떠한 세력도 나에게 그러한 행위를 가하지 못했습니다.

오, 성령이시여, 내 영혼과 외적인 자각을 통해 나의 신아가 지닌 완전함을 언제든지 빛나게 할 수 있다는 신성한 진리를 내가 받아들일 수 있도록 도와주소서. 내 자신과 모든 생명을 단순히 용서함으로써 나는 나의 참된 정체성을 가리고 신아의 빛 주변에 벽을 쌓고 있는 모든 불완전한 정체성과 믿음, 느낌, 발현된 것들을 버릴 수가 있습니

다.

　오, 성령이시여, 무조건적으로 용서하는 것이 바로 나의 신아가 나를 통해 빛을 발하게 하는 것이며, 하느님의 완전함을 이 세상에 구현하는 것이라는 사실을 내가 알 수 있게 도와주소서. 내가 용서할 때, "내 아버지께서 이제까지 일을 하시니, 나도 일한다."라는 것을 내가 받아들이도록 도와주소서. 따라서 나와 아버지는 하나입니다!

오, 하느님이시여, 나는 모든 생명을 용서합니다!
1.오, 하느님이시여, 나에게 생명이라는 선물을 주신 데 대해, 나는 당신을 용서합니다. 내가 당신께서 만드신 장엄한 창조계의 일원이 될 수 있는 기회를 나는 기꺼이 받아들이겠습니다.

마리아님이시여!

　2.오, 하느님이시여, 나에게 자유의지를 주시고, 또한 실수를 할 수 있게 해주신 데 대해, 나는 당신을 용서합니다. 내가 당신과 함께 한 명의 공동 창조자가 될 수 있는 기회를 기꺼이 받아들이겠습니다.

마리아님이시여!

3.오, 하느님이시여, 내가 내보낸 것을 나에게 되돌려주는 법칙을 만드신 것에 대해, 나는 당신을 용서합니다. 선한 것과 선하지 않은 것 모두를 승리를 위한 디딤돌로 삼기 위해 나는 모든 나의 선택으로부터 배울 수 있는 기회를 기꺼이 받아들이겠습니다.

마리아님이시여!

4.오, 하느님이시여, 내가 행한 선택에 대해, 하느님 또는 다른 어떠한 생명들을 비난했던 것에 대해, 나는 내 자신을 용서합니다. 내가 행한 모든 선택에 대해 전적인 책임을 질 수 있는 기회를 나는 기꺼이 받아들이겠습니다.

마리아님이시여!

5. 오, 하느님이시여, 낮은 의식 상태에 떨어지게 된 것에 대해, 나는 내 자신을 용서합니다. 이제 낮은 의식 상태를 버리고, 예수 그리스도의 내면에 존재했었던 그 마음이 내 안에도 존재할 수 있는 기회를 나는 기꺼이 받아들이겠습니다.

마리아님이시여!

6. 오, 하느님이시여, 내가 행한 모든 잘못에 대해, 나는 내 자신을 용서합니다. 나는 그러한 잘못을 몇 가지 실험으로 받아들이며, 그러한 실험을 통해 오늘, 그리고 내일 더 좋은 선택을 할 수 있는 기회를 기꺼이 받아들이겠습니다.

마리아님이시여!

7. 오, 하느님이시여, 나에게 거짓말을 했던 모든 세력들 또는 사람들을 나는 용서합니다. 나는 그러한 거짓말들을 꿰뚫어 보고, 그러한 거짓말을 활용하여 더 좋은 선택을 할 수 있는 기회를 기꺼이 받아들이겠습니다.

마리아님이시여!

8. 오, 하느님이시여, 나는 나에게 해를 끼쳤던 모든 세력들, 또는 사람들을 용서합니다. 내 자신뿐만 아니라 모든 생명들이 모든 불완전함으로부터 자유로워질 수 있는 기회를 나는 기꺼이 받아들이겠습니다.

마리아님이시여!

9. 오, 하느님이시여, 이 세상의 것들에 집착을 가졌던 것에 대해, 나는 내 자신을 용서합니다. 이 모든 집착들을 이제 하느님에게 맡기고, 하느님의

왕국으로 걸어 들어갈 수 있는 기회를 나는 기꺼이 받아들이겠습니다.

마리아님이시여!

실제로든 상상으로든, 나에게 가해진 모든 해(害)에 대해 나는 하느님을 용서합니다. (3번)

실제로든 상상으로든, 내가 저지른 모든 잘못에 대해 나는 내 자신을 용서합니다. (3번)

실제로든 상상으로든, 나에게 가해진 모든 해(害)에 대해 나는 모든 생명을 용서합니다. (3번)

예수 그리스도의 이름으로, 무한한 힘을 지닌 용서의 화염이 이 지구를 감싸 모든 분노와 증오, 사람들 간의 원한과 복수심을 태워주기를 요청합니다. 나는 성모 마리아와 승천한 전(全) 대사들의 무한한 힘으로 그렇게 되었다고 받아들입니다! 완료되었습니다!

지구는 주님의 것이며, 그렇기에 지구에 충만해 계십니다. (3번)

봉인하기

　조건 없는 사랑이신 성부와 성자, 성령과 기적의 어머니의 이름으로, 아멘. 나는 하느님의 조건 없는 무한한 사랑으로 지금, 그리고 영원히 내가 봉인되었다고 수용합니다. 나는 성모 마리아께서 무한한 힘을 지닌 용서의 화염, 즉 모든 죄와 잘못, 불완전함, 제약들을 정복하고 태워버리는 영적인 용서의 화염으로 나를 가득 채워주고 계신다고 믿습니다. 따라서 나는 하느님의 무한한 용서 속에서 자유롭습니다.

 나는 나의 가장 숭고한 사랑을 따라 더 높이 도약할 것을 맹세합니다. 나는 운명과 죄라는 속박에서 벗어나 자유롭다고 확신합니다. 하느님께서는 내 영혼이 물질 우주의 낮은 진동 속에서 영혼의 여정을 계속해오는 동안 마주쳐온 모든 불완전함을 용서해주신다고 믿습니다. 나는 내가 자유롭다는 것을 충분히 받아들이고 있기 때문에, 이러한 불완전한 것들로부터도 자신이 자유롭다고 확신합니다. 나는 내 자신을 온전히 용서하며, 나의 참된 정체성은 영적인 존재이고, 이 정체성은 이 세상의 무엇에 의해서도 영향을 받은 적이 없다고 믿습니다.

 하나의 영적 존재로서, "나는 나이다."라는 영원한 진리를 믿습니다. 나는 내가 불완전한 존재라고 생각하지 않으며, 영적존재가 나의 참된 정체성이라고 받아들입니다. 하늘에 계신 아버지께서 완전하신 것처럼, 나 또한 완전하다고 믿습니다.

 기적의 용서이신 어머니의 이름으로, 마쳤으며, 영과 물질 속에 봉인되었습니다. 위에서와 같이 아래에서도, 지금, 그리고 영원히. 아멘.

성모 마리아의 조건 없는 사랑의 로사리오

◇소개: 이 로사리오 기도는 매우 강력하므로 성모 마리아께서는 일주일에 단 1회만 할 것을 권장하셨습니다.

조건 없는 사랑이신 성부, 성자, 성령, 그리고 기적의 어머니의 이름으로. 아멘.

(개인적인 기원사항은 이곳에 첨가한다)

주기도문(Lord's Prayer)

모든 생명의 내면에 존재하시는 우리의 하느님 아버지-어머니시여, 우리는 우리의 내면에 계시는 당신의 현존인 우리의 신아(神我)를 공경합니다. 우리는 당신의 왕국이 우리를 통해 이 지구에 실현됨을 받아들입니다. 당신의 뜻이 천상에서 이루어진 것처럼, 이 지상에다 당신의 뜻을 실현할 책임이 우리에게 있습니다.

우리는 당신께서 우리가 당신 자신인 모든 것이 될 수 있는 기회를 우리에게 매일 제공해주고 계심을 인정합니다. 우리가 서로를 용서하고, 우리의 의지를 우리의 내면에 존재하는 더 높은 의지에게 내맡길 때, 당신께서도 우리가 지닌 불완전함을 용서해주신다고 믿습니다. 그러므로 우리는 우리가 내보낸 것을 우주는 우리에게 되돌려준다는 진리를 받아들입니다.

우리의 삶과 우리의 행성에 대해서도 모든 책임이 우리에게 있습니다. 당신께서 모든 불완전한 에너지들로부터 우리를 구해내실 수 있도록, 우리도 낮은 자아가 지닌 여러 유혹들로부터 벗어날 것을 맹세합니다. 우리는 당신의 왕국과 권능, 영광이 지금, 그리고 영원히 이 지구에 실현된다고 확신합니다. 아멘.\오, 성모 마리아시여, 내가 모든 한계들을 극복할 수 있도록 도와주소서.

오, 성모 마리아시여, 승리를 쟁취하고 빛으로 상승하는 문제에 대해 나는 진지하게 생각하고 있습니다. 그리고 승리를 쟁취하기 위해서는 반드시 예수님의 부름에 따라야 한다고 확신하고 있습니다. 따라서 나는 세속적인 정체성을 의미하는 현재의 나의 삶을 기꺼이 포기하고, 영원한 그리스도 의식의 삶을 구하고자 합니다.

모든 창조계의 이면에 존재하는 근원적인 힘이신 하느님마저도 더 큰 존재가 되게 하는 조건 없는 사랑의 현존과 내가 다시 연결되고 정렬되어 파장이 맞을 수 있도록 도와주소서.

내가 이 세상에 존재하는 모든 제약과 모든 불완전함을 극복하고 하나의 세속적인 인간으로서, 그리고 나의 하느님과 영원히 분리된 채 살아야 하는 하나의 죄인으로서 지닌 제한적이고 불완전한 정체성을 초월할 수 있도록 도와주소서.

내가 스스로 멈춰서 있지 않도록, 그리고 어떤 제한된 정체성, 삶에 대한 어떤 제한된 의식 속에 빠지거나 집착하지 않도록 도와주소서.

나는 조건 없는 사랑의 현존을 인정합니다

1.나는 다음과 같이 말씀하시는 조건 없는 사랑의 현존을 인정합니다.

"나는 스스로 있는 자인데, 왜냐하면 이 우주에서 여러분이 본 적이 있는 어떠한 힘도 초월해있고, 멈출 수 없을 뿐만 아니라 억제할 수도 없는 힘이기 때문이다. 나는 하느님께서 우주를 창조하시도록 했던 바로 그 힘이며, 우주 속에 내재되어 있는 힘이므로 하느님께서 창조하신 모든 힘들을 초월하여 존재한다."

마리아님이시여! (기적의 로사리오 부분에 있는 '헤일 마리' 기도문을 여기서 1번 낭독한다. 346쪽 참고)

나는 다음과 같이 말씀하시는 조건 없는 사랑의 현존을 인정합니다

2. "나는 하나의 현존이고, 하나의 존재이지만, 그럼에도 나는 움직임이요, 흐름이고, 영원하며, 영속적인 초월이므로 나는 모든 힘들을 초월해있다. 따라서 나는 어떤 순간에도 스스로 있는 자이며, 바로 직전의 나보다 언제나 더 큰 존재가 될 존재이다."

마리아님이시여!

나는 다음과 같이 말씀하시는 조건 없는 사랑의 현존을 인정합니다.
3. "나는 진실로 멈출 수 없는 빛의 흐름이며, 빛 자체를 표현하지만, 결코 어떠한 특정 표현에만 갇혀 멈출 수는 없다. 나는 멈춰질 수 없으며, 억제될 수도 없는 조건 없는 사랑의 현존이며, 하느님께서 창조하신 모든 것들 속에 내재되어 있다."

마리아님이시여!

나는 다음과 같이 말씀하시는 조건 없는 사랑의 현존을 인정합니다.
4. "나는 하느님께서 창조하신 모든 것들을 초월하여 존재하고 있다. 왜냐하면 나는 일찍이 창조된 하느님이 창조한 모든 것들 생성돼 나온 바로 그 존재이고, 재료이기 때문이다. 따라서 만약 내가 존재하지 않았다면, 창조된 어떠한 것들도 만들어지지 못했을 것이다. 나는 조건 없는 사랑이며, 내 안에는 자기초월을 멈추게 할 수 있는 어떠한 제약도 존재하지 않는다."

마리아님이시여!

5. 나는 조건 없는 사랑의 현존께서 존재하시기 때문에 내가 존재한다고 인정합니다. 나는 하느님께서 나를 그분과 함께하는 하나의 공동 창조자가 되도록 창조하셨다고 믿습니다.

마리아님이시여!

6. 하느님께서는 내가 바라는 어떤 형태를 창조할 수 있도록 나에게 상상력과 자유의지를 주셨다고 인정합니다. 그러나 창조된 모든 것들은 조건 없는 사랑의 현존으로부터 창조되었기 때문에, 내 자신이 독자적으로 어떤 것을 직접 창조할 수는 없습니다.

마리아님이시여!

7. 하느님께서는 내가 바라는 어떤 형태, 제가 상상할 수 있는 어떤 형태, 제가 선택하는 어떤 형태를 창조하도록 허용하신다고 나는 인정합니다. 그럼에도 정확하게는 하느님의 사랑은 조건 없는 사랑이므로 하느님께서는 내가 내 자신과 타인들이 창조한 어떤 형태 속에 갇히게 되는 것을 허용하시지 않을 것입니다. 그리고 내가 그러한 창조물들을 영원한 것으로, 혹은 나의 참된 정체성으로 받아들이는 것도 용납하시지 않을 것입니다.

마리아님이시여!

8. 나는 조건 없는 사랑의 현존께서는 하느님 창조물의 어떤 일부가 무한히 멈춰 서있거나, 혹은 어떤 형태에 영원히 갇히게 되는 것을 허용하시지 않을 것임을 인정합니다.

마리아님이시여!

9. 나는 어떠한 생명이든 모든 생명은 성장하여 충만하고 완전해져야 하며, 생명인 모든 것, 하느님인 모든 것이 되기를 바란다고 인정합니다. 거기에서 더 나아가 더 큰 존재가 되어야 하고, 절대 끝나지 않는 하나의 주기(週期) 내에서 수많은 세계들을 창조해야 합니다. 왜냐하면 생명은 진실로 시간을 초월해 있고, 심지어는 영원마저도 초월해 있기 때문입니다. 생명은 무한한 것이지만, 사랑, 조건 없는 사랑은 현재의 나 보다 더 큰 존재가 되게 하는 추진력이기 때문에 무한 그 자체마저도 초월해 있습니다. 하느님께서도 바로 그 추진력이시므로 하느님마저도 더 큰 존재가 되든지, 그렇지 않으면 아무 것도 창조하지 않게 될 힘입니다.

마리아님이시여!

오, 성모 마리아시여, 나는 사랑에 반( )하는 모든 것을 버리겠습니다

오, 성모 마리아시여, 나는 모든 생명을 더 큰 존재가 되게 하시는 하느님의 멈출 수 없는 힘, 하느님의 조건 없는 사랑이 나의 제한된 정체성을 태워버리고 내 영혼의 주위에 감옥의 벽이 되어온 바벨탑을 기꺼이 허물어 버리도록 하겠습니다.

하느님께서는 한마음으로 나를 사랑하시므로 사랑이 아닌 모든 것을 태우신다고 나는 믿습니다. 따라서 나는 내 안에 존재하는 사랑에 반(反)하는 것의 핵심인 제한적이고 불완전한 자아(自我)에 대한 모든 집착을 기꺼이 버리겠습니다. 나는 가장 높으신 하느님의 참된 아들/딸이며, 또한 하느님 자체인 모든 것이 될 수 있는 잠재력을 지니고 있다고 받아들입니다.

하느님께서 스스로를 확장하신 한 형태로서 내가 하느님에 의해 창조되었습니다. 그리고 내가 형태의 세계로 내려오게 된 것은 형태의 세계 전체가 자의식(自意識)을 가질 수 있게 하고, 이 형태의 세계도 자기초월을 할 수 있으며, 또 하느님 자체인 모든 것이 될 수 있는 잠재력을 지니고 있다는 것을 자각할 수 있도록 돕기 위해서였습니다. 나는 이 모든 사실을 진실로 받아들입니다.

나는 신성한 잠재력을 지니고 태어났으며, 이러한 영원한 사명을 수행하기 위해 자발적으로 지구 행성으로 내려 왔습니다. 때문에 이 세상에 존재하는 불완전한 이미지와 불완전한 믿음에 기초하여 형성된 어떠한 정체성 속에 안주해 있을 수 없다는 것도 받아들입니다. 따라서 나는 이 장엄한 우주에 대해 하느님께서 지니고 계신 아름다운 계획에 대항하여 고의적으로 반란을 일으킨 뱀 같은 무리들이 만들어낸 거짓말들을 기꺼이 버리겠습니다. 그 대신 지속적인 자기초월을 통해 아름다운 우주를 끝없이 창조하고자 하시는 하느님의 영원한 목적에 내 스스로 부응하도록 하겠습니다.

나는 나의 신성한 근원을 인정합니다

1. 순수한 하느님의 존재께서 더 큰 존재가 되게 하는 추진력을 가지지 않으셨다면, 나는 내가 살고 있는 이 우주를 창조하신 개체화된 창조주도 없었을 거라고 생각합니다. 또한 창조주께서 더 큰 존재가 되고자 하지

않으셨다면, 나 또한 하느님과 함께하는 하나의 공동 창조자가 되지 못했을 것입니다.

마리아님이시여!

2.분명히 나는 더 큰 존재가 되게 하는 추진력에 의해 창조되었으므로 내가 현재의 의식 상태에, 그리고 현재의 정체성 속에 계속 머물러 있을 수 없다는 것을 인정합니다.

마리아님이시여!

3.내가 설사 완벽한 정체성을 창조했다 하더라도 그 정체성 속에 계속 머물 수는 없다고 인식합니다. 왜냐하면 내가 그 완벽한 정체성에 집착하여 그것이 나의 영원한 모습이라 생각하는 한, 그 정체성 또한 하나의 덫이 될 수 있기 때문입니다.

마리아님이시여!

4.나의 영원한 정체성은 순수한 하느님의 존재께서 개체화된 한 존재이므로 나는 내가 창조한 어떠한 것들 속에 갇혀 있을 수 없다고 생각합니다.

마리아님이시여!

5.나는 순수한 하느님의 존재께서는 형태를 지닌 어떠한 것, 그리고 창조된 어떠한 것들보다도 더 큰 존재라고 믿습니다. 순수한 하느님의 존재께서는 멈춰 서있을 수 없으며, 모든 경계를 초월하여, 즉 하느님에 대해 완전한 자각을 성취하지 못한 존재들이 상상할 수 있는 모든 경계를 초월하여 끊임없이 확장하며 성장해가고 있습니다.

마리아님이시여!

6.하느님께서는 모든 제약을 초월하여 존재하시며, 순수한 하느님의 존재 속에는 어떠한 분리도 없고, 오로지 하나됨만이 존재한다고 나는 인식합니다. 그 일체성(一體性) 속에서는 매순간 영원토록 맥동하고, 상승하며, 확장하고, 자신보다도 더 큰 존재가 되게 하는 전체만이 있는데, 이 존재는 살아 숨쉬고, 끊임없이 움직이며, 스스로를 초월해가는 존재입니다.

마리아님이시여!

7.조건 없는 사랑의 현존께서는 하느님의 순수한 존재께서 지니신 무한한 상상력으로부터 생겨난 첫 번째 산물이며, 이 현존께서는 나에게도 추진력을 주시어 더 큰 존재가 되게 하고, 언제나 초월하게 하며, 매순간 현재의 나보다 더 큰 존재가 되게 한다고 나는 믿고 있습니다.

마리아님이시여!

8.조건 없는 사랑의 현존께서는 모든 생명이 스스로를 초월하고 더 큰 존재가 되게 하는 추진력이라고 나는 믿고 있습니다. 따라서 이 추진력은 나의 상상력과 정체성의 주변에 쌓아올린 모든 감옥의 벽들을 허물어버릴 것입니다.

마리아님이시여!

9.조건 없는 사랑의 현존께서는 내가 바라는 어떤 정체성이든 창조하도록 허용하시겠지만, 그러한 정체성 속에 갇히거나 그 정체성을 무한정 지니는 것은 허용하시지 않으실 거라 나는 인식합니다.

마리아님이시여!

오, 성모 마리아시여, 나의 첫 번째 사랑을 기억할 수 있게 도와주소서
오, 성모 마리아시여, 내 영혼이 이 세상에 오기 전에 이곳으로 오겠다고 선택한 존재는 다름 아닌 바로 나였다는 사실을 제가 기억할 수 있게 도와주소서. 하느님께서 가장 최근에 창조하신 창조계인 물질우주로 내려가고자 하는 자원자들을 부르심에 따라 나의 신아(神我)도 하느님 앞에 서있었습니다. 이 우주가 하느님의 완전한 의식을 지닐 수 있도록 이끄는 자기초월의 나선을 출발시켜 물질우주가 하나의 자의식(自意識)을 지닌 우주가 될 수 있도록 돕겠다고 약속했던 바로 그 순간을 내가 기억할 수 있게 해주소서.

하느님의 옥좌 앞에 있는 홀의 중앙에 서서 내가 수많은 은하들과 태양계들, 그리고 행성들을 거느리고 있는 이 아름다운 우주의 광대함을 바라보고 있던 장면을 기억할 수 있도록 도와주소서. 그리고 누군가 이 우주로 내려가서 전 우주가 자의식을 지니고 하느님처럼 자아를 인식할 수 있도록 하기 위해 자기 인식의 상승나선을 출발시켜야 한다는 것을 내가 분명히 알고 있었다는 사실을 기억할 수 있게 해주소서.

이 광대한 우주를 바라보며 나의 신아가 존재의 중심으로부터 솟아오르는 하느님의 조건 없는 사랑과 자기 초월의 추진력을 얼마나 깊이 느꼈었는지 기억할 수 있게 도와주소서. 그리고 하느님을 바라보면서, "주여, 여기 있는 저를 보내주십시오! 제가 내려가서, 모든 것들이 조건 없는 사랑의 표현이 될 때까지, 당신의 조건 없는 사랑을 이 우주에 구현하겠습니다."라고 말했다는 사실을 내가 기억할 수 있게 해주소서.

나는 자기초월의 필요성을 인정합니다

1.내가 더 큰 존재가 되도록 창조되었기 때문에 나는 더 큰 하느님이 되기를 바라시는 하느님의 열망의 산물이며, 따라서 자신을 초월하고자 하는 창의적이고 맥동하는 하느님의 추진력에 부응하기 위해 나는 반드시 더 큰 존재가 되어야 한다고 믿습니다.

마리아님이시여!

2.만약 내가 창조한 어떤 이미지 또는 어떠한 정체성을 계속 붙잡고 있다

면, 조건 없는 사랑의 현존께서 나에게 다가와 내가 스스로를 초월하고 앞을 향해 전진해가야 하며, 또 현재의 나보다 더 큰 존재가 되어야 한다는 것을 부드럽게 상기시켜 줄 거라 믿습니다.

마리아님이시여!

3.내가 조건 없는 사랑의 현존의 요구에 계속 저항하면, 현존의 목소리는 점점 더 강해지게 될 것이며, 결국에는 내가 이러한 요구를 의도적으로 무시하게 될 거라 믿습니다.

마리아님이시여!

4.만약 내가 조건 없는 사랑의 현존의 요구를 계속 무시하고, 더 큰 존재가 되어야 한다는 현존의 목소리에 마음과 가슴의 문을 닫아버리면, 사랑의 현존께서는 계속 압력을 키워갈 것입니다. 그리고 마침내 그 압력이 너무 커져 끝없는 자기초월의 사이클 속에서 더 큰 존재가 되게 하시는 조건 없는 사랑의 멈출 수 없는 힘인 하느님 자체의 힘에 의해 형태의 세계에서 내가 창조해온 제한된 정체성은 산산조각 나게 될 거라 믿습니다.

마리아님이시여!

5.나는 조건 없는 사랑의 현존이 하느님으로부터 생겨난 산물이라고 받아들입니다. 이 현존께서는 우리가 살고 있는 이 우주를 창조하신 창조주보다도 앞서 존재하시며, 순수한 하느님의 존재로부터 생겨난 최초의 산물입니다.

마리아님이시여!

6.나는 하느님의 자손으로, 하느님께서는 나보다 더 큰 존재라고 믿습니다. 그러나 내가 더 큰 존재가 되고자 하는 하느님의 열망으로부터 생겨

난 산물이기 때문에, 나 역시도 더 나은 존재가 되어야 합니다. 따라서 나는 그 거대한 존재가 더 진화하고자 하는 더 큰 열망이며, 이것이 바로 영속적으로 움직이고 있는 우주의 춤(dance of cosmos)입니다. 이 춤은 인간의 상상을 초월하여 한 장의 생명의 태피스트리(여러 가지 색실로 그림을 짜 넣은 직물) 속에다 우주 너머의 우주들, 세계 속의 세계들을 창조케 합니다.

마리아님이시여!

7.내가 육체를 지닌 현재의 제한된 형태를 나라고 생각하는 한, 나는 결코 조건 없는 사랑의 현존을 이해할 수 없습니다. 그 대신에 나를 생겨나게 하신 하느님의 순수한 존재를 내 자신이라고 인식할 때에만, 조건 없는 사랑의 현존을 이해할 수 있다고 믿습니다.

마리아님이시여!

8.지금은 앞을 향해 전진해가야 할 때라고 나는 이해합니다. 지금은 초월해가야 하며, 내가 겪고 있는 현재의 한계들을 벗어나야 할 때입니다. 이렇게 함으로써 이 지구 행성 전체가 이 행성에 살고 있는 사람들의 제한된 정체성으로 인해 생겨난 여러 가지 제약들을 초월할 수 있도록 돕게 될 것입니다.

마리아님이시여!

9.나는 인류가 너무나 오랫동안 불완전한 이미지와 구조, 그리고 궁극적으로 이 행성을 통제하고 지배하고자 하는 욕망을 지녀왔다는 사실을 인정합니다. 인류는 바벨탑을 쌓아왔습니다. 그리고 만약 인간이 더 큰 존재가 되고자 하는 하느님의 소망에 다시 부응하지 않거나 인간들이 지닌 제한된 정체성과 지배욕을 버리지 않는다면, 멈출 수 없는 하느님의 힘에 의해 이러한 탑들은 붕괴되고 말 것입니다.

마리아님이시여!

오, 성모 마리아시여, 내가 내 삶에 책임을 질 수 있도록 도와주소서

오, 성모 마리아시여, 내가 현재 겪고 있는 모든 고통과 아픔, 한계들은 나의 첫 번째 사랑인 내 영혼을 낳아준 나의 신아(神我)가 지닌 최초의 사랑을 잊었기 때문이라는 것을 이해할 수 있도록 도와주소서.

내 영혼은 나의 신아의 조건 없는 사랑으로부터 태어났으며, 나의 그 신아께서는 나의 현존(my Presence)에게 현재의 나 보다 더 큰 존재가 되게 하는 추진력을 주셨다는 것을 내가 이해할 수 있게 도와주소서. 그리고 더 큰 존재가 되고자 하는 추진력의 결과로서 나는 내 영혼을 창조하여 물질 우주로 내려가게 되었으며, 마침내 지구에까지 이르게 되었습니다. 내가 여기 지구에 온 목적은 이 지구를 상승케 하여 자유의 별이 되게 하고 스스로 빛을 발하여 전 은하로 빛을 방출할 수 있는 태양이 되도록 돕기 위해서였습니다.

나는 짙은 밀도를 가진 이 행성에서 많은 생애를 살아오면서 내가 지닌 원래의 열망, 즉 나의 현존이 지니고 있는 원래의 사랑을 잊어버리게 되었습니다. 그리고 점차 이 행성에 갇힌 채 죽어야 하는 유한한 인간이라는 제한된 정체성을 받아들이게 되었다는 것을 내가 이해할 수 있게 도와주소서.

나의 하느님의 장대한 계획의 일부이자 자의식을 지닌 한 존재인 나에게는 진행 중인 일이 있다는 사실도 내가 이해할 수 있게 해주옵소서.

나는 조건 없는 사랑의 현존에게 헌신할 것을 다짐합니다.

1. 나는 조건 없는 사랑의 힘이 임계질량에 이르렀음을 단언합니다. 또한 사람들이 그 사랑의 힘을 받아들이고, 그 힘과 함께 흐르며 불완전한 이미지에 대한 집착을 버려 더 큰 존재가 되게 하는 추진력을 다시 긍정하지 않는다면, 조건 없는 사랑께서는 생명력 자체를 통제하고 그러한 힘을 정지시키기 위해 그들이 창조한 형상들, 문명들, 그리고 그들이 쌓아올린 바벨탑들과 구조물들을 진실로 산산조각 내고 말 것입니다.

마리아님이시여!

2.지구 행성의 어떠한 힘도, 그리고 한 개체적인 창조주에 의해 창조된 한 우주의 어떤 힘도 조건 없는 사랑의 현존을 멈추게 할 수는 없습니다. 왜냐하면 조건 없는 사랑의 현존께서는 모든 창조주들이 창조한 모든 것들을 초월해서 존재하시기 때문입니다.

마리아님이시여!

3.나는 하느님의 침묵의 소리에 귀를 기울일 것을 다짐합니다. 이 침묵의 소리는 하느님의 모든 아들과 딸들이 이 세상의 것들에 대한 모든 집착을 버리고, 그들의 의식 속에 깃들어 있는 모든 벽들, 즉 제한된 정체성 속에다 그들을 구속하고 있는 벽들을 허물라고 말씀하십니다.

마리아님이시여!

4.또한 나는 마지막의 트럼펫소리에 귀를 기울일 것을 다짐합니다. 이 트럼펫소리는 내가 더 높이 올라, 나의 하느님인 나의 신아, 그리고 하느님 안에서 현재의 나보다 더 큰 존재가 되게 하는 그 추진력과 다시 연결되라고 부르고 있습니다.

마리아님이시여!

5.나는 세속적인 운명과 불완전함으로 인해 갖게 된 속박으로부터 벗어날 것을 다짐합니다. 나의 정체성, 즉 나의 영혼이 거주할 신성한 공간에 이러한 속박들이 들어올 수 있도록 허용한 것은 바로 나였으며, 이러한 불완전한 이미지들은 참나가 거할 성스러운 장소에 있어서는 안 될 흉물로 남아 있습니다.

마리아님이시여!

6.내 가슴의 비밀스러운 방에는 오로지 나의 하느님의 화염이자, 또한 신적자아인 순수한 참나만이 존재해야 하며, 이 신아는 형태를 지닌 이 물질세계의 어떤 것보다 더 큰 존재입니다. 따라서 이 신아는 어떠한 형태에 결코 한정되거나, 어떠한 정체성에 고착될 수도 없다고 나는 확신합니다. 나의 신아는 더 큰 존재가 되게 하는 추진력에 의해 창조되었기 때문에, 더 큰 하나님이 될 수 있도록 영원히 헌신해야 합니다.

마리아님이시여!

7.나는 더 높이 올라 참된 자신이 되라는 강력한 요청에 귀를 기울일 것이며, 또한 이에 따를 것을 다짐합니다. 따라서 나는 나의 첫 번째 사랑, 즉 나를 창조하신 창조주요, 하느님이신 신아에 대한 사랑인 나의 가장 숭고한 사랑에 다시 연결될 것입니다. 심지어 나의 창조주께서 창조하신 모든 형태를 초월하여 존재하시는 순수한 하느님의 존재에 대한 사랑과도 다시 연결될 것입니다.

마리아님이시여!

8.나는 조건 없는 사랑의 현존과 다시 연결되라는 부름을 받아들이며, 조건 없는 사랑의 현존과 접촉하기 위해 먼저 가슴과 마음의 문을 열고 조건 없는 사랑의 현존을 받아들여야 합니다. 그리고 조건 없는 사랑의 현존께서 나의 의식 속에 존재하는 모든 장애와 불완전한 것들을 연소시키실 수 있도록 기꺼이, 또 의식적으로 허용해야 하며, 온화한 사랑으로 해야 한다고 확신합니다.

마리아님이시여!

9.나는 모든 불완전한 정체성을 버리고 하느님과 함께 하는 고차원의 정체성을 받아들일 것을 다짐합니다. 나는 하느님의 현존을 따라, "나는 영원히 더 큰 존재를 향해 나아가기 때문에 스스로 있는 자이다!" 이라고

말씀하시는 하느님의 조건 없는 사랑과 무한한 기쁨 속으로 들어갈 것입니다.

마리아님이시여!

오, 성모 마리아시여, 삶에는 더 큰 무엇이 존재한다는 것을 체험할 수 있게 도와주소서.
오, 성모 마리아시여, 삶에는 내가 현재 체험하고 있는 것보다 더 큰 무엇이 존재하고 있음을, 그리고 이 세상의 종교들, 교육기관들, 정부들이 말하고 있는 것보다 더 큰 무엇이 존재함을 경험할 수 있도록 도와주소서.

삶에는 훨씬 더 큰 무엇이 존재하며, 내 자신에게도 훨씬 더 큰 그 무엇이 있습니다. 이 더 큰 무엇, 하느님의 화염, 자기초월의 추진력과 다시 연결됨으로써 나는 내가 지니고 있는 모든 제약들을 극복할 수 있다는 것을 체험할 수 있게 해주소서. 이 자기초월의 추진력은 창조계의 이면에 존재하고 있는 추진력으로서 나의 내면에도 존재하고 있으며, 이를 통해 나는 이 세상에 만연해 있는 아픔과 고통의 속박을 벗어던질 수 있습니다. 그렇게 함으로써 최후의 적이라는 죽음마저도 벗어날 수 있으며, 상승한 존재가 되어 영원한 승리를 쟁취할 수도 있습니다. 따라서 나는 제한된 정체성이라는 속박에서 벗어나 육신을 지닌 채로 여기 이 지구 행성에서 그리스도 의식을 구현할 수 있게 될 것입니다.

이렇게 함으로써 나는 지구 전체가 상승할 수 있도록 도울 수 있으며, 예수님께서 말씀하셨듯이, 나도 "내가 들리면, 나는 모든 사람들을 내게로 이끌리라."라고 말할 수 있게 될 것입니다. 그리고 나 또한 지구 위를 걸어 다니는 그리스도화한 존재가 되어 모든 사람들을 나에게로, 그리고 내 안에 존재하시는 하느님에게로 이끌 수 있습니다. 내 안에 존재하시는 하느님이란 바로 더 큰 존재, 더 나은 존재가 되고자 하는 열망, 영원히 자신을 초월하고자 하고 부단히 조건 없는 사랑이 되고자 하는 열망입니다.

오, 성모 마리아시여, 나는 당신을 하느님의 어머니로서 공경하며,

나의 큰 누이 또는 언니로서 받아들입니다. 나는 나의 마음과 내가 지닌 두려움을 초월하여 당신께서 내 가슴 속에서 하시는 말씀을 귀담아 듣겠습니다. 나는 당신께서 하시는 말씀이 내 마음과 가슴의 주변에 쌓아온 여러 겹의 두려움 속으로 스며들게 할 것이며, 당신께서 내 가슴 속으로 들어오실 수 있도록 허용할 것입니다. 나는 당신을 인자하신 어머니로 반갑게 맞이할 것이고, 당신께서는 나를 당신의 무릎 위에 올려놓고 아기 예수에게 하셨던 것처럼, 나를 달래실 것입니다. 그리하여 나의 영혼은 마침내 하느님 어머니의 조건 없는 사랑으로 가득 채워져서 내가 지닌 모든 두려움들, 즉 내 안의 그리스도 아이를 분만해야 하는 두려움, 가브리엘(Gabriel)[352] 대천사와 마주해야 하는 두려움들을 놓아 버릴 것입니다. 가브리엘 대천사는 하느님께서 나를 마음에 들어 하시고 이 지구에서 이룰 수 있는 최고의 가능성인 그리스도 의식이라는 그리스도의 아이를 분만하게 될 것이라는 기쁜 소식을 전해주기 위해 내게 오시게 될 것입니다.

오, 성모 마리아시여, 가브리엘 대천사께서 나를 찾아오시면, 나는 그를 받아들일 것을 약속하며, 그를 거절하지 않을 것입니다. 그리고 그를 의심하지도 않을 뿐더러 그와 언쟁하지도 않을 것입니다. 당신께서 하셨던 것처럼, 나도 다음과 같이 말할 것입니다.

"오, 주여, 당신의 뜻이 나의 뜻이고, 나의 뜻이 당신의 뜻임을 이제 알게 되었으니, 당신의 뜻대로 내게도 이루어지게 하소서. 나는 하느님의 조건 없는 사랑으로부터, 더 큰 존재가 되고자 하시는 하느님의 소망으로부터 태어났다는 것을 알고 있습니다. 따라서 나는 기꺼이 더 나은 존재가 되고자 하며, 그것도 바로 여기 이 지구 행성에서 더 큰 존재가 되고자 합니다. 그렇게 함으로써 이 지구 행성에 존재하는 어떠한 왕국보다도 더 큰 하느님의 왕국을 물질적으로 완벽히 구현하고자 합니다. 그리고 내 존재의 중심에는 하느님의 조건 없는 사랑이 위치해 있다는 것을 알고 있기에, 내가 이 행성에서 신성(神性)을 표현하는 데 지금까지 갖게 되었을 수도 있던 모든 두려움을 초월할 수가 있었습니다. 나는 기꺼이 그 사랑이 나의 중심에 있게 할 것이며,

---

[352] 성모 마리아가 예수님을 낳기 전에 그녀에게 나타나 그리스도를 낳게 될 것이라고 예고한 대천사이다. (감수자 주)

내 연상의 형제이신 예수님께서 말씀하셨던 것처럼, 나도 기꺼이 세상을 향해 서서 세상 사람들이 행하고 말해야 할 것을 그들 스스로가 행하고 말하게 할 것입니다. 그렇게 함으로써 모든 생명들이 오늘 누구를 섬길 것인지, 그리고 그들이 더 높이 올라 하느님 안에서 현재의 참된 자신보다 더 큰 존재가 되고자 하는지를 판단하는 도구가 되게 할 것입니다.

나는 조건 없는 사랑의 현존께서 내 존재 속에 들어 있는 사랑이 아닌 모든 것을 태워주기를 요청합니다. (3번)

나는 조건 없는 사랑의 현존께서 모든 사람들 속에 존재하는 사랑이 아닌 모든 것을 태워주기를 요청합니다. (3번)

나는 조건 없는 사랑의 현존께서 이 지구행성에 존재하는 사랑이 아닌 모든 것을 태워주기를 요청합니다. (3번)

지구는 주님의 것이며, 그렇기에 지구에 충만해 계십니다. (3번)

조건 없는 사랑이신 성부와 성자, 성령과 기적의 어머니의 이름으로, 아멘.

봉인하기

나는 내가 하느님 어머니의 조건 없는 사랑으로 봉인되었음을 완전히 받아들입니다. 하느님 어머니의 조건 없는 사랑은 참으로 모든 형태를 초월하여 존재하시는 순수한 하느님의 존재께서 지니신 무조건적이며 멈출 수 없는 사랑입니다.

성부와 성자, 성모, 그리고 성령의 이름으로 그것은 이루어졌고, 완료되었으며, 이제 나의 가슴은 무한한 사랑으로 봉인되었습니다. 이 사랑은 지옥과 이 세상의 세력들로부터 내 자신을 지키는 궁극의 보호막이 될 것입니다. 따라서 나는 언제나 그 사랑 속에 거하며, 또한 나는 이 세상에 존재하는 바로 그 사랑입니다. 아멘.

성모 마리아의 기적의 수용 로사리오

조건 없는 사랑이신 성부, 성자, 성령, 그리고 기적의 어머니의 이름으로, 아멘.

(개인적인 기원사항은 이곳에 추가한다)

주기도문(Lord's Prayer)

 모든 생명의 내면에 존재하시는 우리의 하느님 아버지-어머니시여, 우리는 우리의 내면에 계시는 당신의 현존인 우리의 신아(神我)를 공경합니다. 우리는 당신의 왕국이 우리를 통해 이 지구에 실현됨을 받아들입니다. 당신의 뜻이 천상에서 이루어진 것처럼, 이 지상에다 당신의 뜻을 실현할 책임이 우리에게 있습니다.
 우리는 당신께서 우리가 당신 자신인 모든 것이 될 수 있는 기회를 우리에게 매일 제공해주고 계심을 인정합니다. 우리가 서로를 용서하고, 우리의 의지를 우리의 내면에 존재하는 더 높은 의지에게 내맡길 때, 당신께서도 우리가 지닌 불완전함을 용서해주신다고 믿습니다. 그러므로 우리는 우리가 내보낸 것을 우주는 우리에게 되돌려준다는 진리를 받아들입니다.
 우리의 삶과 우리의 행성에 대해서도 모든 책임이 우리에게 있습니다. 당신께서 모든 불완전한 에너지들로부터 우리를 구해내실 수 있도록, 우리도 낮은 자아가 지닌 여러 유혹들로부터 벗어날 것을 맹세합니다. 우리는 당신의 왕국과 권능, 영광이 지금, 그리고 영원히 이 지구에 실현된다고 확신합니다. 아멘.

1. 오, 하느님이시여, 나는 당신의 첫 번째 율법을 지킬 것이며, 하느님 외에 어떠한 다른 신(神)도 섬기지 않을 것을 맹세합니다. 오, 하느님이시여, 나는 당신께서 모든 형태의 근원이시며, 모든 형태를 초월하여 존재하신다고 확신합니다. 따라서 나는 당신께서 이 형상의 세계에 존재하는 어떠한 이미지, 어떠한 교리나 어느 하나의 종교에 한정될 수도 없다는 것을

잘 알고 있습니다. 지금, 그리고 영원히 하느님께서는 내 안에 존재하신다고 믿습니다.

경배하는 **마리아님이시여!**(기적의 로사리오에 나오는 헤일 마리 기도문을 여기서 1번 낭송한다. 346쪽 참고)

2. 오, 하느님이시여, 당신께서는 모든 형태를 초월하여 존재하시므로 당신의 참된 현존은 이 세상의 말이나 형상으로 묘사될 수 없다는 것을 나는 잘 알고 있습니다. 따라서 나는 당신의 참된 현존의 대체물로 각인된 어떠한 이미지도 결코 받아들이지 않을 것을 맹세합니다. 이 세상에서 볼 수 있는 모든 설명이나 교리를 뛰어넘어 보고자 할 때에만 오로지 당신을 알 수 있다고 생각합니다. 나는 당신께서 제게 스스로 당신의 참모습을 드러내 보이시는 직접적인 내적체험을 통해서만 내가 당신의 참된 현존을 알 수 있다고 확신합니다. 지금, 그리고 영원히 하느님께서는 내 안에 존재하신다고 믿습니다.

마리아님이시여!

3. 오, 하느님이시여, 나의 외적인 마음, 육체의 마음은 당신을 어떠한 각인된 이미지에 한정시키고자 한다는 것을 나는 잘 알고 있습니다. 그러나 당신의 참된 현존께서는 결코 육체의 마음이나 이 세상의 세력들이 만들어낸 마음의 상자 속에 담길 수가 없습니다. 따라서 내가 한 때 당신에 대해 받아들였던 모든 이미지들을 버리겠으며, 당신의 타오르는 불꽃이 이러한 이미지들을 제거해주신다고 이해합니다. 나는 지금, 그리고 영원히 하느님께서 내 안에 존재하신다고 믿습니다.

마리아님이시여!

4. 오, 하느님이시여, 이 세상의 지배자는 내가 당신에 대한 잘못된 이미지를 받아들이게 함으로써 나를 노예화하려 하며, 이를 통해 우상을 숭배하도록 만들고 있습니다. 당신의 타오르는 불꽃이 나를 자유롭게 하고 내가

모든 우상들과 우상을 숭배하고자 하는 열망으로부터 벗어날 수 있게 하신다고 확신합니다. 나는 지금, 그리고 영원히 하느님께서는 내 안에 존재하신다고 믿습니다.

마리아님이시여!

5. 오, 하느님이시여, 당신께서는 당신의 형상을 따라 당신의 닮은꼴로 인간을 창조하셨다고 나는 믿습니다. 그러나 인간이 낮은 의식 상태로 추락한 이후, 그들이 세속적인 마음이 지닌 이원적인 힘으로 이루어진 형상과 닮은꼴로 많은 그릇된 신(神)들을 창조했다는 사실을 이해합니다. 따라서 나는 기꺼이 이러한 잘못된 신들로부터 벗어날 것을 선언하며, 당신께서 나를 자유롭게 하시어, 내가 당신의 참된 현존을 체험할 수 있게 해주신다고 확신합니다. 나는 지금, 그리고 영원히 하느님께서는 내 안에 존재하신다고 믿습니다.

마리아님이시여!

6. 오, 하느님이시여, 당신께서는 분노하고 심판하는 하느님이 아니시며, 이러한 신은 바로 인간이 만들어냈다는 사실을 나는 잘 알고 있습니다. 나는 당신께서 조건 없는 사랑의 하느님이시라고 믿으며, 나에 대한 당신의 조건 없는 사랑을 기꺼이 체험하고자 합니다. 그리고 그 사랑을 기꺼이 받아들이겠습니다. 당신의 완벽하신 사랑이 내가 당신에 대해 지니고 있는 모든 두려움을 태우게 할 것이며, 그렇게 함으로써 내가 당신의 아들/딸이라는 것을 충분히 받아들일 수 있도록 할 것입니다. 나는 지금, 그리고 영원히 하느님께서 내 안에 존재하신다고 믿습니다.

마리아님이시여!

7. 오, 하느님이시여, 나는 당신께서는 모든 형태를 초월하여 존재하시므로 인간의 지능이나 세속적 마음을 통해서는 결코 당신을 알 수 없다고 깨달

습니다. 그리고 나는 외적인 마음을 벗어나 그리스도의 마음을 지녀야만 당신의 현존을 체험할 수 있다고 확신합니다. 나는 예수 그리스도의 내면에 존재했던 그 마음이 내 안에도 기꺼이 존재하게 할 것입니다. 지금, 그리고 영원히 하느님께서 내 안에 존재하신다고 믿습니다.

마리아님이시여!

8. 오, 하느님이시여, 나는 당신의 참된 현존을 기꺼이 체험하고자 합니다. 오, 하느님이시여, 나는 당신으로부터 더 이상 숨거나, 도망가지 않겠습니다. 내가 내 자신과 타인들을 심판하지 않는 한, 당신께서도 나를 심판하거나 비난하지 않으신다는 것을 나는 잘 이해하고 있습니다. 따라서 나는 내 존재의 가장 깊은 곳에서 오로지 당신에 대한 사랑만을 느끼며, 당신과 하나가 된 완벽한 결합을 체험하고자 합니다. 나는 하느님께서 지금, 그리고 영원히 내 안에 존재하신다고 믿습니다.

마리아님이시여!

9. 오, 하느님이시여, 당신께서는 하늘에 계신 나의 아버지시며, 나는 내가 당신의 아들/딸이라는 것을 진실로 믿고 있습니다. 내 안에 당신께서 존재하시며, 나 또한 당신 안에 존재한다고 믿습니다. 따라서 당신은 나이고, 나 또한 당신이라는 것을 받아들입니다. 오, 하느님이시여, 당신께서 나의 하느님이시라는 것을 나는 지금, 그리고 영원히 충분하고도 완전하게 받아들입니다. 오, 하느님이시여, 나는 우리가 하나라고 확신하며, 지금이라는 영원함 속에서 당신을 나의 하느님으로 받아들입니다. 따라서 저는 "개체화된 신성(神性)"이 내 안에 존재한다고 믿으며, 그 "신성한 대아(大我)"가 될 것을 선언합니다. 나는 하나이신 참된 하느님을 나의 유일한 하느님으로 받아들입니다. 나는 지금, 그리고 영원히 하느님께서 내 안에 존재하신다고 믿습니다.

마리아님이시여!

오, 성모 마리아시여, 나의 참나(Real Self)를 받아들일 수 있도록 도와주소서.

오, 성모마리아시여, 하느님이 보실 때 내가 마음에 안 드실 거라고 느끼는 모든 성향들과 하느님을 피하려는 모든 습성들, 또는 하느님과 마주 대하게 되는 모든 두려움들을 극복할 수 있게 도와주소서. 내가 내 자신 안과 모든 생명의 내부, 심지어 물질 그 자체 속에 존재하는 하느님의 현존을 부정하지 않는 한, 하느님께서도 나를 조건 없는 사랑으로 맞아주신다는 것을 내가 받아들일 수 있도록 도와주소서. 그리고 아버지께서는 나에게 왕국을 주시는 것을 기뻐하신다는 것을 내 스스로 믿을 수 있게 해주소서.

 오, 성모마리아시여, 하느님께서 보시기에 나의 참나는 충분한 가치가 있으며, 나 또한 하느님의 왕국에 들어갈 가치가 있다는 것을 내가 믿을 수 있게 도와주소서. 불완전한 모습의 모든 것들은 임시적일 뿐이며, 단지 내가 그러한 것들에 권능을 부여하고 있는 동안에만 존속한다는 사실을 이해할 수 있게 해주소서. 내가 이 세상의 불완전한 것들을 버리고 나의 신적자아의 완벽함을 받아들일 수 있도록 도와주소서. 나의 참나를 수용할 수 있도록 도와주소서.

 오, 성모마리아시여, 당신과 예수께서는 당신들의 내면에 계시는 하느님을 부정하지 않았기 때문에 승천하게 되었다는 영원한 진실을 내가 진정으로 받아들이고 체화할 수 있도록 도와주소서. 내가 당신들 속에 존재하시는 그 동일한 하느님이 또한 내 안에도 똑같이 계시다는 사실을 받아들일 수 있게 해주소서. 그럼으로써 나는 하느님으로서 나의 참나에 대한 모든 부정을 버릴 수가 있습니다.

 오, 성모마리아시여, 따라서 나는 내 존재의 내면에 지니고 있는 하느님에 대한 모든 부정을 버리겠습니다. 하느님께서 나를 통해서 발현되시려는 것을 제한하는 모든 행위를 멈추겠노라고 나는 엄숙히 맹세합니다. 그리고 하느님과 함께라면 모든 것이 가능하다는 예수님의 말씀이 옳았다고 받아들입니다. 나의 신아와 나는 하나이며, 그 신적 실재께서 지금까지 일을 하시기에, 나도 일한다고 믿습니다.

1. 오, 예수님이시여, 나는 당신 안에 존재하시는 하느님이 내 안에도 똑같

이 존재하신다는 사실을 이해합니다. 나는 당신을 나의 구세주 이상으로 받아들입니다. 따라서 나는 당신을 나의 연상의 형제로 수용하며, 나에게 (하느님 아버지의) 집으로 돌아가는 길을 알려주시기 위해 당신께서 이곳에 계신다고 확신합니다. 나는 지금, 그리고 영원히 내 삶 속에서 하느님의 기적이 일어난다고 믿습니다.

마리아님이시여!

2. 오, 예수님이시여, 이 세상의 세력들에게 가장 큰 위협이 되는 것은 바로 지구를 걸어 다니는 그리스도화한 존재라는 것을 나는 잘 알고 있습니다. 또한 이것이 왜 그들이 당신을 살해했는가를 잘 설명해주고 있다고 이해합니다. 이러한 세력들은 당신을 우상으로 숭배하는 하나의 종교집단을 만들었을 뿐만 아니라, 다른 사람들이 당신께서 보여주신 본보기를 따르지 못하게 하기 위해 무슨 짓이든지 할 수 있다는 것을 나는 잘 압니다. 당신의 영적인 검(劍)이 당신에 대한 모든 우상화로부터 나를 자유롭게 해주신다고 믿으며, 당신께서 남기신 발자취를 따라가면, 나 또한 개인적인 그리스도 의식을 구현할 수 있는 잠재력을 지니고 있다고 확신합니다. 나는 지금, 그리고 영원히 내 삶 속에 하느님의 기적이 일어난다고 받아들입니다.

마리아님이시여!

3. 오, 예수님이시여, 이 세상의 세력들은 당신께서 보여주신 본보기를 아무도 따라 할 수 없다는 생각을 갖게 하기 위해 온갖 교묘한 거짓말들을 만들어 왔다는 사실을 나는 잘 알고 있습니다. 또한 내가 그리스도 의식을 성취하기 위한 길을 걸어가자마자 그들은 나를 신성모독(神性冒瀆)이라고 비난할 거라는 것도 잘 알고 있습니다. 그러나 당신께서 보여주신 본보기를 따르고자 하는 나의 마음은 확고하며, 당신으로 인해 내가 잘못된 비난을 받게 되는 모든 두려움으로부터 벗어날 수 있도록 당신께서 나를 도와주실 거라 믿고 있습니다. 나는 지금, 그리고 영원히 내 삶 속에 하느

님의 기적이 일어난다고 믿습니다.

마리아님이시여!

4. 오, 예수님이시여, 당신과 나의 그리스도 자아가 나를 자유롭게 하시어, 내가 이 세상의 세력들이 만들어낸 거짓말, 뱀 같이 교활한 거짓말로부터 어떠한 영향도 받지 않도록 해주신다고 믿습니다. 내 안에 존재하는 그리스도의 마음이 그러한 거짓말들이 노출되도록 하여 내가 진리의 말씀을 올바르게 분간할 수 있게 해줄 거라 확신합니다. 나는 지금, 그리고 영원히 내 삶 속에 하느님의 기적이 일어난다고 믿습니다.

마리아님이시여!

5. 오, 예수님이시여, 당신께서 나에게 보여주신 본보기 중에서 가장 중요한 것은 당신은 단 한 번도 하느님께 "안 됩니다.(No)"라고 말하지 않았다는 것입니다. 또한 당신 안에 존재하셨던 하느님을 제약하려 하거나, 당신을 통해 역사하셨던 하느님의 능력을 결코 한계에 가두려고 하지 않았다는 사실을 나는 이해합니다. 하느님께서 당신을 통해 이루셨던 일들을 나를 통해서도 이루실 수 있다고 확신하며, 나 또한 내 안에 존재하시는 하느님, 혹은 나를 통해 발현되시고자 하는 하느님을 절대로 제약하지 않겠다고 맹세합니다. 나는 지금, 그리고 영원히 내 삶 속에 하느님의 기적이 일어난다고 믿습니다.

마리아님이시여!

6. 오, 예수님이시여, 따라서 하느님께서 나를 통해 하실 수 있거나, 혹은 반드시 해야 하는 것에 관해 내가 어떠한 제약을 가해야 한다는 모든 관념들을 버리겠습니다. 당신께서 지니신 신성한 가슴의 불꽃이 그러한 제약들을 연소시킨다고 생각하며, 나 혼자서는 아무 것도 할 수 없지만, 일을 하시는 분은 내 안에 존재하시는 신아(神我)라고 확신합니다. 나는 지

금, 그리고 영원히 내 삶 속에 하느님의 기적이 일어난다고 믿습니다.

마리아님이시여!

7. 오, 예수님이시여, 이 세상의 세력들은 우주를 운용하는 방법에 대해 자기들이 하느님보다 더 잘 알고 있다고 생각하고 있습니다. 나는 육적인 마음을 포함하여 생명의 모든 측면에 영향을 끼쳐온 온갖 교묘한 거짓말들은 그들이 만들어낸 것이며, 이러한 거짓말들을 만들어낸 목적은 이 지구에서 하느님의 영향력을 제한하기 위한 것이라고 이해합니다. 그리고 하느님의 타오르는 불꽃이 이러한 모든 거짓말들과 내 의식 속에 존재하는 모든 교만들을 연소시킨다고 확신합니다. 따라서 나는 이러한 교만을 기꺼이 버리겠으며, 하느님께서 나를 통해 하실 수 있고, 하시게 될 것이 무엇인지를 나의 신아가 결정할 수 있도록 하겠습니다. 나는 지금, 그리고 영원히 내 삶 속에 하느님의 기적이 일어난다고 믿습니다.

마리아님이시여!

8. 오, 예수님이시여, 하느님과 함께라면 모든 것이 가능하다는 당신의 말씀을 나는 진실로 받아들입니다. 그리고 자연의 법칙을 뛰어넘어 마치 기적과 같아 보이는 것들을 만들어낼 수 있는 고차원의 영적인 법칙이 존재한다고 확신합니다. 따라서 내 안에 존재하시는 하느님께서도 이러한 기적을 만들어내실 수 있다고 생각하며, 나는 그분께서 나의 삶에 무제한의 기적을 구현하실 수 있도록 자유를 부여합니다. 나는 지금, 그리고 영원히 내 삶 속에 하느님의 기적이 일어난다고 믿습니다.

마리아님이시여!

9. 오, 예수님이시여, 나는 그리스도의 의식이 육체를 지닌 사람들을 통해 구현될 때, 이 지구에 하느님의 왕국이 실현될 수 있다고 이해합니다. 나는 기꺼이 참된 그리스도 재림의 일원이 되고자 하며, 먼저 내 안에서 하

느님의 왕국이 구현되고 난 후, 나를 통해, 그리고 그리스도화한 나의 형제자매들을 통해 이 지구에 하느님의 왕국이 실현될 거라 받아들입니다. 나는 지금, 그리고 영원히 내 삶 속에 하느님의 기적이 일어난다고 믿습니다.

마리아님이시여!

오, 성모 마리아시여, 나의 참나를 받아들일 수 있도록 도와주소서

오, 성모마리아시여, 하느님이 보실 때 내가 마음에 안 드실 거라고 느끼는 나의 모든 성향들과 하느님을 피하려는 모든 습성들, 또는 하느님과 마주 대하게 되는 모든 두려움들을 극복할 수 있게 도와주소서. 내가 내 자신 안과 모든 생명의 내부, 심지어 물질 그 자체 속에 존재하는 하느님의 현존을 부정하지 않는 한, 하느님께서도 나를 조건 없는 사랑으로 맞아주신다는 것을 내가 받아들일 수 있도록 도와주소서. 그리고 아버지께서는 내게 왕국을 주시는 것을 기뻐하신다는 것을 내 스스로 믿을 수 있게 해주소서.

오, 성모마리아시여, 하느님께서 보시기에 나의 참나는 충분한 가치가 있으며, 나 또한 하느님의 왕국에 들어갈 가치가 있다는 것을 내가 믿을 수 있게 도와주소서. 불완전한 모습의 모든 것들은 임시적일 뿐이며, 단지 내가 그러한 것들에 권능을 부여하고 있는 동안에만 존속한다는 사실을 이해할 수 있게 해주소서. 내가 이 세상의 불완전한 것들을 버리고 나의 신적자아의 완벽함을 받아들일 수 있도록 도와주소서. 나의 참나를 수용할 수 있도록 도와주소서.

오, 성모마리아시여, 당신과 예수께서는 당신들의 내면에 계시는 하느님을 부정하지 않았기 때문에 승천하게 되었다는 영원한 진실을 내가 진정으로 받아들이고 체화할 수 있도록 도와주소서. 내가 당신들 속에 존재하시는 그 동일한 하느님이 또한 내 안에도 똑같이 계시다는 사실을 받아들일 수 있게 해주소서. 그럼으로써 나는 하느님으로서 나의 참나에 대한 모든 부정을 버릴 수가 있습니다.

오, 성모마리아시여, 따라서 나는 내 존재의 내면에 지니고 있는 하느님에 대한 모든 부정을 버리겠습니다. 하느님께서 나를 통해서 발현되시려는 것을 제한하는 모든 행위를 멈추겠노라고 나는 엄숙히 맹세합니다. 그리고 하느님과 함께라면 모든 것이 가능하다는 예수님의 말씀이 옳았다고 받아들입니다. 나의 신아와 나는 하나이며, 그 신적 실재께서 지금까지 일을 하시기에, 나도 일한다고 믿습니다.

1.오, 성모 마리아시여, 물질 그 자체는 단지 마음의 상태를 반영하는 것에 지나지 않는다고 나는 생각합니다. 따라서 물질은 그리스도의 마음(Christ mind)이 지닌 완벽한 이미지를 표현하도록 되어 있습니다. 나는 기꺼이 그리스도의 마음이 내 안에 존재하게 할 것이며, 이 그리스도의 마음이 물질세계에서의 나의 삶을 지배하게 할 것이라 선언합니다. 따라서 나는 지금 이것이 이루어진다고 받아들입니다. 하느님께서는 지금, 그리고 영원히 모든 생명체 속에 존재하신다고 믿습니다.

2.오, 성모 마리아시여, 물질은 그리스도의 마음을 통해 투사된 하느님의 의지와 완벽한 비전을 표현하도록 되어 있다고 나는 깨닫습니다. 나의 신아가 지닌 완벽한 의지는 나의 그리스도 자아를 통해 투사되며, 이 그리스도 자아가 내 삶의 모든 면에서 하느님의 완벽함을 실현한다고 받아들입니다. 나는 지금, 그리고 영원히 하느님께서는 모든 생명체 속에 존재하신다고 믿습니다.

마리아님이시여!

3.오, 성모 마리아시여, 인간의 에고(ego)는 삶을 어떻게 살아야 되는지에 대해 신적자아보다 더 잘 알고 있다고 생각합니다. 나는 참자아가 거할 성스러운 장소에 존재해서는 안 될 흉물스러운 인간적인 에고가 자리함으로써 내 영혼은 지금까지 인질이 되어왔음을 압니다. 오, 성모 마리아시여, 나는 에고를 완전히 버리겠으며, 이제 그리스도 자아가 그 자리를 대체하도록 하겠습니다. 하느님께서는 지금, 그리고 영원히 모든 생명체 속에 존재하신다고 믿습니다.

마리아님이시여!

4.오, 성모 마리아시여, 인류의 집단의식은 하나의 거대한 에고를 만들어 왔으며, 이 에고가 대부분의 사람들을 억누르고 노예화해 왔음을 나는 알고 있습니다. 예수 그리스도의 이름으로, 나는 미카엘 대천사와 그의 천사들께서 나의 개인적인 에고와 집단적인 에고라는 사나운 용들을 결박해주기를 요청하며, 지금 그렇게 이루어짐을 받아들입니다. 하느님께서는 지금, 그리고 영원히 모든 생명체 속에 존재하신다고 믿습니다.

마리아님이시여!

5.오, 성모 마리아시여, 어둠의 세력들이 나의 의식(意識)과 모든 사람들의 의식 속으로 들어올 수 있도록 길을 열어주고 있는 것이 바로 인간의 에고라는 사실을 나는 지금 이해합니다. 또한 이러한 에고와 어둠의 세력들에 의한 전횡(專橫)으로 말미암아 온갖 사악한 상황들이 이 지구에 창조되었음을 압니다. 예수 그리스도의 이름으로 나는 하느님을 향해 "오, 하느님, 언제까지?"라고 소리쳐 외칩니다. 나는 예수님께서 지구에 존재하는 모든 어둠의 세력들을 심판해주시고, 미카엘 대천사께서는 이들 모두를 결박하시어 지구를 자유롭게 해주시기를 요청합니다. 하느님께서는 지금, 그리고 영원히 모든 생명체 속에 존재하신다고 믿습니다.

마리아님이시여!

6.오, 성모 마리아시여, 나는 자유의지의 힘을 알고 있으며, 올바른 한 사람이 능히 하나의 도시를 구할 수 있다고 생각합니다. 따라서 내가 존재하는 곳에서 나는 한 사람의 올바른 이가 될 것을 다짐하며, 하느님의 왕국이 이곳에서 실현되리라 확신합니다. 하느님께서는 지금, 그리고 영원히 모든 생명체 속에 존재하신다고 믿습니다.

마리아님이시여!

7.오, 성모 마리아시여, 나는 인류가 만들어낸 부정적인 에너지로 인해 지

구 어머니께서 너무 무거운 짐을 지고 계시며, 더 이상 이 무거운 짐을 지탱할 수 없게 되었다는 것도 잘 알고 있습니다. 예수 그리스도의 이름으로, 나는 여러 천사 군단(軍團)들이 이 어둠의 에너지를 태워 지구가 다시 서서히 균형을 되찾을 수 있게 이끌어주시기를 요청합니다. 나는 지구가 서서히 자체의 축(軸)의 균형을 되찾고 있다고 받아들입니다. 하느님께서는 지금, 그리고 영원히 모든 생명체 속에 존재하신다고 믿습니다.

마리아님이시여!

8. 오, 성모 마리아시여, 나는 부정적인 에너지로 인해 여러 가지 자연적인 재앙들이 일어날 수 있다는 것을 이해합니다. 예수 그리스도의 이름으로, 나는 지구가 사라지기 전에 하느님께서 지구 어머니를 구해 주시기를 소리쳐 외칩니다. 여러 천사 군단들께서 모든 불완전한 에너지들을 태워주시고, 지표면의 진동을 완만하게 끌어올려 주시기를 요청합니다. 그럼으로써 자연의 재해와 인명의 손실을 최소화하면서 지구가 새 시대의 의식 속으로 들어갈 수 있습니다. 나는 하느님의 빛이 물질 속에도 스며들어 있다고 확신합니다. 하느님께서는 지금, 그리고 영원히 모든 생명체 속에 존재하신다고 믿습니다.

마리아님이시여!

9. 오, 성모 마리아시여, 인간이 만들어낸 유독한 에너지와 폐기물로 인해 자연 환경은 심한 영향을 받고 있습니다. 나는 예수 그리스도의 이름으로 천사 군단들이 자연과 자연령(自然靈)들에게 지운 모든 짐들을 태워주시고, 어머니 자연이 완벽한 균형을 회복할 수 있도록 도와주시기를 요청합니다. 나는 자연과 지구에 존재하는 모든 형태의 생명들이 하느님의 완벽함을 표현하고 있다고 받아들입니다. 하느님께서는 지금, 그리고 영원히 모든 생명체 속에 존재하신다고 믿습니다.

마리아님이시여!

오, 성모 마리아시여, 나의 참나를 받아들일 수 있도록 도와주소서.

오, 성모마리아시여, 하느님이 보실 때 내가 마음에 안 드실 거라고 느끼는 나의 모든 성향들과 하느님을 피하려는 모든 습성들, 또는 하느님과 마주 대하게 되는 모든 두려움들을 극복할 수 있게 도와주소서. 내가 내 자신 안과 모든 생명의 내부, 심지어 물질 그 자체 속에 존재하는 하느님의 현존을 부정하지 않는 한, 하느님께서도 나를 조건 없는 사랑으로 맞아주신다는 것을 내가 받아들일 수 있도록 도와주소서. 그리고 아버지께서는 내게 왕국을 주시는 것을 기뻐하신다는 것을 내 스스로 믿을 수 있게 해주소서.

오, 성모마리아시여, 하느님께서 보시기에 나의 참나는 충분한 가치가 있으며, 나 또한 하느님의 왕국에 들어갈 가치가 있다는 것을 믿을 수 있게 도와주소서. 불완전한 모습의 모든 것들은 임시적일 뿐이며, 단지 내가 그러한 것들에 권능을 부여하고 있는 동안에만 존속한다는 사실을 이해할 수 있게 해주소서. 내가 이 세상의 불완전한 것들을 버리고 나의 신적자아의 완벽함을 받아들일 수 있도록 도와주소서. 나의 참나를 수용할 수 있도록 도와주소서.

오, 성모마리아시여, 당신과 예수께서는 당신들의 내면에 계시는 하느님을 부정하지 않았기 때문에 승천하게 되었다는 영원한 진실을 내가 진정으로 받아들이고 체화할 수 있도록 도와주소서. 내가 당신들 속에 존재하시는 그 동일한 하느님이 또한 내 안에도 똑같이 계시다는 사실을 받아들일 수 있게 해주소서. 그럼으로써 나는 하느님으로서 나의 참나에 대한 모든 부정을 버릴 수가 있습니다.

오, 성모마리아시여, 따라서 나는 내 존재의 내면에 지니고 있는 하느님에 대한 모든 부정을 버리겠습니다. 하느님께서 나를 통해서 발현되시려는 것을 제한하는 모든 행위를 멈추겠노라고 나는 엄숙히 맹세합니다. 그리고 하느님과 함께라면 모든 것이 가능하다는 예수님의 말씀이 옳았다고 받아들입니다. 나의 신아와 나는 하나이며, 그 신적 실재께서 지금까지 일을 하시기에, 나도 일한다고 믿습니다.

1. 오, 성령이시여, 당신의 위대한 바람(風)이 이 세상의 종교들 속에 존재하는 모든 불균형한 것들을 태워주기를 기원합니다. 나는 모든 종교들 속

에서 하느님의 왕국이 실현된다고 확신합니다. 따라서 모든 종교들은 더 이상 죽은 교리나 두려움을 통해 사람들을 노예화하려 하지 말고, 그 대신에 하느님의 살아 있는 진리를 사람들에게 전함으로써 그들을 자유롭게 해야 한다고 생각합니다. 하느님의 기적이 지금, 그리고 영원히 이 땅에 지금 실현된다고 나는 믿습니다.

경배하는 마리아님이시여!

2. 오, 성령이시여, 당신의 위대한 바람이 세상의 정부들 속에 존재하는 모든 불균형한 것들을 태워주기를 기원합니다. 나는 모든 정부들 속에서 하느님의 왕국이 실현된다고 확신합니다. 따라서 그들은 엘리트들이 다수의 국민들을 착취하도록 더 이상 방치하지 말고, 그 대신에 하느님과 하느님의 법칙이 하느님 아래에 있는 모든 국가들을 지배하도록 해야 한다고 생각합니다. 나는 하느님의 기적이 이 땅에 지금, 그리고 영원히 실현된다고 믿습니다.

마리아님이시여!

3. 오, 성령이시여, 당신의 위대한 바람이 세상의 모든 군사체제 속에 존재하는 모든 불균형한 것들을 태워주기를 기원합니다. 나는 모든 무장 세력들 속에서도 하느님의 왕국이 실현된다고 확신합니다. 따라서 그들은 자신들의 군사력을 더 이상 자국민의 이익 또는 자국의 이익을 증진하는 데만 사용하지 말고, 그 대신에 평화와 자유, 정의를 실현하는 데 사용해야 한다고 생각합니다. 나는 하느님의 기적이 이 땅에 지금, 그리고 영원히 실현된다고 믿습니다.

마리아님이시여!

4. 오, 성령이시여, 당신의 위대한 바람이 세상의 모든 교육기관 속에 존재하는 모든 불균형한 것들을 태워주기를 기원합니다. 나는 모든 교육기관

들 속에도 하느님의 왕국이 실현된다고 확신합니다. 따라서 교육기관들이 현 상황과 소수 엘리트들의 의도만을 사람들에게 주입하려 하지 말고, 그 대신에 하느님의 살아 있는 진리를 가르치는 데 노력을 경주해야 한다고 생각합니다. 나는 하느님의 기적이 이 땅에 지금, 그리고 영원히 실현된다고 믿습니다.

마리아님이시여!

5.오, 성령이시여, 당신의 위대한 바람이 세상의 언론매체들 속에 존재하는 모든 불균형한 것들을 태워주기를 기원합니다. 나는 정보를 공유하는 가운데서도 하느님의 왕국이 실현된다고 확신합니다. 따라서 언론이 거대 자금과 권력의 이익만을 대변하지 말고, 그 대신에 진리를 표방하고 뱀 같은 자들과 인간들이 만든 모든 교활한 거짓말을 밝히는 데 전념해야 한다고 생각합니다. 나는 하느님의 기적이 이 땅에 지금, 그리고 영원히 실현된다고 믿습니다.

마리아님이시여!

6.오, 성령이시여, 당신의 위대한 바람이 세상의 식량생산 속에 존재하는 모든 불균형한 것들을 태워주기를 기원합니다. 나는 모든 식량의 재배, 생산, 분배 가운데서도 하느님의 왕국이 실현된다고 확신합니다. 따라서 식량생산이 더 이상 이익추구와 엘리트들에 의한 지배수단으로 추진되어서는 안 됩니다. 그 대신에 건강에 좋은 식량을 재배하고 생산하며, 이를 필요로 하는 모든 사람들에게 골고루 분배되는 데 전념해야 한다고 생각합니다. 나는 하느님의 기적이 이 땅에 지금, 그리고 영원히 실현된다고 믿습니다.

마리아님이시여!

7.오, 성령이시여, 당신의 위대한 바람이 세상의 의료기관 속에 존재하는

모든 불균형한 것들을 태워주기를 기원합니다. 나는 모든 사람들에게 완전한 건강을 베푸는 가운데서도 하느님의 왕국이 실현된다고 확신합니다. 따라서 의료사업이 더 이상 이익추구나 사람들을 통제할 목적으로 추진되어서는 안 되며, 그 대신에 지구에 사는 모든 사람들의 완전한 건강과 장수를 증진시킬 목적으로 행해져야 한다고 생각합니다. 나는 하느님의 기적이 이 땅에 지금, 그리고 영원히 실현된다고 믿습니다.

마리아님이시여!

8. 오, 성령이시여, 당신의 위대한 바람이 세상의 연예, 오락산업 속에 존재하는 모든 불균형한 것들을 태워주기를 기원합니다. 나는 모든 연예, 오락산업 속에서도 하느님의 왕국이 실현된다고 확신합니다. 따라서 어둠의 세력들은 더 이상 이러한 연예 오락산업을 통해 사람들에게 최면을 걸어 그들을 잠들게 하고 현실과 접촉을 할 수 없게 하거나, "느낌이 좋으면, 해도 된다."는 문화를 조장해서는 안 됩니다. 그 대신에 이러한 오락산업들은 사람들의 영성을 깨우고, 시간을 초월한 원리에 근거한 참된 행복을 증진시키는 데 매진해야 한다고 생각합니다. 나는 하느님의 기적이 이 땅에 지금, 그리고 영원히 실현된다고 믿습니다.

마리아님이시여!

9. 오, 성령이시여, 당신의 위대한 바람이 세상의 금융기관과 기업체들 속에 존재하는 모든 불균형한 것들을 태워주기를 기원합니다. 나는 내 나라와 세계 경제 속에도 하느님의 왕국이 실현된다고 확신합니다. 따라서 통화 금융기관들이 지나치게 욕심을 부려 소수 엘리트들의 이익만을 대변하기 위해 더 이상 인위적인 결핍사태를 조장해서는 안 됩니다. 그 대신에 경제가 자유롭고 꾸준히 성장하는 풍요의 흐름에 기초하여, 모든 사람들에게 경제적으로 균등한 기회를 제공해야 한다고 생각합니다. 나는 하느님의 기적이 이 땅에 지금, 그리고 영원히 실현된다고 믿습니다.

마리아님이시여!

하느님의 왕국은 저의 의식과 삶의 모든 측면에서 실현된다고 믿습니다. (3번)

하느님의 왕국은 모든 사람들의 의식과 삶 속에 실현된다고 믿습니다. (3번)

하느님의 왕국은 지구행성에 존재하는 모든 생명들 속에서 실현된다고 믿습니다.(3번)

지구는 주님의 것이며, 그렇기에 지구에 충만해 계십니다. (3번)

조건 없는 사랑이신 성부와 성자, 성령과 기적의 어머니의 이름으로, 아멘

봉인하기

나는 지극히 높으신 하느님의 가치 있는 한 아들/딸이며, 이 세상에 존재하는 어떠한 불완전함도 나의 참된 정체성인 신아가 지닌 순수함과 완전함에 어떠한 영향도 끼치지 않았다고 믿습니다.
내가 내 안에 존재하시는 하느님의 현존을 부정하지 않는 한, 내가 은자(隱者)처럼 이 세상의 세력들이 접근하지 못하도록 봉인된다고 확신합니다. 나는 나의 신적자아의 조건 없는 사랑 속에 봉인되었다고 받아들입니다. 따라서 나는 내 안에 존재하시는 하느님의 현존을 부정하지 않을 것을 맹세하며, 나의 신아와 나는 지금, 그리고 영원히 하나라고 믿습니다. 아멘.

성모 마리아의 기적의 하나됨의 호사나오

조건 없는 사랑이신 성부와 성자, 성령 그리고 기적의 어머니의 이름으로, 아멘.

(개인적인 기원사항은 이곳에다 첨가한다)

주기도문(Lord's Prayer)

　모든 생명 안에 존재하시는 우리의 하느님 아버지-어머니시여, 우리는 우리의 내면에 계시는 당신의 현존인 우리의 신아(神我)를 공경합니다. 우리는 당신의 왕국이 우리를 통해 이 지구에 실현됨을 받아들입니다. 당신의 뜻이 천상에서 이루어진 것처럼, 이 지상에다 당신의 뜻을 실현할 책임이 우리에게 있습니다.
　우리는 당신께서 우리가 당신 자신인 모든 것이 될 수 있는 기회를 우리에게 매일 제공해주고 계심을 인정합니다. 우리가 서로를 용서하고, 우리의 의지를 우리의 내면에 존재하는 더 높은 의지에게 내맡길 때, 당신께서도 우리가 지닌 불완전함을 용서해주신다고 믿습니다. 그러므로 우리는 우리가 내보낸 것을 우주는 우리에게 되돌려준다는 진리를 받아들입니다.
　우리의 삶과 우리의 행성에 대해서도 모든 책임이 우리에게 있습니다. 당신께서 모든 불완전한 에너지들로부터 우리를 구해내실 수 있도록, 우리도 낮은 자아가 지닌 여러 유혹들로부터 벗어날 것을 맹세합니다. 우리는 당신의 왕국과 권능, 영광이 지금, 그리고 영원히 이 지구에 실현된다고 확신합니다. 아멘.

나는 분리의 환상을 버리겠습니다

1. 나는 분리돼 있지 않고 분리될 수도 없는 하나됨의 현존께서 존재하신다고 인정합니다. 나는 구현된 모든 것들의 내면에 하나이신 하느님의 현존께서 존재하신다고 믿습니다. 구현된 모든 것들은 하나이신 하느님의 표현들이라고 확신합니다. 따라서 나누어진 모든 것들은 그 하나가 나누

어진 것으로서, 그 하나는 따로따로 쪼개질 수 없으며, 몇 번을 나누든 여전히 하나라고 인정합니다. 나의 내면에도 하나이신 그 하느님의 현존께서 존재하신다고 믿습니다.

마리아님이시여!(기적의 로사리오 부분에 있는 헤일 마리 기도문을 여기서 1번 낭독한다. 346쪽 참고)

2.나는 내가 하나이신 하느님의 아들/딸이라는 것을 받아들입니다. 나는 나의 근원을 인정하며, 하느님 아버지-어머니을 인정하고, 나를 창조하신 창조주도 인정합니다, 또한 내가 살고 있는 다양성의 세계 이면에도 하나의 근원이 존재함을 인정합니다. 그리고 나의 내면에도 하나이신 하느님의 현존께서 존재하신다고 믿습니다.

마리아님이시여!

3.오, 성모 마리아시여, 나는 가슴의 문을 열어 당신을 받아들이며, 내가 하나이신 하느님의 아들/딸들로서 알아야 할 핵심적인 사항들을 당신께서 깨우쳐주시도록 기꺼이 허용할 것입니다. 오, 성모 마리아시여, 구현된 모든 것들과 보이는 모든 것들이 하나이신 하느님의 표현내지는 현현(顯現)이라는 것을 내가 깨달을 수 있도록 도와주소서. 나의 내면에도 하나이신 하느님의 현존께서 계신다고 믿습니다.

마리아님이시여!

4.오, 성모 마리아시여, 나누어진 모든 것들의 이면에는 쪼개질 수 없는 하나이신 하느님께서 존재하신다는 것을 내가 알 수 있도록 도와주소서. 이 세상에 실제로 있는 것처럼 보이는 분리를 초월하여 내가 볼 수 있게 해주소서. 분리돼 있다고 생각하는 나뉨이란 오로지 내 마음속에만 존재하며, 분리란 존재하지 않는다는 것을 내가 깨달을 수 있도록 도와주소서. 나의 내면에도 하나이신 하느님의 현존께서 존재하신다고 믿습니다.

마리아님이시여!

5.오, 성모 마리아시여, 나는 이 세상에 존재하는 분리들이란 환상에 지나지 않는다고 인정합니다. 그것들은 상대적인 선악을 알게 하는 금단의 열매를 함께 나누어 먹은 마음들이 창조해낸 신기루와 같은 것입니다. 나는 지금까지 나누어진 것들이 마치 서로 간에, 그리고 전체로부터 떨어져있는 것처럼 보이게 하는 분리의식(分離意識) 속에 갇혀있었습니다. 따라서 나는 이러한 이원적인 마음의 상태를 버리고 그리스도의 마음이 지닌 온전한 비전을 갖기 위해 노력할 것입니다. 나의 내면에도 하나이신 하느님의 현존께서 존재하신다고 믿습니다.

마리아님이시여!

6.하나이신 하느님으로부터 분리되어 있다는 환상은 여러 시대에 걸쳐 내려온 거대한 환상입니다. 나는 이러한 환상이 거짓말에 갇혀 있는 어둠의 존재들에 의해 인간의 마음속에 프로그램화되었다는 것을 잘 알고 있습니다. 그러나 이제 나는 이러한 환상을 꿰뚫어 보고 있으며, 내 안에 존재하는 그리스도의 마음이 이 행성에 존재하는 분리의 환상으로부터 나를 자유롭게 할 것이라고 선언합니다. 나의 내면에도 하나이신 하느님의 현존께서 존재하신다고 믿습니다.

마리아님이시여!

7.나는 지금까지 이원적인 의식 상태에 갇혀 있었지만, 이제 분리라는 환상을 극복할 수 있다는 것을 알게 되었습니다. 그리고 하느님의 일체성(一體性)으로부터 어떤 것이 분리되어 존재할 수 있다는 환상이 바로 "원죄(原罪)"라는 사실도 깨닫게 되었습니다. 그 밖의 다른 모든 죄들은 바로 근원과 분리되어 있다는 의식에서 파생되어 나온 것이라는 것도 이제는 압니다. 나는 이제 이러한 환상을 기꺼이 버리겠으며, 아버지의 왕국으로 들어가서 한 명의 상승한 존재가 될 것임을 하느님 앞에 엄숙히

선언합니다. 나의 내면에도 하나이신 하느님의 현존께서 존재하신다고 믿습니다.

마리아님이시여!

8. 나는 나의 육체적인 마음과 인간적인 에고로 인해 나님과 분리라는 환상이 마치 실제로 존재하는 것처럼 보이게 된다고 인정합니다. 나는 나의 그리스도 자아와 승천한 모든 대사들의 영(靈)들께서 나를 구해주시기를 요청하며, 그렇지 않다면 멸망하게 될 것입니다. 나님과 분리라는 환상으로부터 나를 구해주시고, 내 마음을 평온케 하시어 내면에 존재하시는 나의 신아가 하느님이라는 사실을 알게 해주소서. 나는 내가 지닌 인간적인 에고, 육적인 마음, 나님과 분리에 근거한 모든 정체성을 기꺼이 버리겠습니다. 나의 내면에도 하나이신 하느님의 현존께서 존재하신다고 믿습니다.

마리아님이시여!

9. 두 스승을 섬길 수는 없으므로, 나는 하느님과 맘몬신(物神)을 동시에 섬길 수는 없다고 인정합니다. 맘몬신이란 육체가 지닌 의식(意識)을 가리키는 것으로서 이 의식으로 인해 이 세상의 것들이 마치 하느님과 분리되어 있는 것처럼 보이게 한다는 사실을 이제 나는 깨닫습니다. 따라서 오늘 나는 오로지 하나이신 참된 하느님만을 섬길 것을 선택합니다. 하나이신 참된 하느님이란 하나이신 하느님께서 개체화하여 내 안에 존재하고 계시는 나의 신아로서, 이는 무한히 증식될 수는 있지만, 결코 따로 분리될 수는 없습니다. 나는 나의 내면에도 하나이신 하느님의 현존께서 존재하신다고 믿습니다.

마리아님이시여!

오, 성모 마리아시여, 하나이신 하느님을 받아들일 수 있도록 도와주소서

오, 성모 마리아시여, 모든 것은 하나이신 하느님으로부터 창조되었으며, 따라서 내가 모든 것이 하느님과 하나라는 사실을 내면화할 수 있도록 도와주소서. 나 또한 나의 하나님과 하나라는 것을 받아들일 수 있게 해주소서.

내가 하느님과 하나라는 사실을 받아들이지 못하도록 가로막는 이 세상의 세력들을 이겨낼 수 있도록 도와주소서. 내 안에 존재하는 살아 있는 그리스도의 현존을 부정하고 하느님과 내가 하나라는 것을 부정하도록 프로그램화돼있는 종교와 문화를 내가 극복할 수 있게 해주소서. 예수님을 박해했던 마음상태, 그리고 모든 생명의 내면에 존재하는 살아 있는 그리스도를 아직까지도 부정하고 있는 그 마음상태를 내가 이겨낼 수 있게 해주소서.

나는 예수님께서 내가 원죄로 말미암아 잃어버리게 된 그 하느님과의 합일(合一) 상태로 나를 들어 올리시기 위해 오셨다고 받아들입니다. 모든 죄는 내 영혼이 나의 신아와 직접적인 연결이 단절되면서부터 시작되었으며, 그로 인해 나는 이원성, 나뉨, 분리의 의식 속에 갇히게 되었습니다. 따라서 나는 그러한 죄를 회개하고, 버릴 것을 선택합니다.

나는 모든 문제와 불완전함이 하나이신 하느님과 분리되어 있다는 데서 생겨난다는 것을 이제 알게 되었습니다. 그러므로 이 지구에 존재하는 문제들을 해결할 수 있는 궁극적인 해결책은 오직 하느님과 하나가 되는 것 밖에 없다고 받아들입니다. 나는 삶의 우선순위를 하느님과 내가 하나라는 것을 되찾는 데 두기로 선택합니다. 나는 생명의 피라미드를 올라가 하느님과 하나가 되는 그 꼭대기 지점에 도달할 것을 맹세합니다. 나는 나의 생명의 피라미드에 머릿돌을 얹게 해주는 그리스도의 마음이 지닌 순수한 비전을 맹세코 성취하겠습니다. 나는 참으로 진정한 나, 다시 말하면 하나이신 하느님께서 개체화한 존재, 전체의 일부이면서 그 자체 내에 전체를 지닌 존재가 될 것을 다짐합니다. 나는 하나이신 하느님을 나의 유일한 하느님으로 받아들입니다.

나는 거짓말을 행한 사람들과 그들이 만든 거짓말에 대해 하느님의 심판이 있을 거라 확신합니다

1.예수 그리스도의 이름으로, 나는 분할될 수 없고 분할되지도 않는 하나됨의 현존께서 육신을 지닌 나를 통해 인간적 에고와 육적인 마음을 포함하여 분리라는 거짓말을 조장해온 모든 이들에게 하느님의 심판이 있을 것임을 공표하시도록 허용합니다. 나는 하나이신 하느님의 현존께서 모든 생명의 내면에 존재하신다고 믿습니다.

마리아님이시여!

2.따라서 나는 분리라는 거짓말을 조장해온 모든 단체들과 개인들에게 하느님의 심판이 있을 것이라 확신합니다. 또한 물질세계 내에서 뿐만 아니라 물질세계 너머에서 분리라는 거짓말을 조장해온 모든 세력들에게 하느님의 심판이 있을 것이라 확신합니다. 나는 하나이신 하나님의 현존께서 모든 생명의 내면에 존재하신다고 믿습니다.

마리아님이시여!

3.나의 안에 존재하시는 하느님의 현존께서는 다음과 같이 말씀하시고 계십니다. "그만하라! 이제 그만 됐느니라! 그들은 계속하지 못 할 것이다! 나와 분리되어 있다는 거짓말, 즉 환상을 계속 조장하는 자들은 오늘 이후부터 그자들 스스로 풀어놓은 힘들로부터 어떠한 보호도 받지 못할 것이다. 즉 그자들은 자신들이 지닌 환상에 의해, 그리고 자신들이 만든 거짓말에 의해 소멸될 것이다. 그자들은 분리라는 거짓말, 분리의식, 그리고 분리라는 마음을 통해 자신들이 행하고 생각하고 있는 모든 것들에 의해 자신들이 권능을 잘못 부여한 바로 그 에너지에 의해 연소될 것이다"

마리아님이시여!

4.나의 안에 존재하시는 나뉠 수 없는 하나됨의 현존께서는 "지금 이 시

간, 그리고 오늘 이후부터 예수 그리스도의 사명은 이루어진다!"라고 말씀하십니다. 나는 예수님의 사명이 길 잃은 이스라엘의 부족들을 불러서 그들의 하느님의 집으로 돌아오게 하는 것이었다고 확신합니다. 내 안에 존재하시는 하느님께서도 창조주의 아들과 딸들이 집으로 돌아와 그들의 하느님과 하나가 되라고 부르고 계십니다. 하느님께서는 결혼 축하연에 참석하라고 잃어버린 부족들을 부르고 계시며, 그곳에서 그 영혼은 자신의 신아를 만나 하나가 되어 영혼이 왔던 영적세계로 다시 상승하게 될 것입니다. 나는 하나이신 하느님의 현존께서 모든 생명의 내면에 존재하신다고 믿습니다.

마리아님이시여!

5. 나는 내 영혼이 그동안 이 세상의 일을 하느라 너무 바빠 결혼 축하연에 참석하지 못했다는 것을 인정합니다. 인간적인 저의 에고의 중심에는 세상의 일에 대한 집착이 존재했으며, 나는 이러한 집착이 나의 근원과 내가 분리되어 있다는 환상 속에서 생겨난다는 것을 이제 알게 되었습니다. 따라서 나는 이러한 환상을 버릴 것을 선택하며, 그리스도 의식의 불멸의 삶을 쟁취하기 위해 기꺼이 이 세상의 것들을 버리겠습니다. 나는 하나이신 하느님의 현존께서 모든 생명의 내면에 존재하신다고 믿습니다.

마리아님이시여!

6. 나는 이 세상의 것들에 대한 집착과 내가 지닌 제한적이고 세속적인 정체성, 그리고 인간적인 에고에 대한 모든 집착을 버리겠습니다. 하느님의 참된 왕국인 하나됨의 고리(Circle of Oneness) 속으로 돌아가기 위해 나는 세속적인 정체성을 기꺼이 버릴 것을 선언합니다. 그리고 나는 선택받은 사람들 중의 한 명이 되겠으며, 나의 하느님의 결혼 축하연에 기꺼이 참석하겠습니다. 나는 하나이신 하느님의 현존께서 모든 생명의 내면에 존재하신다고 믿습니다.

마리아님이시여!

7. 나는 하나이신 참된 하느님의 전체성(全體性)으로부터 모든 것들이 창조되었다고 믿습니다. 하나이신 하느님께서는 무한히 나뉠 수는 있지만, 나누어진 어떤 것도 그 하나(the One)로부터 분리될 수 없다고 확신합니다. 하나이신 하느님으로부터 창조된 모든 것들은 전체로부터도 분리될 수가 없습니다. 나는 하나이신 하느님의 현존께서 모든 생명의 내면에 존재하신다고 믿습니다.

마리아님이시여!

8. 이 우주에 존재하는 모든 것들은 하나이신 참된 하느님으로부터 창조되었지만, 하느님으로부터 분리돼 있거나, 따로 떨어져 있을 수 없다고 나는 확신합니다. 모든 것들은 하나이신 하느님의 실재 속에 존재합니다. 이 우주에 있는 모든 것들은 하느님과 하나입니다. 왜냐하면 모든 것들이 하느님의 표현이기 때문입니다. 나는 하나이신 하느님의 현존께서 모든 생명의 내면에 존재하신다고 믿습니다.

마리아님이시여!

9. 하나이신 하느님께서는 상대가 없으며, 또한 적(敵)도 없다고 나는 확신합니다. 하나이신 참된 하느님과 하나가 되는 데 있어, 나 또한 상대가 없으며, 적도 없습니다. 하느님과 내가 하나이므로 아무도 나를 대적할 수 없으며, 따라서 나는 적을 사랑하라는 예수님의 말씀에 따르고 있습니다. 나의 적(敵)인 것처럼 행동하는 자들은 분리의 환상에 빠져 있는 자들이며, 나는 그들의 내면에도 하나이신 참된 하느님께서 존재하신다는 순결한 생각을 지니고 있습니다. 나는 하나이신 하느님의 현존께서 모든 생명의 내면에 존재하신다고 믿습니다.

마리아님이시여!

오, 성모 마리아시여, 나는 생명을 선택합니다!
오, 성모 마리아시여, 나는 나의 하느님과 하나이며, 그 하느님과 결코 분리돼 있지 않고 분리될 수도 없다는 사실을 받아들입니다. 나는 인류의 집단의식이 지닌 무거운 무게 위로 기꺼이 솟구쳐 오르고자 하며, 이 집단의식은 분리와 분열, 이원성에서부터 생겨난 의식입니다. 나는 생명의 피라미드(Pyramid of life)를 맹세코 오르겠으며, 이 생명의 피라미드를 통해 내가 하느님과 하나라는 것을 되찾게 해주는 합일(合一)의 꼭대기에 오를 수 있다고 믿습니다. 오, 성모 마리아시여, 인간들과 이 세상을 배회하는 어둠의 존재들이 창조해낸 집단의식이라는 중력(重力)을 이겨낼 수 있도록 도와주소서.

예수님과 당신께서 오르셨던 생명의 피라미드를 나 또한 오를 수 있다고 확신합니다. 나는 당신께서 개척해놓은 길을 따라 갈 것을 약속하며, 상승한 나의 형제자매들이 만들어놓은 상승력이 나를 생명의 피라미드의 정상으로 끌어당겨줄 것이라 믿습니다. 나는 빛의 힘이 내 삶에서 결정적인 힘이 되게 할 것을 선택하며, 생명의 의식(意識) 속으로 기꺼이 이끌려 올라갈 것입니다. 따라서 나는 "삶을 선택하며, 나의 하느님과 내가 하나라는 것을 받아들이도록 이끌어주는 생명의 의식을 선택합니다!"라고 선언합니다.

나는 하느님의 비전이 완벽하다고 확신합니다.
1.이 세상의 지배자가 나에게 다가와, 이 지구에 구현되어 있는 많은 것들이 실제로 존재하며, 또한 이것들이 영원할 뿐만 아니라 피할 수도 없는 것이라고 유혹하겠지만, 나는 이러한 것들이 하느님의 법칙 또는 하느님의 완벽함과 일치하지 않는 것이라고 깨닫습니다. 이와 같은 불완전한 상황들은 일시적일 뿐만 아니라 궁극적인 실체도 갖고 있지 않다고 확신합니다. 나는 하나이신 하느님의 현존께서는 보이는 모든 것들 속에 존재하신다고 믿습니다.

마리아님이시여!

2.나는 나의 창조주께서 이 우주를 창조하셨을 때, 창조주께서는 하나의

계획을 가지고 계셨으며, 그러한 계획을 실현할 수 있도록 여러 가지 법칙들을 제정해 놓으셨다고 인정합니다. 그러나 나의 창조주께서는 자의식을 지닌 존재들에게 자유의지를 부여하셨으며, 이는 자의식을 지닌 존재들이 공동 창조자로서 봉사하고 하느님의 계획을 창조계 자체 내에서부터 실현하도록 돼 있었기 때문입니다. 그러나 이러한 공동 창조자들은 자신들이 지닌 창조력을 하느님과의 분리의식을 형성하는 데, 그리고 지구에 존재하고 있는 여러 가지 불완전한 것들을 창조하는 데 사용했습니다. 따라서 나는 나의 하느님과 내가 분리되어 있다는 모든 의식을 버리고, 하느님뿐만 아니라 하느님의 법칙에 부응케 하는 그리스도의 마음을 성취할 것을 선택합니다. 나는 하나이신 하느님의 현존께서는 보이는 모든 것들 속에 존재하신다고 믿습니다.

마리아님이시여!

3. 나는 이 지구에 나타나 있는 모든 불완전한 것들은 창조주께서 지니신 의지나 완벽한 이미지 및 계획과는 맞지 않는 것들이라 생각합니다. 그러나 불완전하게 구현된 것들, 하느님의 법칙과 상반되게 보이는 것들, 심지어 인간의 마음에 지옥 그 자체인 것처럼 보이는 것들조차도 여전히 하나이신 하느님과 분리돼 있지 않다고 나는 확신합니다. 나는 하나이신 하느님의 현존께서는 보이는 모든 것들 속에 존재하신다고 믿습니다.

마리아님이시여!

4. 창조주의 법칙 및 비전과 맞지 않게 구현된 것들은 어떠한 객관성이나 궁극적인 실체가 없는 것들입니다. 그렇게 구현된 것들은 자의식을 지닌 존재들의 마음속에만 존재하기 때문에 그러한 실체들은 희미하게 깜빡이며 순식간에 지나가는 불빛과도 같습니다. 그러므로 불완전하게 구현된 것들은 계속 존재할 수 없으며, 다만 사람들이 그러한 불완전한 이미지에 주의력을 집중하고 있는 동안에만 존재할 수 있을 뿐입니다. 나는 이러한 불완전한 이미지에 주의력을 집중하는 행위는 하나이신 참된 하느님이 아

넌 진실로 잘못된 하느님, 즉 분할되고 분리된 신(神)을 숭배하는 것이나 마찬가지라고 생각합니다. 나는 하나이신 하느님의 현존께서는 보이는 모든 것들 속에 존재하신다고 믿습니다.

마리아님이시여!

5.나는 불완전한 이미지에 관심을 기울이지 않겠습니다. 그리고 창조주의 법칙과 의지에 맞지 않게 구현된 것들은 그 자체로 계속 존속할 수 없기 때문에, 그것들을 창조하는 데 사용된 에너지는 반드시 정화되어야 한다고 확신합니다. 나는 하느님과 함께 하는 한 명의 공동 창조자로서 분리가 실재한다는 생각을 더 이상 긍정하지 않을 것을 선택합니다. 또한 내 삶에서 생기는 모든 불완전한 에너지들은 하느님께서 지니신 순수함과 완벽함으로 다시 권능을 부여받아야 한다고 받아들입니다. 나는 하나이신 하느님의 현존께서는 보이는 모든 것들 속에 존재하신다고 믿습니다.

마리아님이시여!

6.사람들이 체험하는 여러 가지 제약들과 고통들, 불완전함과 아픔들은 실제로 존재하는 것이 아니라고 나는 확신합니다. 그것들은 오직 우리들의 마음속에만 존재하며, 우리가 마음과 주의력을 집중하여 그것들이 존재한다고 계속 확인시켜 줄 때에만 계속 존속해 있을 수 있을 뿐입니다. 내 안에 존재하시는 하느님께서는 모든 사람들이 분리 의식을 뛰어넘어야 한다고 말씀하십니다. 이러한 분리의식으로 인해 사람들은 하나이신 하느님의 나누어진 모습을 근원과 분리된 것으로, 그리고 서로로부터도 분리된 것으로 보게 됩니다. 나는 하나이신 하느님의 현존께서는 보이는 모든 것들 속에 존재하신다고 믿습니다.

마리아님이시여!

7.하나됨의 현존께서는 형제간에, 그리고 국가 간에 서로를 분리되게 하는

실체가 없는 모든 것들을 연소시킨다고 나는 확신합니다. 하나됨의 현존께서는 이스라엘의 부족들이 자기 자신들을 깨닫고 자신들의 참된 정체성을 되찾아 하나이신 하느님과 다시 연결되라고 부르고 계십니다. 나는 하나이신 하느님의 현존께서 보이는 모든 것들 속에 존재하신다고 믿습니다.

마리아님이시여!

8. 나는 내 안에 존재하시는 하나됨의 현존께서 분리의식과 죽음이라는 환상을 극복하라고 모든 인간들에게 외치고 계시다고 확신합니다. 하느님께서는 여러분이 자신의 근원과 분리되어 있다고 느끼는 순간 "생명"이라는 말의 참된 의미인 정체성을 상실하게 되므로 영적인 의미에서 죽은 것이나 마찬가지라는 것을 모든 이들이 깨닫기를 바라고 계십니다. "생명"이 뜻하는 바는 하느님, 즉 구현된 모든 것들의 이면에 존재하는 하나이신 하느님께서 자기 스스로를 확장하신 한 형태가 나의 신아(神我)이고, 그 신아가 다시 확장한 형태가 바로 내 자신이라는 것을 인정하는 것입니다. 나는 하나이신 하느님의 현존께서는 보이는 모든 것들 속에 존재하신다고 믿습니다.

마리아님이시여!

9. 나는 생명을 선택하며, 영적인 생명의 근원이자 하나이신 하느님과 내가 하나라고 확신합니다. 나는 진실로 영적인 죽음을 의미하는 상태인 자신이 근원과 분리되어 있다는 환상을 버릴 것을 선택합니다. 나는 지구에 평화를 실현하는 열쇠는 사람들이 자신들의 근원과 분리되어 있다는 의식을 극복할 수 있도록 돕는 것이라고 믿습니다. 따라서 내 안에 존재하시는 하나됨의 현존께서는 지구에 사는 모든 사람들에게 지금 "생명을 선택하라!"라고 외치고 계십니다. 저는 하나이신 하느님의 현존께서는 보이는 모든 것들 속에 존재하신다고 믿습니다.

마리아님이시여!

오, 성모 마리아시여, 그릇된 모든 종교들을 버릴 수 있도록 도와주소서

나는 승천한 대사들의 진정한 목적은 하느님의 왕국을 지구에 실현하는 것이며, 하느님의 왕국이 어떠한 의식(意識) 상태를 지칭하는 것이라 받아들입니다. 나는 분리와 분열이 아닌 나의 하느님과 나는 분리될 수 없는 하나라는 토대위에서 의식 상태를 기필코 바꿀 것이며, 새로운 정체성을 수용하겠다고 맹세합니다. 모든 종교들의 이면에는 오로지 하나의 메시지만이 존재하며, 나는 그것은 하나됨의 메시지로서 나의 하느님과 나는 하나이고, 분리의식은 일종의 환상이라고 이해합니다.

오, 성모 마리아시여, 내가 세속적인 마음과 인간의 지능이 지닌 상대적인 능력을 초월하여 볼 수 있도록 도와주시고, 하나됨의 메시지를 거부하는 모든 주장들을 꿰뚫어볼 수 있게 해주소서. 나는 예수님께서 증명해보이신 그 길을 기꺼이 따르겠으며, 내가 나의 하느님과 하나가 되는 것이 구원에 이르는 길이라고 받아들입니다. 또한 하느님과 하나가 되는 열쇠는 예수님께서 증명해보이신 그리스도 의식이라 믿으며, 나는 맹세코 예수님의 신성한 가슴을 통해 그 하나됨의 상태 속으로 들어가겠습니다.

참된 종교란 하나됨의 메시지며, 하나됨의 복음이요, 하나됨의 종교라고 믿습니다. 나는 예수님에 대한 모든 우상을 기필코 버리겠으며, 분리의 복음을 전하는 잘못된 종교도 떠날 것을 약속합니다. 참된 지도자인 양 행세하지만, 죽은 사람들의 뼈로 가득 찬 눈먼 지도자들, 거짓된 선지자들을 나는 맹세코 따르지 않겠습니다.

오, 성모 마리아시여, 자신들의 하느님과 스스로 분리되기로 선택한 세력들, 그리고 분리의식 속에 갇혀 있는 세력들이 만들어낸 거짓말과 조종으로부터 내가 벗어날 수 있도록 도와주소서. 나의 관심을 끌기 위해 시끄럽게 외쳐대는 거짓된 신(神)들을 맹세코 숭배하지 않을 것이며, 내 몸을 그리스도의 반석 위에 맡기고, 그리스도 의식으로 인도하는 참된 길에 내 자신을 단단히 고정시킬 것을 약속합니다. 예수님께서 자신의 하느님과 하나라고 주장하셨던 것처럼, 나도 나의 하느님과 하나라고 맹세코 주장할 것입니다.

나는 나에게 주어진 운명을 기필코 완수하겠습니다.

1.나는 지구에서의 삶의 신비, 개체화의 신비는 내 영혼이 이 지구에서 자각(自覺) 능력을 키워가도록 되어 있다는 데 있음을 인정합니다. 즉 내가 하나이신 하나님께서 확장하신 한 형태이며, 또한 내 주위에 존재하는 모든 것들도 하나이신 하나님의 확장이라는 것을 완벽하게 깨달을 때까지 말입니다. 따라서 이러한 과정을 통해, 나의 신적자아가 확장한 한 형태가 나이며, 나의 그 신아는 하나이신 하나님께서 확장한 것이라는 것을 깨닫게 됩니다. 따라서 나의 하나님과 나는 하나입니다. 오로지 하나이신 하느님의 현존만이 이 지구 행성에 영향을 미칠 수 있는 유일한 힘이라고 확신합니다.

마리아님이시여!

2.내 영혼의 임무는 에너지의 밀도가 짙은 물질세계로 내려가서 하느님과 함께 하는 한 명의 공동 창조자로서 봉사할 수 있도록 그리스도의 의식을 성취하는 것이라고 인정합니다. 나는 나에게 주어진 운명을 기필코 완수하겠으며, 이 땅에 하느님의 왕국을 실현하기 위해 열린 문이 될 수 있도록, 나의 신아와 내가 하나라는 의식을 키워가겠습니다. 나는 오직 하나이신 하느님의 현존만이 이 지구 행성에 영향을 미칠 수 있는 유일한 힘이라고 확신합니다.

마리아님이시여!

3.나는 하느님과 내가 하나라는 토대에서 이 형태의 세계에 존재하는 모든 것들도 또한 하나이신 하나님과 하나라는 자각을 더욱 키워갈 것을 다짐합니다. 모든 것들이 하나이신 하나님의 실체로부터 만들어졌으므로, 모든 것들도 또한 하나이신 하나님께서 구현된 것임을 나는 압니다. 나는 오로지 하나이신 하나님의 현존만이 이 지구 행성에 영향을 미칠 수 있는

유일한 힘이라고 확신합니다.

마리아님이시여!

4.나는 예수 그리스도의 참된 목적은 한 영혼이 자신의 근원과 하나라는 의식의 단계까지 성장하는 과정을 시범보이고 가르치는 것이었다고 확신합니다. 그런 의식단계에서는 다음과 같은 것을 알게 되고, 말하게 됩니다.
"나와 아버지는 하나입니다. 나 혼자서는 아무 것도 할 수 없지만, 일을 하고 계시는 분은 내 안에 존재하시는 아버지이십니다. 아버지께서 지금까지 일을 하시기에 나도 일을 합니다."
나는 오로지 하나이신 하느님의 현존만이 이 지구 행성에 영향을 미칠 수 있는 유일한 힘이라고 확신합니다.

마리아님이시여!

5.나의 신아와 내가 하나라는 관점에서, 나는 예수 그리스도께서 보이신 훌륭한 본보기와 가르침들을 악용했거나 오역했던 사람들에게 하느님의 심판이 있을 것이라고 확신합니다. 하느님의 심판은 교회와 국가, 과학계, 언론계, 그리고 이 행성의 어디에 존재하든 거짓된 설교를 행한 자들에게 있게 될 것입니다. 오로지 하느님의 독생자만이 하느님과 하나가 될 수 있었다는 거짓말을 끊임없이 계속하는 자들, 분리의 거짓말을 계속 영속화시키려는 자들에게 이제 심판이 이루어집니다. 나는 오직 하나이신 하느님의 현존만이 이 지구 행성에 영향을 미칠 수 있는 유일한 힘이라고 확신합니다.

마리아님이시여!

6.내 안에 존재하시는 하나됨의 현존께서는 지구의 역사에 있어서 지금이 하나의 전환점이 될 것이라고 확실하게 말씀하십니다. 왜냐하면 이는 예

수 그리스도께서 "심판하기 위해 내가 왔다."고 말씀하셨을 때 이미 심판의 과정이 시작되었고, 이 심판의 과정은 구현된 모든 것들 속에 존재하시는 하나됨의 현존에 의해 지금 천배로 가속화되고 있기 때문입니다. 나는 오로지 하나이신 하느님의 현존만이 이 지구 행성에 영향을 미칠 수 있는 유일한 힘이라고 확신합니다.

마리아님이시여!

7.내 안에 존재하시는 하나됨의 현존께서는 분리의 거짓말을 영속화하려는 자들에게 다음과 같이 말씀하십니다. "지금 당장 거짓말과 속임수를 중단하라. 그러지 않으면 너희들은 거짓말을 조장하는 과정에서 스스로 파멸을 맞이하게 될 것이며, 이제 이러한 거짓말은 지구 행성의 에너지장 속에서 더 이상 용납되지 않는다." 나는 오로지 하나이신 하느님의 현존만이 이 지구 행성에 영향을 미칠 수 있는 유일한 힘이라고 확신합니다.

마리아님이시여!

8.내 안에 존재하시는 하나됨의 현존께서는 이렇게 말씀하십니다. "저주받으리라, 율법학자들이여! 이는 모든 것이자 삼라만상 속에 존재하는 하나이신 하느님을 알게 하는 지식의 열쇠를 너희가 없애버렸기 때문이니라. 또한 너희는 스스로 하나됨의 왕국, 즉 하느님과 하나인 너의 참된 정체성의 왕국으로 들어가려 하지 않았느니라. 그리고 너희 스스로가 그 하나됨을 받아들이려 하지 않았을 뿐더러 순수한 자들마저 이 우주를 창조하신 창조주의 참된 왕국인 하나됨의 고리 속으로 들어가지 못하도록 방해하고자 했도다."
하느님의 은총은 오늘로서 끝이 났으며, 따라서 이러한 세력들은 심판받는다고 나는 확신합니다. 오로지 하나이신 하느님의 현존만이 이 지구 행성에 영향을 미칠 수 있는 유일한 힘이라고 확신합니다.

마리아님이시여!

9.나는 길을 잃은 이스라엘의 부족을 불러서 회개하도록 하기 위해 오신 나의 주(主)요, 구세주인 예수 그리스도의 참된 가르침을 따르고자 합니다. 나는 회개하고 기꺼이 분리의 환상을 버릴 것을 선언하며, 오늘 내 안에, 그리고 그 밖의 모든 것 속에 존재하는 하나이신 하느님을 섬길 것을 선택합니다. 하느님께서 내 안에 존재하시므로 내 안에도 하느님의 왕국이 존재한다는 것을 나는 기꺼이 받아들입니다. 하느님께서 안 계셨다면, 만들어진 어떠한 것도 존재하지 않았을 것이므로 만들어진 모든 것들은 하나이신 하느님과 분리될 수 없다고 믿습니다. 나는 오로지 하나이신 하나님의 현존만이 이 지구 행성에 영향을 미칠 수 있는 유일한 힘이라고 확신합니다.

마리아님이시여!

오, 성모 마리아시여, 나는 맹세코 나의 재능을 증식시키겠습니다

나는 예수님과 성모 마리아께서 전해주신 가르침과 도구들을 활용하여 재능과 내적인 하나됨을 반드시 증식시킬 것을 맹세합니다. 하느님과의 합일로부터 나를 떼어놓으려는 이 세상의 여러 가지 일들로 인해 더 이상 이리 저리 끌려 다니지 않기 위해, 나는 삶의 우선순위를 확실하게 정해두고자 합니다. 따라서 내 삶의 최우선 순위를 나를 생명의 피라미드 정상으로 인도하는 길을 따르는 데 두고자 선택하며, 그곳에서 나는 나의 하느님과 하나라는 것을 되찾게 될 것입니다!

나는 기필코 하느님의 왕국인 집으로 돌아갈 것이고, 한 명의 상승한 존재, 즉 승천한 마스터가 되겠습니다. 저는 기꺼이 한 명의 공동 창조자가 되겠으며, 내 아버지의 집에 존재하는 다른 거처들을 공동으로 창조하는 일을 돕겠습니다. 나의 하느님께서 내게 많은 것을 맡길 때까지 주어진 몇 가지 일에만 충실할 것입니다. 나는 사는 길을 선택하며, 따라서 내 삶에서 마주치는 모든 상황 속에는 하나됨의 현존께서 존재하신다고 확신합니다. 나는 나의 하느님과 하나가 되는 길을 선택하며, 따라서 나는 이 세상에 존재하는 신아일체(神我一體)의 현존입니다.

나는 나의 하느님과 하나라고 믿습니다.

1.나는 하나됨의 현존께서 요청하시는 것을 받아들이겠습니다. 나는 들을 귀가 있음을 확신합니다. 그리고 눈을 뜨고 내가 정체성을 바꾸는 과정을 새로 시작할 수 있는 잠재력을 지니고 있음을 받아들입니다. 나는 하느님께서 확장하신 한 형태로서, 그리고 하느님으로서 내게 자아의식(self-consciousness)을 부여하고 계신 존재는 참나임을 압니다. 나는 오직 하나이신 하느님의 현존만이 내 삶에 영향을 미칠 수 있는 유일한 힘이라고 확신합니다.

마리아님이시여!

2.나는 보는 시각을 바꾸고, 이제 삼라만상 모든 것들의 이면에 존재하시는 하나이신 하느님을 이해하기 시작합니다. 그리고 나는 하느님을 이해하는 일에다 분산되지 않은 초점과 주의력, 결의를 집중할 것을 다짐하는 바입니다. 또한 나는 모든 사람은 어느 한 사람이 이룬 것을 똑같이 행할 수 있는 잠재력을 지니고 있다고 받아들입니다. 나의 연상의 형제이신 예수님께서 나를 위해 길을 개척해 놓으셨으므로 예전보다 내가 나의 하느님과 하나가 될 수 있는 더 큰 기회를 가지게 되었습니다. 나는 예전에는 불가능했던 이러한 기회를 지금은 충분히 활용해야 할 때라 생각합니다. 나는 오로지 하나이신 하느님의 현존만이 내 삶에 영향을 미칠 수 있는 유일한 힘이라고 확신합니다.

마리아님이시여!

3.따라서 나는 두 귀를 열고, 마음과 가슴의 문을 열어 하느님의 현존께서 말씀하시는 진리를 받아들이겠습니다. 이제 내 삶의 전반적인 우선순위를 변경하여 하느님의 아들/딸로서의 참된 정체성을 재확립하고, 나의 근원과 내가 하나라는 의식을 되찾겠습니다, 그리고 현현된 모든 것들 속에 존재하는 그 근원을 이해하는 데 내 삶의 최우선순위를 두겠습니다. 나는 오직 하나이신 하느님의 현존만이 내 삶에 영향을 미칠 수 있는 유

일한 힘이라고 확신합니다.

마리아님이시여!

4.나는 내가 완벽하게 하느님과의 일체경(一體境)에 도달할 수 있는 잠재력을 지니고 있다고 받아들입니다. 왜냐하면 나의 마음과 가슴의 내면에는 어떠한 인간도 폐쇄할 수 없는 열린 문인 그리스도 의식의 문이 존재하기 때문입니다. 나는 예수님께서 지난 2,000년 동안 그 문을 열어두고 계시기 때문에 나에게도 이 문이 열려 있다고 확신합니다. 따라서 이 문을 통해 걸어 들어가면, 하나이신 하느님의 참된 왕국인 하나됨의 왕국에 이르게 된다고 확신합니다. 나는 오직 하나이신 하느님의 현존만이 내 삶에 영향을 미칠 수 있는 유일한 힘이라고 확신합니다.

마리아님이시여!

5.나는 내면에 존재하시는 나뉘지 않는 하나됨의 현존께서는 내가 하나이신 하느님과 하나라는 의식을 구현하도록 돕기 위해 이곳에 존재하신다고 확신합니다. 나는 하나됨의 현존과 성모 마리아의 현존을 향해 기원합니다. 그리고 순결한 가슴을 향해 기원합니다. 이 순결한 가슴은 내가 하느님과 함께 하는 한 명의 공동 창조자로서 현현된 모든 것들의 이면에 존재하는 하나이신 하느님만을 바라보게 하는 순결한 비전을 지니고 있습니다. 오, 성모 마리아시여, 내가 모든 환상들로부터 벗어날 수 있게 도와주소서. 나는 오로지 하나이신 하느님의 현존만이 내 삶에 영향을 미칠 수 있는 유일한 힘이라고 확신합니다.

마리아님이시여!

6.나는 나보다 앞서 길을 걸었던 사람들의 발자취를 따라 갈 것이며, 나의 하느님과 내가 하나라는 것을 되찾겠습니다. 하느님과 내가 분리돼 있다는 원죄(原罪)와 그 원죄로부터 파생된 모든 죄들을 버리겠습니다. 나는

내 안에, 모든 생명 속에, 모든 물질 속에 존재하시는 하느됨의 현존에게 기원하자마자, 내가 지닌 모든 죄들이 눈처럼 하얗게 씻긴다고 믿습니다. 나는 오직 하나이신 하느님의 현존만이 내 삶에 영향을 미칠 수 있는 유일한 힘이라고 확신합니다.

마리아님이시여!

7. 나는 하나됨의 현존 속에 봉인되었으며, 이 현존께서 분리라는 모든 환상을 태우고 계신다고 받아들입니다. 존재하는 것은 오직 하나이신 하느님뿐입니다. 그리고 그 하나이신 하느님께서 현현되어 나타난 모든 것들은 서로가 하나이며, 전체와도 하나입니다. 나는 오직 하나이신 하느님의 현존만이 내 삶에 영향을 미칠 수 있는 유일한 힘이라고 확신합니다.

마리아님이시여!

8. 일 곱하기 일 곱하기 일($1 \times 1 \times 1$) = 은 역시 일(1)입니다. 나는 내가 지닌 재능과 내면의 일체성을 증식시키라는 예수님의 부름을 받아들이며, 결단코 이 세상의 것들을 축적하지 않겠습니다. 나는 소중한 것부터 먼저 행할 것이며, 분리보다는 하나됨을 우선시할 것입니다. 나는 오직 하나이신 하느님의 현존만이 내 삶에 영향을 미칠 수 있는 유일한 힘이라고 확신합니다.

마리아님이시여!

9. 나는 하나이신 하느님께서 자신의 그 하나를 증식시키셨기 때문에 내가 창조되었으며, 또한 하느님의 그 하나를 수없이 증식시킨다 해도 그 일(1)의 곱하기($\times$)는 역시 일(1)이라고 확신합니다. 영적으로 하느님과 하나가 된 존재로서 나는 새로운 정체성을 지니고 다시 태어났고, 모든 것이자, 모든 것 속에 존재하시는 하나이신 하느님이 바로 나의 하느님이라는 것도 알게 되었습니다. 구현되어 나타난 모든 것들 속에는 하나됨의 현존께

서 존재하신다는 것을 재인식함으로써 나는 맹세코 더 이상 죄를 짓지 않겠습니다. 오로지 하나이신 하느님의 현존만이 내 삶에 영향을 미칠 수 있는 유일한 힘이라고 확신합니다.

경배하는 마리아님이시여!

나는 내 의식과 삶의 모든 측면에서 유일하게 실재하고 있는 것은 오로지 하나이신 하느님의 일체성뿐이라고 확신합니다.

나는 모든 사람들의 의식(意識)과 삶의 모든 측면에서 유일하게 실재하고 있는 것은 오로지 하나이신 하느님의 일체성뿐이라고 확신합니다.

나는 지구에 존재하는 생명의 모든 측면에서 유일하게 실재하고 있는 것은 오로지 하나이신 하느님의 일체성뿐이라고 확신합니다.

나는 나의 하느님과 하나가 되기를 선택하며, 따라서 나는 이 세상에 존재하는 하나됨의 현존입니다. (3번)

지구는 주님의 것이며, 그렇기에 지구에 충만해 계십니다. (3번) 아멘

조건 없는 사랑이신 성부와 성자, 성령과 기적의 어머니의 이름으로, 아멘

봉인하기

　이로써 나는 나의 근원과 내가 결코 분리되지 않았다는 사실을 받아들이며, 분리와 원죄의 환상으로부터 자유롭다고 믿습니다. 하나이신 참된 하느님, 즉 하나됨의 하느님이 바로 나의 하느님이시며, 나의 하느님과 나는 하나라고 믿습니다. 하느님과 내가 하나라는 의식이

내 생명의 피라미드에서 참된 머릿돌이 되며, 나의 하느님께서 "이들은 내가 사랑하는 아들/딸이며, 내가 기뻐하는 자들이라."고 하신 말씀을 받아들입니다.

　내가 하나이신 하느님과 하나라는 사실을 부정하지 않는 한, 이 세상의 세력들로부터 나를 보호해줄, 그리고 보호하게 될 하나됨의 고리 속에 내 자신이 봉인된다고 확신합니다. 세상의 세력들은 분리의 의식 속에 빠져 있으므로 내가 존재하는 하나됨의 원주(圓周) 속으로 침투해 들어올 수가 없습니다. 나는 모든 생명 속에 존재하시며, 따라서 내 속에도 존재하시는 분리될 수 없는 하나됨의 현존 속에 내가 봉인되었다고 받아들입니다. 나와 나의 신아는 하나이며, 그 하나됨을 통해 지금, 그리고 영원히 나의 하느님과 나는 하나라고 믿습니다. 아멘.

■ 역자 후기(後記)

먼저 이 훌륭한 책을 번역할 기회를 주신 도서출판 은하문명의 박찬호 사장님에게 감사의 말씀을 드린다.

나는 어린 시절부터 영적 세계에 많은 관심을 가졌으며, 그동안 나름대로 여러 종교와 많은 영성 관련 서적들에 심취해왔다. 이러한 과정에서 많은 내용을 알게 되었지만, 그 앎이 단편적이고 체계화되지 못한 상태였다고 할 수 있다.

이 책을 번역하면서, 사실 나는 이루 다 말로 표현할 수 없을 정도로 엄청난 충격과 감사함, 그리고 설렘마저 느꼈으며, 그 동안 항상 궁금하게 생각해왔던 나의 영적인 근원에 대해 확실하게 이해하게 되는 계기가 되었다. 내가 이 책을 번역하면서 느꼈던 소감은 다음과 같이 크게 3가지로 요약할 수가 있다.

첫째는 그동안 영적 세계에 대해 알고 있었던 내용들을 체계화하게 되었다는 것이다. 물론 물질세계와 영적세계의 존재방식에 대하여 에너지의 원리로 설명한 책이 있기는 했지만, 이 책처럼 체계적이고, 과학적으로 설명한 책은 별로 접해본 적이 없었다. 단적인 예로, 이 책에서는 학창 시절 오랫동안 궁금하게 생각해왔던 소위 "색즉시공 공즉시색(色卽是空 空卽是色)"의 이치를 에너지라는 과학적인 원리에 의거 명쾌하고 단순하게 설명하고 있다.

둘째는 조건 없는 사랑의 현존과 하나됨의 현존과의 만남이었다. 이치상으로, 그리고 일부 영성관련 서적을 통해 어렴풋하게 알고는 있었지만, 두 현존의 목소리를 직접 듣게 된 것은 처음이었다. 물론 메신저를 통해서 듣는 것이지만, 설렘 그 자체였다고 할 수 있다. 조건 없는 사랑의 현존께서는 삶과 생명의 본질이 성장과 자기초월이며, 항시도 정체해 있을 수 없다고 말씀하고 계신다. 이 말씀은 우주만물의 운동과 질서가 지속적으로 유지되는 이치를 설명하는 것이며, 이는 곧 우주의 춤으로서, 한 장의 태피스트리 속에 우주 너머의 우주, 그리고 세상 속에 세상이 생겨나게 하는 신비를 밝혀주고 있다고 할 수 있다.

나는 영적인 진화는 인식의 확장, 현상을 바라보는 관점의 확장이라 생각하고 있다. 분리의식 속에서는 이것과 저것은 분명히 분리되어 있으며, 너는 너고, 나는 나일 수밖에 없다. 그러나 의식이 확장하여, 창조주 입장에서 보면, 모든 것이 내가 아님이 없다고 할 수 있다. 모든 것이 하나라면, 결국 우리 모두도 하나이며, 우리는 남을 위한 봉사의 삶을 살 수밖에 없다고 할 수 있다. 이러한 이치를 오래 전에 알고는 있었지만, 세상을 살아가면서 실천하기란 참으로 어려웠으며, 나 혼자 이런 생각을 가지고 살아간다고 한들 뭐가 달라지겠느냐 하는 의구심도 많았다. 그러나 하나됨의 현존의 말씀을 통하여 이것이 내가 하나님이 되는 최고의 영적 깨달음이라는 사실을 알게 되었으며, 화엄경의 4법계론에 나오는 "사사무애법계"의 이치를 보다 명확하게 이해하게 되는 계기가 되었다.

셋째는 원시붓다에 관한 내용이다. 직장시절 '티벳의 사자의 서'에서 오방승불이라는 붓다들의 이름은 들어보았으나. 이 붓다들께서 어떤 역할을 하며, 우리와 무슨 관련이 있는지에 대해서는 전혀 몰랐으며, 책의 내용도 너무 방대하고 어려워서 읽은 시늉만 했던 적이 있었다. 참고로 오방승불의 명호는 바이로챠나(대일여래), 악쇼비아(아촉여래), 라트나삼바바(보생여래), 아미타바(아미타여래) 그리고 아모가시디(불공성취여래)라는 다섯 분의 원시붓다을 가리키며, 성모 마리아께서는 여기에 한 분의 붓다가 더 계시며, 그 분의 명호는 바즈라사뜨바(금강여래)라고 말씀하신다.
이 여섯 분의 붓다는 우리와 대단히 밀접한 관련이 있으며, 성모 마리아께서는 지구상에서 발생하는 모든 자연재해가 이 붓다들과 관련이 있을 뿐만 아니라 이를 막을 수 있는 대책도 제시해주셨다. 이러한 내용은 그야말로 내가 처음으로 접하게 되는 내용이었다. 또 한 가지는 상식적으로 종교인이라면 성모 마리아께서 붓다들과 콴인(관음)에 대해 설명하리라고는 아무도 예상치 못했을 것이라 생각한다. 사실 종교는 인간이 만든 것이지, 하나님이나 상승한 대사들이 만든 것이 아니므로 상승한 대사들의 입장에서 보면, 종교를 떠나 물질세계에 존재하는 원리들에 대해 솔직하게 표현할 수 있으리라 생각한다.

나는 이 책을 읽으시는 독자 여러분들에게 하나의 제안을 드리고 싶다. 책의 후반을 번역해 갈수록, 나는 성모마리아께서 아기 예수를 흔들어 깨우셨듯이, 인류의 의식을 흔들어 깨우고 싶어 하시는 간절함과 안타까움을 온몸으로 체험할 수가 있었다. 지금 이 글을 쓰면서도 성모님의 사랑에 눈시울이 뜨거워지는 것을 느낀다. 따라서 나는 이 책을 읽으신 독자들께서 성모 마리아께서 바라시는 로사리오 그룹을 지역별로 만들어주었으면 한다. 영적인 모든 것들에 대해 자유롭게 이야기하고, 만날 때마다 한 두 개의 로사리오 기도라도 할 수 있는 그런 모임이 되었으면 좋겠다고 생각한다. 필요하다면, 나도 기꺼이 돕겠으며, 도움이 필요하신 분들께서는 출판사로 연락해주시기 바란다. 이런 기회를 통해 뜻있는 영성모임이 만들어지는 계기가 되었으면 좋겠다.

마지막으로 책의 번역과정에서 오역이나, 잘못된 내용이 있으면, 이는 전적으로 나의 불찰로서 내가 부족한 탓이니, 독자 여러분들께서 너그럽게 이해해주기 바라며, 부디 이 책이 독자 여러분의 개인적인 영적 성장에 큰 도움이 되기를 바란다.

- 목현 -

◇역자(譯者) 약력:

*목현: 1954년 경상북도 김천 출생, 한국외국어대학교 졸업, 연세대 경영대학원 수료, 해외건설협회 및 한국가스공사 근무, 〈숲속나라〉 대표 역임. 오랫동안 정신세계에 깊은 관심을 가져 왔으며, 또 다양한 영성분야를 편력하고 체험한 바 있다. 현재는 생업에 종사하며 이 분야 관계 도서의 번역 작업을 하고 있다. 번역서로 「삶의 의문에 관한 100문 100답」 「텔로스(II)」가 있다.

성모의 메시지: 너희의 행성을 구하라

초판 1쇄 발행 / 2012년 4월 20일
저자 / 킴 마이클즈
옮긴이 / 목현, 감수 / 光率
발행인 / 朴燦鎬
발행처 / 도서출판 은하문명
등록 / 2002년 7월 30일 (제22-723호)
주소 / 서울특별시 종로구 수송동 58번지, 332호
전화 / (02)737-8436
팩스 / (02)737-8486
인터넷 홈페이지(www.ufogalaxy.co.kr)

한국어 판권 ⓒ 도서출판 은하문명

파본은 서점에서 교환해 드립니다
가격 19,000원

ISBN: 978-89-94287-06-5 (03230)